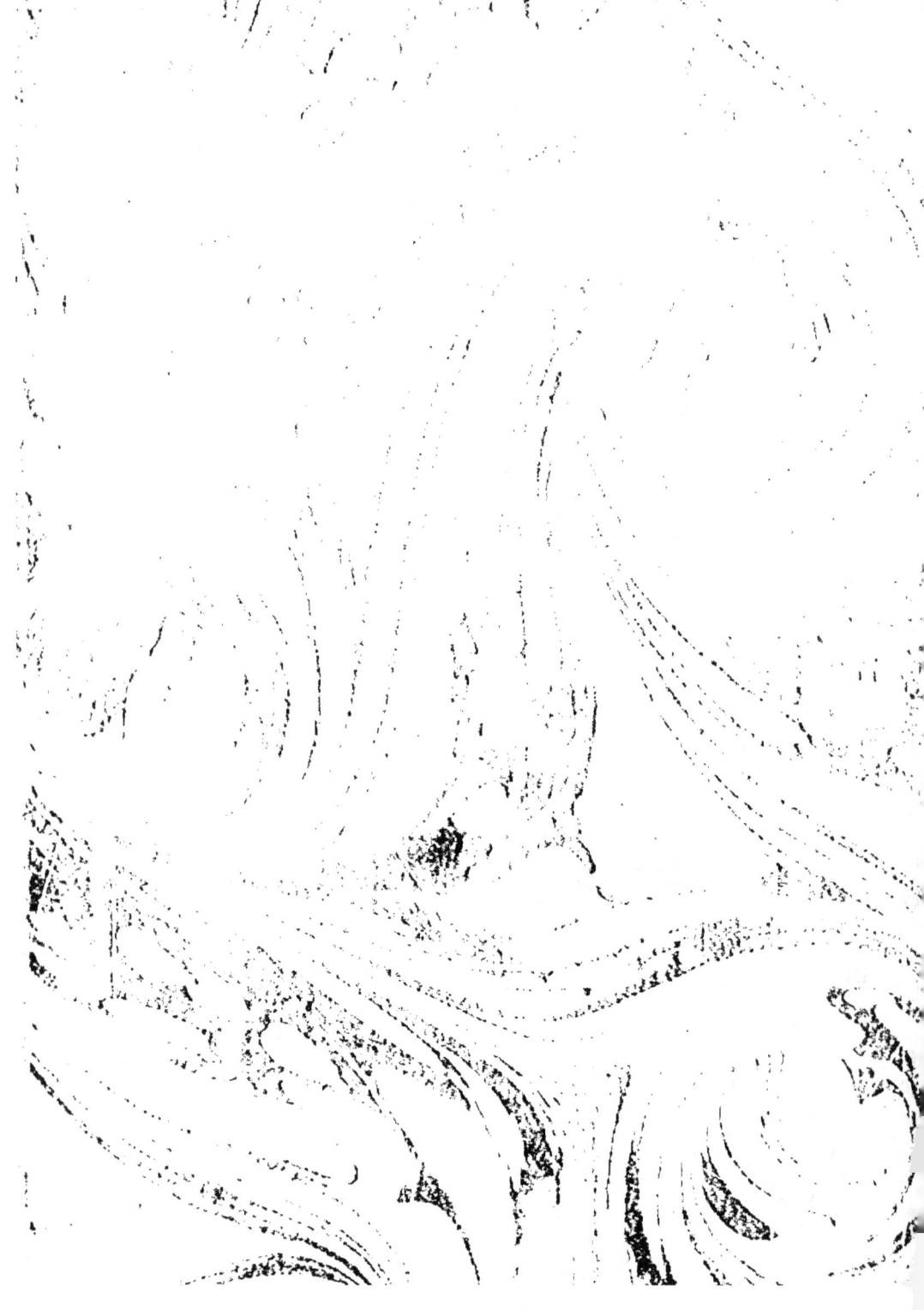

$Yb^{8/8}_{8^o}$ 860 tome 1

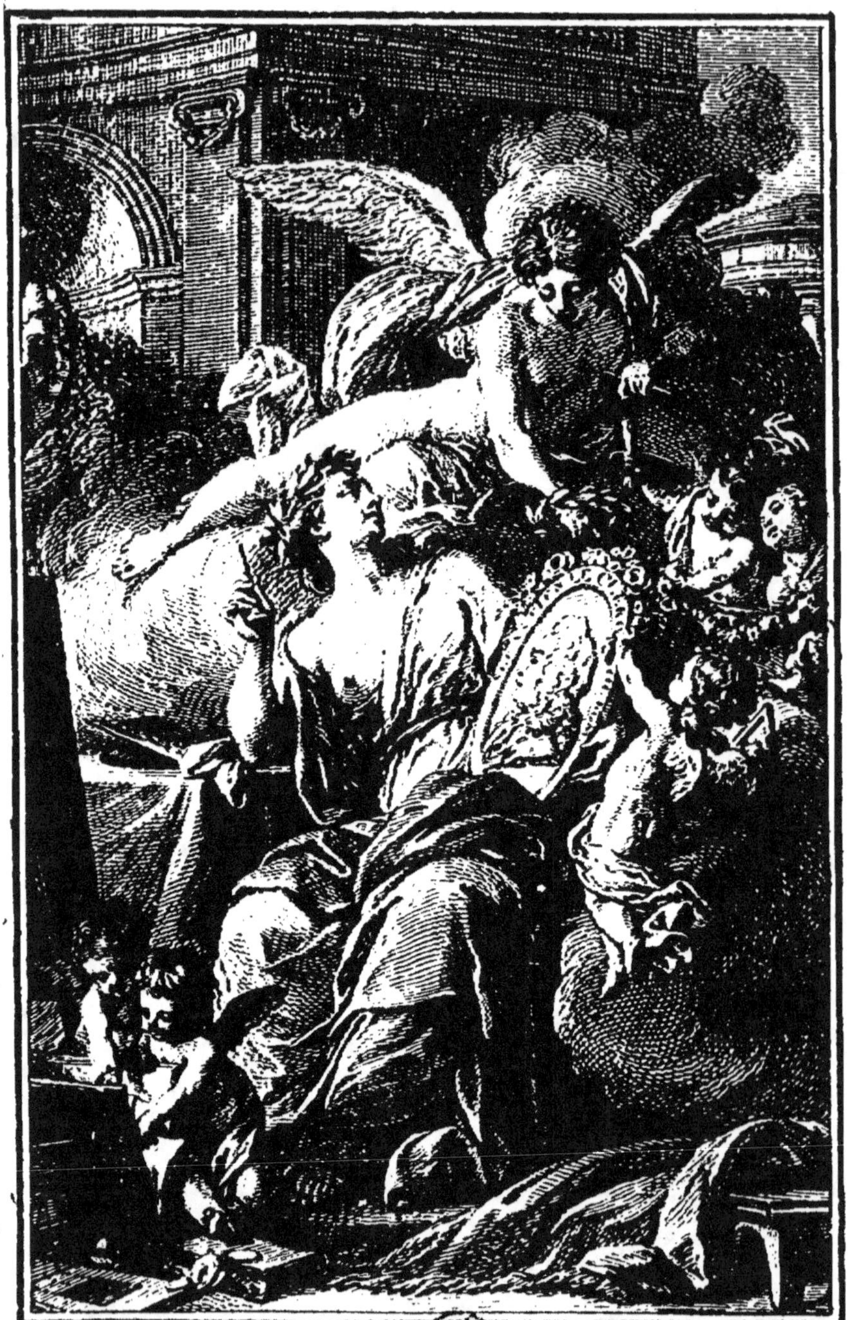

CATALOGUE

RAISONNÉ

DE L'ŒUVRE

DE

SEBASTIEN LE CLERC,

CHEVALIER ROMAIN,

Deſſinateur & Graveur du cabinet du Roi.

Diſpoſé par ordre hiſtorique, ſuivant l'année où chaque piece a été gravée, depuis 1650 juſqu'en 1714. Avec la vie de ce célebre Artiſte.

Par CHARLES-ANTOINE JOMBERT.

PREMIERE PARTIE.

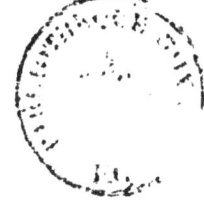 

A PARIS, RUE DAUPHINE,

Chez L'Auteur, Libraire du Roi pour l'Artillerie & le Génie, à l'Image Notre-Dame.

M. DCC. LXXIV.

Avec Approbation, & Privilege du Roi.

AVERTISSEMENT.

Voici le plus confidérable catalogue d'eftampes d'un même maître, qui ait encore paru : il confifte en 3412 pieces différentes. Cette quantité de planches, montant plus qu'au double de celles des autres graveurs qui ont le plus travaillé, devoit produire néceffairement plufieurs volumes, fur-tout au moyen des amples defcriptions & des détails minutieux dans lefquels j'ai cru devoir entrer, pour indiquer chaque eftampe de maniere à pouvoir la faire reconnoître fur la fimple defcription. J'ai rendu compte en même tems des circonftances & des particularités qui les concernent, ainfi que des différences que les amateurs ont remarquées dans un grand nombre de ces planches ; n'y ayant point de graveur qui ait tant fait de changemens à fes ouvrages que notre Artifte. Auffi n'eft-ce qu'après des recherches prefque infinies, & avec le fecours de plufieurs amateurs très-inftruits, que je fuis enfin parvenu à mettre ce Catalogue en état d'être préfenté au Public. Quelques perfonnes pourront le trouver trop long, & regarderont comme inutile la plupart des digreffions, foit hiftoriques, foit critiques, qui font le fujet des notes dont cet ouvrage eſt rempli , & qui en forment un bon tiers : je ſerois aſſez de leur avis , & malgré l'attachement que l'on a naturellement pour ſes propres productions, j'aurois ſupprimé la plus grande partie de ces di-greſſions, ſi les mêmes perſonnes que j'ai conſul-tées dans le cours de ce travail , auxquelles j'ai eu ſoin de les communiquer, ne m'avoient vivement ſollicité pour n'en rien retrancher du tout. Elles ont même jugé que ces notes ne pouvoient que répandre plus de lumiere dans l'hiſtorique des gravures de le Clerc , dont la plus grande partie, faite dans le ſiecle paſſé , commence à s'éloigner aſſez de notre tems pour ſe dérober à notre con-noiſſance ; & qu'elles ſeroient propres d'ailleurs à jetter quelqu'intérêt dans un ouvrage dont les détails doivent paroître bien inſipides à tout autre qu'un amateur zélé des chef-d'œuvres de cet artiſte. Je me ſuis donc rendu aux inſtances de mes guides , & j'ai mieux aimé pêcher par l'a-bondance, que de ſupprimer quelque choſe de ce qui pourroit contribuer à la ſatisfaction de ceux qui deſirent connoître à fond les eſtampes de le Clerc, dans le deſſein d'en former une collec-tion complette.

On m'objectera ſans doute que l'ouvrage que je préſente exiſtoit déjà en partie dans les catalogues des cabinets de MM. de Lorangere, Dargenville, Potier, le Clerc fils, &c : mais il suffit de jetter les yeux sur ces mêmes catalogues pour voir qu'ils sont tous faits à la hâte, & sans autre plan ou dessein d'arrangement que celui de faire des lots à peu près également intéressans, capables d'attirer l'attention & de piquer la curiosité des acquéreurs, & que par conséquent les notices abrégées des estampes de le Clerc qu'on y donne sont très-fautives & très-imparfaites. On pourroit encore citer le catalogue des ouvrages de le Clerc, qui se trouve à la suite de l'éloge de cet artiste, par l'abbé de Vallemont, imprimé à Paris en 1715, en un volume *in-douze*. En effet plusieurs personnes sont réellement persuadées qu'on ne peut rien ajouter à ce qu'il rapporte dans son livre à ce sujet. J'ai été moi-même dans cette erreur, & je ne me suis déterminé qu'avec peine à écrire sur cette matiere après un auteur contemporain de le Clerc, qui devoit être très au fait de tout ce qui regarde notre artiste. Je serois même probablement resté dans cette persuasion, sans le besoin que j'ai eu de chercher ailleurs des éclaircissemens mieux détaillés & plus capables de me diriger dans la recherche que je faisois alors des estampes de le Clerc, dans la seule vue de satisfaire le goût particulier que j'ai toujours eu pour

les productions de cet artiste célebre. C'est alors
que je me suis apperçu de l'insuffisance du catalogue donné par l'abbé de Vallemont, malgré le
préjugé du public en sa faveur, & malgré l'idée
avantageuse qu'il semble vouloir en donner lui-
même dans l'avertissement mis à la tête de ce catalogue (page 20;), où il s'exprime en ces
termes :

« J'aurois bien souhaité (dit-il) pour la satis-
» faction des amateurs des sciences & des beaux
» arts, pouvoir donner une suite générale &
» chronologique des œuvres de M. le Clerc : mais
» comme le nombre en est si grand, & que le
» tems où il les a composés n'est bien connu de
» personne, il a fallu, après toutes les recherches
» que j'ai faites, renoncer à un ordre qui auroit
» fait d'autant plus de plaisir aux connoisseurs,
» qu'il est bien constant que les ouvrages de la
» jeunesse de cet auteur ne sont pas de la force
» de ceux qu'il a composés dans un âge mûr.
» Tout ce que je puis dire pour me disculper de
» n'avoir pas suivi un ordre si essentiel, c'est que
» je n'ai rien négligé pour avoir là-dessus les lu-
» mieres nécessaires, & que j'ai profité de celles
» que l'on a pu me donner ».

Qui croiroit, après ce préambule & ces belles
protestations, que le catalogue de l'œuvre de se

Clerc pour lequel ce docte abbé a fait tant de recherches & confulté des gens fi éclairés , fe réduit
à feize pages *in-douze* de gros caractere , qui con-
tiennent au plus 170 articles très-abrégés , en
mauvais ordre , dont les titres font affez mal
énoncés , & à l'occafion defquels cet auteur fe
trompe fort fouvent , tant fur la date des eftampes
que fur le nombre des pieces qui forment chaque
fuite ? L'abbé de Vallemont écrivoit cependant
il y a foixante ans , immédiatement après la mort
de le Clerc. Il étoit infiniment plus facile de connoître alors tous les livres dans lefquels il pouvoit
fe trouver quelques gravures de cet artifte , & de
les ranger fuivant l'ordre chronologique , fur-tout
à un homme de lettres tel que lui , qui paffoit
pour favant & amateur , & qui a produit en effet
des ouvrages de littérature qui prouvent fon érudition. Une pareille négligence eft d'autant moins
excufable dans cet honnête eccléfiaftique , qu'ayant
vécu familiérement avec le Clerc , il étoit à portée
mieux qu'aucun autre de connoître tous les ouvrages de ce célebre artifte , & d'en favoir beaucoup d'anecdotes intéreffantes fur lefquelles le
nombre des années & la voracité des tems ont
jetté une obfcurité impénétrable. Enfin il y a lieu
de croire que fi l'abbé de Vallemont avoit employé à la recherche des ouvrages de le Clerc tout

le tems qu'il a mis à la lecture des auteurs Grecs &
Latins, & des anciens hiſtoriens tant ſacrés que
profanes, dont il cite ſi fréquemment des paſ-
ſages dans ſon livre, & à l'occaſion deſquels il
fait de ſi longues digreſſions, il auroit pu rendre
ſon catalogue beaucoup plus ample, & le diſpoſer
dans un meilleur ordre qu'il n'a fait. Alors, en
rempliſſant mieux ſon objet, il ſeroit devenu plus
utile aux amateurs & aux artiſtes pour leſquels
il écrivoit. Enfin en raſſemblant une plus grande
quantité de chef-d'œuvres de Sebaſtien le Clerc,
& en les préſentant au public ſous un aſpect
plus convenable, n'étoit-ce pas honorer plus effica-
cement la mémoire de ſon illuſtre ami ?

Avant que de terminer cet avertiſſement, je
ne dois pas diſſimuler que l'ordre hiſtorique, ou
chronologique, que j'ai adopté dans la diſpoſition
de ce catalogue, quoique le plus naturel, & le
plus ſatisfaiſant pour l'amateur inſtruit, n'eſt pas
du goût de beaucoup de perſonnes, par la néceſſité où il met de connoître la date de l'eſtampe
que l'on cherche. D'ailleurs, en ſuivant cet ordre,
j'ai été obligé d'indiquer chaque eſtampe par le
titre du livre pour lequel elle a été faite. Or les
marchands, qui leur ont donné des dénominations
arbitraires & ſouvent fauſſes, mais qui ſont néan-
moins de convention entr'eux, ſe trouveront

tellement déforientés dans ce catalogue , qu'ils ne pourront y reconnoître ces mêmes eſtampes indiquées ici autrement que par le nom qui leur eſt familier. Il feroit fort diffi.ile en effet de deviner que l'eſtampe qu'il leur a plu appeller *le tombeau du roi de Portugal* eſt ici à l'année 1654, ſous le titre de la chapelle de ſainte Catherine, à Stockolm , en Suede.

Que ce qu'ils appellent l'*antre ou l'académie de Platon*, ſe trouve ici à l'année 1659, ſous le titre de : *Diſcours des paſſions humaines* : livre pour lequel elle a été gravée.

Que la vignette avec la deviſe *omnibus unus*, eſt ici à l'année 1664, au livre intitulé : Abrégé de l'hiſtoire de France.

Que l'eſtampe qu'ils appellent *les gonds de pierre*, eſt à l'année 1667, ſous le titre de l'hiſtoire des ſingularités d'Angleterre.

Que le fleuron *du laboureur* ſe trouve à l'année 1669, à la ſuite des autres eſtampes du livre intitulé : la promenade de Saint-Germain-en-Laye.

Que le fleuron des *enfans aſtronomes*, eſt à la fin de la meſure de la terre par Picart, imprimée au Louvre, en 1671.

Que la vignette *aux quatre enfans*, ou aux armes de Bouillon, ſe trouve dans un recueil des poéſies latines de Dom le Houx, imprimé en 1671.

Que la vignette où est écrit : *evexi fed discu-tidm*, doit être rapportée à l'année 1672, & que c'est une allégorie au sujet de la guerre de Louis XIV contre les Hollandois.

Que celle qu'ils appellent *le petit triomphe de Trajan*, se trouve à l'année 1675, dans le livre qui a pour titre : *Panegyrices veteres ad usum Delphini.*

Que les estampes connues sous le nom des *petites heures de Venise*, sont à l'année 1685, sous le titre : *Officio della B. Vergine.*

Que la vignette appellée *le pouvoir des clefs*, est à l'année 1685, au livre intitulé : Prérogatives de l'église de Rome.

Que l'estampe du petit Antonin, se trouve à l'année 1691 : & que c'est la vignette d'un livre qui a pour titre : Réflexions morales de l'empereur Marc-Aurele Antonin.

Que celle du *petit paradis*, se trouve en 1696 au livre intitulé : panégyriques des saints.

Que celle du *conciliabule de Tyr*, est en 1698, aux œuvres de saint Athanase.

Que le fleuron *aux armes du Roi* & la vignette aux mêmes armes, *avec deux Renommées assises*, sont à l'année 1702, pour le livre intitulé : *Nice-phori Gregora historia Byzantina.*

Enfin que le frontispice au *portrait d'un chevalier*

de Malthe, avec une vue de Conſtantinople, ſe trouve à l'année 1711, & qu'il appartient au livre intitulé : *Imperium Orientale.*

Pour donc obvier à cet inconvénient, qui eſt aſſez conſidérable pour mériter qu'on y faſſe attention, & dans la vue de remettre les amateurs & les marchands d'eſtampes ſur leur route ordinaire, j'ai ajouté à la fin de cet ouvrage une table de toutes les eſtampes de ce catalogue indiquées à leur maniere accoutumée, ſuivant le ſujet qu'elles repréſentent : cette table eſt diſpoſée par ordre alphabétique, en forme de dictionnaire. Elle ſera très-commode pour les perſonnes les mieux inſtruites, & d'une néceſſité indiſpenſable pour celles qui, ne l'étant point, voudront chercher quelque eſtampe que ce ſoit de le Clerc, ſans ſavoir l'année où elle a été gravée, ou ſans connoître le titre du livre pour lequel elle a été faite. Au moyen de cet arrangement, j'eſpere que chacun ſera content, & que les amateurs zélés des gravures de cet artiſte célebre retireront de ce catalogue tout l'agrément & tout l'avantage que j'ai eu deſſein de leur procurer en y travaillant.

RECHERCHES *fur quelques collections des gravures
de Sebaftien le Clerc, provenant de différens cabinets, avec le nombre d'eftampes qu'elles conte-
noient, & le prix qu'elles ont été vendues.*

1739.

CATALOGUE des eftampes & deffeins du cabinet de
feu M. Dhermiand. *In-octavo.* Paris. Page 3. N°. 9, 10,
11, & 12.

Les œuvres de Seb. le Clerc, collées fur papier grand
aigle, en quatre grandes boites, achetées par M. du Chi-
ron 600 livres, & revendues par le même 1000 liv. peu
de tems après.

Catalogue du cabinet d'eftampes de M. le duc de Mor-
temart. *In-douze.* Paris. Briaffon.

L'œuvre de Sebaftien le Clerc, compofé de 2063 pieces
qui ont été vendues en détail, s'eft monté à 575 liv. 11 f.

1744.

Catalogue raifonné des diverfes curiofités du cabinet de
feu M. Quentin de Lorangere, par Gerfaint. *In-douze.*
Paris. Pages 139 & *fuiv.*

Œuvre de Seb. le Clerc, en deux volumes grand *in-
folio,* contenant plus de 2400 pieces bien conditionnées,
vendu en détail à différentes perfonnes 692 liv. 15 f.

1752.

Catalogue des eftampes du cabinet de feu M. Bellanger,
tréforier du fceau. *In octavo.* Paris. Page IV. N°. 23.

Trois volumes de l'œuvre de Seb. le Clerc, contenant

1751.

2438 pieces, reliés en veau, achetés en un seul article 831 liv. 10 s. pour M. de la Haye.

Catalogue d'estampes du cabinet de M. de Chuberé, par M. Hecquet. *In-douze.* Paris.

L'œuvre de Seb. le Clerc, composé de 1102 pieces, vendu en détail 715 liv. 18 s.

1753.

Catalogue des estampes du cabinet d'un seigneur Anglois. *In-octavo.* Paris. Musier.

L'œuvre de Seb. le Clerc, composé de 2850 pieces, disposé par ordre des matieres, avec une table manuscrite, en quatre volumes *in-folio*, grand aigle, reliés en veau très-proprement, vendu. . . .

1754.

Estampes & livres de figures, du cabinet de M. de la Haye, fermier-général, imprimés à la suite du catalogue de ses livres. *In-octavo.* Paris.

L'œuvre de Seb. le Clerc, provenant de la vente du cabinet de M. Bellanger, en 1751, en trois volumes *in-folio*, contenant 2438 pieces, vendu 800 liv.

Catalogue des estampes du cabinet de M. Geoffroy. *In-douze.* Paris.

L'œuvre de Seb. le Clerc, contenant 2100 pieces, avec quelques desseins originaux du même maître, en deux grands volumes *in-folio*, vendu en un seul article 400 l.

1755.

Catalogue des estampes du cabinet de M. de Clairambault, *in-douze.* Paris.

L'œuvre de Seb. le Clerc, contenant 2610 pieces, vendu 428 liv. 8 s. en un seul article.

1757.

Catalogue raifonné des tableaux, deffeins, & eftampes du cabinet de feu M. Potier, par Helle & Glomy. *In-douze.* Paris. Page 96 & *fuiv.*

L'œuvre de Seb. le Clerc, formé par M. Potier, ami & contemporain de cet artifte, contenoit 3304 pieces, y compris les eftampes doubles à caufe des différences, & s'eft vendu en détail 1782 liv. 8 f.

Catalogue raifonné des tableaux, deffeins, & eftampes qui compofent différens cabinets, par Pierre Remy. *In-douze.* Paris. Page 154 & *fuiv.* N°. 187-199.

Eftampes de Seb. le Clerc au nombre de 906 pieces vendues 109 liv. 16 f.

1761.

Catalogue des livres & eftampes de M. Fougeroux. *In-octavo.* Paris. N°. 26.

L'œuvre de Seb. le Clerc a été acheté 260 liv. par le fieur Bafan, marchand d'eftampes.

1764.

Catalogue des effets du cabinet de feu M. le Clerc fils, peintre, par Joullain fils, fon gendre. *In-douze.* Paris. Page 14 & *fuiv.* N°. 106 & *fuiv.*

L'œuvre de Seb. le Clerc, fon pere, contenant 2442 pieces, a été féparé en 81 articles, & a produit 1358 liv. 15 fols.

1765.

Catalogue d'une très-riche collection d'eftampes & deffeins du cabinet du prince de Rubempré. Petit *in-octavo.* Bruxelles. Page 174 & *fuiv.* & page 198 & *fuiv.*

Une très-nombreufe collection d'eftampes de Seb. le Clerc, parmi lefquelles il s'en eft trouvé beaucoup de doubles, le tout en fort mauvais ordre, compofé d'en-

1765.

viron 3900 eftampes, qui n'ont produit vendues en détail que 191 florins & dix fols, équivalens à peu près à 401 liv. 12 f. de notre monnoie.

1766.

Catalogue raifonné des tableaux, eftampes, &c, du cabinet de M. Dezalier Dargenville, maitre des comptes, par P. Remy. *In-douze.* Paris. Page 92 *& fuiv.*

L'œuvre de Sebaftien le Clerc, regardé comme le plus complet qu'il y ait, contenant 3257 eftampes, & 24 defʃeins originaux : le tout en fix volumes *in-folio*, grand-aigle, reliés en veau. Il a été vendu en un feul article 1996 liv. 10 f. C'eft Madame la préfʃdente de Bandeville qui pofʃede aujourd'hui cette précieufe collection.

1769.

Catalogue des effets de M. Cayeux, fculpteur, par Pierre Remy. *In-douze.* Paris. Page 154 *& fuiv.* N°. 1035.

Un œuvre de Seb. le Clerc compofé de 1082 morceaux : il a été acheté 340 liv. par M. Haumont, amateur de médailles & d'antiquités.

1770.

Catalogue raifonné du cabinet des objets curieux de feu M. de Bourlamaque, par P. Remy. *In-douze.* Paris. Page 41. N°. 299.

Diverfes pieces de Seb. le Clerc, au nombre de 460, en un volume *in-folio*, acheté par le fieur Ayaullez, marchand, 84 liv. 1 f.

1771.

Catalogue d'une belle & riche collection d'eftampes de feu M. le Comte de Neale, appartenant à fa fille, Madame la baronne de Bergh ; *in-octavo.* Deux - Ponts, Page 61.

1771.

On y annonce un recueil des œuvres de Sebastien le Clerc complet, sans qu'il y manque une lettre grise : mais il n'y a pas grand fond à faire sur un pareil exposé, vu le peu d'ordre des catalogues de le Clerc qui ont paru, & l'incertitude où l'on a été jusqu'ici sur le nombre des pieces qui doivent composer l'œuvre complet de cet artiste.

1772.

Catalogue des effets du cabinet de feu M. Huquier, graveur, par Joullain fils. *In-douze.* Paris. Page 169 & *suiv.* N°. 1001.

L'œuvre de Sebastien le Clerc, provenant en partie de feu M. l'abbé Laurent le Clerc, second fils de notre artiste, contenant 3187 pieces, a été acheté par M. Jombert 1000 liv. en un seul article.

EXPLICATION du Frontispice du Catalogue de l'Œuvre de SEBASTIEN LE CLERC.

LA Gravure, sous la figure d'une Muse, est assise appuyée sur une table ; d'une main elle tient un burin, & de l'autre elle soutient un médaillon où est le portrait de Sebastien le Clerc : elle fixe ses regards sur le Génie du dessein qui vient couronner le portrait qu'elle tient. Les Arts d'architecture, de peinture & de sculpture, caractérisés par autant de Génies, ornent ce médaillon avec des guirlandes de fleurs. Sur le devant sont deux Enfans qui s'occupent à considérer, dans un grand porte-feuille ouvert, les ouvrages de ce Maître.

Le fond annonce un cabinet en Bibliotheque ; le Buste de Louis XIV fait partie de la décoration de ce lieu, & rappelle les conquêtes & les événemens les plus mémorables du regne de ce Monarque, auquel cet Artiste a particuliérement consacré son génie & ses travaux. Le Temple de l'Immortalité, qui se voit dans le lointain, fait allusion à la gloire que ce Maître s'est acquise par ses talens supérieurs.

Cette Estampe est gravée par Benoît-Louis Prevost, d'après le tableau & la composition de Charles-Pierre-Jombert, Pensionnaire du Roi en 1773, avant son départ pour l'Académie de Rome.

ŒUVRES de Sebaſtien le Clerc qui exiſtent actuellement, d'après leſquels l'auteur a compoſé ce Catalogue.

L'ŒUVRE de le Clerc que l'on voit au cabinet des eſtampes du Roi, tient le premier rang, tant pour la beauté des épreuves que pour la quantité des anciennes eſtampes de le Clerc qu'on y voit ; ſur-tout de celles qui ont été gravées à Metz par cet artiſte, avant qu'il vint s'établir à Paris. Il vient du cabinet de M. de Beringhen, amateur célebre, contemporain de le Clerc. Il eſt relié en trois volumes, & contient 1762 eſtampes, toutes anciennes épreuves. C'eſt d'après cet œuvre que j'ai ébauché les premiers commencemens de mon catalogue. Je n'avois pas encore une ſeule eſtampe de le Clerc en ma poſſeſſion ; mais la complaiſance & l'urbanité de M. Joly, garde des eſtampes de ce magnifique cabinet, y ont ſuppléé, par la permiſſion qu'il m'a accordé de venir tous les jours régulièrement y puiſer les connoiſſances dont j'avois beſoin pour cette entrepriſe, qui étoit alors au-deſſus de mes forces. J'y ai paſſé ainſi ſix ſemaines de ſuite, ſur cet œuvre de le Clerc, conjointement avec M. Joly, qui a bien voulu me faire part de ſes lumieres & me guider dans ce travail. Avec le ſecours de cet ami officieux & éclairé, j'ai pris note ſur des cartes, de la grandeur & du ſujet de toutes les eſtampes que renferme cette précieuſe collection.

Celui de Madame la préſidente de Bandeville mérite d'occuper le ſecond rang, par le nombre conſidérable

b

d'eſtampes qu'il contient, & auſſi par ſon ancienneté;
puiſqu'il eſt formé par M. Dargenville, qui étoit pareillement contemporain de Seb. le Clerc. On en a déjà parlé
ci-devant (*page xv*) : on ſe rappellera qu'il eſt compoſé de
3237 pieces, & qu'il eſt diviſé en ſix grands volumes dont
on peut voir l'ordre & le nombre des eſtampes contenues
dans chacun, ſur le catalogue du cabinet de M. Dargenville, imprimé en 1766, en un volume *in-douze*,
page 92 *& ſuiv.* Après avoir ébauché mon catalogue ſur
l'œuvre de le Clerc du cabinet du Roi, j'ai cru devoir
prendre connoiſſance de celui-ci, pour y puiſer de nouvelles lumieres, & pour en faire la comparaiſon avec
celui du Roi 'dont j'avois la mémoire très-recente. La
politeſſe & l'affabilité de M. l'abbé Gruel, qui demeure
chez Madame de Bandeville, & qui eſt dépoſitaire & or-
donnateur de ſon riche cabinet, m'ont procuré à cet égard
toutes les facilités dont j'avois beſoin pour mes recherches
iconographiques. Il a même pouſſé la complaiſance juſqu'à me tenir compagnie & m'aider de ſes conſeils dans
mon travail. J'ai paſſé pareillement avec cet amateur
éclairé près de ſix ſemaines de ſuite, ſans m'occuper
d'autre choſe que des ouvrages de le Clerc. Nous avons
en conſéquence pris enſemble de nouvelles notes ſur
d'autres cartes, ſoit des eſtampes que je ne connoiſſois
pas encore, ſoit des différences à obſerver dans celles
que je connoiſſois déjà.

L'œuvre de le Clerc du cabinet de M. Paignon d'Ijonval, quoique formé long-tems après la mort de cet artiſte,
eſt ſi conſidérable par le nombre, la qualité, & les différences dans les épreuves, dont quelques-unes ſont
uniques, que je n'héſiterois pas à lui donner la préférence
ſur tous les œuvres de le Clerc qui ſont venus à ma con-

noiſſance, ſans en excepter aucun ; en un mot, c'eſt lo plus riche & le plus abondant qui exiſte aujourd'hui. On peut en juger par la belle eſtampe de l'académie des ſciences & des beaux arts, dont on voit juſqu'à huit épreuves dans cette collection, dont cinq épreuves avant la lettre, toutes avec des différences ſenſibles, qui indiquent les divers tra‑ vaux que l'auteur y a ajoutés ſucceſſivement pour amener cette magnifique eſtampe au point de perfection où elle ſe voit dans les épreuves entiérement finies. Toutes les autres pieces un peu remarquables y ſont de même répétées plu‑ ſieurs fois ; & l'on eſt ſurpris en parcourant cette collec‑ tion immenſe, d'y voir les eſtampes les plus rares doubles & triples, avec des différences ſans nombre, dont quel‑ ques-unes ſont à peine connues des autres amateurs. Elle eſt formée des débris des œuvres de le Clerc vendus en détail dans différens cabinets, principalement de ceux de MM. Potier & le Clerc fils, dont les eſtampes les plus rares & les mieux conditionnées ont paſſé dans le riche cabinet de cet amateur vraiment curieux, par les ſoins de MM. Joullain, pere & fils. C'eſt à ce dernier ſur-tout que l'on eſt redevable du bel ordre qui regne dans toutes les collections d'eſtampes & de deſſeins de ce cabinet unique, qui eſt un des plus conſidérables de Paris. M. Joullain fils m'ayant procuré l'entrée de ce cabinet précieux dont il a la direction, M. Paignon m'a permis non-ſeulement de faire d'après ſon œuvre de le Clerc toutes les notes dont j'aurois beſoin, mais il a daigné m'aider lui-même de ſes lumieres dans mes recherches, conjointement avec M. Joullain fils. Pendant plus de quinze jours que mon travail a duré, ces Meſſieurs ont examiné chaque piece avec moi, & m'en ont fait remarquer la plupart des dif‑ férences & des particularités qui ſont le principal mé‑

rite de ce catalogue, & qui lui attireront sans doute les suffrages des véritables amateurs, pour lesquels les moindres détails deviennent intéressans.

L'œuvre de le Clerc que possède M. Jombert, auteur de cet ouvrage, peut entrer en concurrence avec les précédens : outre qu'il est le plus nombreux, je puis le garantir le moins incomplet de tous, par les soins que je me suis donnés depuis plusieurs années, pour rassembler & découvrir toutes les estampes possibles de le Clerc, non-seulement dans Paris, mais dans les provinces les plus reculées, & jusques dans les pays du nord ; ayant tiré de la Suede & de la Saxe, plusieurs estampes de la plus grande rareté. Ma propre collection montoit déjà à 3338 pieces, y compris les estampes doubles à cause des différences, & les desseins, lorsque j'achetai l'an passé à la vente du sieur Huquier l'œuvre de le Clerc qu'il avoit formé, & qu'il regardoit comme le plus complet de Paris. Le catalogue l'annonçoit comme contenant 3187 pieces, mais j'y en ai trouvé en effet 3255, y compris les doubles à cause des différences. On conçoit aisément que ces deux œuvres réunis doivent former la collection la plus considérable qui existe des gravures de le Clerc.

La justice & la reconnoissance m'obligent de parler ici des obligations que j'ai à feu M. Huquier, dessinateur & graveur d'ornemens, & marchand d'estampes très-célebre, avec lequel j'ai été lié d'amitié pendant plus de trente années, & qui m'a été d'un grand secours pour la composition de ce catalogue. Chacun sait combien il aimoit à faire voir aux amateurs les belles collections d'estampes dans tous les genres qu'il avoit rassemblées avec autant d'ardeur que de goût pendant une longue suite d'années. On n'ignore pas non plus avec quel soin il s'efforçoit d'ins-

truire ceux qui examinoient ces chef-d'œuvres avec lui,
en leur faifant appercevoir les beautés & le mérite particulier de chaque piece : perfonne n'eſt plus en état d'en
rendre témoignage que moi, fur-tout relativement à ce
catalogue.

M. Huquier avoit commencé fa curiofité & fon amour
paſſionné pour les eſtampes, par celles de Sebaſtien le
Clerc. Né à Orléans en 1695, où il eſt reſté juſqu'à l'âge
d'environ 25 ans, il eut occaſion d'y voir fréquemment
M. l'abbé Laurent le Clerc, fecond fils de notre artiſte,
qui profeſſoit alors la théologie dans le féminaire d'Orléans, & qui poſſédoit une aſſez nombreuſe collection des
ouvrages de fon pere. M. Huquier ne ceſſoit de les regarder & de les admirer ; auſſi à la mort de cet eccléſiaſtique,
fe hâta-t-il d'en faire l'acquiſition. M. l'abbé le Clerc fe
faiſoit un plaifir de lui laiſſer parcourir ce recueil précieux,
& en l'examinant avec lui, il lui en apprenoit bien des
anecdotes curieuſes, & diverſes particularités que M. Huquier a toujours conſervées dans fa mémoire. M. l'abbé le
Clerc avoit formé un petit catalogue manuſcrit des gravures
de fon pere, difpofé par ordre hiſtorique, qui a paſſé à M. Huquier, & qu'il m'a permis de copier : ce petit catalogue,
quoique très-abrégé, m'a été très-utile dans pluſieurs oc-
caſions où j'aurois pu me trouver embarraſſé pour placer
certaines pieces de le Clerc dont la date eſt douteuſe. Depuis l'acquiſition de cet œuvre, M. Huquier a travaillé
juſqu'à fa mort à l'augmenter & à le perfectionner, foit en
changeant les épreuves dont il n'étoit pas content, foit en
y ajoutant les pieces qui pouvoient lui manquer : auſſi fe
flattoit-il de poſſéder l'œuvre de le Clerc le plus complet
& le plus authentique. Lorſque je lui communiquai l'intention où j'étois de compofer un catalogue raifonné des

estampes de cet artiste, il m'offrit généreusement & la
vue de son œuvre tant que j'en aurois besoin, & toutes les
instructions qu'il étoit en état de me donner sur les ouvrages de le Clerc. Nous avons en effet passé ensemble
plus de six semaines le matin & l'après-dînée, sans discon-
tinuer, à regarder avec attention chaque estampe de son
œuvre l'une après l'autre, & à en observer toutes les différences. J'écrivois en même tems sur des cartes, sous sa
dictée, toutes les anecdotes & les particularités que la vue
& l'examen réfléchi de ces mêmes estampes pouvoient lui
rappeller. Ce travail, joint à ceux dont je viens de rendre
compte, me mirent enfin en état de commencer le manuscrit de mon catalogue de l'œuvre de Sebastien le Clerc.

L'œuvre de le Clerc du cabinet de M. le Normant du
Coudray, amateur très-instruit, & extrêmement curieux
des ouvrages de ce maître, demeurant à Orléans, mérite
que j'en fasse mention ici. Il peut former une collection
d'environ 1800 pieces, en y comprenant les doubles où il
se trouve des différences: parmi ces estampes, il y en a de
très-rares, comme le may des Gobelins, & l'académie des
sciences, avant toute lettre, dont nous avons parlé aux
Nº. 191 & 263. M. le Normant possede en outre deux
desseins originaux de le Clerc pour les petits paysages dédiés à M. le duc de Bourgogne, l'un à la plume, d'un
fini extrêmement précieux, l'autre lavé à la sanguine.
(Voyez ce qu'on en a dit Nº. 258, pl. 29 & 41.) Ayant
eu occasion, il y a quelques années, dans un voyage que
je fis à Orléans, de connoître ce véritable amateur, j'eus
lieu d'être si satisfait des conversations fréquentes que nous
eûmes alors ensemble au sujet des gravures de Callot, la
Belle, & le Clerc, que je retournai depuis plusieurs fois
dans la même ville, pour profiter de ses lumieres & de

ſon érudition profonde dans la connoiſſance des livres & des eſtampes. Auſſi m'a-t-il été d'un grand ſecours pour le catalogue de la Belle que je viens de mettre au jour, & ſur-tout pour celui-ci. Avant que de mettre au net le manuſcrit de cet ouvrage, j'ai cru devoir faire un nouveau voyage exprès à Orléans, pour conſulter cet ami éclairé ſur les matériaux immenſes que j'avois raſſemblés dans mes di-verſes recherches, & pour ſoumettre le tout à ſon juge-ment & à ſes déciſions : nous en avons fait enſemble le choix & la rédaction. Enfin ſi j'ai eu la conſtance de per-ſévérer juſqu'à la fin dans cette entrepriſe épineuſe, je le dois à ſes encouragemens & à ſes bons conſeils. Car, il faut l'avouer, j'ai été tenté pluſieurs fois de l'abandonner par les difficultés de toute eſpece que j'ai rencontré de tems en tems en y travaillant.

Je ne dois point paſſer ſous ſilence l'œuvre de le Clerc que poſſede M. Rouſſet, architecte du Roi. Toutes les eſ-tampes de cet œuvre ſont collées avec beaucoup de pro-preté & de ſymmétrie ſur des demi-feuilles de grand-aigle, doublées de beau papier bleu d'Hollande, avec deux traits d'encre de la Chine formant un encadrement ſur le bord de chaque feuillet : c'eſt l'ouvrage des ſieurs Helle & Glomy qui ſe ſont rendus célebres dans ce genre de travail. Cette collection eſt renfermée dans quatre porte-feuilles de même grandeur. M. Rouſſet l'a achetée avec l'œuvre de la Belle & celui de Callot, de même parure & de même condition, & collés par les mêmes. Ces trois œuvres très-curieux & d'un très-beau choix viennent du cabinet de M. Brochant, & ont coûté 4000 liv. J'ai examiné celui de le Clerc, avant que de travailler à ce catalogue, & j'en ai trouvé toutes les eſtampes très-bien conditionnées : elles ſont au nombre de 1160 ; toutes de choix & des plus intéreſſantes de cet artiſte.

On voit un fort bel œuvre de le Clerc au cabinet d'estampes de la bibliotheque du grand séminaire de S. Sulpice, sous la direction de M. l'abbé Moyrou, amateur très connu & d'un mérite distingué. Cet œuvre de le Clerc, qui vient de M. l'abbé Claude le Clerc, cinquieme fils de notre artiste, prêtre habitué dans le séminaire de S. Sulpice, quoique peu nombreux, est curieux pour quelques pieces de le Clerc introuvables ailleurs, notamment celles dont on a parlé au N°. 343, année 1695.

M. Roi, ci-devant procureur au parlement de Paris, possede une collection des principales pieces de le Clerc, qui consiste en plus de 1600 morceaux, dont le choix & la beauté des épreuves prouvent son bon goût & sa parfaite connoissance dans les estampes. Cet amateur intelligent & très-instruit, m'a beaucoup aidé dans les recherches que j'ai été obligé de faire pour ce catalogue, & a bien voulu m'accompagner chez la plupart des curieux qui pouvoient avoir quelques morceaux capitaux de le Clerc. Il possede en outre un œuvre de Cochin fils, assez complet & parfait d'épreuves, un très-bel œuvre de Picart, un de Callot, un de la Belle, un œuvre unique de Gravelot, un autre d'Eisen, &c, & une quantité très-considérable des plus belles estampes de toutes les écoles, soit anciennes ou modernes.

M. Haumont, amateur de médailles & d'antiquités, a conservé l'œuvre de le Clerc, qu'il a acheté en 1769 à la vente des effets de M. Cayeux : il consiste, comme on l'a vu ci-devant, en 108 morceaux, parmi lesquels il s'en trouve quelques-uns de rares. Il a aussi beaucoup d'estampes anciennes dont il s'occupe principalement.

M. de Valois, amateur fort connu, possede aussi un œuvre de le Clerc, que je n'ai pas vu, & dont par conséquent je ne puis rendre compte.

Il y a dans la bibliotheque de Sainte-Geneviève une collection des œuvres de Sebastien le Clerc, mais qui est très-imparfaite, & en un seul volume.

J'ignore s'il se trouve un œuvre de le Clerc dans le célebre cabinet de M. M***, & dans quel état il peut être. Le refus qu'il m'a fait de me laisser prendre connoissance de l'œuvre de la Belle qu'il possede, dans le tems que je m'occupois du catalogue des ouvrages de cet artiste, m'a rendu assez circonspect pour ne pas me mettre dans le cas d'un nouveau refus à l'occasion de celui-ci.

M. Joullain pere, marchand d'estampes & de tableaux, a dans ses porte-feuilles une si grande quantité d'estampes de le Clerc, doubles, triples, & quadruples, avec leurs différences, qu'il ne seroit pas difficile, en les rassemblant, d'en former un œuvre de ce maitre très-considérable. Il y a lieu d'espérer que la lecture de ce catalogue le déterminera à entreprendre ce travail.

Des deux œuvres formés par MM. Huquier & Jombert, réunis ensemble, il en a résulté un œuvre de le Clerc des plus complets, dont le nombre des estampes se monte à 3613, dont 3190 estampes différentes, & 423 doubles, à cause des différences, sans compter 64 desseins originaux de ce maitre. Le sieur Jombert a de plus un second œuvre du même artiste qui contient encore au moins 3300 pieces, parmi lesquelles il s'en trouve plusieurs de la plus grande rareté. M. Jombert possede en outre plus de six mille estampes de le Clerc capables de former un troisieme & un quatrieme œuvre, moins considérables que les deux premiers, mais suffisans pour des artistes, ou pour des amateurs qui se contentent d'avoir les principales pieces de chaque maitre. Ainsi il est en état de vendre ces œuvres en entier, & d'autres estampes de le Clerc en détail, selon le besoin & la volonté des acquéreurs qui se présenteront.

Il y a certainement à Paris d'autres œuvres de le Clerc dans différens cabinets de curieux auprès desquels je n'ai pu avoir d'accès : mais ce que je viens de rapporter suffit pour donner une idée de l'estime générale & du cas que l'on fait des ouvrages de ce célebre artiste. Je me suis acquitté en même tems d'un devoir indispensable, en présentant un témoignage public de ma reconnoissance aux amateurs officieux, qui non contens de m'ouvrir leurs cabinets, pour y puiser les lumieres dont j'avois besoin, ont bien voulu m'aider encore de leurs conseils & me faciliter la composition de ce catalogue, que je n'aurois jamais pu mettre en état de paroître sans leur secours.

AVIS AUX MARCHANDS

D'ESTAMPES,

Sur la diſtinction des vignettes , culs-de-lampe , frontiſpices , & autres ornemens qu'on met dans les livres.

Comme il ſera ſouvent queſtion dans le cours de cet ouvrage, de frontiſpices , & de vignettes , & que la plupart des marchands qui ſont dans l'habitude de faire des ventes d'eſtampes & de deſſeins , confondent aſſez ſouvent dans leurs catalogues les différens ornemens en gravure que l'on met dans les livres , ſoit frontiſpice , vignette , lettre griſe , fleuron , ou cul-de-lampe , ſous le terme général de *vignettes :* en reconnoiſſance des lumieres que j'ai tiré de pluſieurs d'entr'eux , qui ſont parfaitement inſtruits dans la connoiſſance des chefs-d'œuvres des différens maitres , je crois devoir leur donner à mon tour , en qualité de libraire, un petit avis ſur l'abus qu'ils font de ce terme vague , & ſur la diſtinction que l'on doit faire entre ces divers ornemens typographiques.

Le *frontiſpice* eſt une eſtampe qui ſe place à la tête d'un livre, vis-à-vis le titre , & qui eſt au moins de la grandeur d'une des pages du volume , ſouvent même on lui donne quelque choſe de plus en hauteur & en largeur , afin de ſe procurer plus d'eſpace pour le ſujet qu'on veut y repréſenter. Tel eſt le frontiſpice des *cérémonies religieuſes* , que l'on regarde à juſte titre comme une des meilleures productions de Picart , ou celui de l'*hiſtoire naturelle des animaux* , deſſiné & gravé par le Clerc. Tel eſt encore (pour citer un exemple plus récent) le magnifique frontiſpice de l'*Encyclopédie* , compoſé & deſſiné par M. Cochin, & gravé par M. Prevoſt : chef d'œuvre de l'imagination la plus pittoreſque , qui offre dans une eſtampe de la grandeur d'une page *in-folio* , un poëme épique en raccourci ;

préfenté avec tout l'art & le génie dont le favant crayon de cet illuftre artifte eft capable.

La *vignette* eft une petite eftampe, entourée d'une légere bordure d'ornement, ou d'un double trait, qui fe tire fur le haut de la page, au commencement du difcours d'un volume, ou d'une partie, à la tête d'une épitre dédicatoire, &c. Sa longueur eft ordinairement du double de fa hauteur : or comme cette longueur eft toujours déterminée par la largeur de la page, il feroit facile de trouver la hauteur qu'on doit donner à la vignette, en prenant la moitié de fa longueur. Cependant, pour plus d'exactitude, on feroit mieux de fe régler, pour la hauteur de la vignette, fur celle de la page du livre, relativement à la grandeur du volume. En conféquence, la hauteur d'un vignette *in-folio* feroit entre le tiers & le quart, c'eft-à-dire, les deux feptiemes de la hauteur de la page : pour l'*in-quarto* & l'*in-octavo*, elle en feroit le tiers : pour l'*in-douze*, il fuffiroit de lui donner le quart de la hauteur de la page. Je citerai comme un exemple de ce qu'on appelle proprement *vignette*, celle de le Clerc repréfentant S. Auguftin prêchant devant le peuple d'Hippone, qu'on voit au commencement du difcours du tome V des œuvres de ce pere de l'églife latine : ou bien la vignette appellée *le grand concile*, pour le fupplément de l'hiftoire des conciles, par Baluze : qui font deux chef-d'œuvres de ce maitre.

La *lettre grife* accompagne ordinairement une vignette : c'eft la premiere lettre du difcours auquel la vignette fert d'ornement. Son origine vient naturellement de la lettre majufcule par laquelle tout bon écrivain eft dans l'habitude de commencer un difcours, de quelque nature qu'il foit. On lui a donné le nom de *lettre grife*, parce qu'anciennement elle étoit ombrée d'une fimple taille égale : le fond, renfermé par une bordure ou par un double trait, reftoit blanc. Préfentement qu'on y repréfente quelque fujet allégorique à l'ouvrage, la lettre majufcule, qui y joue le principal rôle, fe détache en clair fur le fond ombré, ou hiftorié d'un fujet. On citera comme des exemples inimitables de cette efpece d'ornement deux très-jolies lettres initiales qui fe trouvent dans la premiere édition de la méthode pour apprendre le deffein, par Jombert, *in-quarto*, Paris, 1740. A la lettre O, M. Cochin a représenté dans un espace d'un pouce en quarré au plus, la salle du modele de l'académie royale de peinture, avec les jeunes gens qui y dessinent à la lueur d'une lampe : & à la lettre S , une autre salle de la même académie, où l'on voit le professeur en exercice , corrigeant les desseins des éleves : malgré l'extrème petitesse de l'estampe , tous les objets s'y distinguent parfaitement. Au reste , je ferai observer ici que de tous les dessinateurs & graveurs modernes, le Clerc est celui qui a le plus contribué à mettre en vogue cet ornement typographique , & qu'il est le premier qui a sçu rendre la lettre grise intéressante , en représentant dans un très-petit espace un sujet entier , soit histoire ou allégorie , relatif à la matiere traitée dans le livre où elle est placée.

Le *fleuron* differe du cul-de-lampe en ce que le premier se met sur le titre d'un livre , dans l'espace qui reste entre le nom de l'auteur , & le nom & l'adresse du libraire : au lieu que le cul-de-lampe est proprement l'ornement qui termine un ouvrage , & qui se met à la fin d'un volume , d'une partie, d'un livre , d'un chapitre, &c. La hauteur du fleuron dépend de l'étendue du titre du livre : quand le titre est assez détaillé pour ne laisser au-dessous que la place nécessaire pour le nom & l'adresse du libraire ou de l'imprimeur, alors il n'est pas besoin de fleuron : ou bien s'il n'y reste que très-peu de place , on se contente d'un léger ornement en fonte. Mais quand la place vuide se trouve considérable, comme du tiers ou du quart de la page , on ne peut se dispenser de le remplir par un fleuron gravé , soit en cuivre ou en bois. On conçoit par-là qu'il peut y avoir des fleurons de toute sorte de hauteur : à l'égard de sa largeur, pour avoir quelque grace , elle doit être un peu moindre que celle de la page. Un fleuron n'est assujetti à aucune forme réguliere , par conséquent il ne doit être renfermé par aucun cadre ni bordure : c'est ce qui le distingue de la vignette, qu'il est essentiel , au contraire , de border au moins par un simple trait qui en termine le contour des quatre côtés. On trouve cependant dans les grands volumes des ouvrages de MM. de l'académie des sciences, imprimés aux dépens du Roi , depuis 1672 jusqu'en 1680, plusieurs exemples d'un grand fleuron aux armes de France , renfermé dans une bordure quarrée : mais ces exemples ne font point à imiter. Je citerai au contraire pour modeles, les 36 planches des devifes pour les tapifleries du Roi, gravées par le Clerc, qui font de vrais fleurons, puifqu'ils fe trouvent tirés au milieu de la page entre les deux difcours que l'on voit au-deffus & au-deffous de chacune de ces eftampes. Le fleuron du titre de l'édition des *cérémonies religieufes*, faite à Paris en 1741, en fept volumes *in-folio*, & celui de la partition *in-folio* de *l'ifle des foux*, opera comique, imprimé, en 1761, où l'on voit l'avare de cette piece tenant fous fon bras fa caffette pleine d'or, avec ces mots éternifés par la mufique de Duny : *je fuis un pauvre miférable* : ces deux morceaux, dis-je, deffinés & gavés par M. Cochin, font les plus beaux modeles de compofition, & les meilleurs exemples que je puiffe citer de cette efpece d'ornement dont on décore le titre d'un livre, lorfque la place le permet.

L'origine du *cul de-lampe* dans les livres eft auffi ancienne que celle de l'imprimerie, & l'on peut voir dans les premiers livres qui ont paru depuis cette ingénieufe découverte (en 1440) jufques vers la fin du feizieme fiecle, que non-feulement à la fin du volume, mais même à la fin de chaque chapitre ou de chaque fection, l'on faifoit ufage de cette efpece d'ornement. Il ne confiftoit alors qu'en une certaine difpofition des dernieres lignes du livre, ou du chapitre, que l'on faifoit aller toujours en diminuant, depuis la ligne entiere où cet arrangement commençoit, jufqu'à la derniere & la plus courte ligne, qui n'étoit plus compofée que d'un feul mot ou d'une feule fyllabe ; ce qui donnoit au bas de cette derniere page la forme d'un cul-de-lampe, ou plutôt celle d'un triangle équilatéral dont la bafe, ou l'hypothénufe, étoit tournée vers le haut de la page, & dont l'angle du fommet, oppofé à la bafe regardoit vers le bas de la page. On a abandonné enfuite cette difpofition de lignes qui alloient en diminuant, pour leur fubftituer des ornemens en fonte, arrangés de la même maniere, ou des culs-de lampe gravés en bois. Enfin le goût s'étant épuré de plus en plus, on a eu recours à la gravure en cuivre pour exécuter les mêmes chofes ; & pour ne parler que de notre artifte, l'œuvre de le Clerc fournit une quantité d'exemples de culs-de-lampe de toute efpece, très-ingé-

nieufement variés, mais qui confervent toujours par le
bas la forme triangulaire, effentielle à ce genre particulier
d'ornement typographique. On citera entr'autres pour
exemples de cette régularité de forme par le bas, les deux
culs-de-lampe du triomphe de Charles IV, duc de Lorraine, *in-folio*. Metz. 1664 : celui du fquelette, dans l'hiftoire des animaux, *in-folio*, premiere partie, 1671 : le
cul-de-lampe des enfans aftronomes, à la fin de la mefure
de la terre, par M. Picart, même format & même année :
ceux pour l'hiftoire de Charles V projettée, 1704 : ceux de
l'hiftoire de la maifon d'Auvergne, par Baluze, *in-folio*,
1708, &c.

Toutes les autres eftampes que l'on voit dans les livres
& qui ne peuvent fe ranger dans les claffes précédentes,
fe nomment fimplement *eftampes*, foit qu'elles aient la
grandeur d'une page entiere du livre (comme celles qu'on
voit au nombre de 276 planches dans la magnifique édition des fables de la Fontaine, *in-folio*, 1756, ou les
eftampes des métamorphofes d'Ovide, au nombre de 141,
gravées par les foins du fieur Bafan, pour être inférées
dans la nouvelle édition de cet ouvrage en quatre volumes
in-quarto, 1771) : foit que ces planches n'aient que la
moitié de la hauteur de la page, comme les eftampes des
contes de la Fontaine, par Romyn de Hoogge, pour
l'édition *in-douze*, imprimée à Amfterdam en 1685 :
celles des contes de Boccace, par le même, en 1699 :
des cent nouvelles nouvelles, gravées d'après le même,
en 1701 ; ou comme les eftampes des fables de la Motte,
au nombre de cent, la plupart deffinées & gravées par
Gillot, pour l'édition *in-quarto* de cet ouvrage, imprimé
à Paris en 1719.

Pour rappeller en peu de mots tout ce qui concerne les
ornemens qu'on met dans les livres imprimés avec foin,
je propoferai pour dernier exemple la belle édition du
poëme de Lucrece, traduit en vers italiens par *Marchetti*,
& mis au jour par les foins du fieur Gerbault, en 1754,
formant deux volumes *in-octavo* imprimés à Paris [1].
On y voit deux *frontifpices* différens ; favoir, un pour chaque

---

[1] On trouve encore quelques exemplaires des premieres épreuves
de cette belle édition de Lucrece, chez Jombert pere, libraire, à
Paris, rue Dauphine.

volume, un *titre gravé* & orné de figures, une *vignette* pour l'épitre dédicatoire, fix autres *vignettes* à la tête des fix chants de ce poëme, fix belles *estampes* vis-à-vis le commencement de chaque chant, trois *culs-de-lampe* à la fin des chants II, IV, & VI, & deux efpeces de *fleurons* tirés fur des pages entieres reftées blanches au *verfo* de la fin des chants III & V. Il n'y a point de *lettres grifes* au-deffous des vignettes dans cette édition de Lucrece.

Les fujétions incommodes & les inconvéniens occafionnés par cette multiplicité de petites planches dans les livres, la difficulté d'en tirer de bonnes épreuves derriere le difcours déjà imprimé en lettres, jointe à la dépenfe redoublée de l'impreffion en taille douce, & au déchet des feuilles perduës, déchirées, ou gâtées dans ce travail, feront perdre infenfiblement l'ufage de ces ornemens typographiques empruntés de la gravure & de l'impreffion en taille douce. Auffi dans quelques ouvrages modernes bien exécutés ne voit-on plus ni vignettes, ni lettres grifes, ni fleurons : témoin la nouvelle édition des comédies de Térence, traduites par M. l'abbé le Monnier, imprimée en 1770, en trois volumes *in-octavo*. Elle eft ornée d'un frontifpice allégorique, & de fix belles eftampes du deffein & de la compofition de M. Cochin, placées au devant des fix comédies que renferme cette édition, fans aucune vignette ni fleuron. Dans la grande édition des fables de la Fontaine, *in-folio*, imprimée chez Jombert, en 1756, il n'y a non plus ni vignettes ni lettres grifes, ni fleurons en cuivre. Mais comme la nature de cet ouvrage a mis dans la néceffité de laiffer fouvent de grands efpaces vuides à la fin de chaque fable, on a pris le parti d'y mettre de très-beaux culs de-lampe en bois, répréfentant des fleurs grouppées artiftement. Ils font gravés par Papillon & le Sueur, les deux plus habiles graveurs en bois que nous ayons eu depuis long-tems, d'après les deffeins de M. Bachelier, artifte du premier mérite, peintre d'hiftoire, & connu pour exceller particuliérement dans le genre des fleurs & des animaux.

PRÉCIS

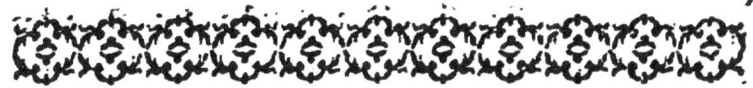

PRÉCIS HISTORIQUE

SUR LA VIE ET LES OUVRAGES

DE SEBASTIEN LE CLERC,

Deſſinateur & Graveur du cabinet du Roi.

Sebastien le Clerc naquit à Metz le 26 ſeptembre 1637. Son grand-pere, noble Lorrain, étoit attaché à la princeſſe de Tarente en qualité de ſecretaire : ayant embraſſé la religion proteſtante, il fut obligé, vers l'an 1580, de ſortir des états du duc de Lorraine & de ſe réfugier à Metz, pour ſe ſouſtraire aux recherches qu'on fit alors contre les nouveaux réformés. Ce contretems ayant dérangé ſes affaires, ſa famille fut diſperſée, & il fit prendre à chacun de ſes enfans le parti qui lui parut le plus convenable. Le plus jeune, nommé Laurent le Clerc, né en 1590, fut placé chez un orfevre à Metz, & vint enſuite à Paris en 1610 pour ſe perfectionner dans ſon art. Après y avoir ſéjourné pluſieurs années, il ſe retira à Lyon où il ſe trouva durant la fameuſe peſte qui déſola cette ville en 1635. Quelque tems après il revint à Metz ſa patrie, où il s'établit orfevre; il y mourut en 1695, âgé de 105 ans; laiſſant deux enfans, une fille, & un fils nommé Sebaſtien le Clerc, dont nous allons parler. Comme Laurent le Clerc étoit fort habile dans ſa profeſſion, il donna de bons principes à son fils & lui apprit de bonne heure à dessiner. Avec les heureuses dispositions que Sebastien avoit pour cet art, il y fit en peu de tems des progrès si rapides, qu'on croit qu'il commença à graver dès l'âge de sept ans, & qu'à douze ans, il donnoit lui-même des leçons de dessein.

On conserve entr'autres un ouvrage de Sebastien le Clerc fait à la plume, représentant un enfant nu couché sur le dos & endormi, les deux mains appuyées sur la poitrine, vu un peu de côté, en raccourci, des pieds à la tête. Il a environ 18 lignes en quarré [1]. Au bas de ce petit dessein, on voit écrit, de la main de son pere, qu'il n'avoit que huit ans lorsqu'il le fit.

Sebastien le Clerc, s'appliqua si jeune à la gravure qu'il ne se souvenoit pas bien lui-même à quel âge il avoit commencé. L'abbé de Vallemont assure que la premiere piece dont nous ayons une date certaine est une robe de N. S. qu'il a gravée en 1655, étant alors âgé de 18 ans. Mais si ce savant abbé avoit daigné consulter les ouvrages même de le Clerc, qui étoient bien plus faciles à rassembler il y a 60 ans qu'aujourd'hui, il auroit vu au haut d'un profil de la ville de Metz : *Sebastianus le Clerc designator & sculptor. 1650.* De plus, sur quatre écrans en rond, dessinés & gravés par

---

[1] M. Huquier possesseur de ce petit chef-d'œuvre, l'a placé dans son œuvre de le Clerc avec l'estampe originale faite au burin par un des anciens graveurs connus sous le nom de petits-maîtres, d'après laquelle le Clerc a fait ce dessein. Il y a un pareil dessein chez Madame de Bandeville ; & il seroit fort difficile de décider lequel des deux est l'original ; cependant M. Huquier m'a assuré que c'étoit le sien. Voyez le catalogue [note 2 au bas de la page 2, tome premier].

le Clerc à Metz quelques annés après, il auroit pu lire : *A Metz, chez Bouchard*, 1654. Les huit estampes des sept offices, & les tableaux des Mathurins, formant en tout dix-neuf planches, sont encore de ses premiers tems, & antérieurs à la date de la robe de N. S.

La suite la plus considérable que le Clerc ait entrepris étant encore à Metz, est la vie de Saint Benoist, qu'il dessina & grava en 1658, en 32 morceaux, sans compter plusieurs bordures qui servent de passe-partout à ces estampes. Si elles n'ont pas le mérite de ses autres productions, il faut considérer que le Clerc n'avoit alors que 21 ans, & que son imagination n'avoit pas encore été échauffée par l'infpection des chef-d'œuvres de nos maîtres François qui composoient alors l'académie royale de peinture, parmi lesquels on comptoit les le Brun, les le Sueur, les Bourdon, les de la Hire, &c. Il grava aussi étant à Metz deux suites différentes d'estampes représentant les actions du prêtre pendant la messe, en 35 morceaux, dont nous rendrons compte, en parlant d'une troisieme messe qu'il recommença étant à Paris, en 1680.

Comme le jeune le Clerc avoit l'esprit vaste & curieux d'apprendre, il ne se borna pas à la seule pratique du dessein & de la gravure, il s'appliqua aussi à l'étude de la physique & de la géométrie, sachant bien qu'il n'est guere possible de devenir bon physicien sans être un peu géometre, & il y fit de lui-même de fort grands progrès. Quelques tems après un chanoine de Metz, touché de son amour pour les sciences, donna à notre jeune homme des leçons de perfpective. L'éleve alla bientôt plus loin que le maître, & le Clerc fe mit au fait en peu de tems de tout ce que cette fcience a de plus difficile : ii fentit alors par fa propre expérience combien la connoiffance des regles de la perfpective eft néceffaire aux peintres & aux deffinateurs pour faire illufion & donner un air de vérité à leurs compofitions.

Encouragé par de fi heureux commencemens, le jeune le Clerc s'appliqua férieufement à l'étude des mathématiques & des fortifications, dans l'intention d'entrer dans le Génie. Il s'y rendit en effet fi habile, qu'en 1660 il fut choifi pour occuper la place d'Ingénieur-géographe auprès du maréchal de la Ferté. Dans ce nouvel emploi, il leva les plans des principales places du pays Meffin & du Verdunois. Il réuffit fur-tout au plan de Marfal dont on fe propofoit alors de démolir les fortifications ; mais ayant appris qu'on avoit envoyé ce plan à la Cour, fous le nom d'un autre ingénieur, & n'ayant pu tirer raifon de cette injuftice, il fe détermina à abandonner fon emploi.

Au milieu de tous ces travaux, & malgré le tems confidérable que le Clerc facrifioit à l'étude, il trouvoit encore le moyen de s'exercer à l'art de la gravure dans lequel il faifoit de jour en jour de nouveaux progrès : c'eft dans l'intervalle de tems que lui laiffoient fes occupations ordinaires, que notre artifte mit au jour, étant encore à Metz, fes fept anciennes modes qui font devenues fi rares ; les deux planches du Luftucru ; l'office de la Vierge dédié aux filles, en huit planches ; les divers états

& conditions de la vie en 27 planches, parmi lefquelles il y en a trois ou quatre de la plus grande
rareté; & les planches du livre intitulé *le triomphe
de Charles IV, duc de Lorraine*, à fa rentrée dans fes
états, qu'il grava en fociété avec Claude Dervet,
peintre, qui en avoit fait les deffeins. Ce Claude
Dervet avoit été ami & compatriote de Jacques
Callot, graveur célèbre, mort à Nancy en 1635.

M. le Clerc vint à Paris vers la fin de 1665,
dans l'efpérance de s'avancer dans le Génie; mais
M. le Brun, premier peintre du Roi, qui eut occafion de le connoître, lui ayant trouvé des talens
extraordinaires pour le deffein & la gravure, le
détourna de fa premiere idée, & lui confeilla de
fe livrer tout entier au penchant qui le portoit à
ce bel art. Notre artifte fuivit les confeils de ce
grand peintre, lequel de fon côté prit un intérêt
particulier pour ce jeune homme, & lui procura
les moyens de faire connoître fes talens.

Sebaftien le Clerc, déterminé à s'occuper uniquement de la gravure, ne tarda pas à trouver des
occafions d'exercer fa pointe & fon burin. A peine
étoit-il arrivé à Paris que chacun s'empreffa d'avoir
de fes ouvrages. En 1667 il grava les fept planches
de la cour d'amour, ou les bergers galans : les douze
frontifpices pour les douze chants de l'abrégé de
la Cléopatre : & une fuite confidérable d'eftampes
pour l'hiftoire générale des Antilles, par le pere du
Tertre, en quatre volumes *in-quarto*. L'année fui-
vante il mit au jour fa grande eftampe des tireurs à
l'arquebufe pour la ville de Nantes, dont les bonnes
épreuves font devenues fi rares : & il grava d'après
les deffeins de M. Bailly les 32 devifes que l'on

voit aux quatre angles des tapisseries du Roi, représentant les quatre élémens & les quatre saisons,
ce qui forme un recueil de 32 planches, sans
compter plusieurs titres & frontispices qu'il fit
pour le même ouvrage, qui fut imprimé *in-folio*, en
1668. Il grava aussi, dans cette année, pour l'abbé
de Brianville, un fort beau fleuron à la louange du
Roi : c'est une représentation de tout ce qui ser-
voit à la défense & à la conservation de la fameuse
toison d'or, pour faire voir combien la conquête
en étoit dangereuse & difficile. On lit au-dessus
cette devise : *& major Jasone vindex ;* dont l'explication est au bas en six vers françois.

Ce fut vers ce tems-là que le Clerc acheva son
livre intitulé : *pratique de la géométrie sur le papier
& sur le terrein, in-douze*, dont il avoit gravé
une grande partie des planches à Metz, & qu'il fit
imprimer à Paris en 1669, avec 82 planches ornées
de quantité de petits sujets extrêmement amu-
sans par leur gentillesse & leur variété. Ce livre
eut tout le succès qu'on avoit lieu d'en attendre ;
il a été réimprimé en 1682 avec 14 nouvelles
planches : il y en eut une troisieme édition en
1700, avec quelques changemens dans les planches, & plusieurs autres depuis ; enfin il a été
copié en Hollande & traduit en latin en Angleterre. La réputation de l'auteur s'étendit jusqu'à la
cour, & le grand Colbert, toujours attentif à
encourager les artistes & à récompenser leurs talens, pour fixer M. le Clerc à Paris, lui donna
un logement à l'hôtel royal des Gobelins, avec
une pension de six cens écus ; ce qui l'attacha au
service de S. M. & l'obligea de ne s'occuper que

des ouvrages pour le Roi. M. Colbert l'engagea
en outre à enseigner le deffein & les mathématiques à M. Colbert Dormoy son fils, connu depuis sous le nom du marquis de Blainville, dé-
figné en survivance pour occuper la place de sur-
intendant des bâtimens du Roi après la mort de
son pere. M. le Clerc s'en acquitta avec zele, &
continua d'instruire son jeune éleve pendant plusieurs années.

Dans la même année 1669, M. le Clerc grava
les petites eftampes qui ornent le premier volume de l'histoire sacrée en tableaux, par l'abbé
de Brianville, *in-douze :* l'année suivante il fit
celles du second volume ; il grava aussi celles du
troisieme, qui ne parut qu'en 1675. Ces trois
volumes renferment près de 150 planches qui repréfentent les principaux événemens de l'ancien &
du nouveau teftament; toutes deffinées & gravées
par le Clerc. Cette suite d'eftampes eft une des
plus intéreffantes de tout l'œuvre de cet artifte,
foit pour le nombre, foit pour la variété des fujets,
ou pour l'intérêt qu'il a fu répandre dans chacun
de ces petits tableaux. En 1670 il fit les deffeins &
toutes les gravures pour le livre intitulé : *histoire
de l'état préfent de l'empire Ottoman , par Briot.
In-quarto.* Il l'orna d'un très-beau frontifpice où
l'on voit le grand-feigneur fur fon trône, recevant les hommages de fes fujets ; il y a aussi dans
ce livre plusieurs vignettes très-intéreffantes, fur-
tout celle du commencement de l'ouvrage, qui
repréfente la mort tragique de l'ancienne fultane,
grand'mere de l'empereur regnant alors , & une
vingtaine de très-jolies planches où l'on voit les

portraits & les habillemens des principaux officiers
de l'empire des Turcs, rendus avec une précision
& une vérité surprenantes.

En 1671 M. le Clerc grava une piece allégorique assez singuliere : c'est un grand médaillon
qui renferme le buste du Roi avec cette légende :
Ludovicus Magnus Franciæ & Navarræ Rex : sur
le revers est la ville de Paris sous la figure d'une
femme assise tenant une corne d'abondance d'une
main, & appuyée de l'autre sur un bouclier où
l'on voit les armes de cette ville; l'inscription est :
felicitas publica, & on lit à l'exergue : *Lutetia*, Le
tout est accompagné de palmes & de lauriers entrelassés avec toutes sortes de couronnes antiques.
Au-dessus on voit deux Renommées volantes oc-
cupées à publier les merveilles du regne de Louis
XIV : entre ces deux figures voltige un écriteau
composé de deux mots : *Ludovicus Magnus*. Le
pere Souhaitty, qui ne manquoit aucune occasion
de faire sa cour à ce monarque, trouve dans
cette inscription latine l'année 1671 en chiffres
romains, & il fixe à cette date l'époque du comble
des grandeurs de Louis XIV. On croit que c'est
le premier monument où le sur-nom de grand
ait été donné à ce Roi, qui l'a mérité à bien des
égards.

Comme la réputation de cet artiste augmentoit
de jour en jour, il fut choisi en 1672 pour dessiner
& graver la représentation du catafalque que l'a-
cadémie royale de peinture & sculpture avoit fait
dresser dans l'église des Peres de l'Oratoire de la
rue Saint-Honoré, pour le service du chancelier
Seguier, mort le 3 février de la même année. M. le

Brun, qui en avoit inventé & conduit l'ordonnance, fut si content de ce chef-d'œuvre de le Clerc, qu'il préfenta en même tems à l'académie & cette eftampe & fon auteur. Il y fut reçu d'un confentement unanime en qualité de graveur : on le fit en même tems profeſſeur de géométrie & de perſpeƈtive, avec une penſion de 300 livres. La planche de ce mauſolée lui fervit de morceau de réception, & refta, fuivant l'uſage, à l'académie, où il continua avec fuccès fes leçons de perſpeƈtive pendant plus de trente années.

En 1673 M. le Clerc épouſa une des filles de M. Vandenkerchoven, teinturier du Roi aux Gobelins : il a eu de ce mariage fix fils & quatre filles. L'aîné des fils a porté auſſi le nom de Sebaſtien le Clerc, & s'eft diftingué dans la peinture. Il eft mort en 1757, étant profeſſeur de l'académie royale de peinture & de fculpture.

Pendant le peu d'années que M. le Clerc a été penſionnaire du Roi, il a gravé une quantité étonnante de planches dans toutes fortes de genres, pour les ouvrages de l'académie des ſciences qui s'imprimoient aux dépens de S. M. On peut citer entr'autres l'hiftoire naturelle des animaux, premiere & feconde parties, contenant 32 planches y compris un magnifique frontifpice, fans compter pluſieurs vignettes, lettres grifes, & fleurons qui font de la plus grande beauté. Les planches pour la meſure de la terre, par Picart, les vignettes, lettres grifes, & fleurons des quatre principaux problêmes d'architeƈture, par l'ancien Blondel, qu'il a gravés de fociété avec un Ingénieur nommé la Boiſſiere. Une grande partie des planches pour la belle édition de l'architecture de Vitruve, par Perrault, *in-folio*, & toutes celles pour l'édition *in douze* de l'abrégé du même ouvrage : les trente-neuf fontaines des bosquets du labyrinthe de Versailles : la grande & très-belle estampe où sont représentées les machines qui ont servi à transporter & à élever les deux pierres immenses qui couvrent le grand fronton du Louvre : les tapisseries du Roi d'après les tableaux de M. le Brun, qui ont pour sujet les quatre élémens & les quatre saisons, &c.

Quelques années après son mariage, M. le Clerc renonça à la pension de 1800 livres que le Roi lui faisoit, afin d'être plus libre de travailler pour les particuliers qui desiroient avoir de ses gravures, & aussi dans l'espérance de tirer un meilleur parti de ses talens pour le soutien de sa famille naissante, qui est devenue considérable par la suite. On lui laissa cependant alors une petite pension de cent livres sur les bâtimens, & trois ou quatre ans après on le gratifia d'une nouvelle pension de cent écus.

Le premier ouvrage que M. le Clerc a entrepris pour commencer le fonds de planches qu'il faisoit vendre pour son compte, sont douze jolis paysages de son invention, qu'il a gravés en 1673, & qu'il a dédiés à M. le Marquis de Beringhen. La composition en est agréable & variée, & ils sont exécutés d'une maniere si savante qu'on ne peut rien trouver de plus parfait dans ce genre champêtre, où M. le Clerc semble s'être surpassé lui-même. La belle intelligence du clair-obscur, dans laquelle cet artiste excelloit, y est observée avec un si grand succès que les objets y paroissent véritables & sensibles. Les rochers, les montagnes, les rivieres, les lointains ménagés avec art, y forment des oppositions & des effets très-agréables. Ces douze paysages si intéressans & si variés prouvent combien M. le Clerc étoit abondant & régulier dans ses compositions, élégant & correct dans ses desseins, exact & spirituel dans leur exécution. Dans la même année il grava une suite de 32 petites figures appellées académies, pour être insérées à la fin de la traduction du poëme d'Alphonse du Frenoy, sur la peinture, par M. de Piles. *In-douze.*

Vers le même tems M. le Clerc grava une suite de plusieurs morceaux allégoriques très-singuliers pour le président Rossignol, au nombre de quatre planches formant sept différentes estampes. Il y a lieu de croire que la quantité de figures hiéroglyphiques qui y sont représentées & qui paroissent comme autant d'énigmes, a rapport aux progrès de l'hérésie des Albigeois dans le Languedoc & dans les Cevennes, & à sa destruction sous les regnes de Louis XIII & de Louis XIV. On trouvera dans le catalogue qui suit cette vie de le Clerc, année 1675, une description détaillée de ces estampes très-curieuses, & les plus rares de tout l'œuvre de cet artiste.

François Chauveau étant mort en 1674, M. le Clerc acheva de graver peu de tems après la planche commencée par cet artiste pour la comédie des plaideurs, & grava en entier, d'après le dessein du même, celle pour la tragédie de Bajazet. Il grava aussi pour la même suite le frontispice des œuvres de Racine, celui de Phedre & Hyppolyte, & celui pour la tragédie d'Efther, d'après M. le Brun. Le Clerc a gravé encore d'après le même peintre, en 1676, un très-beau frontifpice pour les métamorphofes d'Ovide en rondeaux, par Benferade, *in-quarto*, ainfi que 38 jolis fujets d'après fes propres deffeins, pour le même ouvrage.

Un fujet affez remarquable fait à la gloire du Roi, c'eft la grande eftampe que le Clerc a gravée en 1676 à l'occafion du fameux canal de Languedoc, pour la jonction de l'Océan avec la Méditerranée, & qui a été préfentée au Roi le premier Janvier 1677. On voit au haut le portrait du Roi accompagné de deux Renommées : Minerve y paroît auffi & préfente à Louis XIV une couronne de lauriers : la Fortune met fa roue à la difcrétion du monarque. On lit fur cette eftampe : *Ludovico Magno in alveum navigabilem ab Oceano ad Mediterraneum*, &c. Toute cette compofition, qui eft très-bien entendue, répond parfaitement à la haute réputation dont M. le Clerc jouiffoit déjà lorfqu'il grava cette planche.

L'académie des fciences ayant publié en 1678 une fort belle carte des environs de Paris, en neuf feuilles, M. le Clerc l'orna de quatre très-beaux cartouches, tant pour le titre de cette carte & pour fa dédicace au Roi, que pour placer les différentes échelles itinéraires fervant à mefurer la diftance des diverfes pofitions de ce morceau de topographie.

Le grand nombre de planches que le Clerc a gravées pour une très-jolie édition de quelques petits poëmes italiens, imprimés à Paris en 1678, chez Thomas Jolly, sous le nom des Elsevirs, de grandeur *in-vingt-quatre*, ne nous permet point de les passer sous silence. Elles forment une suite de plus de soixante petites estampes très-spirituelles & très-bien gravées, qui ont servi pour *la Gierusalemme liberata: l'Adone del Marino: il Pastor fido: Aminta: Fili di Sciro*. Nous renvoyons au catalogue pour la description de toutes ces pièces.

En 1679 M. le Clerc dessina & grava sa grande planche de la bataille de Cassel gagnée par Monsieur, frère du Roi, sur les Hollandois commandés par le prince d'Orange, le 11 avril 1677. Comme M. le Clerc étoit bon Ingénieur, il a su très-bien exprimer dans cette estampe tout le local du pays où cette action s'est passée: la disposition des deux armées y est exactement observée, & l'on en distingue parfaitement les bataillons & les escadrons, & les autres circonstances de cette célèbre bataille.

Cette même année il mit au jour sa belle estampe de l'arc de triomphe commencé à ériger à l'extrêmité du faubourg Saint-Antoine, sur les desseins de Claude Perrault, pour immortaliser les grands événemens du regne de Louis XIV, dont la premiere pierre fut posée le 6 Août 1670: & un petit livre intitulé: *discours touchant le point de vue*. M. le Clerc avoit entrepris cet ouvrage pour la défense de la perspective que l'on accusoit d'être fondée sur de faux principes. Il tâcha d'y démontrer que tout ce qu'on apperçoit distinctement ne se voit que d'un seul œil.

On doit aussi rapporter à l'année 1679 la vi-

gnette de Saint Auguftin prêchant, que cet artiſte
fit pour le cinquieme volume des œuvres de ce
pere de l'églife, de l'édition des Bénédictins.
Cette piece eſt de la plus grande beauté. M. le
Clerc y a repréſenté avec beaucoup de ſoin &
d'exactitude le modeſte appareil qui accompa-
gnoit anciennement les évêques lorſqu'ils prê-
choient. Tout y eſt édifiant, c'eſt un tableau exact
de la ferveur & de la ſimplicité des fideles du
tems de la primitive églife.

M. le Clerc grava encore cette même année
deux très-jolies ſuites de figures dont il enrichit
ſon fonds de planches ; l'une a pour titre : divers
deſſeins de figures propres pour apprendre à deſſiner à la plume. Dédiés à M. Colbert d'Ormois,
en 30 planches, moitié au trait, moitié ombrées.
M. le Clerc compoſa cette petite ſuite pour l'inſ-
truction de ce fils de M. Colbert, connu auſſi
ſous le nom de Marquis de Blainville, à qui il
enſeignoit le deſſein & les mathématiques, comme
on l'a dit ci-devant. L'élégance, & la correction
qui ſe remarquent dans ces petites figures, les
rendent très-propres à ſervir de modeles aux perſonnes qui apprennent à deſſiner, d'autant plus
qu'il y a beaucoup de ces figures au ſimple trait,
& que les autres ſont au trait & enſuite ombrées.
L'autre ſuite d'eſtampes eſt intitulée : divers deſſeins de figures du tems, dédiées à M. de Boucœur, en 20 planches. M. le Clerc a ſu y repréſenter fort agréablement les divers habillemens
& les modes en uſage alors, tant pour les hommes
de tout état que pour les dames de qualité & les
femmes du commun. Toutes ces figures ſont

ombrées & accompagnées de jolis payfages, où le vrai, le beau, & le fimple de la nature fe trouvent encore embellis par les charmes du deffein & par l'art du deffinateur.

La vignette appellée *la cafcade de Tivoli*, ainfi que la lettre qui l'accompagne, deffinées & gravées par le Clerc en 1680, méritent qu'on s'y arrête un inftant. On voit fur la vignette deux poëtes couronnés de lauriers, affis à l'ombre de quelques arbres : ils paroiffent s'entretenir enfemble, & quantité de faunes, de fatyres, & de nymphes femblent prendre part à leur converfation , & les écouter attentivement. La lettre C laiffe appercevoir derriere elle le temple de la fybille à Tivoli. C'eft une petite rotonde très-élégante, élevée fur le fommet d'une montagne efcarpée. On ne peut rien voir ni de plus joli ni de plus fpirituel que ces deux petites eftampes.

Dans la vue d'être utile à la religion & d'entretenir la piété des fideles, M. le Clerc a gravé trois différentes fuites d'eftampes qui repréfentent les principales actions du prêtre à l'autel pendant la meffe , mifes en parallele avec les momens de la paffion de J. C. qui y ont rapport. Sa premiere meffe fut gravée à Metz en 1657 ; elle contient 36 eftampes y compris le titre : il grava la feconde meffe en 1661 , étant encore à Metz, avec un même nombre de planches. Enfin il en a gravé une troifieme fuite à Paris, en 1680 : celle-ci eft en 35 tableaux. Cette derniere fuite eft la moins rare & la plus eftimée. Les deux premieres fe reffentent de la foibleffe de fes commencemens , & n'ont pas l'élégance & la correction qui font le mérite des autres ouvrages de cet artifte.

En 1680 M. le Clerc grava une suite d'estampes représentant les décorations peintes d'après M. le Brun sur les pavillons de Marly, en quatorze planches, y compris le titre : & le frontispice d'un recueil des panégyriques du Roi, par l'abbé Tallemant, *in-octavo*, pour lequel il fit aussi sept petites vignettes, autant de lettres grises, & quelquesques fleurons. Toute cette suite est extrêmement jolie. Il fit de plus 32 planches pour les essais de physique, par M. Claude Perrault, de l'académie des sciences, avec lequel il s'étoit beaucoup lié d'amitié. M. le Clerc grava aussi pour un libraire de Metz nommé Bouchard, qui possédoit déjà beaucoup de ses ouvrages, neuf estampes de dévotion pour un livre d'heures dédié à Madame la Dauphine : elles sont bien supérieures à tout ce qu'il avoit produit anciennement, lorsqu'il étoit encore dans cette ville, son pays natal.

Dans la même année, il fit les desseins & les gravures de quatre frontispices pour diverses conversations de Mademoiselle de Scudery, dédiées au Roi : & quatre autres estampes connues sous le nom des *quatre souflets*, pour un ouvrage satyrique composé par M. de Richesource, contre des assemblées de grand discoureurs & de prétendus philosophes, qui se tenoient à Paris dans quelque café aux environs de la place Dauphine.

En 1681 le Clerc dessina & grava une suite de fables d'Esope dans de petits ovales au nombre de 22 pieces très-amusantes. Outre les huit tapisseries des quatre élémens & des quatre saisons dont nous avons déjà parlé, il grava encore en différens tems, pour le Roi, quatre ou cinq autres

tapisseries

tapifferies hiftoriques , d'après les tableaux de M. le Brun: favoir : celle qui repréfente la défaite de l'armée Efpagnole , commandée par le comte de Marfin , en 1667 : le fiége de Tournay dans la même année : le fiége de Douay , même année : le renouvellement d'alliance entre les Suiffes & la France , en 1663 : & la réduction de la ville de Marfal. Le Clerc n'a fait que l'eau-forte de cette derniere planche avec la bordure qui l'environne : elle a été enfuite achevée & terminée au burin par Charles Simonneau.

M. le Clerc a gravé une fuite de médailles ou monnoies anciennes, frappées fous le regne de nos Rois, depuis Charles VII jufqu'à Louis XIII, au nombre de 196 pieces, tant têtes que revers. L'abbé de Vallemont dit * que le pere du Moulinet avoit ramaffé ces médailles dans le cabinet de Sainte-Genevieve, mais il fe trompe : celles-ci n'ont aucun rapport avec les monnoies anciennes gravées par Ettinger, qu'on peut voir dans le livre du pere du Moulinet. Les médailles originales d'après lefquelles le Clerc a gravé ces eftampes ne fe trouvent point dans le cabinet de la bibliotheque de Sainte-Genevieve, mais dans celui des médailles appartenantes à S. M. que l'on conferve à la bibliotheque du Roi, fous la garde de M. l'abbé Barthelemy; & même cette fuite de médailles tirée fut vingt feuilles, fait partie des eftampes du cabinet du Roi.

Les curieux connoiffent la belle vignette repréfentant le concile de Nicée, deffinée & gravée par le Clerc en 1693, pour le fupplément de

* Eloge hiftorique de M. le Clerc, page 100.

d

l'histoire des conciles, par M. Baluze. C'est une estampe d'une excellence singuliere. La bible est placée sur une table au milieu de la salle : tous les évêques y sont assis en chappe & en mitre. Ils ont derriere eux des prêtres, des docteurs, & des religieux de différens ordres. Le Saint-Esprit préside à cette auguste assemblée; le noble maintien des assistans, offre l'idée d'un concile paisible & légitime. M. le Clerc fit aussi dans la même année quatre vignettes pour l'histoire de la Ligue, par Maimbourg, que les amateurs mettent au nombre de ses plus belles productions.

En 1684 M. le Clerc grava pour le pere Souhaitty une piece singuliere & mystérieuse dont il seroit difficile de deviner l'objet. C'est une grande harpe ornée de feuillages, de fleurs & de fruits. Au lieu de cordes, le dedans de cet instrument est divisé en petits quarrés formés par 24 lignes perpendiculaires & autant de lignes horisontales. Tous ces quarrés sont remplis par une suite de chiffres de haut en bas & de gauche à droite, depuis 1 jusqu'à 24, & pareillement de de bas en haut, &c. L'inspection de cette estampe mettra plus au fait du reste de ses particularités que toutes les descriptions qu'on en pourroit faire.

Une autre piece fort ingénieuse, allégorique à la gloire de Louis XIV, que le Clerc a encore gravé la même année, d'après l'idée du pere Souhaitty, qui saisissoit toutes les occasions de faire sa cour au Roi, c'est une devise dont le milieu est rempli par un globe terrestre aux armes de France. Hercule est d'un côté du globe, armé de sa massue, dans l'attitude d'empêcher l'hydre dont les têtes font coupées, de fe relever. De l'autre côté on voit Alexandre appuyé fur ce globe, éclairé par un fo- leil qui eft au-deffus, avec ces mots : *plures non capit orbis*, pour faire entendre que comme un feul foleil fuffit pour animer l'univers, il feroit auffi à propos qu'il n'y eût qu'un maître tel que Louis XIV, pour gouverner toute la terre. Une idée auffi flatteufe pour le monarque ne pouvoit manquer d'être bien reçue.

Pendant l'efpace de tems que M. le Brun, en qualité de premier peintre du Roi, eut la direc- tion des travaux qui fe faifoient dans les manu- factures des Gobelins, on avoit coutume tous les ans, d'élever un mai dans la principale cour de cet hôtel, en l'honneur de ce prince des artiftes. C'étoit un arbre d'une hauteur prodigieufe, que l'on décoroit d'emblêmes & de devifes allégo- riques aux talens uniques de ce grand peintre. Cette fête étoit annoncée par le fon bruyant des boëtes, des timballes & des tambours, fuivie d'une agréable fymphonie de toutes fortes d'inf- trumens. On dreffoit dans cette cour une longue table couverte de toutes fortes de defferts & de rafraîchiffemens, qui invitoient les fpectateurs à venir prendre part à la fête, chacun fuivant fon goût. M. le Clerc, qui a fait une très-belle ef- tampe de cette fête, a pris le moment où l'on éleve cet arbre d'une pefanteur énorme. Tout y paroît en action & dans le plus grand mouvement : les divers accidens & les circonftances de cette fcene amufante y font faifis avec tant d'art, que fa repréfentation réjouit la vue autant que fi l'on voyoit la chofe même.

On peut rapporter à la même année 1684 les 56 petits payfages & autres fujets extrêmement intéreffans, deffinés & gravés par le Clerc, qu'il a dédiés au marquis de Courtenvaux. Tous ces petits payfages, quoique dans le ftyle paftoral & champêtre, font traités avec cette même fupériorité de génie & cette fineffe de deffein qui fait le mérite des ouvrages de cet artifte célebre.

On n'entrera ici dans aucun détail au fujet de plufieurs vignettes, lettres grifes, & fleurons, que le Clerc a deffinés & gravés en diverfes occafions pour des oraifons funebres, telles que celles pour la reine de France, par Boffuet, Fléchier, & de la Chambre : celle du prince de Condé; celles de la princeffe Palatine, de la ducheffe de Longueville, du chancelier le Tellier, &c. On en trouvera le dénombrement dans le catalogue qui fuit.

En 1685 M. le Clerc grava fix petites eftampes pour un petit office de la Vierge en italien, appellé vulgairement *les petites heures de Venife.* Cette fuite, très-fpirituellement gravée & une des plus belles chofes que le Clerc ait faites, eft extrêmement rare à trouver bonnes épreuves. L'impreffion en ayant été faite à Paris, on envoya toute l'édition à Venife, mais le vaiffeau qui en étoit chargé ayant péri dans la traverfée, on n'en a pas réchappé un feul exemplaire : malheureufement les figures étoient tirées pour toute l'édition faite à grand nombre, de forte que les planches qui font reftées à Paris fe font trouvées fi ufées qu'on n'a pu en faire aucun ufage.

Dans la même année il mit au jour pour fon compte les figures à la mode, en vingt-feuilles, qu'il dédia à M. le duc de Bourgogne. Toutes ces figures paroissent copiées d'après nature, & les ajustemens sont conformes au goût de ce tems-là : on y voit les cavaliers coëffés encore de leur chevelure naturelle ; ce qui produit sans contredit un effet bien plus agréable, & un plus bel ornement que les perruques & les cheveux postiches dont on a fait usage dans la vieillesse de Louis XIV, & dont on a conservé l'habitude.

M. le Clerc voulant consacrer ses talens à la gloire du Roi a gravé treize sujets de ses conquêtes, où il s'est efforcé de rassembler tout ce que sa grande intelligence dans le dessein pouvoit lui inspirer de plus noble & de plus imposant. En voici les titres : Rées, le fort de Schenck, Nimegue, Grey, bataille de Sintzheim, bataille de Senesse, Messine secourue, Agousta, bataille navale près d'Agousta, Bouchain, bataille navale de Palerme, le fort de la Scalette, bataille de Cassel. Il a fait encore les desseins de quinze autres sujets des conquêtes du Roi, qui ont été gravés par Chatillon, lequel a très-bien rendu le goût & l'esprit de l'auteur. Voici leurs titres : Orsoy, Burick, Rhinberg, Doesbourg, Utrecht, Mastricht, Salins, Dinant, Huy, Aire, Cambray, la citadelle de Cambray, Saint-Omer, Fribourg, Ypres. M. le Clerc a dessiné & gravé deux magnifiques bordures qui servent de passe-partout à ces différentes planches. Ces bordures sont très-riches & ornées de figures d'esclaves enchaînés, de Renommées, de cartouches, de trophées militaires, & d'autres attributs convenables aux sujets, & allégoriques aux grands événemens du regne glorieux de Louis XIV.

d iij

Les sept petites vignettes dont M. le Clerc a orné le poëme de S. Paulin, par M. Charles Perrault, de l'académie françoise, sont très-belles, & méritent bien qu'on ne néglige point de les joindre à son œuvre : c'est un *in-octavo*, imprimé à Paris en 1686.

La plus nombreuse suite que le Clerc ait entreprise, ce sont les 379 planches qu'il a dessinées & gravées pour le livre intitulé : *l'invocation & l'imitation des saints, pour tous les jours de l'année*. La grande variété qu'il a su y répandre, prouve qu'il n'avoit pas moins de génie pour le genre pieux que pour tous les autres, & qu'il étoit universel dans ses productions.

Le Roi ayant été dangereusement malade sur la fin de l'année 1686, il vint à Paris le 30 janvier 1687, rendre graces à Dieu dans l'église métropole, pour le rétablissement de sa santé. Il alla ensuite dîner à l'hôtel-de-ville, où il fut servi par le prévôt des marchands, les échevins & les autres principaux officiers de la ville. M. le Clerc a représenté ces différens événemens, aussi glorieux qu'intéressans pour la ville de Paris, en plusieurs médaillons sur la même planche, au haut de laquelle est le portrait du Roi.

Dans cette même année, le Clerc a dessiné & gravé en partie quelques vignettes & un frontispice pour l'histoire métallique de la république de Hollande, par Bizot, *in-folio :* ainsi que plusieurs vignettes, grandes lettres, & fleurons pour les annales de Toulouse, en deux volumes *in-folio* imprimés à Toulouse ; dont le second volume n'a paru qu'en 1701. Cette derniere suite, au nombre de 22 ou 23 pieces, est gravée entiérement par le Clerc ; on en fait avec raison un cas singulier, & elle est regardée comme une des meilleures choses de ce maître.

Outre les petits saints pour tous les jours de l'année dont on vient de rendre compte, le Clerc a gravé en 1688 soixante & quatre morceaux de pareille grandeur pour un livre *in-octavo* intitulé : *les figures des saints, avec un abrégé de leurs vies,* à l'usage des congrégations de N. D. érigées dans les maisons de la Compagnie de Jésus ; à Paris, chez Etienne Gantrel. Cette adresse a fait appeller cette suite, *les petits saints de Gantrel,* pour la distinguer de celle ci-dessus qui se vendoit chez Audran, rue Saint-Jacques, ainsi que tous les autres morceaux de gravure que le Clerc entreprenoit pour son compte. Il n'y a que 64 morceaux de cette suite dessinés & gravés par le Clerc : les autres saints de l'année, ainsi que les mysteres, sont de Pierre le Pautre & de Dolivar.

En 1690 M. le Clerc publia sa grande géométrie. Elle fut imprimée à Paris chez Jean Jombert, grand-pere de l'auteur, & fut peu de tems après contrefaite en Hollande, avec sa petite géométrie pratique. Il a orné ce livre, selon sa coutume, de plusieurs figures extrêmement jolies, qui l'ont fait rechercher des amateurs des ouvrages de cet artiste. Tout y est d'ailleurs expliqué si nettement & démontré avec une telle précision, qu'avec un peu d'attention l'on peut aisément à la simple lecture de ce livre se mettre au fait des principes fondamentaux de cette science.

Dans la même année, à la mort de Claude

Mellan, le Clerc eut le brevet de deſſinateur &
graveur du cabinet du Roi, avec une penſion de
400 livres. Quelque tems après, il fut nommé
l'un des quatre profeſſeurs qui poſent le modele
dans l'école de deſſein établie aux Gobelins en faveur des différens artiſtes qui y travaillent & qui
y font leur ſéjour.

M. le Clerc grava auſſi en 1690 une nouvelle
ſuite de douze animaux pour la continuation de
l'hiſtoire naturelle des animaux de MM. de l'académie des ſciences, dont il avoit déjà gravé 14
planches en 1671, pour la premiere partie de cet
ouvrage, & 16 autres en 1676 pour la ſeconde
partie. Ces derniers animaux ſont : l'éléphant, en
trois planches, le chameau, le tigre, la panthere,
le crocodile, le lézard écaillé, la marmotte, la cigogne, la palette, & la poule ſultane. Ces douze
dernieres planches ſont très-rares, ayant été faites
pour une édition qui n'a pas eu lieu.

Les figures de la paſſion de N. S. J. C. préſen-
tées à Madame de Maintenon, en 36 planches,
ont été deſſinées & gravées par le Clerc en 1692.
Cette collection eſt très-recherchée, & elle peut
tenir ſa place entre les meilleurs ouvrages de cet
artiſte. Elle a été copiée diverſes fois en France &
même en Angleterre.

C'eſt ici le lieu de parler d'une petite eſtampe
de le Clerc, célebre parmi les curieux & qui eſt
de la plus grande rareté. C'eſt une petite Vénus
qui vogue dans un char ſur les eaux de la mer,
par le moyen d'une grande draperie volante qui
lui ſert de voile, tenant à la main une pomme,
le prix de la beauté. Comme il n'y a eu que douze

épreuves de tirées de cette planche, dont la plus grande partie a été perdue avec le cuivre ; on peut juger combien cette eſtampe eſt devenue rare.

En 1693, M. le Clerc deſſina & grava une eſpèce de repréſentation d'opera, dont l'eſtampe eſt connue ſous le nom de l'*apothéoſe d'Iſis*. On ne peut rien voir de plus riche ni de plus brillant : il y a tous les préparatifs d'un grand ſacrifice. Les dieux & les déeſſes paroiſſent au haut dans un ciel ouvert. Iſis portée ſur un nuage ſemble attendre, pour prendre place parmi les immortels, l'ordre de Jupiter que l'on voit aſſis avec Junon ſur un trône éclatant de lumiere, ſous un grand pavillon ſoutenu par deux génies. Jamais le théâtre ne nous a préſenté une décoration ſi magnifique & auſſi bien entendue. Dans la même année, il fit ſix vignettes & ſix fleurons pour l'hiſtoire du cardinal Ximenès, archevêque de Tolede, par M. Fléchier ; cette ſuite eſt une des plus agréables de ſon œuvre.

La grande façade du palais de Stockolm, bâti ſous le regne de Charles XI, roi de Suede, deſſinée par le baron de Teſſin, & gravée par le Clerc, en 1694, eſt encore un de ſes bons ouvrages, & ſur-tout deux petites vues perſpectives de ce même palais, qui ſont de la plus grande rareté. Il a mis auſſi au jour cette année, pour ſon compte, douze petites eſtampes de vues de divers endroits des environs de Paris, qui méritent attention. Quoique ces vues ne préſentent que des ſites fort ordinaires, l'auteur a ſu les rendre agréables & intéreſſantes, en y répandant des accidens qu'il a ſagement & ingénieuſement ſuppoſés.

M. le duc de Bourgogne, à qui le Clerc enfei-
gnoit le deffein, & qui connoiſſoit bien ſa capacité, lui indiqua un ſujet où tous ſes talens pouvoient avoir occaſion de ſe développer, dans le
paſſage d'Iſaye : *puer parvulus minabit eos*. Pour ré-
pondre à la bonne idée que le prince avoit de ſon
génie, M. le Clerc repréſenta un jeune berger dans
une agréable campagne, conduiſant différens animaux, féroces & familiers, qui ne forment qu'un
ſeul & même troupeau. La douceur qui fait le caractere eſſentiel de cette eſtampe, eſt tracée dans
l'air de tête du paſteur, & ſe communique également à tout ce qui l'environne. Le fond eſt un
payſage des plus riches, où la nature ſemble avoir
étalé toutes ſes beautés : c'eſt un chef-d'œuvre de
perſpective aërienne dont les objets, malgré la dégradation de la lumiere, s'apperçoivent à l'infini
juſqu'au plus grand lointain, où ſe termine l'ho-
rizon.

En 1695, le Clerc fit le deſſein & la gravure
du ſiége de Mons, fait par le Roi en perſonne
& emporté le 9 avril 1691 après ſeize jours
de tranchée ouverte. Il repréſenta auſſi dans la
même année, d'une maniere allégorique, la priſe
de la fortereſſe de Montmélian, par M. de Cati-
tinat, le 21 décembre 1691. On y voit cette place
ſous la figure d'une femme aſſiſe ſur un roc eſcarpé, portée ſur un char où ſont attelés quantité
d'hommes qui le tirent, & dont les attitudes variées & contraſtées ſont une nouvelle preuve de la
fertilité du génie de cet artiſte. Un double rang
de ſpectateurs, ayant pour fond un partie de la
galerie de Verſailles, avec une Renommée vo-

lante par les airs pour précéder ce char de triomphe, accompagnent heureusement & enrichis-
sent ce sujet.

On ne peut mieux prouver l'universalité des talens de M. le Clerc & combien il possédoit également toutes les parties du dessein, qu'en rap-
pellant l'idée de son estampe de la multiplication
des pains dans le désert. C'est un morceau capital
de ce maître. La grandeur du miracle y paroît dans
tout son éclat, & la multitude innombrable du
peuple qui s'y trouve rassemblé & rassasié, en
donne la plus grande idée. On y voit briller tout
ce que le plus beau génie d'un dessinateur peut
rassembler de plus savant : des attitudes variées,
des airs de têtes diversement caractérisées, une
belle ordonnance de figures, en très-grand nombre,
sans confusion, un choix particulier dans les draperies, une dégradation parfaitement observée,
une belle distribution de lumiere, une perspective
des plus exactes. Plus on examine cette estampe,
plus on y découvre de beautés.

M. le Clerc mit au jour en 1696 les caracteres
des passions d'après M. le Brun, en vingt planches.
Notre artiste, dans cette suite d'estampes au trait,
est entré dans l'esprit de ce peintre célebre qui
étoit un maître excellent pour bien caractériser les
différens effets des passions, & les altérations
qu'elles impriment sur le visage. Elles y sont si
bien peintes, qu'il seroit inutile d'en faire la description ; les titres qu'on a mis sur chaque estampe
suffisent pour les indiquer. On doit être très-re-
connoissant envers M. le Clerc du soin qu'il a pris
pour recueillir en vingt petites feuilles tous ces dif-

ferens caracteres répandus dans les chef-d'œuvres
de M. le Brun. C'est dans la même vue que notre
artiste a gravé en petit cinq batailles d'Alexandre
d'après le même peintre, en cinq planches, avec
une sixieme servant de titre ou de frontispice, qui
est entiérement de lui. Elle représente la galerie
de l'hôtel royal des Gobelins, où l'on fait voir à
M. Colbert de Villacerf, sur-intendant des bâtimens, les beaux ouvrages de cette manufacture,
& entr'autres ces mêmes batailles d'Alexandre
exécutées en tapisseries.

Dans la même année, M. le Clerc mit au jour
diverses suites de figures, chevaux, paysages, &c.
au nombre de soixante pieces, qu'il avoit ima-
ginées pour l'instruction du duc de Bourgogne, à
qui il enseignoit à dessiner. La beauté de la composition, la correction du dessein, l'intelligence
du clair-obscur, le ménagement raisonné de la
lumiere & de l'ombre, le choix & la disposition
des draperies, le bon goût & la fertilité du génie
brillent de toutes parts dans ces soixante morceaux
qui sont véritablement dignes d'admiration. M.
le Clerc y fait paroître merveilleusement l'étendue
& la fertilité de ses idées par le choix des sites
& par la vérité de la nature qu'il a saisie dans ses
momens les plus heureux.

Vers le même tems le Clerc fit une vignette appellée le petit paradis, pour un livre intitulé : *panégyrique des saints, par M. Fléchier.* Les douze
apôtres y sont assis sur autant de siéges pour juger
les douze tribus d'Israël. La sainte Vierge est au
milieu d'eux. Au-dessus, sont les trois personnes
de la Trinité. Au-dessous on voit une multitude

innombrable d'anges & de bienheureux. Cette piece donne de la béatitude éternelle toute l'idée qu'en peut former l'imagination la plus vive & la mieux éclairée.

La pompe funebre de Charles XI, roi de Suede, exécutée à Stockolm, & gravée par le Clerc à Paris en 1697, d'après le deſſein du baron de Teſ-ſin, offre dans ce genre une décoration aſſez nou-velle, & très-bien entendue : l'art & l'intelli-gence que le graveur a ſu y mettre font valoir la compoſition, & ne contribuent pas peu à lui donner le grand effet qu'on y remarque.

Nous ne pouvons paſſer ſous ſilence un grand ſujet allégorique compoſé par le Clerc à l'occaſion du mariage du duc de Bourgogne avec une prin-ceſſe de Savoye, célébré à Verſailles le 7 dé-cembre 1697. C'eſt une eſpece de décoration théâ-trale dans le goût de l'apothéoſe d'Iſis, qui re-préſente un grand temple en rotonde formé par une colonnade circulaire. Au haut, ſur des nuages, on voit l'aſſemblée de tous les dieux & déeſſes de l'antiquité : au-deſſus le ſoleil élevé ſur un piedeſtal, éclaire ce vaſte lieu par l'immenſité de ſa lumiere. En bas, le jeune prince & la princeſſe ſe donnent mutuellement la main en préſence d'un grand prêtre, & ſe jurent une fidélité éternelle devant un autel porté ſur un grand ſoubaſſement circulaire. L'Amour tenant deux flambeaux allumés, vole au-deſſus des nouveaux époux, qui ont à leurs côtés la Valeur & la Libéralité. Une foule innombrable de nymphes, de bergers, de faunes, de ſatyres jouant de toutes ſortes d'inſtrumens, occupent tout le fond de ce temple. Enfin on voit ſur le devant Neptune dans son char traîné sur les eaux, accompagné des nayades & des tritons de sa suite, & les principaux fleuves de l'Europe qui prennent part à ce grand événement. Cette magnifique estampe, qui a 16 pouces de haut sur 12 de large, a été gravée par Ch. Simonneau l'aîné, d'après le dessein de Seb. le Clerc, & a été présentée au Roi par du Rondray. Ce morceau, qu'on ne peut regarder sans admiration, est d'une richesse de composition & d'une abondance de génie dignes du pinceau des plus grands maîtres ; c'est dommage qu'il n'ait pas été gravé par le Clerc lui-même : la finesse & la légereté de sa pointe auroient su conserver tout l'esprit du dessein ; au lieu qu'il a été altéré à en devenir méconnoissable en passant par une main étrangere.

Le chef-d'œuvre de le Clerc est sans contredit sa belle estampe de l'académie des sciences & des arts, qu'il dédia au Roi en 1698. La composition en est aussi grande que le sujet est noble. Les grouppes de figures y sont savamment distribués, & l'intelligence du clair-obscur y est observée avec tout l'art possible. Le fond est rempli par une architecture élégante qui offre l'idée d'un Lycée riche & somptueux. Ce qu'il y a de singulier, c'est que pour représenter le nombreux assemblage de machines propres à chaque science ou art, que l'on voit dans cette estampe, le Clerc n'a pas été obligé de sortir de son cabinet. Son pendant n'a paru qu'en 1704 : c'est l'entrée triomphante d'Alexandre dans Babylone, de même grandeur. L'idée en est heureuse & magnifique : on est obligé de convenir que cet artiste habile n'a rien omis de ce qui pouvoit contribuer à enrichir & augmenter la pompe du triomphe de ce vainqueur de l'Afie. L'affluence des fpectateurs y eft obfervée à propos, & la fuperbe ville qui fait le fond de ce grand fujet, y paroît conforme aux defcriptions que nous en ont laiffé les anciens hiftoriens.

Chacun fait que c'eft à Louis XIV que l'on eft redevable du changement de la tête d'Alexandre. Le Clerc avoit d'abord repréfenté fon héros vu de profil & regardant la ville de Babylone. Ayant préfenté au Roi une premiere épreuve de cette belle eftampe, Louis XIV, qui avoit un goût naturel pour les arts, trouva que cette tête vue de profil n'étoit pas heureufement difpofée, & qu'il eût été plus convenable de repréfenter le principal héros de cette fête vu en face & regardant les fpectateurs. Le Clerc fentant la juftefte de cette réflexion, fuivit les confeils que S. M. daignoit lui donner, & reparut le lendemain à Verfailles au lever du Roi avec de nouvelles épreuves où la tête d'Alexandre étoit vue en face ainfi qu'elle exifte encore à préfent. Louis XIV fut extrêmement flatté de cette attention de le Clerc & de la diligence avec laquelle il avoit fait les corrections qu'il paroiffoit defirer à cette eftampe, qui eft une des plus intéreffantes de l'œuvre de ce célebre artifte.

On fera mention ici de deux très-beaux deffeins de la grandeur des deux eftampes précédentes que M. le Clerc avoit fait dans l'efpérance de les graver un jour, mais malheureufement il s'en eft tenu à l'intention, n'ayant pas eu affez de loifir pour exécuter fon projet. L'un repréfente le paffage des Ifraëlites à pied fec au travers de la mer rouge ; l'autre, la defcente de N. S. aux limbes. Jufqu'à préfent ces deux deffeins n'ont pas trouvé de graveurs qui aient ofé les entreprendre, & il y a apparence qu'ils feront long-tems dans le même cas. Le premier étoit dans le cabinet de M. Huquier, & a été acheté à fa vente par M. Folio, en 1772.

M. le Clerc a gravé vers le même tems une vignette *in-folio*, dont le fujet eft le conciliabule de Tyr, tenu l'an 335, où S. Athanafe accufé fauffement d'avoir fait mourir un évêque nommé Arfenne, fut condamné & dépofé par la faction des Ariens qui y dominoient. Ses ennemis ayant coupé une main d'un corps mort, la montroient comme une de celles d'Arfenne qui fe tenoit caché. On voit ici S. Athanafe qui ayant découvert cet Arfenne, le montre très-vivant au milieu de l'affemblée, & ayant levé les deux côtés du manteau de cet évêque, il en fait voir les deux mains bien entieres. Tout ici offre l'image d'un faux concile : on voit dans les geftes & les actions des affiftans des mouvemens fi variés & des attitudes fi contraftées, que cela reffemble plutôt à une cohue & à une affemblée tumultueufe qu'à un concile, où la paix & la tranquillité doivent annoncer la préfence du Saint-Efprit qui y préfide. Dans cette même année le Clerc grava l'eftampe de la cérémonie obfervée dans l'ancienne chapelle de Verfailles, pour la preftation de ferment de fidélité entre les mains du Roi, par le marquis de Dangeau, nommé grand-maître de l'ordre de S. Lazare, le 18 décembre 1695. C'eft un très-beau morceau, dont un nommé Antoine Pezey

lui

lui a difputé le mérite de la compofition, ayant fait effacer le nom de le Clerc qui étoit gravé d'abord tout feul, au bas de l'eftampe, à gauche, pour y fubftituer : *Ant. Pezey inv.* il a fait mettre de l'autre côté, à droite : *S. le Clerc fecit.*

La fainte Vierge, appellée *la Vierge aux anges*, tenant l'enfant Jefus fur fes genoux, dans un très-beau payfage, deffinée & gravée par le Clerc en 1699, eft un morceau ravifſant. On voit autour de ce divin enfant une multitude d'anges qui s'empreffent à le fervir. Les uns lui préfentent des fruits dans une corbeille, pendant que d'autres lui cueillent des fleurs, d'autres des raifins, d'autres vont lui puifer de l'eau à une fontaine jaillifſante qui s'éléve avec impétuofité d'un grand vafe, & qui en retombant dans une cuvette placée au-deſſous, forme une belle nape.

En 1700, le Clerc mit au jour fes principes pour le deffein, en 52 planches, où toutes les parties du corps humain font repréfentées féparément dans différentes attitudes. On trouve enfuite des figures où ces mêmes parties fe trouvent rafſemblées, le tout au fimple trait, pour donner plus de facilité aux commençans.

Nous dirons un mot d'une jolie médaille defſinée & gravée par le Clerc à la gloire de Charles XII, roi de Suede, à l'occafion de la fameufe victoire qu'il remporta le 30 novembre 1700, avec un petit corps de troupes fuédoifes au nombre de huit mille, fur quatre-vingt mille Mofcovites qui faifoient le fiége de Narva. Ce jeune héros n'avoit alors que dix-huit ans. Il y a une très-belle bordure quarrée pour renfermer cette médaille ainſi que le diſcours d'explication qu'on y a joint.

M. le Clerc a gravé en 1702 huit morceaux de même grandeur, appellés *les petites conquêtes du Roi*, qui repréſentent autant d'événemens glorieux du regne de Louis XIV; ſavoir: Meſſine ſecourue: le ſiége de Dinant: la bataille de Caſſel: le ſiége de Saint-Omer: l'audience donnée par le Roi en 1684 aux ambaſſadeurs de Siam: la démolition du temple de Charenton: le combat de Leuze: Namur aſſiégé par le Roi. Ces huit ſujets ſont entourés de riches bordures, ornés en haut & en bas de figures, de cartouches, de trophées de toute eſpece, & de divers attributs convenables à chaque ſujet.

Le recueil des médailles ſur les principaux événemens de l'hiſtoire du Roi ayant été imprimé au Louvre en 1702, M. le Clerc a gravé 33 médailles & en a deſſiné 53, faiſant 86 médailles que l'on voit dans la premiere édition de ce livre. Outre ces 86 médailles, on peut encore en raſſembler environ cent autres, tant grandes que moyennes & petites, la plupart au trait, d'autres ombrées, qui ont été gravées par le Clerc en différens tems, ou par Ertinger, d'après ſes compoſitions & ſes deſſeins & qui n'ont pas été employées dans le livre: M. Coypel, premier peintre du Roi, chargé alors de la direction de cet ouvrage, ayant mieux aimé les faire recommencer par des graveurs inférieurs à le Clerc, tels que Benoiſt Audran & les Simonneau, que de ſe trouver en concurrence avec notre artiſte. On a même ſupprimé dans la ſeconde édition de cet ouvrage, faite en 1723, une grande partie de ces 86 médailles deſſinées ou gravées par le Clerc, qu'on avoit laiſſé ſubſiſter dans la premiere en 1702, par égard ſans doute pour cet habile graveur qui vivoit encore alors.

L'abbé de Vallemont nous apprend, à l'occaſion des médailles du Roi (page 23 de ſon éloge de M. le Clerc), que « ſous M. le Marquis de Lou-
» vois (qui fut nommé en 1683, après la mort
» du grand Colbert, à la place de ſur-intendant
» des bâtimens, arts, & manufactures de France)
» M. le Clerc fut choiſi pour faire tous les deſ-
» ſeins des médailles de l'hiſtoire du Roi. Il con-
» duiſoit les graveurs & préſidoit à leurs ou-
» vrages. Il corrigeoit leurs cires, & gravoit même
» le trait à l'eau-forte ſur leurs poinçons ». On ne pouvoit en effet confier ce travail à un homme plus capable & plus intelligent que M. le Clerc, puiſqu'outre le talent particulier qu'il avoit de deſſiner ſupérieurement en petit, il réuniſſoit toutes les connoiſſances néceſſaires pour bien rendre tout ce qui pouvoit entrer dans la compo-ſition de ces médailles. En effet, ſoit figure, pay-ſage, architecture, hiſtoire, ou allégorie, M. le Clerc y réuſſiſſoit également bien. Il poſſédoit, comme nous l'avons déjà dit, un génie univerſel qui l'a rendu juſqu'ici unique dans ſon genre.

M. le Clerc s'eſt ſignalé dans les morceaux qu'il a deſſinés & gravés en 1704 pour l'hiſtoire projettée de Charles V, duc de Lorraine, dans leſquels il a employé tous ſes talens pour contri-buer à la gloire de ce guerrier qu'on peut à juſte titre appeller le fléau des Muſulmans. Cette ſuite, qui eſt en trente-ſix pieces, tant ſujets d'hiſtoire,

que vignettes, lettres grifes, & fleurons, est une
des plus agréables & des mieux gravées de tout
l'œuvre de le Clerc. En travaillant à immortalifer
ce héros, notre artifte efpéroit bien qu'il ne feroit
pas lui-même oublié ; c'eft dommage que l'édition projettée pour cette hiftoire de Charles V,
n'ait pas eu fon exécution. Le haut & le bas des
principaux fujets repréfentans des fiéges & des batailles, eft terminé par des cartels & des ornemens enrichis de trophées, qu'on ne peut fe laf-
fer d'amirer.

Pour l'utilité des jeunes gens qui s'exercent au
deffein & à la peinture, le Clerc a raffemblé fur
vingt-cinq petites eftampes les différens habillemens des Grecs & des Romains, qu'il a gravés
en 1706. Toutes ces figures, foit d'hommes ou
de femmes, font feulement au trait, & l'on y remarque une noble fimplicité qui porte le véritable caractere de l'antiquité. Dans cette année il
grava l'eftampe du prophete Elie enlevé dans un
char de feu, au-deffus d'un payfage fingulier,
dont le fond repréfente la grande chûte de la
riviere de Niagara. Il fit auffi imprimer en 1706
fon nouveau fyftême du monde conforme à l'é-
criture fainte. M. le Clerc développe dans cet
ouvrage fon intelligence dans les plus fublimes
parties de la cofmographie & de l'aftronomie,
qu'il expofe avec une évidence & une clarté mer-
veilleufes, fans s'écarter en aucune maniere des
mouvemens & des apparences des corps céleftes.
Enfin ce fut dans cette même année que le cardinal *Gualterio*, nonce du pape en France, qui
connoiffoit particuliérement M. le Clerc, & qui

eſtimoit finguliérement fon mérite, le fit chevalier Romain, en vertu du pouvoir qu'il en avoit
reçu de Sa Sainteté.

En 1707, M. le Clerc fit pluſieurs vignettes,
lettres grifes, & fleurons pour les thèfes de phi-
loſophie des abbés de la Rochefoucault, de
Noailles, & de Tavannes. Leurs armes fe trouvent
dans les fleurons, qui font fort ingénieuſement
compofés; les trois vignettes, fur-tout, font de la
plus grande beauté.

Les vignettes, lettres grifes, & fleurons que
M. le Clerc a deſſinés & gravés pour l'hiſtoire de
la maifon de Bouillon, ou d'Auvergne, par M.
Baluze, imprimée en 1708, au nombre d'environ
cinquante planches, méritent une attention particuliere. Entre les deux vignettes qui repréſentent des mariages, il y a fur-tout celui de Henri II,
Roi de France, avec Catherine de Médicis, qui
eſt traité fi noblement, qu'on ne peut jetter les
yeux fur cet excellent morceau fans concevoir la
plus grande idée de cette augufte cérémonie.

Le jeune Tobie accompagné de l'ange, tirant
à lui le poiſſon monſtrueux qui étoit forti de
l'eau pour le dévorer, eſt encore une des meilleures pieces de le Clerc. Le payfage où la fcene
fe paſſe, fur le bord du Tigre, eſt de la plus
riche compofition. La nature qui femble y étaler
tous fes charmes y paroît fi belle, que ce feul morceau fuffiroit pour mériter un nom immortel à
fon auteur.

Les quatre jolies planches de l'hiſtoire de Pſi-
ché & de l'Amour, que M. le Clerc a achevées
dans les dernieres années de fa vie, font une

preuve convaincante de la grande érudition de
cet artiste , & de ce qu'il étoit capable de produire dans le style gracieux. En voyant ces quatre
belles estampes , il faut convenir que les descriptions des avantures de Psiché que l'on trouve dans
les livres IV , V , & VI des métamorphoses d'A-
pulée , ne frappent pas l'esprit si agréablement
que ces quatre représentations où tout paroît plein
de vie & dans le mouvement.

M. le Clerc grava en 1710 la procession des
chevaliers de l'ordre du Saint-Esprit en une
grande estampe en long. L'abbé de Vallemont, qui
étoit fort lié avec M. le Clerc, assure , page 96,
qu'il a fait neuf desseins de pareille grandeur pour
l'histoire de cet ordre , qu'il n'a pas eu le tems de
graver , & qu'ayant eu souvent occasion de les
voir, il les a trouvés d'une noblesse & d'une grandeur de composition admirables, quoique M. le
Clerc fût déjà dans un âge très-avancé. On
pourroit citer encore un nombre prodigieux d'autres productions de ce grand artiste, qui mérite-
roient des détails & des éloges particuliers ; cependant comme notre intention n'est pas de donner ici le catalogue de son œuvre , mais de faire
connoître l'abondance de ses productions & la
vaste étendue de son génie , ce qu'on en a dit
suffit pour inspirer au lecteur l'idée avantageuse
qu'il doit avoir de cet homme célebre.

Sa vue s'étant considérablement affoiblie en
1710, il ne put sans douleur s'arracher aux travaux assidus qui l'occupoient si utilement depuis
sa plus tendre jeunesse. Heureusement elle revint
quelque tems après, & il reprit aussi-tôt un tra-

vail qu'il n'avoit difcontinué que par néceffité.
Car on peut affurer que perfonne n'a jamais eu
plus d'averfion pour l'oifiveté, ni plus d'attention
à bien ménager un tems précieux dont la perte le
touchoit fenfiblement.

Comme le cabinet de M. le Clerc étoit conti-
nuellement fréquenté foit par des favans foit par
des amateurs ou par des curieux qui recherchoient
fes ouvrages avec empreffement, leur converfation ne l'interrompoit point dans fon travail. Il
prenoit cependant part à ce qui fe difoit, & y
mêloit fouvent quelque propos placés avec autant
de juftefse & de précifion que s'il n'avoit pas été
occupé de fa gravure. Lorfqu'il fe trouvoit feul
dans fon cabinet, il appelloit quelqu'un de fes
enfans à qui il faifoit lire des livres de fciences
dont il leur expliquoit les endroits obfcurs ou difficiles, fans quitter fon travail. C'eft ainfi qu'il
entretenoit en exercice & fon corps & fon efprit ;
il évitoit par ce moyen les dégoûts & les ennuis
qui rebutent affez fouvent les artiftes dans le méchanifme de leurs travaux, quand ils ne font pas
de nature à occuper en même tems les mains &
la tête. Auffi ne pouvoit-il fouffrir les gens oififs
qui venoient quelquefois le troubler, & il ban-
niffoit de chez lui les fainéans & les gens dé-
fœuvrés.

Pour être pleinement convaincu du bon emploi que M. le Clerc a fait du tems pendant toute
fa vie, il fuffit de confidérer la quantité des ouvrages qui font fortis de fon cabinet. L'abbé de
Vallemont les fait monter à quatre mille eftampes
prefque toutes de fon invention, & autant de

deſſeins faits de ſa main. On peut en rabattre un
quart , & les réduire à trois mille , ce qui eſt encore beaucoup , puiſqu'il n'y a aucun œuvre de
graveur qui ſoit auſſi conſidérable , & même qui
contienne la moitié de ce nombre. Il eſt bon de
remarquer , dans cette multitude d'eſtampes gravées par le Clerc , qu'elles ſont preſque toutes de
ſon invention & gravées par lui-même d'après ſes
propres deſſeins , excepté quelques morceaux ,
tels que les deviſes & les tapiſſeries du Roi ,
les batailles d'Alexandre , quelques vignettes &
frontiſpices de livres qu'il a faits d'après M. le
Brun , &c. Si l'on ajoute à tout cela les leçons de
géométrie , de perſpective , d'architecture , de fortification , & de deſſein qu'il a données preſque
tous les jours , pendant une trentaine d'années ,
& le nombre étonnant de machines relatives à
ces arts ou à la phyſique , qu'il a ou inventées
ou exécutées lui-même , dont les modeles fai-
ſoient l'ornement de ſon cabinet , on conviendra-
dra que perſonne n'a ſu mieux que lui bien em-
ployer ſon tems , & mettre à profit les heureuſes
diſpoſitions qu'il tenoit de la nature pour exceller
dans les beaux arts ainſi que dans les diverſes
branches des mathématiques.

Nous avons paſſé ſous ſilence douze très-belles
vignettes que le Clerc a deſſinées & gravées en différens tems pour autant de volumes de l'hiſtoire
eccléſiaſtique , par l'abbé Fleury , édition *in-quarto*.
La douzieme & derniere qu'il ait faite , repréſentant S. François en extaſe dans le moment
qu'il reçoit les ſtigmates , pour le tome XVI de ce
livre , eſt de 1712 : il avoit alors 75 ans. C'eſt un

de fes derniers ouvrages, qui fe reffent un peu de la pefanteur de corps & d'efprit où les hommes tombent ordinairement lorfqu'ils font fur leur déclin. La même année il commença une eftampe en travers de la grandeur de l'académie des fciences, où font repréfentées toutes les pieces curieufes & les modeles de machines dont nous venons de parler, qui ornoient fon cabinet. Elle eft demeurée au trait, M. le Clerc n'ayant pu la finir. On a d'autant plus lieu de regretter que cette eftampe ne foit pas achevée de graver, qu'on y remarque autant de délicateffe, de bon goût, & de correction de deffein, que dans aucun autre de fes autres ouvrages.

Cette même année il fit imprimer fon *fyftême fur la vifion :* c'eft proprement le même fujet qu'il avoit déjà traité dans fon *difcours touchant le point de vue*, imprimé en 1679 ; mais ici il s'étend davantage, il établit fon fyftême fur de nouvelles preuves, & il répond aux difficultés qu'on pouvoit oppofer à fon opinion. Enfin il y réfute folidement quelques principes de Defcartes fur la maniere dont ce philofophe prétend que fe fait la vifion.

En 1714, fix mois avant fa mort, M. le Clerc ceffa entiérement tout ce qui avoit rapport au deffein & à la gravure, fans pour cela ceffer de travailler. Il prit ce tems pour faire imprimer fon traité d'architecture, dont il a lui-même corrigé les épreuves. Cet ouvrage forme deux volumes *in-quarto*, dont le fecond qui eft tout de figures contient 184 planches gravées de fa main. L'exactitude qui regne dans ce livre, & les fréquens renvois des figures à leur explication, qui forment une correspondance mutuelle entre ces deux volumes, prouvent que cet auteur jouissoit encore alors de toute sa tête, ayant eu besoin d'une grande application pour rendre l'édition de cet ouvrage aussi correcte qu'elle l'est, malgré ces difficultés. Au reste notre auteur s'explique si clairement dans ce traité sur tout ce qui a rapport à l'architecture, qu'il n'y a point de jeune homme, quelque borné qu'il soit, qui ne puisse lui seul comprendre toutes les leçons qui y sont expliquées. La beauté des planches qui composent ce second volume, toutes gravées par le Clerc, invite à l'étudier, par la variété des accidens que l'auteur y a quelquefois ajoutés.

M. le Clerc est mort aux Gobelins le 25 octobre 1714, âgé de 77 ans, après y avoir demeuré plus de quarante ans, aimé & estimé de tous les artistes qui y faisoient leur séjour, & regretté de tous les honnêtes gens qui le connoissoient.

Approbation du Cenfeur Royal.

J'ai lu par ordre de Monfeigneur le Chancelier, un manufcrit qui a pour titre : *Catalogue raifonné de l'Œuvre de Sebaftien le Clerc*, dont l'impreffion ne peut être que très-utile aux amateurs d'eftampes. Ils y verront avec plaifir le détail auffi curieux qu'intéreffant de tous les ouvrages de ce favant & laborieux artifte. A Paris, ce 15 Juillet 1773.

Signé., C. N. COCHIN.

PRIVILEGE DU ROI.

LOUIS, par la grace de Dieu, Roi de France & de Navarre, A nos amés & féaux Confeillers, les Gens tenans nos Cours de Parlement, Maîtres des Requêtes ordinaires de notre Hôtel, Confeils Supérieurs, Prévôt de Paris, Baillifs, Sénéchaux, leurs Lieutenans Civils, & autres nos Jufticiers qu'il appartiendra, SALUT. Notre amé le Sieur Jombert pere, Nous a fait expofer qu'il defireroit faire imprimer & donner au Public un ouvrage intitulé : *Catalogue raifonné de l'Œuvre de Sebaftien le Clerc ; Théorie de la figure humaine*, s'il Nous plaifoit lui accorder nos Lettres de permiffion pour ce néceffaires. A CES CAUSES, voulant favorablement traiter l'Expofant, Nous lui avons permis & permettons par ces préfentes, de faire imprimer lefdits Ouvrages autant de fois que bon lui femblera, & de les faire vendre & débiter par tout notre Royaume, pendant le temps de trois années confécutives à compter du jour de la date des préfentes. Faifons défenfes à tous Imprimeurs, Libraires & autres perfonnes, de quelque qualité & condition qu'elles foient, d'en introduire d'impreffion étrangere dans aucun lieu de notre obéiffance. A la charge que ces Préfentes feront enregiftrées tout au long fur le regiftre de la Communauté des Imprimeurs & Libraires de Paris, dans trois mois de la date d'icelles ; que l'impreffion defdits Ouvrages fera faite dans notre Royaume, & non ailleurs, en bon papier & beaux caracteres, que l'Impétrant fe conformera en tout aux Réglements de la Librairie, & notamment à celui du 10 Avril 1725, à peine de déchéance de la préfente permiffion ; qu'avant de l'expofer en vente, le Manufcrit qui aura fervi de copie à l'impreffion defdits Ouvrages, fera remis dans le même état où l'approbation y aura été donnée, ès mains de notre très-cher & féal Chevalier, Chancelier, Garde des Sceaux de France, le fieur DE MAUPEOU ; qu'il en fera enfuite remis deux Exemplaires dans notre Bibliotheque publique , un dans celle de notre Château du Louvre , & un dans celle dudit sieur DE MAUPEOU : le tout à peine de nullité des Présentes , du contenu desquelles vous mandons & enjoignons de faire jouir ledit Exposant & ses ayans cause , pleinement & paisiblement , sans souffrir qu'il leur soit fait aucun trouble ou empêchement. Voulons qu'à la copie des Présentes , qui sera imprimée tout au long au commencement ou à la fin dudit Ouvrage, foi soit ajoutée comme à l'original. Commandons au premier notre Huissier ou Sergent sur ce requis , de faire pour l'exécution d'icelles tous actes requis & nécessaires , sans demander autre permission , & nonobstant clameur de haro, charte Normande, & Lettres à ce contraires : Car tel est notre plaisir. DONNÉ à Compiegne, le quatrieme Jour du mois d'Août , l'an mil sept cent soixante - treize , & de notre regne le cinquante-huitieme. Par le Roi en son Conseil. LE BEGUE.

Registré sur le Registre XIX. de la Chambre Royale & Syndicale des Lib. & Impr. de Paris , Nº. 2465 , fol. 120, conformément au réglement de 1723. A Paris , et 13 Août 1773. C. A. JOMBERT pere , Syndic.

TABLE

DES ARTICLES DU CATALOGUE

DE L'ŒUVRE DE LE CLERC.

	Nomb. des pl.
TROIS portraits de Seb. le Clerc.	3
1650.	
Nº. 1. Profil de la ville de Metz.	1
2. La Samaritaine.	1
3. Deux effais de gravure au burin.	2
4. S. Jean dans le défert.	1
1654.	
5. Les quatre écrans ronds.	4
6. La chapelle de fainte Catherine à Stockolm.	1
7. Heures à la cavaliere.	1
8. L'image de N. D. de Fautx en Foreft.	1
9. S. Eloy, évêque de Noyon.	1
10. Cinq eftampes de faints, au burin.	5
11. *Sanctus Dominicus.*	1
12. Deux faintes, dans une forme octogone.	2
13. Deux eftampes de fainte Barbe.	2
14. Sainte Magdeleine dans une caverne.	1
15. S. Benoift.	1
16. Sainte Scholaftique.	1
17. S. Maur.	1
18. Tableaux de l'inftitution des Mathurins.	11
19. Les fept offices.	8
1655.	
20. La robe de N. S.	3
21. Très-vilaines armes au burin.	1
	53

1655.

De l'autre part, 13

22. L'enfant Jefus & le petit S. Jean. 1
23. *Sanctus Hyacinthus.* 1
24. Figure de Mars. 1
25. Diane, autre figure. 1
26. Tableaux parlans de la paffion. 9
27. Tableaux parlans de la vie morale. 9
28. Les fept vertus capitales. 7
29. Les fept péchés capitaux. 7

1656.

30. Neuf eftampes de la fainte Vierge. 9
31. La fainte Vierge dans un rond. 1
32. N. D. de Lorette. 1
33. N. D. de Mont-Carmel. 1
34. Trois eftampes de la fainte Famille. 3
35. N. S. affis au milieu des apôtres. 1
36. La fainte Vierge debout. 1
37. Cinq eftampes de fainte Helene. 5
38. Deux bordures. 2
39. Le Saint Sacrement fur des nuages. 1
40. Traité de la divine fageffe. 1
41. Suite d'eftampes pour l'ordre des Mathurins. 11
42. Petit portrait d'un Turc. 1
43. L'enfeigne de Châlons. 1
44. Les deux vafes de fleurs. 1
45. Deux vues des environs de Metz. 2
46. Les fept anciennes modes de Metz. 7
47. *S. Placidus.* 1
48. *S. Bercharius.* 1
49. Un moine à genoux, &c. 1
50. S. Thomas de Villeneuve. 1

1657.

51. Les remarques d'Abraham Fabert. 1
52. La premiere meffe, avec les trois frontifpices. 38
53. La confeffion, la communion, & le nom de Jefus. 3
54. Sainte Thérefe converfant avec N. S. 1
55. *Ecce homo.* 1

1657.

Ci-contre, 187

56. L'hermite, ou le prophete Elie dormant. 1

1658.

57. La vie de Saint Benoist. 37

1659.

58. Les quatre portraits gravés par le Clerc. 4
59. Vignette de S. Jean l'Evangéliste. 1
60. Autre estampe de S. Jean l'Evangéliste. 1

1660.

61. L'image de N. D. de Consolation de Premy. 1
62. Portrait de l'abbé de Verdun. 1
63. Discours des passions humaines. 1
64. La thèse de Pont-à-Mousson. 1
65. Sept différentes armoiries. 7

1661.

66. La seconde messe. 36

1663.

67. L'office de la Vierge Marie. 7
68. Les deux estampes du grand & du petit Lustucru. 2

1664.

69. Exercices de dévotion du R. P. *Canisius*. 1
70. Les divers états & conditions de la vie. 28
71. Le triomphe de Charles IV, duc de Lorraine. 23
72. Abrégé de l'histoire de France, par Brianville. 4

1665.

73. Plan du siége de Metz. 1
74. Pseautier de David, par Dumont. 3

1666.

75. Nouvelle fortification par Brioys. 23
76. Le plan d'un désert des Carmes déchaussés. 1
77. Deux estampes d'armoiries. 2
78. Les deux anges exterminateurs. 1

1667.

79. Histoire des singularités d'Angleterre. 1

375

1667.

De l'autre part,	375
80. Hiſtoire de la guerre des Gots, en Italie.	1
81. Le cavalier & la dame à la promenade.	3
82. La cour d'amour ou les bergers galans,	7
83. Abrégé du roman de la Cléopatre.	11
84. Hiſtoire générale des Antilles.	20

1668.

85. Plaidoyer en faveur de Van-Obſtal.	1
86. Les tireurs de Nantes.	1
87. Les ſix eſtampes des quatre parties du morde.	6
88. Deviſes pour les tapiſſeries du Roi.	38
89. Fleuron de la conquête de la toiſon d'or,	1

1669.

90. L'enſeigne de Lyon,	1
91. La promenade de Saint-Germain.	4
92. Pratique de la géométrie, par le Clerc.	105
93. Hiſtoire ſacrée par Brianville. Tome premier.	75

1670.

94. Hiſtoire ſacrée, par Brianville. Tome II.	31
95. Prieres du matin & du ſoir.	1
96. Les figures de la bible par Royaumont,	2
97. Hiſtoire de l'empire Ottoman,	18
98. Tapiſſeries du Roi.	20

1671.

99. Grande médaille en l'honneur de Louis XIV.	1
100. Addition à la petite géométrie de le Clerc.	41
101. Hiſtoire naturelle des animaux. Premiere partie.	18
102. Meſure de la terre, par Picart.	5

1672.

103. Recueil de poéſies latines, par Don le Houx,	4
104. Quatre eſt. ſur la guerre contre les Hollandois,	4
105. Mauſolée du chancelier Seguier.	1
106. Réſolution des quatre problêmes d'architecture,	13
107. Livre de payſages dédiés à M. de Beringhen.	11
108. Les académies de le Clerc,	31

876

109. Les

1673.

Ci-contre ;   876
109. Les dix livres d'architecture de Vitruve.   47

1674.

110. Abrégé de l'architecture de Vitruve.   11
111. Petite estampe du temple d'Auguste à *Fano.*   1
112. Description du château de Versailles.   1
113. Les trois petits morceaux ovales des Iconoclastes.   3

1675.

114. Les morceaux rarissimes du président Rossignol.   4
115. Recueil d'ouvrages en vers & prose.   4
116. Histoire sacrée, par Brianville. Tome III.   45
117. *Panegyrices veteres ad usum Delphini.*   2
118. La vie de S. Bruno, par Chauveau.   3

1676.

119. *Sancti Optati Afri opera omnia.*   2
120. Œuvres de Racine.   6
121. Face principale du Louvre, par J. Marot.   1
122. Histoire naturelle des animaux. Seconde partie.   16
123. Histoire des plantes, par Dodart.   2
124. Principes de l'architecture, par Félibien.   5
125. Religions de tous les royaumes du monde.   1
126. Fleuron à la louange de M. le Dauphin.   1
127. Oraison fun. de M. de Turenne, par Mascaron.   4
128. Autre or. fun. de M. de Turenne, par Fléchier.   2
129. Métamorphoses d'Ovide en rondeaux.   39
130. Recueil de traités de Mathématique.   3

1677.

131. Morceau allégorique sur le canal de Languedoc.   1
132. Estampe appellée la grande pierre du Louvre.   1
133. Grande vignette au chiffre du Roi.   1
134. Le labyrinthe de Versailles.   41
135. *Glossarium latinitatis,* à D. Ducange.   1
136. Mercure géographique.   1
137. Expl. de l'épître de S. Paul aux Romains.   1
138. Les confessions de S. Augustin.   1
139. Carte des environs de Paris, par la Pointe.   4

1131

1678.

De l'autre part,   1131

140. Gierufalemme liberata.   11
141. L'Adone del cavaliere Marino.   21
142. Il Paflor fido.   7
143. Aminta del Taffo.   7
144. Filli di Sciro.   8

1679.

145. Grande bataille de Caffel.   1
146. Arc de triomphe du fauxbourg Saint-Antoine.   1
147. D. Augustini opera omnia.   1
148. Bibliotheca Thuana.   1
149. Diverfes figures dédiées à M. de Boucœur.   14
150. Diverfes figures dédiées à M. Colbert d'Ormoy.   30
151. Difcours touchant le point de vue.   31
152. Oraifon funebre de la duchesse de Longueville.   3
153. Obfervations aftronomiques, par Richer.   3

1680.

154. Voyage d'Uranibourg.   3
155. Obfervations aftron. par Picard.   1
156. Prem. tapiff. du Roi : défaite de l'armée Efpagnole. 1
157. Décorations des pavillons de Marly.   14
158. Tivoli, par M. de Santeuil.   2
159. Eloge du cavalier Bernin.   2
     Portrait de Notre-Dame de la Paix.
160. Heures dédiées à Madame la Dauphine,   9
161. Recueil de panégyriques du Roi.   17
162. La troifieme meffe.   35
163. Effais de phyfique, par Perrault.   32
164. Les camouflets de M. de Richefource.   5
165. Converfations de Mademoifelle de Scudery.   4

1681.

166. Panégyrique de S. Louis.   3
167. Edifices antiques de Rome, par Defgodetz.   2
168. Poëme à la louange de M. le Brun.   4
169. Oraif. fun. de Louis Phelypeaux de la Vrilliere.   1
170. Fables d'Efope.   23
171. Seconde tapifferie du Roi : fiège de Tournay.   1
                                                   ————
                                                        1449

1681.

Ci-contre, 1449

172. IIIᵉ tapisserie du Roi : siége de Douay. 1
173. IVᵉ tapisserie du Roi : alliance avec les Suisses. 1
174. Vᵉ tapisserie du Roi : réduction de Marsal. 1
175. Feux d'artifice à l'hôtel des Gobelins. 2
176. Monnoies anciennes & médailles historiques. 148
177. Histoire du Calvinisme, par Maimbourg. 1

1683.

178. Histoire de la ligue par Maimbourg. 4
179. De la sainteté des devoirs monastiques. 4
180. *Nova collectio conciliorum.* 3
181. Heures à Madᵉ la Dauphine & à la chanceliere. 8
182. Ordonnance des cinq especes de colonnes. 1
183. Les satyres de Perse & de Juvenal. 1
184. Portrait de M. Potier en médaillon. 1
185. Oraison funebre de la Reine, par Bossuet. 1

1684.

186. Oraison funebre de la Reine, par Fléchier. 3
187. Oraison funebre de la Reine, par la Chambre. 3
188. Oraison funebre du prince de Condé. 3
189. Dialogues de l'abbé de Choisy. 4
190. La vie des prédestinés. 2
191. Le mai des Gobelins. 1
192. Très-longue vignette : *hinc securitas.* 1
193. La grande harpe mystérieuse. 1
194. Très-grande vignette : *fide & obsequio.* 2
195. Allégorie à la louange de Louis XIV. 1
196. Petits paysages dédiés à M. de Courtenvaux. 37

1685.

197. Le carousel des galans Maures. 6
198. Oraison funebre de la princesse Palatine. 4
199. Deux petites lettres grises. 2
200. Prérogatives de l'église de Rome. 2
201. Tombeau de M. Bonneau de Trassy. 1
202. *Officio della B. Vergine.* 6
203. Nouvel ordre François, par M. le Brun. 1
204. Autre ordre François, par le Clerc. *Rarissime.* 1
205. Les figures à la mode. 21
—————
1728

1686.

De l'autre part ,   1718

206. Histoire des croisades.   1
207. Or. fun. de M. le Tellier, chancelier de France.   1
208. Estampe de S. Jean porte Latine.   1
209. La vie de N. S. par de Saint-Real.   2
210. S. Paulin, évêque de Nole, poëme.   7
211. L'invoc. & l'imitation des saints. Chez Audran.   379
212. Les conquêtes du Roi, par le Clerc & Chatillon.   18

1687.

213. Réception du roi à l'hôtel-de-ville de Paris.   1
214. Monument à la gloire du Roi, érigé à Troyes.   1
215. Descrip. des tableaux de la galerie de Versailles.   10
216. Histoire métallique de la Hollande.   8
217. Les annales de Toulouse.   25
218. Grand médaillon du Louvre.   1

1688.

219. Le manuel d'Epictete.   1
220. L'incrédulité de S. Thomas.   11
221. Le martyre de S. Etienne.   1
222. Les figures des saints. Chez Gantrel.   64

1689.

223. Deux grands écrans Royaux.   2
224. Esther, tragédie de M. Racine.   1

1690.

225. Epitaphe & tombeau de M. Berbier du Metz.   2
226. Deux petites médailles grecques.   1
227. Petite estampe des enfans qui déroulent un plan.   1
228. Les quatre grandes études de têtes.   4
229. Traité de géométrie, par le Clerc.   18
230. Histoire naturelle des animaux. IIIᵉ partie.   12

1691.

231. Réflexions de l'empereur Marc-Aurele Antonin.   1

1692.

232. Figures de la passion de N. S. J. C.   36

1693.

233. Ambassade du sieur de Saint-Olon.   1

2339

1693.

	Ci-contre,	2339
134. L'écu & le louis d'or, par le Clerc.		2
135. La premiere petite Vénus. Rarissime.		1
136. Apothéose d'Isis.		1
137. Bibliotheca Telleriana.		2
138. Histoire du cardinal Ximenès.		12

1694.

139. S. Claude dans le désert.	8
140. S. Martial, apôtre de la France.	1
141. Fr. Junius de pictura veterum.	1
142. Dictionnaire étymologique de Ménage.	1

1695.

143. Vues du palais du roi de Suede, à Stockolm.	4
144. Vues des fauxbourgs de Paris.	12
145. Puer parvulus, ou le passage d'Isaye.	1
146. Mons, capitale de Haynaut.	1
147. La forteresse de Montmélian.	1
148. Figures du temple & du palais de Salomon.	5
149. Expériences physiques sur les barometres.	1
150. Prestation de serment dans la chap. de Versailles.	1

1696.

151. La multiplication des pains.	1
152. Panégyriques des saints, par Fléchier.	2
153. Instruction pastorale de l'archevéque de Paris.	2
154. Sentimens sur la peinture, par Testelin.	3
155. Les hommes illustres, par Perrault.	2
156. Caractères des passions, d'après le Brun.	20
157. Les batailles d'Alexandre, d'après M. le Brun.	6
158. Suite de paysages déd. à M. le duc de Bourgogne.	6

1697.

159. Deux petites bordures pour des prieres.	1
160. L'histoire, poëme, par M. l'abbé Genest.	2
161. Catafalque de Charles XI, à Stockolm.	1
162. Sujet allégor. du mariage de M. le duc de Bourg.	1

1698.

| 163. Estampe de l'acad. des sciences & des beaux arts. | 1 |

2499

1698.

De l'autre part,   2490
264. Aubouin apportant des livres aux princes.   1
265. Les œuvres de S. Athanase.   1

1699.

266. Estampe appellée *la Vierge aux anges.*   1
267. Oraison funebre du chancelier Boucherat.   1
268. Plafonds pour un hôtel bâti à Stockolm.   2

1700.

269. Art de tourner, par le pere Plumier.   1
270. Recueil de machines, par M. Perrault.   1
271. Principes du deſſein, par le Clerc.   52

1701.

272. Introduction à la géographie, par Violier.   1
273. Traité des manieres de graver à l'eau-forte.   1
274. Médaille en l'honneur de Charles XII.   2
275. Pyramide dreſſée devant la porte du palais.   1
276. Les armes de M. Geoffroy.   1

1702.

277. Hiſtoire des pratiques ſuperſtitieuſes.   1
278. *Nicephori Gregoræ hiſtoria Byzantina.*   3
279. Les petites conquêtes du Roi.   11
280. Méd. du regne de Louis XIV : édition de 1702.   86
      Autres médailles qui ne ſont point dans le livre. 100

1703.

281. Guérison d'Hyppolite.   1
282. Theſe de médecine pour M. Collot.   1
283. Les ſtatuts de l'ordre du Saint-Eſprit.   16
284. L'office des chevaliers de l'ordre du S. Eſprit. 7

1704.

285. L'entrée d'Alexandre dans Babylone.   1
286. Seconde vignette de S. Auguſtin prêchant.   1
287. Grand crucifix ſur un fond ombré.   1
288. Hiſtoire de Charles V, duc de Lorraine.   37

1706.

289. Carte de l'évêché du Mans.   2
                                                    ____
                                                    2824

1706.

Ci-contre, 2814
290. Nouveau syftême du monde, par le Clerc. 51
291. Habillemens des anciens Grecs & Romains. 15
292. Les quatre petites Mufes. 4
293. Le prophete Elie enlevé dans un char de feu. 1
294. Hiftoire de l'abbaye de Saint-Denis. 4

1707.

295. Les trois thèfes de philofophie. 8

1708.

296. Effai d'analyfe fur les jeux de hafard. 7
297. Hiftoire généalogique de la maifon d'Auvergne. 51

1709.

298. Tobie tirant à lui le poiffon miraculeux. 1
299. Les armes des provinces du royaume d'Efpagne. 1

1710.

300. La barque de S. Pierre. 1
301. Apparition de Dieu à Salomon. 1
302. Du fecret des myfteres, par l'abbé de Vallemont. 1
303. L'annonciation des congréganiftes. 2
304. Proceffion des chevaliers de l'ordre du S. Efprit. 1
305. Les armes de 4 chevaliers de l'ordre du S. Efprit. 4
306. Defcrip. de la nouvelle chapelle de Verfailles. 6
307. Hiftoire de l'Amour & de Pfiché. 4

1711.

308. La feconde petite Vénus fur les eaux : moins rare. 1
309. Imperium Orientale. 1

1712.

310. Le cabinet de M. le Clerc. 1
311. Hiftoire eccléfiaftique de M. l'abbé Fleury. 12
312. Horas devotas, ou heures efpagnoles. 22

1714.

313. Traité d'architecture, par Seb. le Clerc. 194

3118

Supplément au Catalogue.

Ci-contre, 3218

314. Explication des cérémonies de la messe. 1
315. Le jugement de Salomon. 1
316. Saint Hyppolite converti à la foi. 1
317. Hérodiade portant la tête de S. Jean-Baptiste. 1
318. S. Jean l'Evang. relégué dans l'isle de Patkmos. 1
319. Bacchus & Erigone. 1
320. Passe-partout pour le porte-Dieu de Callot. 1
321. Diverses études gravées par Huquier le pere. 3
322. Très-gr. bord. en travers, en forme de passe-partout. 1
323. Grande bord. pour la passion de J. C. par Callot. 1
324. Deux bord. pour les miseres de la guerre, de Callot. 2
325. Petite bord. pour l'histoire sacrée de Brianville. 1
326. Trois vig. grav. d'après les desseins de le Clerc. 3
327. Diverses lettres grises inconnues. 21
328. Est. grav. en bois, d'après les desseins de le Clerc. 29

Les du Rondray.

329. Suite de grands cartels en travers. 9
330. Livre de trophées de guerre, de marine, &c. 15
331. Suite de grandes vignettes & bordures. 11
332. Petits cartels & desseins de mosaïque. 10
333. Suite de cartels en hauteur & autres. 19
334. Suite de petits fleurons & culs-de-lampe. 10
335. Livre de cartouches, ornemens, & grouppes. 9
336. Livre de principes tirés des batailles d'Alexandre. 32

Total de l'œuvre de le Clerc, 3412

De l'Imprimerie de L. CELLOT.

Achevé d'imprimer pour la premiere fois le 24 Mars 1774.

CATALOGUE

CATALOGUE

RAISONNÉ

DE L'ŒUVRE

DE

SEBASTIEN LE CLERC.

Portrait de Sebaſtien le Clerc, deſſinateur & graveur ordinaire de la maiſon du Roi. *Cl. Duflos ſculp.* [1]

Hauteur totale du cuivre avec le titre au bas du portrait & avec l'adreſſe d'Audran qui eſt au-deſſous du titre, 9 pou. 3 lig. larg. 6 pou. 7 lig.

Portrait de Sebaſtien le Clerc, chevalier Romain, &c. à Paris, chez Odieuvre, &c. *De la Croix pinxit. P. Dupin ſculp.*

Haut. totale du cuivre 5 pou. 1 lig. larg. 3 pou. 6 lig.

Portrait de Sebaſtien le Clerc, chevalier Ro-

---

(1) Il faut avoir ce portrait avant qu'on ait ajouté ſur le titre, à gauche, *chevalier Romain*, & à droite, *ancien profeſſeur royal en mathématique.*

A

main, &c. qui se trouve à la tête de l'éloge de cet artiste, par l'abbé de Vallemont, *in-12*. Paris. 1715. *E. Jeaurat sculp.* 1715.

Haut. 5 pouc. larg. 3 pouc.

1637.

Naissance de Sebastien le Clerc, *à Metz le 25 septembre* 1637.

1645.

Petit dessein à la plume fait par Sebastien le Clerc, à l'âge de huit ans [1]. Chez M. Jombert.

Il représente un enfant nud, couché sur le dos, vu des pieds à la tête, la jambe & la cuisse gauche très en raccourci, la tête posée sur la joue gauche, regardant à droite : une horloge de sable à côté de lui. Au-dessous du dessein, à gauche, est écrit à la plume en très-petites lettres fort lisibles : *S. le Clerc.* Et à gauche on a écrit au crayon de mine de plomb : *à 8 ans.* Haut. du dessein 13 lig. long. 1 pou. 10 lig.

Le même dessein se voit dans l'œuvre de le Clerc qui est chez Madame de Bandeville, & qui a appartenu à M. Dargenville. Le nom de le Clerc y est pareillement écrit en très-petites lettres : au-dessous du dessein on lit en mauvaise écriture faite d'une autre main : *S. le Clerc fecit anno ætatis suæ 8°* [2].

_____

[1] Ce dessein est fait d'après une estampe gravée par un des petits maîtres anciens, sans aucun nom ni date. On voit dans la partie inférieure de cette estampe quatre têtes de morts, dont trois rangées sur la même ligne remplissent le devant, & la quatrième est entassée sur les deux premières, à gauche. Au-dessus de celles qui sont à droite : on voit le même petit enfant couché sur le dos, sur une espece de tapis, dans la même attitude, ayant à ses pieds la même horloge de sable. Au-dessus de l'enfant sont gravés ces mots, en mauvaises capitales : *mors omnia æquat.*

Haut. de cette petite estampe qui se voit chez M. Jombert, à côté du dessein original de le Clerc : 2 pou. long. 2 pou. 10 lig.

[2] Il seroit difficile de décider lequel des deux desseins est fait de la main de le Clerc, puisque ni l'un ni l'autre n'est original, celui de le Clerc étant lui-même une copie de l'estampe ci-dessus. Feu M. Huquier, avec lequel j'étois fort lié d'amitié, & que j'ai consulté très-soigneusement pour tous les articles de ce catalogue, m'a assuré que le sien est

1650.

No. 1. PROFIL de la ville de Metz.

Au haut de l'estampe, dans une légende qui voltige sur le ciel, est écrit : *Sebastianus le Clerc designator & sculptor. 1650* [1]. Au-dessous de l'estampe il y a huit vers françois avec le nom de L. Marain.

Haut. totale du cuivre avec les vers 4 pou. 2 lig. long. 11 pou. 4 lig.

Cette estampe se trouve au cabinet des estampes du Roi ; chez Madame de Bandeville, & chez MM. Paignon, Jombert, le Normant, à Orléans, &c.

2. La Samaritaine : petit morceau regardé comme une des premieres pieces de le Clerc. Elle est si mal gravée en effet, & M. le Clerc en fut lui-même si mécontent, qu'il fit servir le cuivre, au lieu d'une plaque de fer, pour couvrir l'entrée de la serrure d'un petit coffre, où elle a resté long-tems, jusqu'à ce qu'un amateur curieux l'en a retiré pour augmenter l'œuvre de cet artiste.

Haut. du cuivre 14 lig. long. 18 lig.

l'original & que celui de Madame de Bandeville n'est qu'une copie qu'il avoit faite lui-même étant encore à Orléans, d'après l'original que possédoit M. l'Abbé le Clerc, fils de notre artiste, dans le tems qu'il étoit supérieur du séminaire d'Orléans. A la mort de cet ecclésiastique, M. Huquier ayant acheté l'œuvre de le Clerc, que l'abbé le Clerc avoit formé du vivant de son pere avec ce dessein original, il en a exposé la copie dans une vente publique ; M. Helle, neveu du sieur Dhermand, l'ayant acheté comme originale, l'a vendue pour telle à M. Dargenville, qui en a orné l'œuvre de le Clerc qu'il possédoit. A la mort de M. Dargenville, ce bel œuvre de le Clerc a passé dans le cabinet de Madame la présidente de Bandeville, connue parmi les amateurs par le magnifique cabinet d'histoire naturelle qu'elle possède, qui est un des plus complets & des mieux conditionnés de Paris.

[1] La robe de N. S. n'est donc pas la premiere piece que le Clerc ait gravée, comme l'assure l'abbé de Vallemont & les autres, puisqu'elle ne l'a été qu'en 1655 : le Clerc n'avoit que douze ans quand il a gravé celle-ci d'après son propre dessein.

A ij

1650.

Cette estampe se trouve chez Madame de Bandeville, & chez MM. Paignon, Jombert, &c. & l'on y remarque le trou qu'on y a fait pour l'entrée de la clef, ainsi que quatre trous aux quatre angles du cuivre, pour retenir cette plaque sur le coffre avec quatre clous.

— 3. Deux essais de gravure au burin représentans des figures grotesques d'un homme dansant & d'une femme debout, d'après *Goltzius*.

Comme ces deux figures se trouvent gravées derriere deux planches de Seb. le Clerc, savoir la vue de l'aqueduc de Metz, & celle de la maison de campagne de l'évêque de cette ville, dont nous parlerons ci-après (nº. 45), il y a lieu de présumer que ces deux essais sont aussi de la main de cet artiste, & qu'il a fait ensuite servir ces mêmes cuivres pour y graver d'autres sujets.

Haut. 5 pou. larg. 2 pou. 2 lig.

Ces deux essais ne se trouvent que chez M. Jombert, & ne sont pas dignes d'occuper une place dans l'œuvre de cet artiste.

— 4. Petite estampe en travers, qui paroît des premiers tems de le Clerc, & qui est par conséquent très-mal gravée. On y voit à droite S. Jean-Baptiste assis dans une espece de caverne, sous un rocher. Sur le devant, son mouton proche de lui, à gauche. Plus loin une grande riviere qui serpente dans une plaine, & plusieurs rochers pointus & escarpés.

Haut 2 pou. 1 lig. long. 3 pou. 1 lig.

Cette estampe ne se voit que chez Madame de Bandeville.

1654.

— 5. Quatre écrans ronds représentans divers sujets dessinés & gravés par le Clerc en 1654.

— 1. Écran rond sur lequel est un paysage entouré d'une large bordure remplie de fleurs de toute espece. *A Metz, chez Bouchard*, 1654. Diametre du rond 10 pou. 11 lig.

Sur le devant on voit un méchant pont de planches, au

tout duquel, à gauche, est une croix de bois : à droite un hermite assis par terre : derriere lui, son hermitage.

Au cabinet des estampes du Roi & chez Madame de Bandeville : chez M. Paignon, le paysage seulement coupé dont on a retranché la bordure.

2. Ecran rond composé de quatre cartouches formés par huit cornes d'abondance, du haut desquelles sort le buste d'un ange femelle, dont quelques-unes ont des colliers de perles. Les cartouches sont séparés par deux têtes d'homme & deux de femme, portant des corbeilles pleines de fleurs.

Dans ces cartouches sont représentés les quatre âges & les quatre saisons de l'année. Dans le petit cercle du centre est écrit. *A Metz, par C. Bouchard.* 1654.

Diametre du rond 10 pou. 4 lig.

Au cabinet du Roi, & chez Madame de Bandeville.

3. Ecran rond où l'on voit diverses chasses. Autour du petit cercle qui est au centre, on lit : *A Metz, par C. Bouchare.* 1654.

Diametre du rond 10 pou. 3 lig.

Au cabinet du Roi & chez Madame de Bandeville.

4. Ecran rond où l'on voit beaucoup de guerriers à pied & à cheval. *A Metz, par C. Bouchard.* 1654.

Diametre du rond 10 pou. 4 lig.

Au cabinet du Roi. Ce quatrieme écran manque chez Madame de Bandeville.

6. La chapelle de sainte Catherine, à Stokolm, où est la sépulture des Rois de Suede, appellée mal-à-propos par les marchands d'estampes, *le tombeau du Roi de Portugal* [1]. Ce morceau est de la plus grande rareté.

_____

[1] Cette planche a été gravée par le Clerc en 1654, pour entrer dans la collection des monumens de Suede, connue sous le titre de : *Suecia antiqua & moderna*, en 3 vol. in-folio, contenant 353 pl. mais elle n'a point servi, & elle est restée pendant nombre d'années dans le cabinet de M. le Clerc, qui l'a fait enfin effacer pour y graver l'apothéose d'Isis, dont on parlera au n°. 136, année 1693.

L'estampe qu'on voit dans le livre ci-dessus est une copie de celle de le Clerc faite par Perelle : c'est la planche 25 de ce recueil. On lit au haut, au-dessus du chiffre de Charles Gustave couronné & entouré des

1654.

On voit à gauche la représentation perspective de cette église bâtie sur un terrein élevé, avec un clocher en forme de lanterne à huit faces, placé sur le milieu de l'édifice, & terminé par une aiguille. Ce clocher est accompagné de quatre petites tourelles, aux quatre angles du bâtiment.

A droite, une grande riviere, au-delà de laquelle est la ville de Stokolm, avec un pont de pierre interrompu dans son milieu par un double pont levis, servant pour la communication de cette ville avec le fauxbourg où est bâti le temple de sainte Catherine.

Au haut de l'estampe, sur le ciel, est un chiffre formé par deux lettres capitales C & G, tournées à droite & à gauche, & entrelassées avec une X qui en occupe le milieu. Ce sont les trois lettres initiales de Charles Guftave X.^e du nom, fondateur de ce temple. Au-dessus du chiffre est une couronne royale : il est environné du collier de l'ordre des Chérubins & des Séraphins, d'où pend l'attribut du même ordre, qui est un nom de Jesus rayonnant.

Cette estampe se trouve chez Madame de Bandeville, avant la lettre, & avant qu'elle ait été entiérement finie.

Chez M. Paignon, avant la lettre, mais entiérement finie.

Chez M. Jombert, de même, avec la copie gravée par Perelle avant la lettre, qui s'y trouve écrite à la plume.

Haut. du cuivre, avec le blanc qui est au bas de l'estampe 7 pou. 9 lig. long. 12 pou. 6 lig.

– 7. Heures à la cavaliere. *In-soixante-quatre.* Metz. 1654.

On voit sur cette estampe six très petits saints, rois ou

---

attributs de l'ordre des chérubins : *Templum Stæ. Catharinæ, à Sereniffimo Rege Carolo Guftavo Holmiæ fundatum.*

Dans la copie de Perelle dont on voit une épreuve chez M. Jombert, il n'y a point de chiffre du Roi au haut de l'estampe : c'est un cartel formé par le collier de l'ordre des chérubins, & accompagné de deux branches de lauriers qui servent de double enceinte à ce cartel. Le titre ci-dessus est écrit à la plume dans ce cartel, & non au-dessus, comme dans l'estampe qui est dans la *collection des monumens de Suede* : l'explication des lettres de renvoi est écrite à la plume en dix petites lignes au bas de l'estampe.

empereurs, à cheval, d'un pouce ou environ en quarré ; tous gravés sur le même cuivre, entiérement au burin, pour le livre ci-dessus : c'est une des plus mauvaises productions de le Clerc.

Sur la premiere de ces six petites estampes, on lit dans le piedestal sur lequel est posée une figure équestre : *heures à la cavaliere.* Sur la seconde S. Maurice. Sur la troisieme S. George. Sur la quatrieme S. Martin. Sur la cinquieme S. Charlemagne. Et sur la sixieme S. Louis.

Haut. du cuivre où sont gravés ces six sujets, avec toute leur marge, 4 pou. 4 lig. long. 5 pou. 10 lig.

Cette petite suite se trouve uniquement au cabinet des estampes du Roi.

8. Le portraict de l'image miraculeuse Nostre Dame de Fautx en Forest dependant de l'abbaye de S. Arnoul de Metz [1].

Haut. du cuivre avec la lettre 5 pou. 10 lig. larg. 3 pou. 11 lig.

9. Sainct ELOY, evesque de Noyon, & patron de l'Eglise des Carmes Dechauffez de Metz, &c. *SB. Le Clerc f.*

Il est représenté debout, vu en face, revêtu de ses habits pontificaux, tenant sa crosse d'une main & donnant de l'autre sa bénédiction. Dans le lointain, à droite, un maréchal qui travaille assis à côté de sa forge : à gauche, un jardinier qui laboure.

Haut. avec la lettre 5 pou. 10 lig. larg. 3 pou. 8 lig.

Chez M. Paignon, bonne épreuve : chez M. Jombert mauvaise épreuve retouchée. Au cabinet du Roi, avant la retouche, mais la planche usée.

_____

[1] On croit que cette estampe est faite par le Clerc lorsqu'il commençoit à graver au burin. Cependant elle ne tient en aucune façon des autres ouvrages de ce célebre artiste. Elle m'a été envoyée de Metz par un grand curieux, comme une piece des commencemens de le Clerc ; mais je ne l'ai vue dans aucun autre œuvre de ce maitre, & je la crois très-apocryphe.

†10. Cinq eſtampes de ſaints gravés au burin, renfermés chacun dans un cadre ſimple, à pans coupés, ſans bordure, avec un fond blanc, ſans lointain. Le tout très-mal gravé. Savoir :

–*S. Paulus.* Au cabinet du Roi.
+*S. Stephanus.* Au cabinet du Roi & chez M. Paignon.
–*S. Laurentius.* Au cabinet du Roi & chez M. Paignon.
–*S. Sebaſtianus.* Au cabinet du Roi.
–*S. Rochus.* Au cabinet du Roi.
Haut. de chacune 3 pou. 1 lig. larg. 2 pou. 1 lig.

– 11. *Sanctus Dominicus*, petite eſtampe au burin fort mal gravée.

Haut. 3 pou. 8 lig. larg. 2 pou. 3 lig.
Au cabinet du Roi,

– 12. Deux petites eſtampes de ſaintes, de forme octogone, ſans bordure, aſſez mal gravées.

+*S. Catharina.* Au cabinet des eſtampes du Roi.
†*S. Barbara.* Au cabinet du Roi.
Haut. de chacune 3 pou. larg. 2 pou. 2 lig.

†13. Deux eſtampes de ſainte Barbe.

– A la première de ces eſtampes, cette ſainte eſt debout, vue en face, tenant de la droite une palme. A droite ſur le devant une tour quarrée dans le lointain, & une tour ronde : à gauche pluſieurs édifices. Sous la grande draperie qui lui ſert de manteau, on apperçoit ſa robe qui eſt d'une étoffe à fleurs. Celle-ci ne ſe trouve que chez Madame de Bandeville.

Haut. de cette eſtampe, dont la marge eſt rognée, 3 pou. 7 lig. larg. 2 pou. 2 lig.

– Autre ſainte Barbe, petite eſtampe en hauteur.

Elle eſt debout, regardant à gauche, tenant une palme de la main gauche. On voit une tour dans le lointain, à gauche, & un village à droite.

Haut. 2 pou. larg. 1 pou. 4 lig.
Au cabinet du Roi & chez Madame de Bandeville.

1654.

14. Sainte Magdeleine debout, vue à mi-corps, dans une caverne. On lit au bas : *speculum pœni-tentiæ*. Le Clerc f.

Haut. avec la lettre 3 pou. 8 lig. larg. 2 pou. 3 lig.
Au cabinet du Roi, chez Madame de Bandeville, chez M. Paignon.

15. S. Benoist assis tenant à la main un livre sur lequel est écrit : *in omnibus omnes sequantur regulam*. Dans le fond à gauche on voit une église qu'on acheve de bâtir. Au bas on lit : *S. P. Bene-dictus omnium justorum spiritu plenus fuit.*

Haut. 3 pou. larg. 2 pou. 1 lig.
Au cabinet du Roi. Chez Madame de Bandeville.

16. Sainte Scholastique assise, tenant une crosse au haut de laquelle pend une espece de voile. A droite, dans le fond, est la vue d'une église. Au bas est écrit : *S. Scholastica. In columba specie cœli secreta penetrare visa est. Seb. le Clerc f.*

Haut. 3 pou. larg. 2 pou. 1 lig.
Au cabinet des estampes du Roi. Chez Madame de Ban-deville. Chez M. Paignon.

17. S. Maur. Il tient un livre, & il marche dans un bois accompagné de deux autres religieux. *Seb. le Clerc.* On lit au bas : *S. Maurus Benedictinorum in Gallia Apostolus.*

Haut. 2 pou. larg. 2 pou. 1 lig.
Au cabinet du Roi, chez Madame de Bandeville, chez M. Jombert.

18. Les tableaux de l'institution de l'ordre des Mathurins pour la rédemption des captifs, en onze planches numérotées.

1. Le titre. Au haut, on voit dans le ciel la sainte Tri-

nité. Au-deſſous un grand ange debout avec deux captifs à
genoux à ſes côtés. Plus bas, ſur des nuages, trois petits
enfans ailés tenant une draperie ſur laquelle eſt écrit: *hic*
eſt ordo approbatus, non à ſanctis fabricatus, ſed à ſummo
Deo. Aux deux côtés de cette draperie ſont S. Jean de
Matha & S. Felix de Valois, fondateurs de l'ordre, debout & regardant en l'air. Dans le lointain, on voit une
ville maritime des côtes d'Afrique. *SB. le Clerc f.*

2. *B. Joannes de Matta B. Felicem heremicolam accedit*
ſeque coſulutat. SB. le Clerc f.

3. *In ſolitudine Angelus eos admonet & cervus invitat.*
Le Clerc f.

4. *Auſpiciis divinis morem gerunt.* Le Clerc f.

5. *Pontificem conſulunt ſuper : iſis.* SB. le Clerc f.

6. *Pontifici in aris Angelus aſtat cum duobus captivis.* SB.
le Clerc f.

7. *Candida veſte eos Papa induit, & ordinem declarat.*
Sebaſtien le Clerc *fecit.*

8. *Fratres ad redemptionem à Generaliſſimo dimittuntur.*
Sebaſtien le Clerc f.

9. *Mauros de conventione conveniunt.* SB. le Clerc f.

10. *Ad chriſtianos appellunt cum captivis.* Le Clerc f.

11. *Sacro comitatu excipiuntur à Religioſis obviantibus.*
Le Clerc f.

Chez Madame de Bandeville cette derniere eſt avant la
lettre. Les planches de cette ſuite ſont très-difficiles à trouver bonnes épreuves. Elles ne ſont pas belles au cabinet du
Roi: chez Madame de Bandeville elles ſont toutes des premieres épreuves, excepté le titre qui eſt mauvaiſe épreuve
& fort uſée: elles ſont fort belles chez M. le Normant à
Orléans: elles ſont paſſables chez MM. Paignon & Jombert: chez ce dernier les pl. 3, 4 & 5, ſont avant que le
chiffre ou numero ait été ajouté au bas de la planche.

Haut. de chacune 3 pou. 7 lig. larg. 2 pou. 5 lig.

+19. Les ſept offices avec les litanies dirigées
pour chaque jour de la ſemaine, &c. à Metz par
C. Bouchard. *Le Clerc fecit.*

+1. On voit ſur cette eſtampe un grand ange debout tenant une légende où est écrit le titre ci - dessus.

Haut. de ce titre 3 pou. 4 lig. larg. 2 pouc. 2 lig. Les
sept autres planches de cette suite font un peu plus petites.

Au cabinet du Roi. Chez Madame de Bandeville. Chez
M. Paignon.

†2. Le Roi David assis sur son trône recevant le prophete
Nathan qui vient lui reprocher son crime & lui annoncer
les effets de la vengeance divine. A droite, dans le ciel,
un ange tenant à la main une épée nue. La harpe de David
est posée à terre, à gauche, à côté de son trône. *Sebastien
le Clerc f.*

Haut. de cette estampe & des suivantes, 3 pou. 2 lig.
larg. 2 pou.

Au cabinet du Roi. Chez Madame de Bandeville. Chez
M. Paignon.

3. La sainte Vierge debout, les mains croisées sur sa
poitrine, environnée d'une grande gloire ovale, les deux
pieds sur un dragon. *Le Clerc f.*

Au cabinet du Roi. Chez Madame de Bandeville. Chez
M. Paignon.

†4. Une fuite en Egypte. On y voit la Vierge & S. Joseph qui marchent en tenant par la main l'enfant Jesus qui
est entre eux deux: sa robe lui descend jusqu'au bas des
jambes. Au-dessus de lui est le Saint-Esprit, & tout au haut
du ciel le Pere éternel, au milieu d'un grand cercle de
nuages d'où sortent des rayons qui remplissent une grande
partie de l'estampe. *Le Clerc.*

Haut. 3 pou. 1 lig. larg. 2 pou.

Au cabinet du Roi & chez Madame de Bandeville.

†5. Autre fuite en Egypte, ou sainte Famille. La Vierge à
gauche, S. Joseph à droite, tenant chacun par la main
l'enfant Jesus qui est au milieu; tous les trois debout & vus
en face. L'enfant Jesus a une robe courte qui ne lui vient
qu'aux genoux. On lit au bas. *Maria, Jesus, Josephus.
Anagramma. Si peris hos ama vives.* S. le Clerc f.

Haut. avec la lettre 3 pou. 1 lig. larg 2 pou.

Au cabinet du Roi. Chez Madame de Bandeville. Chez
MM. Paignon & Jombert.

†6. Autre sainte Famille. A gauche, sur le devant, la
sainte Vierge assise, regardant à droite : elle tient l'enfant

1654.

Jefus affis fur fes genoux. Un grand ange à genoux lui préfente des fruits dans un plat. Le fond eſt un payfage. *Le Clerc.*

Même grandeur.

Au cabinet du Roi. Chez Madame de Bandeville.

✝ 7. Un crucifix. La Magdeleine eſt vis-à-vis à genoux dans l'air le à droite, & le regarde : on voit dans le lointain la ville de Jerufalem. *Le Clerc.*

Même grandeur.

Au cabinet du Roi. Chez Madame de Bandeville. Chez M. Paignon.

✝ 8. Un autel avec un faint-Sacrement expofé, & deux grands anges en adoration au pied de l'autel [1].

On lit au haut dans un cartel ovale : loué foit le très-faint-facrement de l'autel. *S. le Clerc f.*

Même grandeur.

Au cabinet du Roi & chez Madame de Bandeville. Chez M. Paignon.

1655.

✝ 10. 1. La robe de N. S. gravée entiérement au burin par Seb. le Clerc étant encore à Metz, en 1655. On lit fur cette eſtampe : portraict de la robbe de N. S. un vrai cloux, & une partie de la vraie croix, qui eſt gardée en l'églife cathédrale de Treves. Faict à Metz par Seb. le Clerc. 1655 [2].

Haut. 4 pou. 3 lig. larg. 2 pou. 9 lig.

Au cabinet des eſtampes du Roi.

✝ 2. La même eſtampe de la robe de N. S. deffinée & gravée plus en petit par le Clerc, fans aucune autre écriture

---

[1] Chez M. Paignon il y a deux petites eſtampes de ce même faint-facrement ; ce font deux planches copiées l'une d'après l'autre. Toutes les deux portent le nom de le Clerc & font en effet gravées par lui.

[2] C'eſt une opinion commune que ce morceau eſt le premier que le Clerc a gravé : cependant l'année 1650 gravée fur une légende au haut du profil de la ville de Metz, paroît une preuve du contraire, ainſi que toutes les autres pieces dont on vient de parler : à moins qu'on ne voulût dire que c'eſt le premier morceau qu'il a gravé entiérement au burin.

1655.

que fon nom qui eft ainfi marqué au bas : *Seb, le Clerc fecit,* 1655.

Haut. 2 pou. 7 lig. larg. 1 pou. 8 lig.

Au cabinet des eftampes du Roi.

3. *Exictum fchema Salvatoris noftri togæ quæ afservatur & oftenditur Treviris fingulis Jubilæis generalibus.* Ceci eft gravé au haut de l'eftampe, au bas on lit : *accurata fanêti clavi menfura.* A droite, *C. Bouchard excudit Metis.*

Haut. de la planche 9 pou. 10 lig. larg. 6 pou. 9 lig.

Au bas de l'eftampe, fur la marge, eft écrit à la plume : cette image a touché les faintes reliques de Treve, en 1655.

A gauche, au bas de l'eftampe, il paroit qu'il y a eu le nom de le Clerc gravé, mais le morceau eft emporté.

Cette eftampe très-curieufe & de la plus grande rareté attribuée à le Clerc, ne fe trouve que chez M. Paignon d'I-jonval

21. Très-vilaines armes, fort mal gravées, en-tiérement au burin, fur un cuivre fale & point bruni. Il y a un grand écu d'azur avec trois fleurs-de-lys d'or. Au-deffus, une mitre à gauche, & une croffe à droite. L'écu eft entouré d'un cartel affez pauvre. On voit au bas, fur une grande lé-gende prefque vuide, le mot *confirma.* Il n'y a point de nom de graveur, & fi cette mauvaife eftampe eft de le Clerc, c'eft du même tems que la robe de N.S. lorfqu'il commençoit à graver au burin.

Haut. 4 pou. 9 lig. larg. 3 pou. 8 lig.

Les quatre angles du cuivre font échancrés.

Chez Madame de Bandeville feulement.

22. L'enfant Jefus affis ; le petit faint Jean en-core enfant, eft à genoux devant lui & lui baife la main ; fon agneau eft à gauche, derriere lui. Le fond eft un payfage. *S. le Clerc f.* Au bas eft écrit : *innocentes & recti adhæferunt mihi.*

Haut. du cuivre 3 pou. 8 lig. larg. 2 pou. 3 lig.

Au cabinet du Roi Chez Madame de Bandeville.

–23. *Sanctus Hyacinthus.* Petite estampe fort mal gravée, toute au burin. Il est habillé en religieux Dominicain, & tient de la main droite un saint-Sacrement rayonnant, & de la gauche une petite statue de la sainte Vierge, avec un rosaire. A droite, un grand rideau de broderie, qui est relevé au-dessus de sa tête.

Haut. de la planche 3 pou. 8 lig. larg. 2 pou. 3 lig.
Au cabinet des estampes du Roi.

–24. Un Mars. Grande figure debout, dans une bordure en hauteur à huit pans.

Haut du cadre 6 pou. 4 lig. larg. 3 pou.
Au cabinet du Roi. Chez Madame de Bandeville.

–25. Une Diane. Grande figure debout dans une bordure à huit pans.

Haut. du cadre 6 pou. larg. 3 pou.
Au cabinet des estampes du Roi. Chez Madame de Bandeville.

–26. Les tableaux parlantz de la passion, ou suivant les sentimentz de la vertu le pecheur s'unit à son Sauveur. A Metz, par Sebastien Le Clerc. 1683 [1].

– 1. Le titre ci-dessus renfermé dans un grand cartel, avec le nom de le Clerc dans un autre plus petit qui est au-dessous du grand.

Haut. 3 pou. 6 lig. larg. 2 pou. 6 lig.

---

[1] Au-dessous du nom de le Clerc est marquée l'année 1683, mais il est visible que les deux derniers chiffres ont été effacés & gravés après coup, pour quelque nouvelle édition de cet ouvrage ; car ces neuf estampes paroissent des premiers tems de le Clerc & sont bien différentes de celles qu'il a produites depuis 1680. On peut les ranger vers l'année 1655 ; toute cette suite est assez mal gravée.

1655.

Chez Madame de Bandeville & chez M. Paignon.

- 2. L'Annonciation. La Vierge eft affife vers la gauche, au pied de fon lit, fur une chaife à doffier de bois. Deux grands anges debout, l'un devant elle l'autre derriere, lui annoncent l'inftant de fa conception, & lui montrent dans le ciel N. S. fur un nuage, tenant fa croix. Il n'y a rien d'écrit au bas de l'eftampe que le nom de le Clerc. *S. le Clerc f.*

Haut. totale du cuivre 3 pou. 5 lig. larg. 2 pou. 6 lig.
Chez Madame de Bandeville. Chez M. Paignon.

- 3. Entrée de N. S. dans Jerufalem, des premiers tems de le Clerc. On voit à gauche une porte de ville entre deux tours & de hautes murailles défendues par des tours en faillie, de diftance en diftance; vers la droite, un palmier au haut duquel un jeune homme eft monté.

Haut. 3 pou. 2 lig. larg. 2 pou. 5 lig.
Au cabinet des eftampes du Roi. Chez Madame de Bandeville. Chez M. Paignon.

- 4. La céne. Des premiers tems de le Clerc. On y voit N. S. affis à table au milieu de fes Apôtres. Dans le lointain, à droite, un prêtre qui dit la meffe, & qui en eft à l'élévation de l'hoftie.

Haut. 3 pou. 2 lig. larg. 2. pou. 5 lig.
Au cabinet du Roi. Chez Madame de Bandeville affez mauvaife épreuve. Chez M. Paignon bonne épreuve.

- 5. N. S. au jardin des oliviers, des premiers tems de le Clerc. J. C. eft à droite, à genoux par terre; devant lui, fur un nuage, un ange qui tient d'une main la croix & qui lui préfente de l'autre un calice. Sur le devant on voit les Apôtres couchés & endormis. *S. le Clerc.*

Haut. 3 pou. 2 lig. larg. 2 pou. 5 lig.
Au cabinet du Roi. Chez Madame de Bandeville, très-mauvaife épreuve. Chez M. Paignon, bonne épreuve.

- 6. Le crucifiement. La croix eft couchée par terre, & N. S. étendu deffus: il tient encore fon rofeau de la main gauche, tandis qu'on lui cloue la droite fur la croix. A gauche, fur le devant, un grouppe des deux larrons conduits par des foldats. A droite, dans la partie ombrée, un foldat couché par terre. Plus loin, devant lui, un vieillard qui prend quelque chofe dans un panier. *S. le Clerc f.*

Haut. avec la marge du cuivre 3 pou. 6 lig. larg. 2 pou.
6 lig.

Chez Madame de Bandeville , bonne épreuve. Chez
M. Paignon *idem*.

— 7. N. S. crucifié. A droite, fur le devant, un foldat
portant un grand drapeau fur fon épaule. A gauche , un
grouppe de foldats & de peuples au pied d'une montagne.
Derriere eux deux hommes à cheval. Sur la hauteur J. C.
crucifié entre deux larrons ; autour de fa croix on voit
les faintes femmes & quantité de foldats. *S. le Clerc f.*

Même grandeur.

Chez Madame de Bandeville , très-belle épreuve. Chez
M. Paignon *idem*.

— 8. Un crucifix : la Magdeleine eft à genoux au pied de la
croix. A gauche , la Vierge affife fur une bute de terre. De
l'autre côté S. Jean debout. Dans le lointain on voit des
morts qui reffufcitent & qui fortent de leurs tombeaux.
Vers l'horifon , la ville de Jerufalem & un ciel très-chargé
au-deffus. *S. le Clerc f.*

Haut. avec toute la marge d'en-bas , fur laquelle il n'y a
rien de gravé , 3 pou. 5 lig. larg. 2 pou. 6 lig.

Chez Madame de Bandeville , très mauvaife épreuve ;
qui paroit retouchée Chez M. Paignon , bonne.

— 9. N. S. qui apparoît à la Magdeleine fous la figure d'un
jardinier dans un terrein enclos de planches. A gauche, on
apperçoit le faint fépulchre gardé par des anges : dans le
lointain, on voit quelques figures & un payfage. Le tout
eft affez mal gravé. Le bas eft blanc, fans écriture.

Haut. du cuivre 3 pou. 5 lig. larg. 2 pou. 6 lig.

Chez Madame de Bandeville , mauvaife épreuve , qui
paroit ufée & retouchée. Chez M. Jombert , *idem*. Chez
M. Paignon , bonne.

— 27. Les tableaux parlans de la vie morale &
mondaine , où la vertu inftruit les cœurs à fuir le
vice.

— 1. Le titre ci-deffus dans un cartel d'ornement, au bas
duquel font deux figures affifes : celle à gauche eft vue en
face , levant les bras, celle qui eft à droite eft vue de profil

regardant

regardant à gauche, ayant la tête & le corps penchés, & les deux mains appuyées fur les genoux. Au bas, dans un plus petit cartel, de forme ovale en travers, on lit : Par le fieur la Vertu, opérateur M: *Sebaftien le Clerc fecit.* 1683 [1].

Haut. du titre 3 pou. 6 lig. larg. 2 pou. 6 lig.

Chez Madame de Bandeville. Chez M. Paignon.

- 2. Un vaiffeau allant vers la gauche. Sur la banderolle qui eft au haut du grand mât, on lit : *chemin du ciel.* Un ange tient le gouvernail. Sur le devant on voit écrit fur les fept rames qui font de ce côté ; le nom des fept vertus capitales, en cet ordre : aumône, concorde, abftinence, chafteté, travail, charité, humilité. Plus bas on lit : *le Clerc f.* Le bas de l'eftampe eft fans écriture.

Haut. 3 pou. 6 lig. larg. 2 pou. 6 lig.

Chez Madame de Bandeville. Chez M. Paignon.

- 3. Un vaiffeau qui vogue vers la droite. Sur la banderolle du grand mât eft écrit *chemin d'enfer.* Un diable tient le gouvernail. Sur les fept rames qui paroiffent fur le devant de l'eftampe, on lit le nom des fept péchés capitaux ; favoir : avarice, colere, gourmandife, luxure, pareffe, envie, orgueil. *S. le Clerc f.* Le bas de l'eftampe eft fans écriture.

Même grandeur.

Chez Madame de Bandeville. Chez M. Paignon.

- 4. Dieu le pere & Dieu le fils affis fur des nuages dans le ciel : le Saint-Efprit au-deffus d'eux. En bas, la terre, fur laquelle on voit une ville fort en petit. *Le Clerc.*

Haut. 3 pou. 2 lig. larg. 2 pou.

Chez Madame de Bandeville feulement.

- 5. A droite, fur le devant, la fainte Vierge affife tenant l'enfant Jefus affis fur elle : dans le lointain, à gauche, S. Jofeph tenant la bride de l'âne : le fond eft un payfage. *S. L. Clerc f.* Il n'y a rien d'écrit au bas.

---

(1) Les deux derniers chiffres paroiffent d'une autre main que les deux prémiers, & font plus mal gravés : il y a apparence qu'on a effacé l'ancienne date pour y fubftituer celle-ci dans une nouvelle édition de cet ouvrage, comme on a fait au titre de la fuite précédente.

B

Haut. du cuivre 3 pou. 1 lig. larg. 1 pou. 11 lig.

Au cabinet du Roi. Chez Madame de Bandeville. Chez M. Jombert.

—6. Une sainte famille. Au mileu, sur le devant, la Vierge assise, vue en face, l'enfant Jesus sur ses genoux prend du fruit dans une corbeille qui est à droite. S. Joseph debout derriere la corbeille. Le fond est un paysage. Au bas est écrit : JESUS, MARIA, JOSEPH.

Haut. 3 pou. 1 lig. larg. 2 pou. 1 lig.

Au cabinet des estampes du Roi. Chez Madame de Bandeville. Chez MM. Paignon & Jombert.

—7. Descente du Saint-Esprit sur les Apôtres. La sainte Vierge est au milieu dans le fond, assise sur une estrade élevée de deux marches, & vue en face. Le Saint-Esprit au-dessus d'elle, jettant des rayons & des flammes. Les Apôtres sont à ses côtés, les uns assis, les autres debout. *Le Clerc f.*

Haut. 3 pou. 1 lig. larg. 2 pou.

Chez Madame de Bandeville. Chez M. Jombert.

—8. L'Ange gardien conduisant un homme par des cavernes percées à jour : à droite, un rayon qui part du ciel sert à les éclairer. *Le Clerc f.*

Haut. 3 pou. 2 lig. larg. 2 pou. 1 lig.

Chez Madame de Bandeville seulement.

—9. Un enfant couché sur une voûte en forme de tombeau, tenant à la main une horloge de sable avec ces mots: *memento mori. Seb. le Clerc f.* Il y a un cadavre humain couché sous la voûte. Au haut de l'estampe voltige une banderolle sur laquelle est écrit : *hodiè mihi, cras tibi. Sebastien le Clerc f.*

Haut. 3 pou. 1 lig. larg. 2 pou.

Au cabinet du Roi. Chez Madame de Bandeville.

— 28. Les sept vertus capitales.

—1. L'Aumone. On voit sur le devant, à gauche, une femme qui donne l'aumône à plusieurs pauvres enveloppés dans des manteaux: plus loin, à droite, une femme qui apporte quelque chose à des prisonniers au travers d'une grille, & un homme qui leur fait la charité. Dans le fond une espece de rotonde. Dans le ciel une cigogne qui vole

en portant un autre oiseau de son espece sur son dos. A
droite, sur le premier plan ; une espece de lionne debout
qui se laisse tetter par deux petits enfans. Au bas de l'estampe est gravé le mot *Aumone.*

Haut. totale du cuivre avec la lettre , 3 pou. 6 lig. larg.
1 pou. 4 lig.

Au cabinet des estampes du Roi. Chez Madame de Bandeville cette épreuve est avant la lettre, & le mot *aumône*
est écrit à la plume. Chez M. Paignon. Chez M. Jombert
la lettre est coupée.

- 2. La Concorde. On voit ici le vieux Jacob qui em-
brasse son fils Joseph : ses freres sont assis autour de lui
sous un portique à double rang de colonnes. Dans le lointain on voit les animaux qui marchent deux à deux pour
entrer dans l'arche. *S. le Clerc f.* Au bas est écrit : *Concordia.*

Même grandeur.

Chez Madame de Bandeville. Chez M. Paignon.

- 3. L'Abstinence, représentée par S. Jean-Baptiste retiré
dans le désert. Il est assis sur une pierre , au pied d'un rocher sur lequel est un arbre : au haut de l'arbre on voit un
pélican avec ses petits. Derriere S. Jean sont de très-hautes
montagnes. Sur le devant, à droite, une fontaine qui coule
dans une piece d'eau : & une espece d'ours dans l'angle à
gauche. Dans le lointain , Moyse tenant sa baguette & les
tables de la loi. *Seb. le Clerc f.*

Haut. 3 pou. 3 lig. larg. 2 pou. 5 lig.

Au cabinet du Roi. Chez Madame de Bandeville. Chez
M. Paignon.

- 4. La Chasteté. A droite, Putiphar toute nue, assise sur
un lit, s'efforçant de retenir par son manteau Joseph qui
s'enfuit. Dans le lointain, Suzanne surprise au bain, étant
toute nue, par les deux vieillards. *S. le Clerc f.*

Haut. 3 pou. 6 lig. larg. 2 pou. 5 lig.

Chez Madame de Bandeville. Chez M. Paignon.

- 5. Le Travail. Sur le devant, on voit dans un sallon percé de deux arcades , divers philosophes occupés de l'étude.
Le fond est un paysage, où l'on apperçoit un laboureur qui
travaille avec sa charrue trainée par deux chevaux dans un
terrein qui va en montant. Il n'y a aucune écriture au bas,

pas même le nom du graveur. A la place où il devroit être, on voit plusieurs insectes ou vermines à terre, dans l'angle à gauche : ce sont sans doute des fourmis qui travaillent.

Haut. 3 pou. 4 lig. larg. 2 pou. 5 lig.

Chez Madame de Bandeville le mot *le travail* est écrit à la plume. Chez M. Paignon l'épreuve est sans lettre. Chez M. Jombert la marge d'en-bas est coupée.

— 6. La Charité, représentée par S. Etienne qui prie pour ses persécuteurs dans le moment qu'ils le lapident. On voit dans le fond, à gauche, la ville de Jérusalem ; & à droite, une troupe de gens armés. Au bas est écrit : *Charité. Seb. le Clerc f.*

Haut. du cuivre avec la lettre, 3 pou. 5 lig. larg. 2 pou. 5 lig.

Au cabinet des estampes du Roi. Chez Madame de Bandeville l'épreuve n'est point belle & elle est très-mal tirée. Chez M. Paignon, bonne épreuve.

— 7. L'Humilité. C'est une Annonciation. La sainte Vierge est à gauche sur le devant de l'estampe, hors de sa maison : elle est assise sous un vestibule orné de balustrades, avec un pupitre en pied ou guéridon à sa droite, & un livre dessus. A ses pieds, un peu plus loin, un chien levrette, couché par terre. L'ange est en l'air, à droite, dans l'éloignement porté sur un nuage. Dans le lointain, à gauche, un palmier : à droite, on voit Abraham déterminé à immoler son fils, & un ange qui arrête son épée dans le moment où il va le tuer. *S. le Clerc f.* Au bas est gravé : *Humilitas.*

Haut. 3 pou. 7 lig. larg. 2 pou. 5 lig.

Chez Madame de Bandeville. Chez M. Paignon.

29. Les sept péchés capitaux.

— 1. L'Avarice, représentée par le mauvais Riche que l'on voit à table sous le vestibule d'un palais orné de colonnes & de balustrades. Sur le devant est le Lazare dont les chiens viennent lécher les plaies. Dans le fond, au travers d'une arcade, on voit le mauvais Riche dans les flammes de l'enfer & au-dessus de lui Lazare dans le ciel. *Le Clerc.* Au bas est écrit dans un petit espace quarré, le mot *Avarice.*

Haut. 3 pou. 7 lig. larg. 2 pou. 5 lig.

Au cabinet des eſtampes du Roi. Chez Madame de Bandeville. Chez MM. Paignon & Jombert.

2. La Colere. On voit ici Abſalom pendu par les cheveux à un grand arbre iſolé, dans une plaine, & un guerrier à cheval qui le perce de ſa lance, par le dos. Dans le lointain, à droite, partie d'une armée, & à gauche, le cheval d'Abſalom qui s'enfuit. Sur le devant, à gauche, un bœuf couché & un dragon qui vole dans le ciel. *SB. le Clerc f.* Au bas eſt gravé le mot *Colere.*

Haut. du cuivre 3 pou. 6 lig. larg. 2 pou. 5 lig.

Au cabinet des eſtampes du Roi. Chez Madame de Bandeville, épreuve avant la lettre. Chez MM. Paignon & Jombert, avec la lettre.

3. La Gourmandiſe. Un enfant couronné de pampres de vignes, à cheval ſur un tonneau poſé ſur un charriot à roues baſſes, traîné par deux porcs. A ſes côtés deux enfans, dont l'un porte un grand vaſe, l'autre quantité de raiſins attachés ſur un long bâton. Dans le lointain, à droite, une maiſon au devant de laquelle eſt un homme aſſis devant une table ronde, buvant avec un autre homme qui eſt debout. *S. le Clerc f.* Au bas eſt écrit le mot *Gula.*

Haut. 3 pou. 5 lig. larg. 2 pou. 5 lig.

Chez Madame de Bandeville. Chez M. Paignon.

4. La Luxure, repréſentée par une femme traînée ſur un char par deux ſatyres : à côté d'elle un enfant monté ſur une chevre. Dans le lointain, à droite, ſous un portique, un homme & une femme fort près l'un de l'autre. *SB. Clerc f.* Au bas eſt gravé *Luxuria.*

Haut. 3 pou. 6 lig. larg. 2 pou. 5 lig.

Chez Madame de Bandeville. Chez M. Paignon. Chez M. Jombert, mauvaiſe épreuve.

5. La Pareſſe. Sous un magnifique portique, on voit un Roi qui renvoie les vierges folles : les vierges ſages ſont au-dedans avec leurs lampes allumées. Dans le ciel à gauche, un hibou qui vole : ſur le devant, à droite, partie d'un âne couché. Au bas eſt gravé le mot *Pareſſe.* Le nom de le Clerc y eſt gravé à rebours, dans l'angle à gauche.

Même grandeur.

Au cabinet du Roi. Chez Madame de Bandeville le mot *pigritia* est écrit à la plume, & l'on n'y voit point le nom de le Clerc, cette épreuve étant avant toute lettre. Chez MM. Paignon & Jombert, avec le mot *paresse* gravé, & le nom de le Clerc à rebours.

– 6. L'Envie. On voit sur le devant une femme dans un char à quatre roues traîné par deux dragons ailés. Dans le lointain Caïn qui tue son frere. Au bas est écrit *Invidia*.

Même grandeur.

Chez Madame de Bandeville. Chez M. Paignon.

– 7. L'Orgueil. Sur le devant, une femme ailée tenant un soleil de la main droite, & de l'autre des rênes pour conduire deux paons qui traînent son char. Dans le lointain, à gauche, Adam & Eve au pied d'un grand arbre. *Seb. le Clerc fecit.* Au bas est gravé le mot *Superbia*.

Même grandeur.

Chez Madame de Bandeville. Chez M. Paignon.

–30. Neuf estampes de la sainte Vierge, en différentes attitudes. Savoir :

†1. Une sainte Vierge debout portant l'enfant Jesus dans ses bras : le fond est ombré. Elle est vue en face & porte son enfant à droite sur le bras gauche. *S. le Clerc f.*

Haut. 4 pou. 1 lig. larg. 2 pou. 6 lig.

Au cabinet des estampes du Roi. Chez Madame de Bandeville. Chez M. Paignon.

†2. La sainte Vierge debout, vue en face, regardant à gauche ; elle porte l'enfant Jesus sur le bras droit & presque sur l'épaule droite sur laquelle l'enfant a le coude gauche appuyé : de l'autre main elle tient un sceptre. Le fond est un paysage très-éloigné. *Seb. le Clerc fecit.* On lit au bas, *nos cum prole pia benedicat Virgo Maria.* Cette estampe est entourée d'une grosse bordure de fleurs liées par intervalles avec des rubans.

Haut. de l'estampe avec sa bordure 4 pou. 8 lig. larg. 3 pou. 4 lig.

Au cabinet du Roi. Chez Madame de Bandeville. Chez M. Paignon.

1656.

3. La sainte Vierge debout dans une niche, tenant de la main droite un lys en fleur, & l'enfant Jesus sur son bras gauche : elle est vue en face. Au haut des deux côtés de la niche est écrit tout au long : *Sebastien le Clerc fecit.*

Haut. 3 pou. 8 lig. larg. 2 pou. 4 lig.

Au cabinet du Roi. Chez Madame de Bandeville. Chez M. Paignon. Chez M. Jombert deux épreuves, dont une premiere retouchée par le Clerc à l'encre de la Chine, avec quelques différences.

+4. La sainte Vierge debout dans une niche, regardant à droite : elle porte l'enfant Jesus sur le bras gauche, & lui soutient les jambes avec le bras droit. Au haut de la niche est écrit : *Seb. le Clerc f.* Au bas, on lit : *Mater amabilis.*

Haut. du cuivre 3 pou. 2 lig. larg. 2 pou.

Au cabinet des estampes du Roi. Chez Madame de Bandeville, avant la lettre. Chez M. Paignon deux épreuves, avant & avec la lettre. Chez M. Jombert avec la lettre.

+5. La sainte Vierge debout, renfermée dans une petite bordure : elle est environnée d'une gloire rayonnante, une couronne sur la téte, les deux bras étendus, vue en face, montée sur la lune dans son croissant.

Haut. 1 pou. 11 lig. larg. 1 pou. 7 lig.

Au cabinet des estampes du Roi.

+6. Petite estampe d'une Vierge assise sur les nues, tenant un sceptre de la droite, & l'enfant Jesus du bras gauche : le tout sur un fond blanc : elle paroit à demi finie, & les nuages ne sont qu'au trait.

Haut. 2 pou. larg. 1 pou. 8 lig.

Au cabinet du Roi.

+7. Petite estampe quarrée entourée d'une bordure, où l'on voit la sainte Vierge dans une gloire, assise sur des nuages, tenant l'enfant Jesus du bras droit & un sceptre de la main gauche.

Haut. 2 pou. larg. 1 pou. 6 lig.

Au cabinet des estampes du Roi.

8. La sainte Vierge vue en face, assise par terre sur une grande draperie qui lui cache tout le bas du corps, tenant son enfant tout nud, aussi vu en face, debout & posé sur sa cuisse droite. Le fond est blanc, il y a seulement à gauche derriere elle une ombre portée par cette figure. Au bas

eſt écrit : *S. le Clerc f.* Cette eſtampe ne paroît point gravée ni même deſſinée par le Clerc , & ſon nom n'eſt point gravé au bas , il eſt ſeulement écrit à la plume.

Haut. 3 pou. larg. 2 pou. 2 lig.
Chez Madame de Bandeville ſeulement.

+ 9. La ſainte Vierge avec une gloire d'anges dans le fond, On lit au bas de l'eſtampe : *tota pulchra es. S. le Clerc f.*

Haut. de la pl. 4 pou. 10 lig. larg. 3 pou. 3 lig.
Au cabinet des eſtampes du Roi.

+ 31. Grand morceau dans un rond, où l'on voit la ſainte Vierge portée ſur des nuages, avec un petit ange ſous ſa draperie volante, & deux grands anges à ſes côtés. *Sebaſtien le Clerc f.* Autour du rond eſt écrit en lettres capitales : *quæ eſt iſta quæ aſcendit de deſerto, &c, deliciis affluens ?* Cette eſtampe paroît entiérement gravée au burin.

Haut. du rond 5 pou. 10 lig. larg. du rond 6 pou.
Au cabinet des eſtampes du Roi. Chez Madame de Bandeville. Chez M. Paignon.

+ 32. Notre-Dame de Lorette, aſſiſe ſur le toît d'une égliſe qui eſt ſoutenue en l'air par deux grands anges. *Seb. le Clerc fecit.*

Haut. 3 pou. 7 lig. larg. 2 pou. 6 lig.
Au cabinet du Roi. Chez Madame de Bandeville. Chez M. Paignon.

+ 33. Notre-Dame du Mont-Carmel. Sur cette eſtampe on voit à gauche un moine à genoux par terre, & à droite la ſainte Vierge élevée ſur des nuages, qui lui préſente un ſcapulaire. Au bas eſt écrit : Notre-Dame du Mont-Carmel. *S. Le Clerc f.*

Haut. 3 pou. 5 lig. larg. 2 pou. 3 lig.
Au cabinet du Roi. Chez Madame de Bandeville. Chez M. Paignon.

134. Trois eſtampes de la ſainte Famille. Savoir :

+ 1. Petite ſainte Famille, en hauteur, entourée d'une petite bordure. La ſainte Vierge & S. Joſeph donnent la main à l'enfant Jeſus, qui eſt entre eux d'eux. Ils ſont tous trois debout, & vus en face. Au-deſſus d'eux le Saint-Eſprit, & tout au haut, dans le Ciel, on voit Dieu le pere.

Haut. 1 pou. 10 lig. larg. 1 pou. 6 lig.
Au cabinet des eſtampes du Roi ſeulement.

+ 2. Petite ſainte Famille dans la même attitude que la précédente, en largeur, entourée d'une petite bordure.

Haut. 1 pou. 7 lig. long. 1 pou. 11 lig.
Au cabinet du Roi ſeulement.

+ 3. Autre ſainte Famille. S. Joſeph & la Vierge tiennent l'enfant Jeſus par la main, tous les trois vus en face, dans l'attitude de marcher : ſaint Joſeph tient un lys de la main gauche.

Haut. 2 pou. 3 lig. larg. 2 pou.
Au cabinet du Roi ſeulement.

+ 35. Notre Seigneur aſſis au milieu des Apôtres, au nombre de dix, dont les uns ſont debout, les autres aſſis, dans un grand ſallon avec une perſpective dans le fond. *S. Le Clerc f.* Il n'y a aucune inſcription au bas.

Haut. du cuivre 3 pou. 5 lig. larg. 2 pou. 5 lig.
Au cabinet du Roi. Chez Madame de Baudeville. Chez M. Jombert.

– 36. La ſainte Vierge debout, renfermée dans une bordure d'ornement.

Haut. avec la bordure 3 pou. 6 lig. larg. 2 pou. 3 ou 4 lig.

– 37. Cinq différentes eſtampes de ſainte Helene : ſavoir :

+ 1. Sainte Helene, debout, couronnée ; elle tient un ſceptre de la main droite, & une grande croix de la main gauche. Le fond eſt un payſage très-éloigné. Cette eſtampe eſt entourée d'une bordure de fleurs de 6 lignes de large. On lit au bas : *Sancta Helena Conſtantini Magni mater. Sebaſtien le Clerc f.*

Haut. du cuivre avec la bordure 4 pou. 9 lig. larg. 3 pou. 5 lig.

Au cabinet des eſtampes du Roi. Chez M. Jombert.

— 2. Autre ſainte Helene, petite figure dans une niche. Elle eſt debout, un peu de profil, regardant à gauche, elle tient de la main droite les trois clouds & la couronne d'épine de N. S. & de la gauche un ſceptre & une grande croix poſée à terre. Au bas eſt écrit en capitales : S. HELENA. Et au deſſous en bâtarde coulée : *Sebaſtien le Clerc f.*

Haut. 3 pou. 9 lig. larg. 2 pou. 5 lig.

Chez Madame de Bandeville. Chez MM. Paignon & Jombert.

— 3. Sainte Helene debout, regardant à gauche, & tenant la vraie croix de N. S. Cette figure eſt renfermée dans une bordure de fleurs.

Haut. avec la bordure 3 pou. 6 lig. larg. 3 pou. 4 lig.

— 4. Autre ſainte Helene, petite eſtampe en hauteur. Au bas eſt écrit ſainte Helene.

Haut. du cuivre avec la lettre 3 pou. 2 lig. larg. 1 pou. 10 lig.

+ 5. Autre ſainte Helene, repréſentée debout dans un ſallon, tenant une grande croix, dans la même attitude, mais plus en petit que celle qui eſt renfermée dans une bordure (pl. 1 de ce N°.) Au deſſous eſt écrit : *S. Helena.*

Haut. avec la lettre 2 pou. 8 lig. larg. 1 pou. 9 lig.

Au cabinet des eſtampes du Roi.

— 38. Deux bordures ſeules ſans ſujet au dedans compoſées de fleurs, différentes de celles du N°. 37. pl. 1.

Haut. de l'une, 4 pou. 8 lig. larg. 3 pou. 4 lig.
Au cabinet des eſtampes du Roi.
Haut. de l'autre, 3 pou. 6 lig. larg. 2 pou. 4 lig.

— 39. Un ſaint-Sacrement rayonnant de gloire porté ſur des nuages, adoré par deux grands Ang

prosternés sur le devant du tableau, avec une multitude de têtes de Chérubins dans l'éloignement [1].

Haut. 3 pou. 4 lig. larg. 2 pou. 9 lig.
Au cabinet des estampes du Roi.

+ 40. Traité de la divine sagesse & contemplation
des chrétiens. Frontispice *in octavo*, sans date &
nom de lieu. On y voit Marie à genoux vis-à-
vis Notre Seigneur qui est assis, & Marthe debout qui lui porte ses plaintes de ce que sa sœur ne
partage point avec elle les soins du ménage : Jesus
lui répond, *unum est necessarium.* Au-dessous de
l'estampe est écrit ; la multiplicité nous trouble,
l'unité donne la paix, *S. Le Clerc f.*

On ne connoit point le livre pour lequel cette estampe a
été faite.

Haut. du cuivre avec la lettre au bas, 4 pou. 9 lig. larg.
3 pou. 3 lig.

Au cabinet des estampes du Roi. Chez Madame de Bandeville. Chez MM. Paignon & Jombert.

41. Suite d'estampes pour l'ordre des Mathurins, en onze planches ci-après détaillées.

Cette suite est si rare qu'elle ne se trouve complete dans
aucun œuvre.

1. Les armes de l'ordre des Mathurins. Un écu semé de
fleurs-de-lys : sur le tout un petit écu rempli d'une croix de
Mathurin : au-dessus de l'écu une grande couronne royale :
deux grands anges à genoux soutenant ces armes.

Au haut est écrit, au-dessous d'une draperie : *Signum
ordinis SS. Trinitatis* : & au bas, sur une légende au-dessous des deux anges : *redemptionis captivorum.*

Au bas de l'estampe, dans un grand ovale entouré d'une

---

[1] Dans l'œuvre de le Clerc qui est au cabinet du Roi (tome premier,
fol. 36), on voit une copie de l'estampe ci-dessus qui n'est point de cet
artiste, & qui paroît entièrement gravée au burin. Même grandeur.

bordure de feuilles d'arbres, on lit ce qui suit : le thréſor des
indulgences, graces & privileges de l'ordre de la ſainte
Trinité pour la rédemption des captifs : enſemble des aſſo-
ciés écrits en la confrerie d'icelui & de Notre-Dame de
bon Remede, alliée & unie à icelle pour la même rédemption. A Métz, par Sebaſtien le Clerc. 1656.

Haut. 3 pou. 6 lig. larg. 2 pou. 4 lig.

Chez Madame de Bandeville ſeulement.

✝2. Au haut de cette eſtampe on voit dans le ciel les trois
perſonnes de la Trinité ; Dieu le pere & Dieu le fils couronnent la ſainte Vierge, le Saint-Eſprit eſt au-deſſus. Plus
bas, dans une groſſe bordure d'ornement en ovale, on lit :

> *Ave filia Dei patris,*
> *Ave mater Dei filii,*
> *Ave ſponſa Spiritus ſanĉti,*
> *Ave templum totius Trinitatis.*
>   *Amen.*

Aux deux côtés de ce grand ovale, on voit deux religieux Mathurins à genoux : de leur bouche ſort une légende
avec ce mot, *Ave. S. le Clerc f.*

Haut. 3 pou. 6 lig. larg. 2 pou. 5 lig.

Au cabinet des eſtampes du Roi ſeulement.

—3. La ſainte Vierge donnant le ſcapulaire de l'ordre à une
dame à genoux par terre. La ſainte Vierge eſt à droite,
aſſiſe ſur des nuages ; au-deſſus le Saint-Eſprit & le Pere
éternel. A gauche dans le ciel, pluſieurs anges à genoux
ſur les nuées. En bas, pluſieurs perſonnes à genoux. On lit
au-deſſus de l'eſtampe : *Domina ſalutiferi Remedii, redemptrix Captivorum, fons perennis curationum, regina cæli, &
templum Divinæ Trinitatis.*

Au bas de l'eſtampe eſt écrit : *Je ſuis la mere de belle di-
lection, de crainte, de recognoiſſance, & de ſainte eſpérance
Eccléſiaſtique.* On voit au deſſous le chiffre 24, & le nom
de le Clerc.

Même grandeur.

Chez M. Jombert ſeulement.

✝4. La ſainte Vierge conférant l'ordre à pluſieurs perſonnes. Elle eſt à droite, aſſiſe ſur des nuages. Au-deſſus
d'elle le Pere éternel, au haut du ciel, avec le Saint-Eſprit au-deſſous de lui. En bas à gauche, un religieux Ma-

thurin debout, avec deux efclaves : plufieurs perfonnes à
genoux. Derriere eux un vaiffeau qui aborde. En haut eft
écrit : *Virgo Dei para, Dna falutiferi remedii.* Au bas de
l'eſtampe on lit : *redemptrix mundi ad te clamamus exules
filii Evæ.* Le Clerc.

Même grandeur.

Au cabinet du Roi. Chez Madame de Bandeville.

-5. La fainte Vierge, à gauche, affife fur des nuages, tenant l'enfant Jefus fur fes genoux, appaſoit à une fainte qui
eft à genoux à droite, portant le fcapulaire de l'ordre des
Mathurins, ayant un feeptre & une couronne à terre devant
elle. A droite, au haut du ciel, le Pere éternel, & le
Saint-Efprit qui vole vers la fainte. Au bas eft écrit : *B.
Conſtantia Arragonis regis filia.* 1250. S. L. Clerc f.

Même grandeur.

Chez M. Jombert.

-6. Le bienheureux Simon Rofas à genoux fur le mar-
chepied d'un autel devant un tableau de l'Annonciation de
la fainte Vierge. De fa bouche fort une légende avec ces
mots : *Ave Maria.* Le Clerc fecit. Au bas de l'eſtampe il y a
en cinq lignes : *B. P. Simon Rofas inter aulicos multum do-
cuit fapientiam,* &c. *Anno falutis* 1624.

Même grandeur.

Chez M. Jombert.

-7. Un prétre Mathurin, à l'autel, revêtu de fon étole
qu'il fait baifer à un homme à genoux, à gauche, en manteau court, dans l'enceinte de l'autel, formée par une baluftrade. Plufieurs hommes & femmes à genoux au pied de
l'autel, dans la même enceinte. L'autel eft orné d'un tableau de la fainte Trinité & de plufieurs petits faints.

Au bas de l'eftampe eft écrit :

> *Non numerofitas operum,*
> *Non diuturnitas temporum,*
> *Sed major charitas*
> *Meliorque voluntas*
> *Auget meritum.* S. Auguſt.

Les confreres & fœurs de l'ordre de la très-fainte Trinité
participent à tout le thréſor infini de la fainte églife romaine, foit généralement, foit fpécialement concédé, où
ce foit, & à qui que ce foit. *Ut dicet Deus diligentes fe.* Sap.
8. S. le Clerc f.

Même grandeur.

Chez Madame de Bandeville.

~8. Une grotte ou caverne percée à jour, au milieu de laquelle est le saint sépulchre ; derriere, on voit les saintes femmes & deux grands anges. Sur le devant, à gauche, plusieurs Mathurins à genoux : à droite des religieuses du même ordre, aussi à genoux.

Sur le tombeau est écrit : *tous les jours de l'an il y a indulgence pleniere & rachapt d'une ame du purgatoire à visiter en état de grace le saint sépulchre de N. S.*

Les mêmes indulgences sont concédées aux confreres & sœurs de l'ordre de la sainte Trinité, rédemption des captifs, qui pour cette fin visiteront une église du même ordre.

Sebastien le Clerc f.

Même grandeur.

Chez Madame de Bandeville.

~9. On voit au haut de cette estampe, dans le ciel, N. S. sur des nuages soutenus par de petits anges : il tient sa croix de la main gauche.

Au-dessous de lui, aussi sur des nuages, S. Pierre, S. Paul, & les Apôtres assis. Plus loin, dans la demi-teinte, deux figures à genoux qui paroissent être la sainte Vierge & S. Jean. Au-dessus de tous ces saints, deux anges adorateurs.

Sur la terre, à gauche, un homme à genoux, en manteau court, vu par le dos, priant pour les ames du purgatoire que l'on voit dans le fond à droite, au milieu des flammes.

Il n'y a aucune inscription au bas ni ailleurs, on lit seulement *S. le Clerc f.*

Même grandeur.

Chez Madame de Bandeville. Chez M. Paignon.

+10. Vue de l'intérieur d'une chapelle, avec un autel dans le fond, vu en face : sur le devant d'autel une croix de Mathurin, au-dessus un tableau de la Trinité. Il y a sur le devant de l'estampe une espece de piedestal quarré-long, sur lequel on voit trois statues de saintes dans des niches ; sainte Barbe, sainte Agnès, sainte Catherine. Au bas de l'estampe est écrit en trois lignes : *Salus nostra, honos noster, ô beata Trinitas, te laudamus, te benedicimus, auge fideli-*

tus tuis fidem , auge spem , auge charitatem. S. L. Clerc f.
Même grandeur.

Au cabinet du Roi. Chez Madame de Bandeville. Chez
M. Jombert.

11. Au haut de cette estampe la sainte Vierge tenant l'enfant Jesus , est assise sur des nuages dans le paradis , accompagnée de tous les saints & saintes : elle est revétue d'un
scapulaire de l'ordre des Mathurins. Au bas on voit deux
saints religieux à genoux , avec leurs noms au-dessous : à
gauche , *S. Joannes patr.* à droite , *S. Felix patr.*

Au dessus de l'estampe , sur une légende est écrit : *hanc
subscriptam orationem ægroti recitantes variis infirmitatum ge-
neribus solvuntur.* Au bas , l'oraison suivante , dans un petit
cartel quarré. *Potentia patris , sapientia filii , virtus spiritus
sancti , liberet me ab omni febre , & alia quavis infirmitate ,
per intercessionem B. Virginis Mariæ martis salutiferi Remedii , & per merita sanctorum Joannis & Felicis Valesii , pa-
trum ordinis SS*e*. Trinitatis Redemptionis Captivorum. In
nomine Patris & filii & Spiritus sancti. Amen.* Sebastien le
Clerc f.

Même grandeur.

Chez Madame de Bandeville avant le nom des deux
saints à genoux. Chez M. Jombert avec toutes les écritures ci-dessus.

42. Petit portrait d'un Turc en buste , dans un
ovale , avec un manteau bordé d'hermine , de
grandes moustaches , une cravatte , des pendans
d'oreille en croissant , &c. Au bas est écrit : *Sebastien le Clerc fecit.* 1656. A Metz.

Haut. du cuivre 2 pou. 11 lig. larg. 2 pou. 2 lig.
Au cabinet des estampes du Roi. Chez Madame de Bandeville.

43. L'enseigne de Châlons. On y voit le profil
de cette ville : au-dessous , dans un grand cartel
est écrit : fffine [1] serge raze. N. A. R. I. Au haut,

---

[1] Il y a trois f de suite.

deux petits anges volans portant les armés de la
ville ; fur une légende qui voltige, eft écrit :
Chaalons. C'eft l'enfeigne de quelque marchând
de cette ville.

Haut. 2 pou. 8 lig. long. 3 pou. 6 lig.
Au cabinet des eftampes du Roi.

+44. Deux vafes de fleurs fur la même planche,
entourés chacun d'une large bordure d'ornement;
entre les deux bordures il y a fix petits quarrés
d'ornement pareils à ceux que l'on voit fur le dos
d'un livre.

Ce font des deffeins de fers à doreur pour la couverture
de quelque petit livre d'heures. Au bas eft écrit, au-deffous
de chaque cadre : *S. le C.*

Haut. du cuivre 3 pou. 10 lig. long. totale du cuivre 5
pou. 1 lig.

Chez Madame de Bandeville, épreuve avant les lettres
initiales du nom de le Clerc. Chez MM. Paignon & Jombert avec ces mêmes lettres.

+45. Deux petites vues dés environs de Metz
[1]. L'une repréfente les reftes d'un aqueduc dont
on voit les arcades prolongées dans le lointain, en
perfpective fuyante. On voit au haut une légende
fans infcription, qui voltige fur le ciel. C'eft la
vue de l'aqueduc de Joui, proche Metz.

Haut. 2 pou. 1 lig. long. 4 pou. 11 lig.

L'autre eft un petit payfage en longueur, repréfentant le village de Joui, proche Metz, où eft

---

[1. Sur le revers des cuivres où font gravés ces deux vues, on peut
voir les effais de gravure au burin faits par le Clerc d'après *Golzius*,
dont nous avons parlé au N°. 3. Ces deux cuivres étant entre les mains
de M Chalquois, fecretaire de M. le Prince de Salm, chez qui je les ai
vus, avec plufieurs autres planches gravées par le même artifte.

la

la maiſon de campagne de l'évêque. Sur le devant
à droite, deux voyageurs dont un porte la hotte,
& deux autres aſſis par terre, dont l'un deſſine la
vue de ce village.

Haut. 2 pou. 2 lig. long. 5 pou.

Au cabinet des eſtampes du Roi. Chez Madame de Bandeville: Chez MM. Paignon, Jombert, le Normand;
Rouſſet, &c.

46. Les ſept anciennes modes de Metz [1], en
ſept planches détaillées ci-après.

1. L'homme portant ſur ſon dos une botte de paille en-
filée dans un bâton poſé ſur ſon épaule gauche. Il eſt vu de
profil, allant à gauche, ſur un chemin pavé. Dans le lointain un homme qui rempaille des chaiſes.

Haut. 4 pou. larg. 2 pou. 6 lig.

2. Le marchand de charbons, portant un ſac ſur ſon
épaule droite, & un boiſſeau attaché devant lui : il va à
droite, & regarde en face. Une place publique dans le lointain.

Haut. 3 pou. 11 lig. larg. 2 pou. 4 lig.

3. Une payſanne portant une corbeille ou panier plat à
deux anſes, ſur ſa tête, & un petit panier de fruits ſous
ſon bras droit : elle eſt vue de profil; allant à droite.
Dans le lointain, des jardins, à gauche, & un port de
mer, à droite.

---

[1] Ces ſept eſtampes ne ſe trouvent nulle part que chez M. Jombert,
elles proviennent de l'œuvre de le Clerc qui a appartenu à M. Huquier.
Cette rareté pourroit faire croire qu'elles ne ſont point de ce maître,
mais plutôt des copies faites d'après Callot, par de Son, ou autres graveurs du même tems ; j'ai retrouvé en effet pluſieurs de ces eſtampes
dans l'œuvre de Callot, chez M. Paignon d'Ijonval & ailleurs ; à moins
qu'on ne veuille les prendre pour des copies faites par le Clerc lorſqu'il
commençoit à graver. Ce qu'il y a de certain, c'eſt que feu M. Huquier m'a
toujours ſoutenu qu'elles étoient gravées par le Clerc, & qu'il les avoit
trouvées dans l'œuvre de ce maître, qu'il avoit acheté à la mort de
l'abbé le Clerc, ſupérieur du ſéminaire d'Orléans, lequel étant fils de
ce célèbre graveur, devoit par conſéquent bien connoître les ouvrages
de ſon père.

C

Haut. 3 pou. 9 lig. larg. 2 pou. 5 lig.

4. Le pêcheur. Il est représenté debout, vu en face, la tête de profil, regardant à gauche, tenant de la main gauche un petit poisson par la queue. Dans le lointain la mer & des pêcheurs dans deux barques qui levent leur filet.

Haut. 3 pou. 5 lig. larg. 2 pou. 4 lig.

5. Une jeune fille portant un pot au lait sur sa tête, & un panier plat, à anse, sur son bras gauche. Elle est debout, vue en face, la gorge découverte, un corset lassé au-dessous, avec une espece de casaquin. On voit dans le lointain une fête champétre : à droite un homme qui joue de la corne muse, & quelques paysans ; à gauche un cavalier & une dame qui viennent danser. Cette estampe paroit gravée par de Son d'après le dessein de Callot.

Haut. 3 pou. 4 lig. larg. 2 pou. 7 lig.

6. Le hotteur. C'est un vieillard avec longue barbe qui marche en s'appuyant sur un bâton qu'il tient de la main gauche, & ayant sur le dos une hotte fermée. Il est vu de profil allant à gauche. Dans le lointain un village & quelques maisons.

Haut. 3 pou. 5 lig. larg. 2 pou. 5 lig.

7. Le porteur d'eau. Il est debout, vu de profil, allant à droite, & porte deux sceaux à l'aide d'un cerceau & d'une sangle qui passe sur son épaule gauche. Dans le lointain, à droite, quelques paysans & paysannes qui viennent puiser de l'eau à une fontaine sortant d'un rocher. Cette planche est aussi beaucoup dans le goût de Callot.

Haut. 3 pou. 3 lig. larg. 2 pou. 3 lig.

Le nom de le Clerc n'est à aucune de ces sept estampes rarissimes qui ne se trouvent que chez M. Jombert.

47. Petite estampe de quatre saints & saintes debout, tenant des palmes : un des quatre est un moine tenant une crosse de la main gauche & une palme de la main droite. On voit dans le fond le martyre de ces mêmes saints. Au bas est écrit : *S. Placidus, Benedictinorum proto-martyr.* S. L. Clerc f.

Haut. 3 pou. larg. 2 pou. 1 lig. Le cuivre est un peu
échancré par en bas, à l'angle droit.

Au cabinet du Roi. Chez Madame de Bandeville. Chez
MM. Jombert & Paignon.

48. Un faint religieux tenant une palme & fa
robe un peu relevée de la main droite, & une
croffe de la gauche. Dans le lointain un payfage.
A gauche, fur le devant, un tonneau avec fa fontaine & un pot au-deffous. On lit au bas : *Sanctus
Bercharius monafteriorum S. Petri Altivillarienfis
ac Dervenfis primus abbas & martyr. S. le Clerc f.*
Cette petite eftampe eft renfermée dans une bordure de fleurs.

Haut. avec la bordure 4 pou. 7 lig. larg. 3 pou. 4 lig.
Au cabinet des eftampes du Roi il n'y a point de bordure
autour de cette eftampe qui n'a que 3 pou. 3 lig. de haut
fur 2 pou. 5 lig. de large. Chez M. Jombert elle eft avec fa
bordure.

49. Un moine à genoux devant la fainte Vierge,
& l'enfant Jefus qui lui préfente un fcapulaire.
Petite eftampe entourée d'une bordure.

Haut. 1 pou. 11 lig. larg. 1 pou. 7 lig.
Au cabinet des eftampes du Roi.

50. S. Thomas de Villeneuve, archevêque de
Valence, en Efpagne : fujet d'hiftoire, avec quantité de figures. Au-deffus de l'eftampe il y a quatre
lignes d'écriture en très-petits caracteres qui ex-
pofent un abrégé de fa vie. Au bas eft écrit *Sebaftien le Clerc f.*

Haut. avec l'écriture 5 pou. larg. 3 pou. 9 lig.
Chez M. Jombert feulement.

1657.

X 51. Les remarques d'Abraham Fabert sur les coutumes générales du duché de Lorraine, &c. *in-folio*, imprimé à Metz, & se vend chez Claude Bouchard, libraire, proche la grande église. 1757.

+1. Frontispice orné de figures, formant une large bordure au milieu de laquelle est le titre ci-dessus. *Seb. le Clerc f.*

Haut. 13 pou. larg. 9 pou.

Au cabinet des estampes du Roi. Chez Madame de Bandeville. Chez MM. Paignon, Jombert, &c. avec le portrait ci-dessous tiré derriere.

+2. Portrait d'Abraham Fabert [1], seigneur de Moulins, conseiller du Roi, chevalier de son ordre, & maitre échevin de Metz. Ce portrait est dans un très-petit ovale de 2 pou. 2 lig. de haut sur 1 pou. 9 lig. de large, entouré d'un ovale beaucoup plus grand formé par une palme & une branche de laurier. Le tout est renfermé dans un cadre quarré d'ornement, d'un pouce de large, au bas duquel est écrit en capitales : *labor omnia vincit.* Le nom de le Clerc est au bas de la bordure.

Chez M. Paignon on voit une seconde épreuve du titre du même livre avec le portrait de l'auteur tiré derriere, dessiné & gravé par G. Ladame ; mais celui-ci ne doit pas entrer dans l'œuvre de le Clerc.

+52. La premiere messe de le Clerc, en 35 planches, sans le frontispice où l'on voit le titre suivant écrit sur une table ovale, au-dessus de laquelle sont trois figures debout, la Foi, l'Espérance, & la Charité. Au-dessous, quatre petits anges, deux de chaque côté, sur des monceaux de

[1] Ce portrait se trouve ordinairement tiré derriere le titre ci-dessus. C'est ainsi que je l'ai vu dans tous les œuvres de le Clerc que j'ai parcouru, quoique l'on ait prétendu jusqu'ici qu'il est très rare de le trouver ainsi imprimé derriere le titre de ce livre.

fruits. Au bas de l'eſtampe un cartel en travers ;
dans lequel eſt l'adreſſe de Bouchard & le nom de
le Clerc.

1. *Titre.* Tableaux où ſont repréſentées la paſſion de N. S.
Jeſus-Chriſt & les actions du preſtre à la S. meſſe. Avec
des prieres en vers correſpondantes aux tableaux. Par L.
Mengin, preſtre. *In-douze.* A Metz, chez Claude Bouchard, Libraire proche la grande égliſe. 1657. Avec privilege du Roi. *Seb. le Clerc f.*

Haut. de ce titre pour la premiere édition 3 pou. 9 lig.
larg. 2 pou. 3 lig.

Chez M. Paignon ſeulement.

+Ce même frontiſpice a ſervi pour la ſeconde édition,
faite en 1661 : on a ſeulement ajouté au bas du titre : *ſeconde édition reveue, corrigé & augmenté des prieres pour la
confeſſion & communion, &c.* & l'on a effacé l'année 1657
pour y ſubſtituer 1661.

Même grandeur & même planche.

Au cabinet des eſtampes du Roi. Chez Madame de Bandeville. Chez MM. Paignon, Jombert, &c.

+2. M. le Clerc a gravé un autre frontiſpice pour la troiſieme édition. C'eſt un autel vu en face, préparé pour dire
la meſſe : les vêtemens facerdotaux ſont poſés ſur l'autel, à
gauche. Du même côté un grand ange portant une croix.
De l'autre côté, à droite, un autre grand ange portant la
lance. En haut, deux petits anges. Dans le milieu de l'eſtampe, on voit le même titre renfermé dans une bordure
ovale. Au haut de cette bordure, eſt un petit médaillon
rempli d'un nom de Jeſus. On lit au bas du titre : *IIIe édition, reveue & corrigée. A Metz, &c.* 1664. *Sebaſtien le
Clerc f.*

Haut. 3 pou. 2 lig. larg. 2 pou.

Au cabinet des eſtampes du Roi. Chez Madame de Bandeville. Chez M. Paignon.

+3. Autre frontiſpice gravé par le Clerc pour la quatrieme
édition. C'eſt un corps d'architecture avec deux colonnes
couplées de chaque côté, montées ſur un même piedeſtal :
elles portent un entablement terminé par un fronton triangulaire, interrompu dans ſon milieu pour faire place à un

cartel dans lequel font les armes de France. *Sebaflien le Clerc f.*

Au deffous on voit un autel fur le devant duquel eft l'a-dreffe de Bouchard dans un ovale en largeur, & l'année 1665. Le titre eft dans l'entrecolonnement, & l'on y voit *IIIᵉ Edition, reveue, & corrigée;* mais il doit y avoir IIIIᵉ édition, puifqu'il y a un autre frontifpice pour la IIIᵉ, qui a paru en 1664, qu'on vient de décrire.

Haut. 3 pou. 4 lig. larg. 2 pou. 1 lig.

Au cabinet des eftampes du Roi [1]. Chez Madame de Bandeville.

†1. Quand le preftre vient à l'autel. J. C. ayant l'ame trifte, va au jardin des olives.

Haut. des 35 pl. de cette fuite, 3 pou. 3 lig. larg. 2 pou.

†2. Au commencement de la meffe. J. C. arrivé au jar-din, y fait fa priere.

†3. Au *Confiteor.* J. C. profterné fue du fang.

†4. Quand le preftre baife l'autel. J. C. eft trahi par un baifer.

†5. Quand le preftre va au côté de l'épitre. J. C. eft pris & lié.

†6. A l'Introïte. J. C. eft mené dans la maifon d'Anne.

†7. Aux *Kyrie eleefon.* J. C. eft renié trois fois de Pierre chez Caïphe.

†8. Quand le P. tourné vers les affiftans dit: *Dominus vo-bifcum.* J. C. regardant Pierre lui fait pleurer fon péché.

†9. A l'Epiftre. J. C. eft mené à Pilate & accufé de-vant lui.

†10. Quand le preftre courbé au milieu de l'autel, dit tout bas : *munda cor,* &c. J. C. accufé devant Herode ne répond rien.

†11. A l'Evangile. J. C. eft renvoyé d'Herode à Pilate.

---

[1] Au cabinet des eftampes du Roi ce frontifpice pour la quatrieme édition fe trouve placé mal à propos à la tête de la troifieme meffe de le Clerc, qui n'a paru qu'en 1680, fans aucun frontifpice, & dont la gra-vure eft totalement différente de ces premiers commencemens de le Clerc: on voit fur le titre, troifieme édition, & au bas l'année 1655. Il faut croire que c'eft une feptieme ou une huitieme édition de cette premiere meffe, puifque la quatrieme n'eft que de 1665.

1657.

12. Quand le Preſtre découvre le calice. J. C. eſt dé-pouillé pour la flagellation.

13. A l'obſation de l'hoſtie. J. C. eſt lié à une colonne & fouetté cruellement.

14. Q. le P. couvre le calice après l'avoir offert. J. C. eſt couronné d'épines.

15 Quand le P. lave ſes mains. J. C. eſt déclaré inno-cent par Pilate qui en lave ſes mains.

16. Q. le P. tourné vers le peuple dit, *Orate fratres.* J. C. paroiſt couvert d'un lambeau de pourpre.

17. A la Preface. J. C. eſt condamné à mourir en croix.

18. Quand le Preſtre joignant les mains prie pour les fideles vivans. J. C. porte ſa croix, allant à la mort pour nous faire vivre.

19. Quand le Preſtre couvre l'hoſtie & le calice de ſes mains. J. C. eſt rencontré par la Veronique & par d'autres femmes.

20. Quand le P. fait des ſignes de croix ſur l'hoſtie & ſur le calice. J. C. eſt attaché à la croix.

21. A l'Flevation de l'Hoſtie. J. C. eſt élevé en croix.

22. A l'Elevation du Calice. J. C. répand du ſang par ſes playes.

23. Quand le P. prie pour les fidelles trépaſſés, joignant les mains & diſant : *memento.* J. C. prie pour ſes ennemis.

24. A *Nobis quoque peccatoribus.* J. C. promet le paradis au bon larron.

25. Au *Pater noſter.* J. C. donne à ſa mere S. Jean pour fils.

26. Quand le P. rompt l'Hoſtie. J. C. mourant ſur la croix dépoſe ſon ame entre les mains de ſon pere.

27. Quand le preſtre met dans le calice une partie de l'Hoſtie rompue. L'ame de J. C. deſcend aux limbes.

28. Quand le P. frappe ſa poitrine, à la fin de l'*Agnus Dei.* Pluſieurs de ceux qui virent mourir J. C. ſe conver-tirent.

29. Quand le P. communie. Le corps de J. C. eſt mis dans un ſépulchre neuf.

30. Quand le P. fait L'Ablution. Le corps de J. C. eſt embaumé.

31. A la Poſt-communion. La Reſurrection de J. C.

E. 1 39, 23

†32. Quand le P. tourné vers les affiftans dit : *Dominus vobifcum.* J. C. s'apparoît a fa Mere & à fes Difciples.

"

†33. Aux dernieres Oraifons. J. C. pendant 40 jours vifite fouvent fes difciples & les inftruit.

"

†34. Quand le Preître tourné vers le peuple dit : *Ite miffa eft.* Jefus-Chrift monte au ciel en préfence de fes Difciples.

"

†35. Quand le Preftre donne la Benediction aux affiftans. J. C. envoie le faint Efprit à fes Apoftres.

†53. On joint ordinairement à cette premiere meffe trois morceaux de même grandeur, quoi-qu'ils n'aient été inférés dans ce petit livre qu'à la feconde édition, faite quatre ans après, en 1661; favoir, la confeffion, la communion, & le nom de Jefus. En voici la defcription.

E. 1 53, 23

†1. Petite eftampe, repréfentant un prêtre dans fon con-feffional qui écoute un pénitent, à genoux, en manteau court : de l'autre côté du confeffional eft une dame, auffi à genoux, qui attend fon tour pour fe conteffer. Au-deffus du confeffional, dans une niche, on voit en fculpture N. S. qui donne à S. Pierre les clefs de l'Eglife, avec le pouvoir d'abfoudre les péchés. *Le Clerc f.*

E. 1 53, 23

†2. Autre eftampe, repréfentant un prêtre à l'autel qui donne la communion à un homme à genoux, en manteau : derriere lui, une femme auffi à genoux qui attend la com-munion. Au-deffus de l'autel un tableau dont le fujet eft N. S. faifant la cene avec fes Apôtres. *S. L. Clerc f.*

E. 4 53, 31

†3. Autre eftampe qui répréfente un nom de Jefus rayon-nant de gloire. Il y a un petit Jefus monté fur la barre de l'H, avec une croix de Mathurin derriere fa tête : au-def-fus, dans le ciel, cinq têtes de chérubins ailés. En bas, un cœur avec trois clous, au-deffous du même H. *Le Clerc f.* [1]

---

[1] On remarquera que le nom de le Clerc n'eft à aucune des 35 planches de cette premiere meffe, mais feulement au frontifpice : il eft gravé au bas de chacune des trois planches ci-deffus, ajoutées à la fe-conde édition faite en 1661.

On voit ordinairement cette premiere meffe dans tous les œuvres de le Clerc un peu confidérables, mais elle s'y trouve rarement belles

154. Sainte Thérèse, estampe en largeur. Cette sainte est à genoux devant J. C. On voit une gloire dans le fond à gauche. Au bas est écrit : *Ecce crucem, fuge dilecte mi : non fugor cruce, filia, sed,* &c. Au-dessous : *S. Teresa. Le Clerc f.*

Haut. du cuivre, 3 pou. long. 3 pou. 8 lig.
Au cabinet des estampes du Roi seulement.

155. Un *ecce homo*, accompagné de plusieurs figures de soldats debout. Un de ces soldats, à gauche, & un vieillard, à droite, relevent les côtés de son manteau qu'ils tiennent très-étendu. Au bas est écrit en capitales : ECCE HOMO. *Le Clerc f.*

Haut. du cuivre, 3 pou. 9 lig. larg. 2 pou. 4 lig.
Au cabinet du Roi. Chez Madame de Bandeville. Chez MM. Paignon, Jombert, &c.

156. Un hermite dormant, à demi couché par terre au pied d'un arbre, & appuyé sur les coudes. Il a une grande barbe, & est vu en face. Au-dessous de lui un pot d'eau & un pain. A droite, dans le ciel, un ange porté sur des nuages & entouré de rayons de lumiere, qui paroît lui montrer quelque chose. Il n'y a point d'écriture au bas, on lit seulement : *Sebastianus le Clerc f.* [1]

épreuves, c'est-à-dire de la premiere édition en 1657. Chez M. Paignon il y en a deux suites completes, l'une de la premiere édition, & par conséquent dont les épreuves sont très-belles, l'autre d'une édition postérieure, avec les frontispices des trois premieres éditions, en 1657, 1661, & 1664. Au cabinet des estampes du Roi, chez Madame de Bandeville, chez M. Jombert, &c. les épreuves sont de la seconde édition en 1661, & inférieures en beauté à la premiere. Au reste cette suite est assez mal gravée & se ressent encore de la grande jeunesse de notre artiste, qui n'avoit pas vingt ans lorsqu'il l'entreprit.

[1] Cette estampe paroît entièrement gravée au burin, & beaucoup mieux que celles de ses commencemens dont on a parlé ci-devant.

1657.

Haut. 4 pou. 10 lig. larg. 3 pou. 5 lig.

Au cabinet des estampes du Roi. Chez Madame de Bandeville. Chez M. Jombert.

1658.

457. La vie de S. Benoît en 32 sujets, plus un
frontispice ou titre, & quatre bordures différentes
servant de passe-partout aux 32 sujets. Total 37
planches.

Les 32 sujets, sans les bordures ont 6 pou. de haut, sur
3 pou. 9 lig. de large.
—1. *Vita & miracula sanctissimi patris Benedicti.* Titre dans
un ovale en hauteur, entouré d'une bordure quarrée formée
par des moulures & d'une seconde bordure de fleurs de 16
lignes de large par les côtés, de 29 pouces par le haut, &
de 21 pouces de large par le bas. Au bas de l'espace vuide
formé par la bordure, au-dessous du titre ci-dessus, on lit:
Sebastianus le Clerc f.

Haut. totale du cuivre, 9 pou. 5 lig. larg. 6 pou. 8 lig.

+2. Bordure quarrée aux deux côtés de laquelle on voit à
droite Abraham le sabre à la main prêt à égorger son fils
qui est à genoux sur un bûcher: de l'autre côté la sainte
Vierge, debout, les mains jointes. Au dessous deux enfans avec des guirlandes de fruits : ces enfans sont appuyés
sur le cartel d'en-bas où sont gravés quatre vers latins qui
exposent le sujet destiné à entrer dans ce passe-partout.

Haut. totale 9 pou. 6 lig. larg. 6 pou. 9 lig.

+3. Bordure quarrée aux deux côtés de laquelle on voit à
gauche sainte Marie-Magdeleine, modele de la vie con-
templative, les deux mains croisées sur sa poitrine ; à
droite, sainte Marthe, modele de la vie active, tenant
d'une main un pot d'eau bénite & un goupillon de l'autre.
Au-dessous, deux enfans tiennent le cartel où sont gravés
quatre vers latins pour le sujet qui doit être tiré dans ce
passe-partout. *S. Le Clerc f.*

Haut. du cuivre 9 pou. 5 lig. larg. 6 pou. 8 lig.

+4. Bordure quarrée avec figures, dont les deux montans
sont formés par des guirlandes de petits anges portant des

légendes où font écrits les noms des instituteurs de l'ordre de saint Benoist. Au haut est un cartel rempli par un passage de l'écriture sainte qui change à chaque estampe, & au bas un autre cartel qui en contient le sujet en quatre vers latins.

Même grandeur.

15. Bordure quarrée, formée de huit enfans, quatre de chaque côté, dont ceux à droite tiennent les attributs des dignités temporelles, & les quatre à gauche ceux des dignités ecclésiastiques. En haut un cartel pour un passage de l'écriture sainte : en bas un autre cartel rempli d'un quatrain en latin allégorique au sujet qui doit être renfermé dans cette bordure.

Même grandeur.

+1. S. Benoist étant encore fort jeune ayant cassé un vase de terre que sa nourrisse aimoit beaucoup, se met en prieres, & le vase s'étant remis en son entier, il le porte à sa nourrice & la console.

+2. Il va au devant d'un jeune homme qui voyageoit, & lui ayant fait prendre l'habit de l'ordre, il le nourrit en cachete du pain qu'il retranchoit de sa portion. S. L. Clerc f.

+3. Un prétre lui ayant apporté de la viande, il en mange parce que c'est le jour de Pâques & en réjouissance de sa visite. S. le Clerc f.

+4. Dans sa jeunesse, se trouvant tourmenté de pensées lascives, il se met tout nud & se roule dans des épines & des ronces, pour dompter le demon de l'impureté. S. Le Clerc f.

+5. Ayant été nommé Abbé, des freres envieux empoisonnent son vin, mais il en détruit l'effet par un signe de croix. S. Le Clerc f.

+6. Se trouvant dans l'impossibilité de rendre à un ami l'argent qu'il lui avoit emprunté dans un besoin, il va trouver le supérieur, qui lui donne de quoi s'acquitter de cette debte. S. B. Le Clerc f.

+7. Il est battu de verges par son supérieur pour chasser les tentations du diable [1]. Sebastien le Clerc f.

_____

[1] On voit à cette estampe l'année 1658 gravée sur une table saillante, au-dessous du second étage, d'un pavillon qui est à gauche,

+ 8. Dans une difette d'eau, les freres ayant recours à lui, il fait naître trois grands fleuves dans le voifinage du monaftere. *Sebaftien le Clerc f.*

+9. La coignée d'un payfan qui abattoit du bois s'étant échappée de fon manche, & étant tombée dans un lac, le faint en préfentant le manche force la coignée de venir s'y joindre d'elle-même.

+10. Placide étant tombé dans un lac & en danger de fe noyer, S. Maur marche à pied fec fur les eaux, & l'en retire. *Le Clerc f.*

+11. Un prêtre ayant voulu empoifonner S. Benoift, il jette la viande à un corbeau qui étoit venu dans le milieu du réfectoire : l'oifeau s'envole & l'emporte dans un bois éloigné.

+12. Les moines font forcés de s'enfuir à l'afpect d'une troupe de libertins qui danfoient tout nuds dans le jardin du monaftere. *S. Le Clerc f.*

+13. S. Benoift fait fauter une pierre énorme que les religieux s'efforçoient en vain de remuer, en chaffant le diable qui pefoit deffus.

+14. Le feu ayant pris à la cuifine du monaftere, & les moines tâchant d'en arrêter les progrès, S. Benoift l'éteint en mettant en fuite le diable qui en étoit l'auteur.

+15. Le diable ayant fait tomber un religieux du haut d'un mur qu'il conftruifoit, le faint le reffufcite & le rend plus fort pour le travail qu'il n'étoit auparavant.

+16. S. Benoift découvre le menfonge de deux jeunes moines qui avoient mangé hors du couvent & qui le nioient. *S. L. Clerc f.*

+17. Il repouffe de fa parole un faux roi que Totila avoit envoyé à la tête de fes troupes dans le monaftere pour l'éprouver.

+18. Un frere portant une chandelle allumée, murmuroit du tems qu'il avoit mis à allumer celle de fon fupérieur : S. Benoift s'en appercevant, l'oblige de refter auprès de lui.

---

dans le fond ; c'eft ce qui nous a déterminé à rapporter cette fuite d'eftampes à cette même année, n'ayant point de connoiffance qu'elle ait entré dans aucun livre.

+19. Un religieux mort étant sorti de son tombeau, le saint l'y fait rentrer en lui préfentant la sainte hostie.

+20. Un jeune moine s'étant enfui de son couvent, il est pourfuivi par un dragon qui le force d'y rentrer & qui le ramene aux pieds du saint.

+21. Un grand vase de verre étant tombé du haut d'une fenêtre sans se casser, S. Benoist le remplit d'huile d'olives par ses prieres.

+22. Le demon transformé en medecin s'étant emparé d'un frere, notre saint l'en fait sortir en lui donnant un coup de poing dans l'estomach.

+23. Le roi Totila ayant rendu visite à S. Benoist & s'étant prosterné devant lui, le saint l'accueille favorablement & lui prédit l'avenir.

+24. Il chasse le démon du corps d'un clerc qui en étoit cruellement tourmenté. Le Clerc f.

+25. La provision ayant un jour totalement manqué dans le couvent, le saint en fait trouver le lendemain matin une grande quantité à la porte, dont les moines s'emparent & remplissent leurs greniers.

+26. Deux religieuses coupables étant mortes dans l'impénitence, elles ressuscitent, sortent du tombeau, & elles ne peuvent y rentrer qu'après que S. Benoist eut obtenu leur pardon.

+27. Il découvre le vol qu'un frere avoit fait, l'oblige à restitution, & lui en fait demander pardon. S. L. Clerc f.

+28. Un capitaine ayant fait lier un malheureux qui n'avoit pu lui payer des contributions, ses liens se rompent à la vue du saint, & l'homme de guerre se jette à ses pieds pour obtenir la rémission de ses fautes.

+29. Ayant refusé de rendre la vie au fils d'un paysan qui l'en supplioit, il se met en prieres & le ressuscite sans le vouloir.

+30. Sainte Scholastique, sa sœur unique, l'ayant pressé vainement de passer la nuit auprès d'elle, un orage considérable l'oblige d'y rester malgré lui.

+31. Un rayon de lumiere échappé du ciel, venant à éclairer sa chambre pendant la nuit, lui fait appercevoir la gloire céleste & la futilité des choses mondaines. S. L. Clerc.

1658.

32. En difant la meffe S. Benoift demande la mort &
l'obtient. Il eft enterré, & fon ame glorieufe s'éleve dans
le ciel. *Sebaflien le Clerc f.*

Cette fuite fe trouve affez communément avec borduras
dans les œuvres de le Clerc que j'ai vu : elle eft plus rare
fans bordures, & il y a apparence qu'elle a été d'abord
tirée ainfi, car les épreuves en font beaucoup plus belles,
Au cabinet du Roi elle eft avec bordures, ainfi que chez
Madame de Bandeville. Chez MM. Paignon & Jombert il
y en a deux fuites completes, l'une avec, & l'autre fans
bordures.

1659.

158. Quatre portraits gravés par le Clerc, dont
trois extrêmement rares.

+ 1. Portrait du Maréchal de la Ferté, dans un grand
ovale: il paroit avoir fervi pour quelque thefe. Ce militaire a une grande mouche au bas de la joue droite, & un
très-grand rabat avec une large dentelle. Aux quatre angles
de l'ovale qui eft entouré de piques, hallebardes, canons,
&c. il y a quatre devifes dans des cartels de diverfe forme,
allégoriques aux exploits de ce général. Au bas, à gauche,
fur le bourlet de la culaffe d'un canon, eft écrit : *Sebaftianus le Clerc f.*

Haut. totale 11 pou. 10 lig. long. 15 pou. 8 lig.

Au cabinet des eftampes du Roi. Chez Madame de Bandeville. Chez MM. Paignon, Jombert, &c.

+ 2. Portrait de M. Égon de Furftemberg, évêque de
Strasbourg. Il eft à pans coupés avec des devifes aux quatre
angles. En haut : *pro fide. Pro grege perficitur.* En bas, *gra-
datim. Pietate attollitur. Sebaftianus le Clerc f.*

Haut. 10 pou. 3 lig. larg. 8 pou. 7 lig.

Au cabinet du Roi. Chez Madame de Bandeville. Chez
M. Paignon.

+ 3. Portrait de Meffire Louis Fremyn, chevalier, feigneur de Morouas, Pompierre, &c. fecond préfident à
mortier au parlement de Metz. Ceci eft gravé en trois lignes
fur une bande de cuivre tirée à part, au-deffous du portrait : *Sebaftianus le Clerc f.*

Haut. de l'eſtampe avec les trois lignes ajoutées au bas,
7 pou. 6 lig. larg. 5 pou. 1 lig.

Haut. du portrait tout ſeul, 6 pou. 6 lig. la bande porte
1 pou.

Au cabinet des eſtampes du Roi. Chez Madame de Bandeville [1].

4. Portrait en travers dans un ovale, en hauteur, d'un
chevalier de Malthe, qui paroît gravé entiérement au burin.
Dans le lointain on voit un vaiſſeau ſur la mer. Des deux
côtés du portrait une grande quantité de drapeaux Turcs,
ſur l'un deſquels, à gauche, eſt gravé le nom de le Clerc.
Au bas du portrait deux eſclaves preſque nuds & enchaînés. A leurs pieds des turbans, canons, tambours, ſabres,
& autres armes des Turcs.

Haut. de la planche 7 pou. long. 10 pou. 5 lig.
Chez Madame de Bandeville ſeulement [2].

59. S. Jean l'évangeliſte écrivant : eſpece de
vignette avec la lettre initiale I entourée d'ornement, & une groſſe bordure de fleurs renfer-
mant l'évangile de S. Jean qui ſe met ſur l'autel
pendant la meſſe. Au bas eſt gravé : A Metz. Chez
M. C. Bouchard. 1659. Dans cette vignette ſaint
Jean eſt à droite & il regarde à gauche.

Haut. de la vignette de S. Jean, 2 pou. 1 lig. long. 3
pou. 7 lig.

Haut. de toute l'eſtampe avec l'évangile de S. Jean renfermée dans la grande bordure, 8 pou. larg. 5 pou. 3 lig.

Au cabinet du Roi. Chez Madame de Bandeville. Chez
MM. Paignon, Jombert, &c.

60. Autre eſtampe de S. Jean l'évangeliſte écri-

---

[1] Dans l'œuvre de le Clerc appartenant à Madame de Bandeville,
il eſt écrit à la marge que ce portrait & celui de M. de Furſtemberg ont
coûté enſemble 300 liv.

[2] Il eſt marqué à la marge de ce portrait, chez Madame de Bandeville, que c'eſt un morceau unique & introuvable : en effet je ne l'ai
vu nulle part ailleurs, & je le crois de la plus grande rareté.

1659.

vant, deſſiné plus en grand que dans la vignette
précédente. Dans celle-ci, S. Jean eſt à gauche &
il regarde à droite dans la ciel une des viſions de
ſon apocalypſe.

Haut. 2 pou. 6 lig. long. 4 pou. 4 lig.
Au cabinet des eſtampes du Roi ſeulement.

1660.

+ 61. L'image miraculeuſe de N. D. de Conſo-
lation de Premy. On voit à gauche, ſur le devant,
un enfant emmailloté couché ſur un oreiller : dans
le lointain, un très-beau payſage. *Sebaſtien le
Clerc fecit. 1660.*

Cette eſtampe ſe trouve différemment dans les œuvres de
le Clerc, tantôt ſans bordure, tantôt avec une groſſe bordure de tulipes & autres fleurs.
Haut. de l'eſtampe ſans bordure, 5 pou. 6 lig. larg. 3
pou. 4 lig.
La même eſtampe avec la bordure : haut. 6 pou. 10 lig.
larg. 4 pou. 8 lig.
Au cabinet du Roi, ſans bordure. Chez Madame de
Bandeville & M. Paignon, avec la bordure.

— 62. Portrait d'un grand moine Bénédictin,
debout, vu en face, tenant un livre de la main
droite, & une croſſe de la gauche. Sa mitre eſt à
gauche avec quelques livres ſur une table couverte
d'un tapis. Dans l'angle à gauche eſt écrit ſur un
quarré en hauteur : *Vera effigies R. P. D^m. Phi-
lippi Franciſci, Abbatis S^ti. Agerici Virdunenſis.
Seb. le Clerc f.*

Une petite bordure environne cette eſtampe.
Haut. avec la petite bordure, 7 pou. larg. 5 pou.
Chez Madame de Bandeville ſeulement.

63. Diſcours des paſſions humaines, dédiées à
Monſeigneur

1660.

Monseigneur Foucquet , Procureur Général , &
Sur-Intendant des finances. *In-folio*. Metz. 1660.

On voit sur le titre de ce livre une espece de fleuron
connu sous le titre de l'*académie de Platon* ; c'est un portique
formé de cinq arcades , une grande au milieu , & deux petites de chaque côté. Au travers de leur ouverture on découvre de très-beaux jardins , dans le milieu desquels est
une fontaine jaillissante à plusieurs étages. Dans le fond ,
un château dans le goût antique , avec des tourelles , qui
paroît très-éloigné. Cette piece gravée par Perelle , d'après
le dessein de le Clerc , est fort rare. Il y a au-dessous de
l'estampe quatre vers françois.

Haut. du cuivre avec les quatre vers 5 pou. long. 6 pou.
Chez Madame de Bandeville. Chez MM. Paignon &
Jombert.

464. La these de Pont-à-Mousson , piece en travers , rarissime.

On voit au milieu un rocher formant un portique en arcade , au milieu de laquelle est une élévation de terre , &
au haut de cette butte , un aigle qui vole vers le soleil ,
suivi de ses aiglons , avec cette devise latine : *mei non de-
generant.*

Sur le haut du rocher est une Renommée assise , sonnant d'une trompette ; elle en tient une autre de la main
droite ; sur le pavillon de celle-ci est un nom de Jesus.

Des deux côtés du rocher on voit , à gauche , une femme
à six mammelles , faisant sortir du lait des deux supérieures
qu'elle presse avec ses deux mains : à droite , une femme
tenant une flamme.

Sur le devant est une balustrade avec deux piedestaux
portant deux figures. Celle à droite tient un soleil de la
main droite & un sceptre de la gauche. Celle qui est à gauche est assise sur un globe céleste. Derriere elles , de chaque côté , sont deux autres figures symboliques.

Au milieu de la balustrade est un tableau représentant
une vue de la ville de Pont-à-Mousson : au bas , vers la
gauche est écrit : *Universitas Mussi Pontana.*

Haut. 7 pou. 7 lig. long. 9 pou. 10 lig.

Chez Madame de Bandeville & chez M. Paignon:

65. Différentes armoiries gravées à Metz par Seb. le Clerc, avant son départ pour Paris.

— 1. Grandes armoiries gravées entiérement au burin. On voit dans l'écu, en bas, un coq tourné à gauche, la patte droite en l'air : au-dessus, une bande d'argent en travers, fort large : au chef, deux étoiles : le fond est de gueules.

Au bas de l'écu sont deux petits anges ayant chacun un genou sur un rinceau d'ornement. Au-dessus de l'écu un casque fermé, vu presque en face, avec de grands lambrequins qui s'étendent sur toute la planche. *Seb. le Clerc f.*

Haut. 6 pou. larg. 5 pou. 6 lig.

Chez Madame de Bandeville.

+2. Autres armes dans un cartel d'ornement couronnées d'un casque vu de profil, avec un coq au-dessus, les ailes déployées. Il y a de grands rinceaux d'ornement autour du cartel, qui descendent jusqu'au bas de la planche. *Le Clerc f.*

Haut. 3 pou. 8 lig. larg. 3 pou. 2 lig.

Au cabinet des estampes du Roi.

— 3. Armes inconnues. C'est un grand écu dans lequel est une croix de S. André d'argent échiquetée de quatre carreaux droits dans le centre, & de deux carreaux losanges à chaque extrêmité, le tout de gueules, ainsi que le fond de l'écu, qui est accompagné de deux grandes palmes liées par le pied avec un long ruban qui voltige au bas de l'estampe. L'écu est surmonté d'une grande couronne de comte. Tout le fond de la planche est ombré d'une taille horisontale. *Le Clerc f.*

Haut. 3 pou. 9 lig. larg. 2 pou. 10 lig.

Chez MM. Paignon & Jombert.

— 4. Les armes de Nicolas Martigny fort en grand, & qui paroissent gravées entiérement au burin. Au haut est écrit en deux lignes de capitales : *Nicolaus Martigni consil. & elemos. reg. canon. & archid. de Marsallo. offic. & vicari. generalis.* Au milieu de la planche est un écu tout vuide, dont le fond est de gueules, avec une barre d'argent qui le traverse d'angle en angle, de gauche à droite, & un oiseau noir les ailes déployées passant sur le milieu de la barre. Cet écu est surmonté d'un casque vu de trois quarts, avec des lambrequins qui remplissent tout le haut & les deux côtes de la planche. Le bas est occupé par une longue légende entortillée autour de deux branches de laurier. *S. B. Le Clerc.*

Haut. totale du cuivre 6 pou. 3 lig. larg. 4 pou. 6 lig.

Chez Madame de Bandeville. Chez MM. Paignon & Jombert.

45. Autres armes de Nicolas Martigny, protonotaire apostolique, &c. couronnées d'un chapeau d'évêque d'où pendent trois rangs de glands. Au bas est écrit *Seb. le Clerc f.* 1660.

Haut. 5 pou. 1 lig. larg. 3 pou. 4 lig.

Au cabinet des estampes du Roi.

46. Les armes de Nicolas Martigny couronnées d'un casque vu de trois quarts, à peu près semblable à celles du n°. 4, à l'exception de l'oiseau volant sur la barre inclinée, qui est blanc ici, & que le tout est réduit plus en petit. *Le Clerc f.* Les inscriptions sont les mêmes.

Haut. 3 pou. 7 lig. larg. 2 pou. 9 lig.

Au cabinet du Roi & chez Madame de Bandeville. Chez M. Paignon & Jombert.

47. Les mêmes armes de Nic. Martigny surmontées d'un casque, plus en petit, avec les mêmes attributs, & les mêmes légendes & inscriptions. *Le Clerc f.*

Haut. 3 pou. larg. 2 pou.

Au cabinet des estampes du Roi [1]. Chez MM. Paignon & Jombert.

1661.

66. La seconde messe de le Clerc, plus grande & mieux gravée que la première, en 35 morceaux numerotés, sans y comprendre le frontispice, où l'on voit, en haut, trois petits anges qui soutiennent une guirlande de fleurs, & en bas trois autres anges entrelassés dans la même guirlande. Der-

[1] Dans l'œuvre de le Clerc du cabinet du Roi, tome I, page 109, on trouve une partie de cette estampe avant la lettre, c'est une épreuve à l'eau forte, avant la retouche au burin.

riere eux, une grande draperie brodée. Le milieu
est occupé par un ovale en hauteur, dans lequel
est écrit le titre suivant.

Tableaux où sont représentées la passion de
N. S. Jesus-Christ & les actions du prestre à la
S. messe. Avec des prieres correspondantes aux tableaux. *In-octavo.* Au-dessous est écrit dans un
cartel en travers. A METZ, chez Claude Bouchard, M. Libraire, proche la grande église.
Avec Approbation & Privilege du Roi. *Sebastien
le Clerc f.* [1]

1. Quand le prestre vient à l'autel. Jesus-Christ ayant
l'ame triste va au jardin des oliviers. *S. L. Clerc fecit.*

2. Au commencement de la messe. Jesus-Christ arrivé
au jardin y fait sa priere. *Clerc.*

3. Au *confiteor.* J. C. prosterné sue du sang.

4. Quand le prestre baise l'autel. J. C. trahy par un
baiser. *S. B. le Clerc f.*

5. Quand le P. va au costé de l'Epitre. J. C. est pris & lié.

6. A l'*Introïte.* J. C. est mené en la maison d'Anne.
SB. le Clerc f.

7. Aux *Kyrie eleyson.* J. C. est renié trois fois de Pierre
chez Cayphe. *SB. le Clerc fecit.*

8. Quand le P. tourné vers les assistans dit : *Dominus vobiscum* Jesus-Christ regardant Pierre lui fait pleurer son
péché. *Clerc.*

9. A l'Epistre. J. C. est mené à Pilate & accusé devant
lui.

_____

[1] Aux premiers exemplaires de cette messe il n'y a point d'année
marquée sur le frontispice, mais on y a gravé ensuite l'année 1661 au
bas de l'ovale où est le titre. On remarquera qu'il y a une édition de
cette messe dont le discours est en gros caracteres [petit parangon gros
œil] en forme de prieres, qui finissent toujours par *Ainsi soit-il.*
Celle-ci est la premiere & la bonne : il y en a eu ensuite une édition plus
moderne, dont le discours est en plus petits caracteres [gros romain],
les prieres sont différentes ; ce sont les mêmes actions de graces qu'on
trouve à la troisieme messe de 1680. Ainsi c'est une édition postérieure
à cette année 1680, aussi les planches en sont elles fort usées.

10. Quand le P. courbé au milieu de l'Autel dit tout bas : *Munda cor*, &c. J. C. accusé devant Herode ne respond rien. *Le Clerc.*

11. A l'Evangile. J. C. est renvoyé d'Herode à Pilate.

12. Q. le P. découvre le calice. J. C. est dépouillé pour la flagellation. *Le Clerc.*

13. A l'Oblation de l'hostie. J. C. est lié à une colonne, & fouetté cruellement. *SB. le Clerc.*

14. Q. le P. couvre le calice après l'avoir offert. J. C. est couronné d'épines. *Le Clerc.*

15. Quand le P. lave ses mains. J. C. est déclaré innocent par Pilate qui en lave ses mains. *Le Clerc.*

16. Q. le P. tourné vers le peuple dit : *Orate fratres.* J. C. paroist couvert d'un lambeau de pourpre.

17. A la Préface. J. C. est condamné à mourir en croix. *S. L. Clerc.*

18. Q. le P. joignant les mains prie pour les fidelles vivans. J. C. porte sa croix allant à la mort pour nous faire vivre.

19. Q. le P. couvre l'Hostie & le Calice de ses mains. J. C. est rencontré par la Veronique & par d'autres femmes. *Le Clerc f.*

20. Q. le P. fait des signes de croix sur l'hostie & sur le calice. J. C. est attaché à la croix. *SB. le Clerc f.*

21. A l'Elevation de l'Hostie. J. C. est élevé en croix.

22. A l'Elevation du Calice. J. C. répand du sang par ses plaies.

23. Quand le P. prie pour les Fidelles trépassés joignant les mains & disant : *memento.* J. C. prie son pere pour ses ennemis.

24. A *Nobis quoq. peccatoribus.* J. C. promet le Paradis au bon Larron *Seb. le Clerc.*

25. Au *Pater noster.* J. C. donne à sa mere S. Jean pour Fils. *Seb. le Clerc.*

26. Quand le P. rompt l'Hostie. J. C. mourant sur la croix dépose son ame entre les mains de son pere. *SB. le Clerc f.*

27. Q. le P. met dans le calice une partie de l'Hostie rompue. L'Ame de J. C. descend aux Limbes.

28. Q. le P. frappe sa poitrine à la fin de l'*Agnus Dei.*

1661.

Plufieurs de ceux qui virent mourir J. C. fe convertirent. *Le Clerc.*

429. Quand le P. comunie. Le corps de J. C. eft mis dans un fepulcre neuf.

430. Q. le P. fait l'Ablution. Le corps de J. C. eft embaumé.

431. A la Poft-communion. La Refurrection de J. C.

432. Q. le P. tourné vers les affiftans dit : *Dominus vobifcum.* J. C. s'apparoift à fa Mere & à fes Difciples.

433. Aux dernieres oraifons. J. C. pendant 40 jours vifite fouvent fes Difciples & les inftruit.

434. Q. le P. tourné vers le peuple dit : *Ite miffa eft.* J. C. monte au Ciel en préfence de fes Difciples. *SB le Clerc f.*

435. Quand le Preftre donne la Benediction aux affiftans. J. C. envoye le S. Efprit à fes Apoftres.

Haut. des 36 pl. de cette fuite, 4 pou. 9 lig. larg. 2 pou. 11 lig.

Cette feconde meffe fe trouve dans tous les œuvres de le Clerc. Au cabinet des eftampes du Roi elle eft avec l'année 1661 fur le frontifpice. Chez M. Jombert, très-belles épreuves & avant l'année. Chez M. Paignon *idem.*

1663.

467. L'Office de la V. Marie pour tous les jours de l'année fuivant la réformation du S. Concile de Trente, &c. Dedié aux Filles. A Metz, chez Claude Bouchard, M. Libraire, proche la grande Eglife. Avec Approbation & Privilege. 1663 [1]. Ce titre eft renfermé dans une bordure quarrée gravée par le Clerc.

Haut. 4 pou. 11 lig. larg. 3 pou.

---

[1] Cette fuite d'eftampes fe trouve dans prefque tous les œuvres de le Clerc, mais il eft très-rare de les y voir bonnes épreuves. La premiere édition eft de 1663. Il y en a eu une feconde en 1664, & plufieurs autres depuis. La deniere édition que je connoiffe porte l'année 1650, avec l'adreffe de François Bouchard fur la place S. Jacques, à la Bible d'or. Ce font les épreuves les plus foibles.

1. Le Roi David en manteau royal, une couronne fur la tête, appuyé fur un genou dans le veftibule de fon palais, jouant de la harpe. Dans le fond une fontaine jailliffante au milieu d'un jardin : à gauche un palais avec un portique avec arcades foutenues par des colonnes. Dans le lointain plufieurs fompueux édifices. *Seb. le Clerc f.*

Haut. 4 pou. 8 lig. larg. 2 pou. 11 lig.

†2. L'Annonciation. A gauche l'ange eft en l'air, à genoux, porté fur un nuage : au-deffous de l'ange on voit une chaife de bois. La Vierge eft à droite, affife au pied de fon lit, au-deffus duquel eft un pavillon. A fa gauche, un livre ouvert fur un prie-Dieu : à fa droite, un devidoir. *Seb. le Clerc f.*

Haut. 4. pou. 9 lig. larg. 2 pou. 11 lig.

†3. Un Crucifix. A droite la Vierge en pamoifon foutenue par une des faintes femmes : derriere elles un grouppe de plufieurs femmes & un foldat à cheval. A gauche, faint Jean, debout, qui regarde N. S. fur la croix. La Magdeleine, les cheveux épars, embraffe le pied de la croix. Dans le lointain beaucoup de gens armés : dans le fond, la ville de Jerufalem. Sur une place laiffée vuide exprès, entre S. Jean & la Magdeleine, on lit, *le Clerc f.*

Haut. du cuivre 4 pou. 9 lig. larg. 2 pou. 11 lig.

Il eft très-rare de trouver cette eftampe bonne épreuve.

†4. La Pentecôte. La fainte Vierge eft affife un peu vers la droite, fur une eftrade élevée de trois marches circulaires : à fa droite eft un difciple à genoux, qui paroit très-jeune. Les apôtres font dans le fallon au bas de l'eftrade en diverfes attitudes. En haut on voit plufieurs flammes échappées d'une gloire célefte, qui defcendent fur chacun des affiftans. Dans le fond, à gauche, on apperçoit un magnifique fallon circulaire, avec baluftrades & une colonnade au premier étage, qui eft foutenue fur des arcades.

Même grandeur.

†5. Un faint-facrement, ou foleil, dont les rayons forment une gloire célefte qui remplit toute l'eftampe. Il eft foutenu en l'air par un grouppe de trois têtes de chérubins. Aux deux côtés, deux grands anges en adoration, à genoux fur des nuages. Dans le fond qui eft très-tendre, on

apperçoit avec bien de la peine une foule innombrable de saints & saintes, formant trois rangs dans le ciel. Au-deſſous de l'eſtampe eſt écrit : *Sebaſtien le Clerc fecit.*

Même grandeur.

+6. Une chapelle dans laquelle on voit pluſieurs dames & une jeune demoiſelle à genoux vis-à-vis un autel, renfermé par une baluſtrade à hauteur d'appui. L'autel eſt vu de profil à gauche ſur le devant de l'eſtampe. Dans le fond, une égliſe vue dans ſa longueur, & le maitre-autel dans l'éloignement

Même grandeur.

Au cabinet des eſtampes du Roi. Chez M. Jombert, la ſuite entiere avec l'année 1663 ſur le titre. Chez M. le Normant du Coudray, à Orléans, 1664. Chez Madame de Bandeville, & chez M. Paignon, 1690.

-f 68. Deux pieces ſur Luſtucru.

+1. Le grand Luſtucru, ou les hommes vengés, ſujet tiré d'un conte ou *rebus.* Piece gravée au trait par le Clerc, de la plus grande rareté. On y voit pluſieurs forgerons qui travaillent des têtes de femmes, les uns à la forge, les autres ſur l'enclume, d'autres à la lime, &c. A droite, un âne chargé de têtes de femme, & un homme qui en a plein une hotte. A gauche, la mer & des vaiſſeaux qui abordent chargés de la même marchandiſe, pour l'atelier de Luſtucru [1]. Sur le devant, il y a un grand cartel propre à recevoir une inſcription.

_____

[1] M. le Clerc n'a gravé cette eſtampe qu'au trait. Le cuivre ayant enſuite paſſé entre les mains du ſieur Chiquet, marchand d'eſtampes en commun, il l'a fait ombrer & achever par un mauvais graveur nommé Campion, qui y a mis ſon nom, & qui l'a réduit dans un tel état qu'il eſt impoſſible d'y reconnoître la touche ſpirituelle de ſon auteur. Pour achever de la rendre méconnoiſſable, M. Chiquet a chargé cette eſtampe de quantité de quolibets, *rebus*, & autres mauvaiſes plaiſanteries contre les femmes. On en jugera par ce titre qu'on voit dans le cartel : *A l'enſeigne tout en eſt bon.* Ceans, maître Luſtucru, opérateur céphalique, a un ſecret admirable qu'il a apporté de Madagaſcar, pour reforger & repolir (ſans faire mal ni douleur) les têtes des femmes acariâtres, bigeardes, criardes, diableſſes, enragées, fantaſques, glorieuſes, hargneuſes, inſupportables, lunatiques, meſchantes, noi-

1663.

Haut. totale du cuivre, 14 pou. 11 lig. long: 19 pou.
10 lig.

Chez M. Paignon, une épreuve entiere & très-bien conde cette planche au trait : elle vient du cabinet de
otier.

Au cabinet des estampes du Roi il ne se trouve qu'un
fragment de cette meme estampe au trait, qui porte 13
pou. 6 lig. de haut, sur 18 pou. 6 lig. de long.

Chez M. Jombert l'estampe ombrée, achevée, & gâtée
par Campion, accompagnée de tous ses *rebus*.

1. La grande destruction de LUSTUCRU par les femmes
fortes & vertueuses.

Ceci est une espece de réparation que le Clerc se crut obligé de faire aux dames qu'il avoit comme insulté dans l'estampe qu'on vient de décrire. On voit ici la tête du pauvre
opérateur céphalique le marteau encore à la main, mise sur
l'enclume par une femme qui la tient par les cheveux &
qui frappe dessus à grands coups de marteau , ainsi qu'une
de ses camarades. Une autre lui donne un grand coup de
pied dans le derriere, & frappe un des forgerons renversé
par terre, avec un trousseau de clefs. Un homme chargé
de têtes de femmes est assommé à coups de bâton , un autre
femme terrasse un hotteur à coups de poing. Une multitude de femmes, la quenouille à la main, accourt pour
soutenir leurs amies. Dans le fond, plusieurs femmes, re-
trouvant en chemin leur tête pendue à la boutique de l'opérateur, la décrochent & se la remettent sur les épaules. Au
bas est écrit : *Le Clerc f. 1663.*

Haut. avec le titre qui est au-dessus, 8 pou. 4 lig. long.
11 pou.

Chez Madame de Bandeville. Chez MM. Paignon, Jombert, &c.

1664.

469. Exercices de dévotion traduits nouvelle-

seuses, obstinées, pigrièsches, revêches, sottes, testues, volontaires,
& qui ont d'autres incommodités : le tout à prix raisonnable ; aux
riches, pour de l'argent, & aux pauvres *gratis.*

A Paris chez Chiquet, rue S. Jacques, au grand S. Henry. *Campion
fecit.*

ment du latin du R. P. Canisius, *In-octavo*. A
Metz chez Claude Bouchard. 1664. C'est un titre
historié formant un cadre ovale.

Haut. 4 pou. 9 lig. larg. 2 pou. 11 lig.
Au cabinet des estampes du Roi. Chez M. Paignon.

70. Divers estats & conditions de la vie humaine [1]. A Paris chez Pierre Landry [2], avec
privilege du Roy. Titre dans un cartel de forme
singuliere. *Le Clers In. & se.*

Haut. 4 pou. 8 lig. larg. 3 pou.

---

[1] Cette suite est très rare à trouver complette & bonnes épreuves :
les meilleures sont avant la lettre, c'est-à-dire avant deux méchans
vers françois, gravés au bas de la plupart de ces estampes ; mais les
plus rares, sont avec les grands chapeaux, M. le Clerc ayant jugé à
propos de diminuer à quelques-unes la hauteur de la forme des chapeaux, qui étoit trop allongée. Il y a plusieurs autres différences dont
on parlera en décrivant chacune de ces estampes. Chez M. Paignon cette
suite est de la plus grande beauté, & la plus complette que l'on puisse
trouver. Il y en a deux & quelquefois trois épreuves de chacune, avec
des différences, comme on va le voir. Il faut tâcher d'avoir des épreuves
de cette suite avant les deux vers gravés au bas : prenant garde que ces
deux vers ne soient point emportés en coupant la marge du papier, par
en bas, mais il faut y voir distinctement toute la marge du cuivre.

[2] On appelle les estampes de cette suite *les Modes de Metz* [M. le
Clerc les ayant gravées en 1564, étant encore à Metz] pour les distinguer d'une autre suite à peu près semblable qu'il a mis au jour depuis
son arrivée à Paris [en 1685] & qu'il a dédiée à M. le duc de Bourgogne, sous le titre des *figures à la mode*, en 20 planches.

Comme M. le Clerc a gravé ces modes de Metz pour lui-même, il a
mis son nom légérement à la pointe au bas de chaque planche. Tandis
qu'il en étoit encore possesseur, il y fit tous les changemens qu'il jugea
à propos, tels que ceux de la diminution des chapeaux, & les autres
dont nous allons rendre compte.

Etant venu à Paris vers la fin de 1565, M. le Clerc céda cette suite de
planches au sieur Landry, marchand d'estampes de la rue Saint-Jacques,
qui y fit mettre son adresse, & les vers françois qu'on voit au bas de la
plupart. Le nom de le Clerc, qui n'étoit gravé qu'à la pointe seche, ne
s'apperçoit qu'aux premieres épreuves. M. Landry le fit remettre au
burin à quelques unes par un graveur en lettres, qui a estropié son nom
comme on peut le remarquer entre autres au titre & à la planche du
Pape.

1664.

Chez M. Paignon deux épreuves différentes du titre.

1. Le Pape en camail & en rochet. Il tient de la main gauche un livre qu'il pose sur une table à côté de lui. Sur cette table est la thiarre & sa croix à triple étage. Il n'y a point de vers au bas de celle-ci, mais seulement LE PAPE y est écrit en capitales.

Haut. du cuivre avec toute sa marge par en bas, 4 pou. 9 lig. larg. 3 pou. 1 lig. Toutes les autres planches de cette suite sont de la même grandeur.

Au cabinet du Roi toute cette suite est complette, excepté la vingt-septieme qui manque.

Chez M. Paignon, trois épreuves différentes, dont deux avant le *Pape* au bas, & avant les tailles croisées.

Chez Madame de Bandeville, épreuve avant le *Pape* ; on lit au bas : *Sebastianus le Clerc fecit*, gravé tout au long à la pointe de la main de le Clerc, & très-belle épreuve. Ce nom a été ensuite effacé, & on voit aux dernieres épreuves *Le Glers fe.* mis par un graveur, au burin.

Chez M. Jombert avant *le Pape* & sans le nom de *le Clerc*

2. Le Cardinal debout, en camail, relevant sa robe de la main droite, & tenant son bonnet quarré de la gauche. Au bas est écrit :

> Chacun me traite d'Eminence
> Estant Cardinal d'importance.

Chez M. Paignon 3 épreuves dont 2 avant la lettre, avec différences.

Chez Madame de Bandeville avant les deux vers.

3. L'Abbé en manteau long, dans lequel il a les deux mains enveloppées. A droite, une colonnade avec arcades, précédée de trois marches en perspective fuyante : à gauche, une fontaine jaillissante.

> Monsieur l'Abbé qui vit dans l'espérance
> Sans bénéfice & sans pitence.

Chez M. Paignon 2 épreuves avant la lettre ; l'une avec le grand chapeau ; l'autre avec le chapeau diminué de hauteur de forme.

Chez Madame de Bandeville, épreuve avant la lettre, avec le nom de le Clerc gravé par lui-même à la pointe, à droite, au bas de l'estampe. Les lointains, à gauche, y sont très-visibles. Avec le grand chapeau dont la forme a ensuite été baissée de moitié.

+4. **Le Président à mortier.** Il est debout, vu de profil, allant à gauche, un petit laquais lui porte la queue. Il a un bonnet quarré sur la tête, & tient de la main droite une espece de tambour plat & circulaire que l'on nomme mortier. Sur le socle d'un piedestal qui porte un pilastre, à gauche dans le fond de la salle, on lit : *le Clerc fe.* gravé au burin.

> L'on peut connoître au mortier que je porte
> Que je suis président, & de la bonne sorte.

Chez M. Paignon 3 épreuves, dont 2 avant la lettre avec différences.

Chez Madame de Bandeville une très-belle épreuve, avant la lettre, & avant le nom de le Clerc au burin.

+5. **Le Conseiller au Parlement.** Il est debout, en face, un petit laquais derriere lui porte la queue de sa robe. Dans le lointain, des bâtimens & plusieurs gens en robe.

> L'habit du maître & le laquais
> Marquent un Conseiller du Palais.

Chez M. Paignon 2 épreuves ; l'une avec le grand chapeau à forme haute, avant la lettre, l'autre avec le même chapeau diminué de hauteur, & autres différences.

Chez Madame de Bandeville, une très-belle épreuve où le fond de l'estampe se distingue parfaitement : avant les deux vers, avec le nom de le Clerc gravé par lui-même, au bas de l'estampe à droite. Avec le grand chapeau.

+6. **Le Général d'armée.** Il est debout, vu par le côté droit, le corps de profil, la tête vue en face, un grand plumet sur le chapeau, des cheveux flottans sur ses épaules, des moustaches, &c. des hauts-de-chausse garnis de larges rubans jusques sur les souliers. Dans le lointain quelques corps de troupes.

> Vous avez l'air si martial
> Qu'on vous connoît partout pour un grand général.

Chez M. Paignon 2 épreuves avant la lettre, avec différences dans le chapeau.

Chez Madame de Bandeville, très-belle épreuve avant les deux vers, avec le nom de le Clerc gravé par lui-même, au bas de l'estampe à droite.

Chez M. Jombert avant la lettre , le nom de le Clerc effacé.

+7. **Le Sergent.** Il est debout, vu par le dos, la main gauche appuyée sur sa hallebarde : dans le lointain une ville de guerre, avec ses fortifications. *Sebastien le Clerc f.*

L'épée, la halebarde, & le sergent
Sont bien souvent sans pain & sans argent.

Chez M. Paignon 3 épreuves différentes, 2 avant la lettre, dont une avant le ciel, la troisieme avec la lettre, le nom de le Clerc à demi effacé.

Chez Madame de Bandeville une épreuve avant la lettre, avec le nom de le Clerc gravé par lui-même & très-visible, à gauche, au bas de la planche, avec le ciel tout blanc & sans aucune taille.

+8. **Le Cadet aux Gardes.** Il est debout, vu en face, le fusil sur l'épaule gauche, avec des charges pendues à sa bandouliere. Des especes de bottes très-larges par le haut : dans le lointain plusieurs figures.

Je suis un Cadet aux Gardes
De mine & d'humeur gaillardes.

Chez M. Paignon 3 épreuves différentes, 2 avant la lettre, dont une avant les tailles dans le ciel : la troisieme avec la lettre.

Chez Madame de Bandeville épreuve avant les 2 vers, avec le nom de le Clerc très-visible à droite, au bas de l'estampe, & le ciel tout blanc.

+9. **Le Picquier.** Il est tout debout, une écharpe en bandouliere, un plumet sur le chapeau, tenant la pique de la main droite, dans le lointain plusieurs piquiers faisant l'exercice. Aux épreuves avec la lettre, cette planche est un peu gâtée par des raies. *Le Clerc f.*

Je porte bien la picque , & je sçay m'en défendre
Sans me laisser surprendre.

Chez M. Paignon 3 épreuves dont 2 avant la lettre, avec différences.

Chez Madame de Bandeville très-belle épreuve avant les vers.

+10. **Le Marchand.** Il est debout, vu de profil, allant à droite, un bonnet de poil sur la tête, une redingote sur les épaules, une très-grande barbe, appuyé de la gauche

sur un bâton, la droite cachée sous son vêtement. Dans le
lointain quelques maisons de paysans.

> Je suis marchand depuis long-tems,
> Quand je puis je trompe les gens.

Chez M. Paignon 2 épreuves, l'une avant la lettre & le
ciel, l'autre avec l'un & l'autre.

Chez Madame de Bandeville très-belle épreuve avant les
deux vers.

+ 11. Le Juif. Il est debout, vu en face, un chapeau plat
sans forme, sur la tête, une longue barbe, une fraize
plissée au col, un sur-tout sans manches, tenant de la main
gauche une bourse & montrant de l'autre de l'argenterie &
beaucoup de joyaux sur une table, qui est à sa droite. *Seb.
le Clerc f.*

> Je suis Juif, & j'ai des richesses,
> Que je me suis acquis par ruse & par finesse.

Chez M. Paignon une seule épreuve.

Chez Madame de Bandeville épreuve avant la lettre.

Chez M. Jombert *idem.*

+ 12. Le Cabaretier. Il est debout, vu en face, en chemise, un bonnet sur la tête, une serviette autour du corps.
Tenant de la main gauche une bouteille couverte d'osier,
& de la droite un verre plein de vin. Dans le lointain à
droite, des gens qui boivent sous une tente : à gauche,
d'autres qui dansent à l'ombre d'un grand arbre. *Le Clerc.*

> Je suis garçon de cabaret
> Qui fais adroitement vin blanc & vin clairet.

Chez M. Paignon 3 épreuves, dont 2 avant la lettre;
avec différences.

Chez Madame de Bandeville épreuve avant la lettre, où
l'on voit distinctement le fond à droite, & le nom de le
Clerc au bas de la planche, du même côté.

+ 13. Le Jardinier. Il est debout, vu en face, un large
chapeau sur la tête, en veste courte, & larges haut-de-
chausses, la main droite appuyée sur sa bêche. Dans le
lointain un village & la campagne.

> Vous savez bien Jardinier quand il faut
> Semer l'asperge & l'artichaut.

Chez M. Paignon 3 épreuves, dont 2 avant la lettre.

Chez Madame de Bandeville très-belle épreuve avant les

vers, où l'on voit bien les lointains à droite & à gauche.

Chez M. Jombert *idem*.

14. Le Ramoneur. Il est debout, vu en face, allant à gauche, un chapeau haut de forme sur la tête, avec son outil à ramoner attaché au chapeau, une veste & une culotte rapiecée, de méchantes guêtres, un long bâton sur l'épaule droite. Dans le lointain de très-hautes montagnes & des rochers escarpés, au bas desquels on voit un torrent avec chûte d'eau.

> Pour vivre il faut que je ramone
> Et qu'encore plus souvent je demande l'aumône.

Chez M. Paignon 2 épreuves avant & avec la lettre.

Chez Madame de Bandeville avant les vers, avec le nom de le Clerc gravé à la pointe par lui-même au bas de l'estampe à côté du pied droit du ramoneur.

Chez M. Jombert avant la lettre & sans le nom de le Clerc, très-bonne épreuve.

15. Le Magicien. Il est debout, vu de profil, allant vers la droite : il a sur la tête un capuchon, une longue barbe, le corps enveloppé d'une grande robe avec broderies. Il marche au milieu d'un grand rond tracé à terre, tenant à la main une baguette magique qui produit du feu. Il est représenté sous de vastes portiques dont la voûte est soutenue par de grandes arcades. Au fond on lit le nom de le Clerc, gravé en petit, au burin.

> Je suis savant dans la magie,
> Je fais voir les enfers & le diable en furie.

Chez M. Paignon 3 épreuves, dont deux avant la lettre.

Chez Madame de Bandeville très-bonne épreuve avant les vers.

16. La Bohémienne. Elle est debout, vue de profil, regardant à droite, tenant la main d'un soldat qui est devant elle : elle est coëffée avec ses cheveux relevés, une simple chemise sur le bras, l'épaule nue, le corps enveloppé d'un magnifique haillon, les pieds & les jambes nues : elle regarde dans la main droite du soldat qui est appuyé sur sa pique, & lui dit sa bonne aventure en ces termes :

> Pauvre soldat, ton sort est malheureux.

Le soldat lui répond :

> Et toi, putain, le tien est toujours geux.

1664.

Chez M. Paignon 3 épreuves, dont 2 avant la lettre ; avec différences : la troisieme avec les deux vers ci-dessus.

Chez Madame de Bandeville très-belle épreuve avant les vers, avec le nom de *Sebastien le Clerc* gravé par lui-même tout au long à la pointe [1]. Chez M. Jombert épreuve avant la lettre sans aucun nom de le Clerc.

+17. Le Pelerin. Il est debout, vu de côté, allant à droite & regardant en face. Il a un très-grand chapeau sur la tête, dont les bords sont rabattus, avec quelques coquilles attachées sur le chapeau ; un camail ou mantelet sur les épaules, orné de coquilles, une gourde & un havresac pendus au côté droit, tenant de la droite un long bâton. Dans le lointain de hautes montagnes & un pont à neuf arches avec une croix au milieu.

> Que ce pelerin a souvent
> Souffert le froid, le chaud, & la pluie, & le vent.

Chez M. Paignon 3 épreuves différentes, 2 avant la lettre, dont une avant que le ciel soit fini : la troisieme avec les deux vers.

Chez Madame de Bandeville très-bonne épreuve avant la lettre, & avant les ombres ajoutées dans le ciel au haut de l'estampe à droite.

+18. Le Vielleur. Il est debout, vu en face, un manteau sur les épaules, jouant de sa vielle : à sa droite un petit garçon tenant un bâton, de la gauche, & tâtant de la droite l'havresac du vielleur : dans le lointain un village.

> Ce malheureux vielleur que vous voyez ici,
> Apollon l'abandonne accablé de soucy.

Chez M. Paignon 2 épreuves, l'une avant la lettre & avant le ciel fini, l'autre avec les vers, & le ciel achevé.

Chez Madame de Bandeville, bonne épreuve avant les deux vers, & avant les tailles ajoutées à droite dans tout le haut du ciel.

+19. Le Mendiant. Il est debout, vu en face, la tête de profil, regardant vers la droite, les deux mains appuyées

---

[1] On a effacé depuis ce nom de le Clerc qui étoit gravé à la pointe seche, à gauche, au bas de l'estampe, & on a gravé à la même place, au burin *Le clerc fe.*

sur son bâton : vêtu de guenilles & de lambeaux , avec des pieces & de grands trous , il porte un gros paquet par der-riere. Dans le lointain à droite , un village en feu & du monde qui se sauve : à gauche des arbres.

> Tout miserable & gueux que l'on me voit ici
> J'ay l'esprit très-content , & je vis sans soucy.

Chez M. Paignon 3 épreuves, dont 2 avant la lettre , avec différences.

Chez Madame de Bandeville, bonne épreuve, avant les vers. On y lit distinctement le nom de le Clerc gravé par lui-même , à gauche , au bas de l'estampe.

420. Le Galerien. Il est vu debout , de profil , allant & regardant à droite , une simple calotte sur la tête , une veste sans poches , & une longue culotte qui lui descend jusqu'aux pieds qui sont nuds ; une longue chaîne lui sert de ceinture & va s'attacher au pied droit. Dans le lointain une mer orageuse , & des vaisseaux battus de la tempéte.

> Ce galerien soupire accablé sous ces chaînes
> Qui sont bien différentes de celles de Climene.

Chez M. Paignon 2 epreuves avant & avec la lettre.

Chez Madame de Bandeville très-belle épreuve avant les vers, avec le nom de Sebastien le Clerc gravé par lui-même tout au long au bas de l'estampe à droite.

Chez M. Jombert belle épreuve avant la lettre , mais sans le nom de le Clerc.

Les quatre modes , rares.

421. Le Roi. Il est debout, vu en face , avec de grands cheveux, une cravate, sur les deux épaules une écharpe d'où pend une croix de l'ordre du Saint-Esprit , dont il porte l'habillement. Il a la main droite appuyée sur une table couverte d'un long tapis : sur cette table est son casque avec de grands panaches. A droite , dans le fond , une balustrade, au-delà de laquelle on voit des gardes armés de hallebardes, & des jardins. Il n'y a point de vers ni aucun nom gravé au bas. Cette estampe est une des quatre rares.

Au cabinet des estampes du Roi. Chez M. Paignon une seule épreuve. Chez Madame de Bandeville *idem.* Chez M. Jombert *idem.*

E

+22. Le Chaſſeur. Il eſt debout, vu de profil, regardant à droite, appuyé contre un arbre, ſe repoſant ſur ſon fuſil. Deux chiens de chaſſe à côté de lui à gauche. Le fond eſt une forêt. Point de vers. *Le Clerc f.* Ceſt une des quatre rares.

Au cabinet des eſtampes du Roi. Chez Madame de Ban-deville. Chez M. Jombert, une épreuve.

Chez M. Paignon 2 épreuves, avec quelque différences.

+23. L'Abbé en manteau court, & en habit ſéculier. Il eſt debout, vu de côté, allant vers la droite, le viſage vu en face, le bras droit caché ſous ſon manteau, & le gauche alongé. Le fond eſt un payſage, des maiſons à droite, un arbre iſolé à gauche. Il n'y a point de vers ni de nom de graveur. C'eſt une des quatre rares.

Au cabinet des eſtampes du Roi. Chez Madame de Bande-ville. Chez MM. Paignon & Jombert, une ſeule épreuve.

+24. L'Hermite. Il eſt debout, vu en face, la tête nue & chauve, une barbe de moyenne longueur, un manteau ſur les épaules, ſon chapeau attaché ſur le dos, la main gauche appuyée ſur une béquille, tenant un chapelet de la droite. Dans le lointain, au-delà de la caverne où eſt l'hermite, on voit un hermitage, Il n'y a point de vers: on lit ſeulement au bas: *Sebaſtianus le Clerc f.* Celle-ci eſt une des quatre rares.

Au cabinet des eſtampes du Roi. Chez MM. Paignon & Jombert, une ſeule épreuve. Chez Madame de Bande-ville une épreuve retouchée à la plume par le Clerc [1].

Les deux modes rariſſimes.

+25. Le Cavalier ou l'homme de guerre. Il eſt vu en face, tout de bout, les deux poings ſur les hanches: dans le lointain, à gauche, deux hommes qui galopent à cheval, allant vers la droite. Il n'y a rien d'écrit au bas. Piece ra-riſſime.

Au cabinet des eſtampes du Roi. Chez Madame de Ban-

[1 Chez M. le Normant à Orléans, on lit au bas, gravé en grandes capitales: S. ANTONIUS. Et à gauche, au bas de l'eſtampe: *chez Landry.* Au-deſſus du nom de Landry eſt le chiffre 85. C'eſt une épreuve très-moderne.

deville. Chez M. Paignon, une feule épreuve avant le ciel.

+26. L'homme en deuil. Il eſt debout, un crêpe pend à ſon chapeau, de longs cheveux flottent ſur ſes épaules & pardevant, des deux côtés de ſon rabat. Il a un baudrier & une épée. Preſque tout ſon corps eſt enveloppé dans ſon manteau, excepté la poitrine & le bras gauche. Dans le fond on voit un ſallon en perſpective, ou une galerie très-longue, terminée par une arcade à jour. Sebaſtien le Clerc f. Il n'y a point de titre, ni de vers au bas. Piece rariſſime.

Au cabinet du Roi. Chez Madame de Bandeville. Chez M. Paignon, une ſeule épreuve.

La mode de Metz, très-rariſſime.

+27. Le Gentilhomme, debout, vu en face, avec un manteau court, de petites bottes, de longs rubans ſur le coudepied. Dans le fond, à droite, une vue de divers édifices éloignés : à gauche deux arbres très-droits & très-élevés. Le Clerc f. Le nom de le Clerc eſt gravé à la pointe par lui-même. Il n'y a point d'autre écriture ni de titre.

Cette eſtampe unique ne ſe trouve que chez M. Paignon. Chez M. Jombert, le titre & les 24 premieres eſtampes de cette ſuite : manque les 3 dernieres, qui ſont de la plus grande rareté.

71. Le triomphe de ſon Alteſſe Charles IIII, Duc de Lorraine, &c, à ſon retour dans ſes Etats. Petit *in-folio* mince. A Nancy. 1664.

-1. Frontiſpice du livre, où eſt écrit en capitales, LE TRIOMPHE DE SON ALTESSE, dans un grand cartel formé par la peau d'un monſtre dont on voit la tête, les ailes, les quatre pattes, & la queue. A droite on voit le Tems aſſis ſur une des roues de cette eſpece de char triomphal, les mains attachées derriere le dos, & de l'autre côté la Fortune aſſiſe ſur l'autre roue, dans la même attitude. Dans un cartel au-deſſous eſt écrit : *C. Dervet Inventor & Deſignator.* Plus bas, *Bardin litterarum auctor.* Et au-deſſous, ſur la marge du cuivre : *Sebaſtien le Clerc ſculpſit. F. B. Hobrit excudit.*

Haut. du cuivre 10 pou. 2 lig. larg. 7 pou. 2 lig.

+2. Fleuron du titre. On y voit au milieu les armes du prince, ayant pour ſupport deux aigles couronnés, avec la croix de Lorraine pendante au col , au bas d'un collier de perles. Le fond est ombré par des tailles courtes & circulaires qui forment des especes de nuées.

Haut. 2 pou. long. 4 pou. 5 lig.

3. Vignette pour l'épitre dédicatoire, au milieu de laquelle est le chiffre de Charles IV, couronné & entouré de lauriers, accompagné de drapeaux & autres trophées militaires , avec deux enfans assis sur des tambours, sonnant de la trompette.

Haut. 1 pou. 11 lig. long. 6 pou. 8 lig.

4. Grande lettre M pour l'épitre dédicatoire ; les deux jambages debout sont formés par deux canons posés sur la culasse, & les deux jambages inclinés , par deux faisceaux de piques , sur lesquels est un grand ange femelle, debout , vu en face , tenant une grande couronne de lauriers.

Haut. 2 pou. 10 lig. larg. 2 pou. 4 lig.

5. Vignette pour l'avis au lecteur, au milieu de laquelle est un grouppe de fleurs suspendu à un anneau. Des deux côtés , deux anges sonnent de la trompette , ayant devant eux une très-grosse grappe de raisins suspendue.

Haut. 1 pou. 11 lig. long. 6 pou. 9 lig.

6. Vignette à la tête du discours sur la fontaine de l'ange tutelaire, &c. formée par une grande corbeille chargée de fleurs : aux deux côtés , deux enfans debout , vus en face , portant sur leur tête un gros paquet de fruits & de fleurs.

Même grandeur.

7. Vignette à la tête du discours du premier arc, au milieu de laquelle est un paquet de fruits dont la tige est passée dans un anneau. Le reste est rempli par des seps de vignes chargés de pampres & de raisins. Aux deux extrémités , deux génies ailés qui en saisissent chacun une grappe.

Haut. 1 pou. 11 lig. long. 6 pou. 8 lig.

8. Vignette à la tête du discours du second arc, au milieu de laquelle est un carquois debout, rempli de fleches ; des deux côtés sont deux guirlandes de fruits , sur lesquelles marchent deux enfans ailés chargés de branches de lauriers. Aux deux extrémités deux faisceaux de fleches.

Haut. 2 pou. long. 6 pou. 8 lig.

9. Cul-de-lampe pour la fin du discours sur le second arc : on y voit deux petits anges achevallés sur des seps de vignes, tenant une grosse guirlande de raisins, avec un gros fruit entr'ouvert au milieu.

Haut. jusqu'à la pointe 2 pou. 6 lig. long. 4 pou. 9 lig.

1664.

410. Autre cul-de-lampe pour la fin du difcours de la fontaine de la pyramide, où l'on voit le chiffre de Charles IV
grouppé avec la croix de Lorraine, au-deffus duquel font
deux anges tenant des palmes.

Haut. jufqu'à la pointe 2 pou. 5 lig. long. 4 pou. 6 lig.

411. Premier arc dédié à la Piété : il eft d'ordre Ionique ;
ouvert de deux arcades, au-deffus defquelles font deux petites tourelles avec plufieurs cloches qui fonnent: le haut
eft terminé par une grande banniere d'églife où l'on voit la
fainte Vierge & l'enfant Jefus tenant un faint-facrement,
au-deffus d'un arc-en-ciel. Cette banniere eft accompagnée
de plufieurs autres, derriere lefquelles font de grands drapeaux ; fur l'un defquels, à gauche, on voit une colombe
tenant un rameau d'olivier, & à droite une croix avec un
rameau d'olivier entortillé autour.

Haut. 9 pou. 9 lig. larg. 6 pou. 8 lig.

412. Premiere fontaine de l'ange tutelaire de la Lorraine.
Elle eft accompagnée de canons qui tirent des boulets
enflammés, de bombes & de carcaffes qui crevent, &c.
Cette fontaine eft terminée en haut par un grand ange femelle, debout, vu en face, les bras, les jambes, &
partie des cuiffes, nuds, tenant des deux mains deux
grandes urnes penchées d'où fort une multitude de jets
d'eau pour éteindre les feux des canons & des bombes. Au
haut eft écrit fur une légende qui voltige : POPULI
SUDORES ET LACRYMÆ. Et fur le piedeftal qui porte
l'ange : GENIO PATRIÆ CUSTODI.

Haut. 9 pou. 8 lig. larg. 6 pou. 8 lig.

413. Second arc dédié au Prince pacifique. Il eft orné de
cariatides, & percé de trois ouvertures dont les voûtes font
à trois pans; au-deffus le prince à cheval, foulant aux
pieds des armes de toute efpece, avec ces mots : PRIN-
CIPI PACIFERO. Au-deffus une couronne formée de
deux branches de laurier avec cette devife: *Ambos unum
diadema ligavit.*

Haut. 10 pou. larg. 6 pou. 10 lig.

414. Seconde fontaine de la veftale Lorraine. On y voit
une femme debout, tournée en face, avec des croix de Lorraine fur fa robe ; à côté d'elle, à gauche, un amour tenant
fon arc & fon carquois d'où fort un gros jet d'eau ; à droite,
un cygne jettant de l'eau par le bec. La figure principale

eſt dans une niche faite de rocailles, avec des guirlandes de fleurs en forme de colonnes, & deux grands roſiers qui croiſſent aux deux côtés de la fontaine. En bas, dans l'éloignement, des danſes & des divertiſſemens de différens genres.

Haut. 9 pou. 8 lig. larg. 6 pou. 9 lig.

+15. Troiſieme arc dédié au Prince, pere du peuple. C'eſt un arc de triomphe d'ordre Toſcan, percé de trois arcades de forme bizarre & de mauvais goût. Au-deſſus, ſont deux tribunes pleines de muſiciens : au milieu le héros à cheval, avec ces mots : PRINCIPI PATRI POPULI. Au-deſſus du prince un palmier, avec cette inſcription : PROPRIA VIRTUTE RESURGIT.

Haut. 9 pou. 7 lig. larg. 6 pou. 7 lig.

+16. Troiſieme fontaine de la pyramide. Elle eſt formée par un obéliſque au milieu d'une place publique, vis-à-vis le palais où l'on rend la juſtice, à Nancy. Sur le piedeſtal eſt écrit : CAROLO QUARTO COGNOMENTO CÆSARI, PIO, MAGNANIMO, TRIUMPHANTI. Autour de la fontaine, différens perſonnages qui viennent s'y déſaltérer.

Haut. 9 pou. 7 lig. larg. 6 pou. 6 lig.

+17. Quatrieme arc de triomphe dédié au prince héros & martial. Il eſt orné de colonnes torſes, percé d'une grande arcade au milieu, & de deux moyennes aux côtés, & ſurmonté d'un grand cadre où l'on voit le prince à cheval, marchant ſur l'hydre, ſuivi d'un ange volant dans les airs, qui lui porte ſon caſque. On lit au-deſſous : PRINCIPI HEROI. Des deux côtés, des trophées militaires. Au-deſſus du cadre, un tourne-ſol regardant un ſoleil rayonnant de lumiere, avec ces mots : *nil in me nubila poſſunt.*

Haut. 9 pou. 7 lig. larg. 6 pou. 7 lig.

+18. Quatrieme fontaine de Mars le doux & humain. Elle eſt formée par une cuvette portée ſur ſon pied poſé dans un baſſin formé par un ſoubaſſement de rochers, avec des cavernes d'où ſort de l'eau. Au-deſſus de la cuvette eſt un homme de guerre le ſabre à la main, tenant un bouclier avec une tête de Méduſe jettant de l'eau par les yeux & par la bouche, le tout entouré d'un grand cadre ovale, accompagné de beaucoup de drapeaux. Au-deſſus du héros eſt une grande couronne de lauriers, avec ces mots : MARTI NERIONI.

1664.

Haut. 9 pou. 10 lig. larg. 6 pou. 8 lig.

+19. Cinquieme arc dédié au prince l'amour de ſes ſujets. C'eſt un arc de triomphe d'ordre Corinthien, percé d'une ſeule arcade ſurbaiſſée, compoſée de deux arcs de cercle qui ſe joignent à la clef, en pendentif, ſous la forme d'un cœur ouvert. Sur un balcon en ſaillie bordé d'une baluſ-trade, au haut de cet arc de triomphe, on voit les neuf Muſes formant un concert, & un laurier qui s'éleve derriere elles. Sur le ſocle de la baluſtrade eſt écrit : TITO LO-THARENO. Et au-deſſous, dans un cartel : COR PO-PULI PRINCIPIS PALATIUM.

Haut. 9 pou. 8 lig. larg. 6 pou. 7 lig.

+20. LA CARRIERE OU RUE NEUVE DE NAN-CY, où ſe font les combats de barriere, courſes de bague, joûtes, tournois, &c. Au bas de l'eſtampe on voit les armes du duc de Lorraine & une groſſe guirlande de fruits, racines, & légumes de toute eſpece, qui occupe toute la longueur de la planche, avec deux quatrains de vers fran-çois dans des cartels au trait. Au-deſſous, les deux rangs de maiſons qui forment la rue neuve, à vue d'oiſeau. Au bas, à gauche, à côté du cartel où eſt le titre ci-deſſus, on lit : C. Dervet f. mais les petites figures qui ſe voient ſur cette planche n'en ſont pas moins de le Clerc.

Haut. du cuivre avec le cartel du titre, 10 pou. 4 lig. long. 13 pou. 11 lig.

+21. LE PALAIS DUCAL : grande eſtampe en travers, repréſentant toutes les cours, les parterres, & les bâtimens de ce palais, à vue d'oiſeau ; au bas eſt écrit : A SON ALTESSE. Au-deſſous de l'eſtampe ſont 18 vers françois imprimés en lettre & non gravés.

Haut. du cuivre ſans les vers, 9 pou. 8 lig. long. de l'eſtampe 13 pou. 10 lig.

+22. CHARLES IIII, DUC DE LORRAINE ET DE BAR : il eſt repréſenté à cheval, vu de profil, la tête nue tournée en face, allant de gauche à droite, tenant un ſceptre terminé en maſſe d'armes, armé de cuiraſſe & cuiſ-ſarts de fer, avec une écharpe. Un ange porté ſur un nuage au-deſſus d'un palmier, lui préſente ſon caſque couronné de lauriers. Dans le lointain eſt une vue de Nancy au milieu d'une vaſte campagne. Il y a quatre vers françois dans deux cartels, au bas de la planche. Au-deſſous de la figure équeſtre ſont les armes du prince, accompagnées d'un trophée d'armes, dont un canon, ſur la volée duquel on lit : *Cl. Dervet fecit*. Ce qui n'empêche point de mettre cette eſtampe dans l'œuvre de le Clerc, parce que la petite vue de Nancy & les autres lointains ſont certainement de lui. Quelques amateurs ont attribué (je ne ſais ſur quel fondement) ce portrait à Callot, mort dès l'année 1635, & le mettent dans l'œuvre de ce maître [1].

Haut. 13 pou. long. 17 pou. 4 lig.

23. Vue d'une grande bataille gagnée par Charles IV : au haut, dans l'angle, à gauche, eſt un ange volant porté ſur des nuages, ſonnant de la trompette, & ſoutenant un cartel dans lequel ſont les armes du prince ; au-deſſous, tout au bas, du même côté, le duc de Lorraine à cheval, l'épée à la main, le caſque en tête, foulant aux pieds des hommes & des chevaux renverſés : au-deſſous de cette figure on lit : *C. Dervet fecit* [2].

Haut. 13 pou. 6 lig. long. 17 pou. 8 lig.

Toute cette ſuite, en 23 morceaux, ſe trouve complette & bien conditionnée chez Madame de Bandeville & chez MM. Paignon & Jombert, &c.

72. Abrégé méthodique de l'hiſtoire de France par la chronologie [3], &c. Dédié à Monſeigneur le Dauphin. Par l'abbé de Brianville [4]. *in-douze*. Paris. De Sercy. 1664.

---

[1] Voyez le catalogue du cabinet de M. Quentin de Lorangere, par Gerſaint, *in-douze*. 1744. Pages 106 & 107.

[2] Le nom de Cl. Dervet que l'on voit au bas de cette planche & de quelques autres de cete ſuite pourroit occaſioner des doutes bien fondés ſur la néceſſité de les inſérer dans l'œuvre de le Clerc, mais l'uſage a prévalu, & pour ne parler que de cette derniere eſtampe, on eſt tellement accoutumé à la voir dans l'œuvre de ce maître, qu'on le regarderoit comme incomplet ſi elle y manquoit. Cette bataille ne ſe trouve point dans le livre ci-deſſus.

[3] Nous connoiſſons quatre éditions de ce livre. La premiere, dont on vient de parler, en 1664, avec le frontiſpice, ſans aucune vignette. La ſeconde en 1667 avec des vignettes. La troiſieme en 1674 ou 1675. La quatrieme eſt de 1687.

[4] Il s'appelloit Claude Oronce Finée, & il prit le nom de Brianville, parce qu'il étoit de Briançon, pour le diſtinguer d'Oronce Finé, célebre mathématicien, qui étoit ſon proche parent. L'abbé de Brianville eſt mort en 1675.

1664.

+1. Un frontifpice des armes du Dauphin de France, ayant pour fupports deux grands anges en cafque & en bottes, portans, l'un la banniere royale, l'autre celle du Dauphin, avec cette devife au-deffus des deux : MONT-JOYE S. GEORGE. Au bas eft un dauphin dans la mer, & la conftellation du dauphin dans le ciel, avec ces mots écrits fur une moulure ombrée qui eft au-deffous : *cælum tempeftatefque ferenat* [1].

Haut. 5 pou. 1 lig. larg. 3 pou. 1 lig.

+2. Vignette pour l'épitre dédicatoire à M. le Dauphin, fils de Louis XIV : on y voit deux foleils renfermés dans le même cartel, ayant pour fupports deux dauphins qui fe foutiennent fur la queue, la tête élevée, d'où fortent deux tiges de lys en fleurs, avec cette devife fur une légende au bas du cartel : *par dum refpiciet*. Au-deffus une couronne royale [2]. *S. le Clerc f.*

Haut. 2 pou. 1 lig. long. 2 pou. 11 lig.

+3. Lettre grife M pour l'épitre dédicatoire, formée par quatre dauphins portant une couronne royale, entourés de plantes de lys en fleur.

Haut. 13 lig. larg. *idem.*

Au cabinet des eftampes du Roi. Chez MM. Paignon & Jombert.

+4. Vignette allégorique aux guerres de Louis XIV contre plufieurs puiffances de l'Europe. On voit au milieu un foleil rayonnant qui remplit un médaillon formé par deux palmes & deux cornes d'abondance d'où fortent deux anges tenant l'un des chaines, l'autre des dards armés de fleurs-de-lys. De chaque côté de ces anges, une légende qui voltige au-deffus, avec ces mots : *omnibus unus*. Cette même devife fe trouve répétée en plufieurs langues diffé-rentes fur la même eftampe.

---

[1] Cette même eftampe fe trouve auffi à la tête du tome premier de l'*hiftoire facrée en tableaux*, du même auteur, imprimée en 1669, dont nous parlerons ci-après N°. 93. On y retrouve auffi la même vignette, *par dum refpiciet*, & la lettre formée de quatre dauphins : l'abbé de Brianville ayant dédié pareillement ce fecond ouvrage à M. le Dauphin, & s'étant fervi de ces trois mêmes planches, fans aucun chan-gement, pour fa dédicace à ce Prince.

[2] Chez M. Jombert on voit cette même vignette de grandeur in-quarto, qui paroît auffi de le Clerc & de fes premiers tems : l'eftampe porte 2 pou. 6 lig. de haut fur 4 pou. de long.

1664.

Haut. 1 pou. 4 lig. long. 3 pou. 1 lig.

Au cabinet des estampes du Roi. Chez M. Jombert.
Chez M. Paignon 2 épreuves avec différences dans la tête
du soleil.

1665.

+× 73. Le siége de Metz par l'Empereur Charles V,
l'an 1552, décrit par Salignac. *In-quarto.* Metz.
1665.

Une planche représentant le plan de cette ville.
Haut. 10 pou. long. 10 pou. 9 lig.
Chez Madame de Bandeville. Chez MM. Paignon,
Jombert, &c.

Chez M. Paignon le dessein original de ce plan lavé en
couleur par le Clerc, à la maniere des Ingénieurs, étant
encore alors Ingénieur du Maréchal de la Ferté, à Metz.

Arrivée de Sebastien le Clerc à Paris, en 1665.

+74. Pseautier de David par Dumont. Grand
in-douze à trois colonnes. Paris. P. le Petit [1].
1665.

+. Une vignette représentant le roi David dansant devant l'arche, sans harpe, entre deux soldats. C'est le premier morceau que le Clerc ait gravé depuis son arrivée
à Paris en 1665.

Haut. de la vignette avec sa petite bordure, 13 lig. long.
2 pou. 9 lig.

Au cabinet du Roi. Chez Madame de Bandeville. Chez
MM. Paignon, Jombert, le Normant, Rousset, &c.

_____

[1] Pierre le Petit, Imprimeur du Roi, ayant perdu tous les livres
de son fonds dans l'incendie du college de Montaigu, où il avoit ses
magasins, arrivé le 21 mars 1675, le Roi lui accorda, par un arrêt particulier de son Conseil d'Etat, une continuation de privilege pour tous
les livres de son fonds pendant l'espace de cinquante ans, à compter
de l'expiration de chacun de ses privileges. La date de ce privilege remarquable en faveur de Pierre le Petit est du 3 août 1675.

C'est ce qui a occasionné la rareté de ces pseautiers de David, dont
la premiere édition est de 1665.

1665.

─2. La même vignette recommencée par le Clerc. Elle
eſt compoſée de même, mais c'eſt une autre planche & il
y a quelques différences dans le deſſein & dans la gravure.

Même grandeur.

Chez MM. Paignon & Jombert.

†3. Pſeautier de David. *In-douze* à deux colonnes. Paris.
P. le Petit. 1665.

La même vignette, plus en petit & compoſée différemment.

Haut. 10 lig. long. 2 pou. 5 lig.

Chez M. Paignon 2 épreuves avec différences. Chez MM.
Jombert, le Normant, Rouſſet, &c. une ſeule épreuve.

1666.

X 75. Nouvelle maniere de fortification compoſée pour la nobleſſe françoiſe, expoſée en forme
d'élémens & dédiée à Monſeigneur de Choiſy,
par Jean Brioys, Ingénieur & Géographe du Roi.
In-quarto. A Metz, au frais de l'Auteur. 1676.

†1. Frontiſpice où l'on voit Mars & Pallas, debout, ſur
le devant de l'eſtampe. Mars tient de la droite une épée ;
de la gauche, il s'appuie ſur une regle diviſée. Pallas a la
main droite appuyée ſur un grand tableau où eſt tracé un
plan de fortification : de la même main elle tient un grand
étendart ſur lequel on lit le titre du livre ci-deſſus. Sa
main gauche eſt appuyée ſur l'épaule gauche du dieu
Mars ; elle tient de la même main un compas ouvert.

Haut. 6 pou. larg. 4 pou. 3 lig.

†2. Autre frontiſpice où l'on voit une groſſe Minerve,
mal deſſinée, aſſiſe à droite ſur le devant, la main gauche
appuyée ſur un bouclier, tenant de la droite une pique. A
ſes pieds, divers outils pour remuer la terre. Plus loin un
Mercure habillé, tenant à la main ſon caducée. Dans le
ciel une légende ſur laquelle le titre ci-deſſus eſt écrit,
porté par deux enfans habillés en ſoldats. Au milieu une
renommée ſonnant de la trompette [1]. Cette eſtampe eſt

─────────────

[1] Ce ſecond frontiſpice eſt de la plus grande rareté, il manque

beaucoup plus mal que les deux autres , & paroit entiérement gravée au burin.

Haut. 6 pou. 2 lig. larg. 4 pou. 6 lig.

43. Autre espece de frontispice qui se trouve ordinairement tiré derriere le titre du livre vis-à-vis l'epitre dédicatoire On y voit les armes de M. de Choisy, avec deux
licornes blanches pour supports : le tout sur une grande &
lourde draperie , enrichie de broderie. Au-dessus deux
génies ailés portant une guirlande de fleurs dont ils ornent
le chiffre du même seigneur qui est renfermé dans un cadre
rond. Au-dessous de la draperie , un très-joli paysage , finement dessiné , dans le goût des petits sujets de la géométrie de le Clerc [1].

Haut. 5 pou. 8 lig. larg. 4 pou. 2 lig.

44. Planche cotée 1, représentant, en haut, sur une draperie , le plan d'un pentagone fortifié de cinq bastions,
avec son profil au bas de la planche [2].

---

dans presque tous les œuvres de le Clerc ; je ne l'ai vu qu'au cabinet
des estampes du Roi : je ne l'ai pas même trouvé dans plusieurs exemplaires de cet ouvrage qui m'ont passé par les mains : & le livre est lui-
même fort rare.

[1] On voit au cabinet des estampes du Roi & chez M. Jombert,
deux épreuves de cette planche, l'une avant l'ombre au haut de la planche dans la partie du ciel , à droite, avant les grandes ombres sur la
draperie , avant le nom de le Clerc , gravé au burin sur une terrasse, à
droite au bas de la planche ; cette premiere épreuve est tirée avant
l'impression ; l'autre épreuve à l'ordinaire.

[2] Cette planche & les 18 suivantes paroissent si peu intéressantes ,
quelques-unes d'entre elles sont si mal gravées, qu'on seroit presque
tenté de les supprimer totalement de l'œuvre de le Clerc : mais je me
trouve autorisé à les y laisser, par l'exemple de l'œuvre de le Clerc qui
est au cabinet du Roi , & qui vient de M Beringhen, contemporain de
le Clerc ; de celui de Madame de Bandeville qui vient de M. Dargenville ; de celui de M. Paignon, qui est un des plus considérables & des
mieux conditionnés que je connoisse ; de mon œuvre de le Clerc , venant de M. Huquier , qui le tenoit de l'abbé le Clerc , & de plusieurs
autres œuvres où toutes ces planches de fortification & autres se trouvent. D'ailleurs il faut se représenter que le Clerc a gravé ces planches
étant encore à Metz , avant son voyage à Paris , & qu'il étoit alors plus
ingénieur que graveur ; ensorte qu'il y a apparence que non-seulement
toutes ces planches sont de sa main , mais même qu'il en a fait les
desseins : d'autant plus que Brioys, auteur de ce livre , étoit un maître

1666.

Haut. 6 pouc. larg. 4 pouc. 4 lig.

Toutes les autres planches qui fuivent font de la même grandeur, excepté la huitieme qui eft beaucoup plus petite.

5. Planche cotée 2. On y voit un pentagone fortifié de baftions, demi lunes, & ravelins, auxquels on a ajouté devant chaque courtine, à gauche un ouvrage à corne, en haut une fimple & une double tenaille, à droite un ouvrage a corne couronné, & en bas un ouvrage à couronne. Au bas eft le profil de cette fortificttion.

6. Planche cotée 3, où l'on voit le trait de fix poligones fortifiés depuis le quarré jufqu'à l'enneagone.

7. Planche cotée 4 & 7. On y voit fur une grande draperie le trait de différens fronts de fortification compofés d'une courtine & de deux demi-baftions : au bas eft un petit payfage avec quelques figures, qui paroit fait entiérement au burin.

8. Petite planche fur laquelle on voit une échelle de 4 pouces, faifant le tiers d'un pied de roi, tracé dans un ovale en travers, avec un petit fleuron d'ornement au-deffous.

Haut. du cuivre 1 pou. 11 lig. long. 4 pou. 4 lig.

9. Planche cotée 5. On y voit un pentagone tracé fur une grande draperie : au-deffous cinq ou fix figures de foldats faifant divers exercices : le tout gravé au burin fort mal.

10. Planche cotée 6. Ce font deux tables de la valeur des lignes des grands & des petits forts royaux, depuis le quarré jufqu'au dodécagone. Le tout en chiffres.

11. Planche cotée 8. On y voit trois différens profils d'un front de fortification, l'un au-deffus de l'autre, mis en perfpective.

12. Planche cotée 9. En haut un pentagone fortifié de cinq baftions feulement, fans aucun ouvrage extérieur : au-deffous deux différens profils, mis en perfpective cava-

de mathématique très-peu en état de faire ces deffeins : encore moins de produire les petits fujets de figures qui ornent quelques-unes de ces planches, où l'on apperçoit déjà le germe du génie de ce grand artifte qui commençoit à fe développer.

liere, ou à vue d'oiseau, avec un rang de maisons proche le boulevard.

†13. Planche cotée 10. Autre dessein d'un pentagone fortifié avec son fossé & son glacis, & une demi-lune ou ravelin au devant de la courtine où est la porte d'entrée. En bas deux différens profils, en perspective.

†14. Planche cotée 11. On y voit sur une draperie qui n'est tracée que par en haut trois fronts de fortification, avec orillons & casemates ou flancs couverts, le tout seulement au trait. Au-dessous un joli paysage, où l'on voit un cavalier précédé d'un homme à pied.

†15. Planche cotée 15 & 16. Sur une grande draperie un pentagone fortifié, avec bastions, demi-lunes, & ravelins ; formant une citadelle dont la place d'armes a la même forme que ce poligone, ainsi que les cantons de maisons formés par les rues, dont les cinq principales sont dirigées vers la pointe des cinq bastions. Au bas est l'explication de la figure.

†16. Planche cotée 13. Sur une grande draperie un pentagone fortifié, accompagné d'un ravelin & d'un ouvrage à corne au-devant de chaque courtine. Le bas est occupé par l'explication de cette figure.

†17. Planche cotée 14. Le milieu de cette planche est occupé par un pentagone accompagné par le haut d'un ouvrage à couronne tracé seulement sur le milieu des courtines : & par le bas, d'un pareil ouvrage élevé sur la capitale d'un de ses bastions.

†18. Planche cotée 15. En haut, sur une grande draperie, un pentagone fortifié, sans aucun ravelin ou demi-lune : c'est une citadelle dont la place d'armes & les rues ont aussi la forme d'un pentagone. Cette forteresse est de plus percée de dix rues, dont cinq aboutissent aux angles des cinq bastions, & les cinq autres aux cinq courtines.

En bas, un paysage formé par le profil de la fortification ci-dessus, à vue d'oiseau.

†19. Cette planche n'est point cotée, il n'y a aucune lettre ni chiffre. Elle représente au bas le plan d'une porte de ville, & au-dessus, son élévation du côté de la campagne, avec machicoulis, ouvertures pour loger les fleches du pont-levis, & logement au dessus de la porte.

+20. Il n'y a ni lettres ni chiffres sur cette planche. On y voit, ainsi que sur la précédente, le plan d'une porte de ville, & son élévation du côté de la campagne ; avec cette différence, qu'ici elle est décorée d'un Ordre d'architecture, avec pilastres & entablement Doriques, couronné d'un attique, sans aucun logement au-dessus.

+21. On a représenté sur cette planche la coupe ou profil des deux portes précédentes, pour en faire voir la distribution intérieure, & la terrasse qui les termine par le haut. Il n'y a non plus aucun chiffre ni écriture sur celle-ci.

+22. Cette planche est cotée 20. Elle est occupée par onze figures qui démontrent la maniere d'inscrire les polygones dans un cercle, depuis le triangle jusqu'au dodécagone. Au bas est un petit paysage d'un pouce de haut sur 4 pouces 3 lig. de long. qui est assez bien dessiné.

+23. Cette planche qui termine l'ouvrage, est mise dans ce livre plutôt comme ornement que par nécessité. C'est un grand paysage sur le devant duquel est un cavalier ou chasseur à cheval, tenant un fusil dont la crosse est posée sur sa cuisse, suivi d'un soldat à pied, & d'un chien. Plus loin, un pont de planches posées sur des trétaux, & un pêcheur à la ligne proche un moulin à eau. Dans le fond sur une hauteur, à gauche, un fort à cinq bastions, précédé d'une redoute quarrée. Au haut, sur le ciel, une grande légende, avec banderolles qui voltigent, sur laquelle sont tracées quatre figures des premiers élémens de la géométrie. Au bas, sur une terrasse, à gauche, on lit : *J. Brioys in.* [1]

-76. Le plan d'un desert de Carmes déchaussés, pour Paris. Grande estampe en travers, qui offre assez l'idée de ce que nous appellons un jardin à l'angloise. On y apperçoit dans un espace peu considérable des montagnes, des bois, des vignobles, des avenues, des rivieres ou ruisseaux, un

[1] Cette planche gravée à l'eau-forte par le Clerc, a été ensuite retouchée & entiérement gâtée avec le burin, peut-être par le Clerc lui-même, dans le tems qu'il apprenoit à travailler avec cet outil.

grand lac avec plufieurs ponts, entremêlés de quantité de petites maifons ou hermitages ; le tout paroît factice & arrangé avec tout l'art de nos jardins anglois modernes. Quoiqu'on n'y voie nulle part le nom de le Clerc ; on attribue cette planche à notre artifte, & on lui donne place dans fon œuvre.

Haut. du cuivre 11 pou. long. 15 pou. 6 lig.
Chez MM. Paignon & Jombert.

77. Deux eftampes d'armoiries.

—Planche 1. Les armes de J. Bapt. de Jouanne, marquis de Saumery, ayant deux lions debout pour fupports, avec une couronne de marquis. Au-deffus une légende fans écriture. Au bas eft écrit : *Le Clerc f.*

Haut. 3 pou. 2 lig. larg. 2 pou. 8 lig.
Chez M. Jombert feulement.

—Planche 2. Les armes de Pierre le Febvre, audiancier en la chancellerie de Metz, &c. Il y a en haut deux chiffres, aux deux côtés de la planche. Les armes portent en bas un grand arbre fur un fond d'or. Au-deffus deux aigles noirs en regard, les ailes déployées, & les pattes écartées, fur un fond d'argent. Au-deffus de l'écu eft un aigle les ailes déployées pofé fur un cafque fermé, avec de grands lambrequins qui defcendent jufqu'au deffous de l'écu. Au bas eft écrit : *Pierre Le Febvre*, &c. en trois lignes.

Haut. 3 pou. 9 lig. larg. 3 pou. 3 lig.
Chez Madame de Bandeville feulement.

—78. Petit morceau rariffime où l'on voit, à gauche, un vieillard & une femme à côté de lui, fuyans tous les deux. En bas un homme de guerre percé d'une fleche & tombé mort. Dans le ciel, à gauche, un grand ange, & à droite un petit ange, qui tirent des fleches fur la terre.

Haut. 2 pou. larg. idem.
Chez Madame de Bandeville feulement.

79. Hiftoire

79. Hiſtoire des ſingularités naturelles d'Angleterre, d'Ecoſſe, & du pays de Galles. *In-douze.* Paris. De Ninville. 1667.

Une eſtampe en travers repréſentant les gonds de pierre, ou les pyramides d'Ecoſſe. Au bas : *Le Clerc f.*

Haut. du cuivre 5 pou. 6 lig. long. 5 pou. 9 lig.

Chez MM. Paignon & Jombert.

80. Hiſtoire de la guerre des Gots en Italie, compoſée en latin par Leonard Aretin, & traduite en françois. *In-douze.* Paris. De Luyne. 1667.

Un frontiſpice où l'on voit l'Italie en poſture de ſuppliante & chargée de chaines , entre deux guerriers : au deſſous , des rois morts étendus par terre.

Cette eſtampe eſt très rare.

Haut. du cuivre 5 pou. 4 lig. larg. 3 pou. 1 lig.

Chez Madame de Bandeville. Chez MM. Paignon & Jombert.

81. Trois eſtampes d'armes & chiffres.

Planche 1. Un homme le manteau retrouſſé ſe promenant avec une dame bien parée , dans un beau parterre au milieu duquel eſt un jet d'eau qui retombe dans un baſſin rond. Dans le lointain , à gauche , le château.

On voit au haut de la planche des feſtons de fruits attachés à une riche draperie , avec deux écuſſons ovales ſoutenus par un grand ange femelle aſſis ſur un de ces feſtons, ayant la gorge découverte , les bras , les jambes , & partie des cuiſſes , nuds, Dans un de ces écuſſons , à gauche , ſont des armes ; dans celui à droite , un chiffre. Les armes portent un château à trois tours , ſur un fond d'or ; au chef trois étoiles ſur un fond d'azur.

Cette eſtampe eſt très-rare ainſi que les deux ſuivantes.

Haut. 3 pou. 4 lig. larg. 2 pou. 4 lig.

Au cabinet des eſtampes du Roi. Chez MM. Paignon ; Jombert, Rouſſet.

2. Les mémes armes dans un ovale ſuſpendu à un anneau par des rubans qui voltigent. Au bas de la planche on voit deux chiffres , dont les lettres ſont un C & une R.

F

Haut. 2 pou. 6 lig. larg. 1 pou. 11 lig.

Chez Madame de Bandeville feulement.

+3. Chiffre dans un ovale en hauteur attaché par un anneau à une touffe de rubans qui voltigent. Au bas : *le Clerc f.*

Haut. 2 pou. 6 lig. larg. 2 pou. 1 lig.

Chez Madame de Bandeville. Chez MM. Paignon &
Joinbert.

✗ 182. La cour d'amour ou les bergers galans. Par
du Perret. En trois vol. *in-octavo.* Paris. 1667.

+1. Le titre. On y voit un portique formé par deux colonnes couplées d'ordre Ionique , de chaque côté, dont
les piedeftaux font ornés d'un trophée d'arc, de carquois, &
de fleches , en bas-relief. Sur le devant, de chaque côté,
font des bergers & bergeres. Dans le fond on voit un grand
fallon où des bergeres affifes rendent la juftice , avec des
gardes à la porte. On lit au bas : *Seb. le Clerc in. & f.* gravé
par lui-même à la pointe.

Haut. de cette eftampe & des fuivantes, 5 pou. 10 lig.
larg. 4 pou.

+2. L'eftampe reprefente une fort belle chambre ornée de
tapifferies & d'un luftre : à droite dans un lit dont une
dame releve le rideau , on apperçoit un jeune homme malade. Dans le fond , à gauche, une autre dame qui entr'ou-
vre la porte pour entrer. *Le Clerc.*

+3. On voit ici les bergeres & les bergers de la cour
d'amour affemblés & affis fur des bancs autour d'une grande
falle pour juger un berger & une bergere qui paroiffent debout au milieu de l'affemblée. Sur le devant plufieurs
bergers & bergeres qui viennent entendre ces deux amans
plaider leur caufe. *Le Clerc in. & fecit.*

+4. L'eftampe reprefente un taureau furieux qu'un berger
attend de pied ferme pour fauver la vie à une bergere que
cet animal femble pourfuivre. Des bergeres qui s'enfuient :
des bergers qui viennent au fecours. Dans le lointain, une
troupe de gens armés , & un autel préparé pour un facri-
fice. *Le Clerc in. & f.*

+5. On voit fur cette planche une bergere éplorée fur
une petite bute de terre, au milieu d'un fleuve rapide, qui

demande du secours, & plusieurs bergers qui se jettent à la nage pour aller la trouver : à droite plusieurs femmes qui accourent sur le rivage. *Le Clerc in. & f*

46. Sur le devant de l'estampe un guerrier à demi mort que deux bergers viennent de retirer des eaux de la mer, & qu'ils ont apporté sur le rivage. Plus loin, un homme au milieu des flots, qui tâche de se sauver avec le secours d'un ballot. Dans le fond, à droite, sur l'horison, un vaisseau qui fait voile, & qui paroit fort éloigné. A gauche sur le rivage, des rochers escarpés. *Le Clerc f.*

47. Cette estampe représente le plan des jardins & des édifices de la cour d'Amour, dessinés à vue d'oiseau.

Au cabinet des estampes du Roi. Chez Madame de Bandeville, très belle épreuve. Chez MM. Peignon & Jombert, &c.

§ 83. Abrégé du roman de Cleopatre, en trois vol. *in-douze.* Paris. 1667.

41. Le titre. *Chant premier.* On voit une conversation entre un héros & une reine, sur une planche posée sur le bord de deux barques, qui sont prêtes à se quitter. Celle du héros, qui est à gauche, est remplie de soldats ; dans celle de l'héroine, qui est à droite, on voit plusieurs dames de sa suite. Dans le lointain la mer paroit couverte de vaisseaux chargés de soldats.

Haut. des estampes de cette suite, 4 pou. 4 lig. larg. 3 pou. 6 lig.

42 *Chant II.* On voit ici un héros à cheval, passant sur un monceau de morts & de blessés. Devant lui est une statue sur un piedestal rond, à l'entrée d'une porte de ville.

43 *Chant III.* Un vaisseau embrasé au milieu de la mer, remplit tout le tableau. Au milieu des flammes, on voit une femme tenant à la main un flambeau allumé, derriere elle une autre femme éplorée, à droite des hommes qui jettent quelques paquets dans la mer. Le nom de *le Clerc* est en haut sur le bord d'une voile.

44. *Chant IV.* Un jeune guerrier blessé, assis au pied d'un gros arbre : plusieurs dames autour de lui s'empressent à lui donner du secours. On voit sur la droite deux che-

1667.

vaux attelés à un char, & un troiſieme qu'un page retient par la bride. *Le Clerc.*

+5. *Chant V.* Le ſujet de l'eſtampe eſt un grouppe de gens armés à pied & à cheval, qui veulent enlever une femme d'entre les bras d'un jeune homme qui l'embraſſe d'une main & qui ſe défend de l'autre avec une épée. A ſes pieds pluſieurs ſoldats tués. *Le Clerc ſ.*

+6. *Chant VI.* On voit ici un héros & une jeune dame ſur le bord de la mer, regardant triſtement les débris d'un naufrage rapportés par les ts qui ſloparoiſſent encore agités. *Le Clerc ſ.*

+7. *Chant VII.* L'eſtampe repréſente pluſieurs gens de guerre, à pied & à cheval, qui attaquent un jeune homme qui ſe défend ſeul contre eux tous avec ſon épée : il eſt adoſſé contre une pyramide qui paroit un tombeau. Dans le lointain, un grand char à quatre roues attelé de pluſieurs chevaux, & pluſieurs perſonnes qui levent les mains vers le ciel. *Le Clerc.*

+8. *Chant VIII.* On voit ici un jeune guerrier en l'air qui s'eſt précipité du haut d'un rocher eſcarpé, & qui eſt prêt à tomber dans la mer. Sur le devant une barque ou un petit vaiſſeau rempli de ſoldats qui paroiſſent occupés de ſa chûte. *Le Clerc.*

+9. *Chant IX.* L'eſtampe repréſente un ſallon où un homme accompagné de pluſieurs dames accueille un étranger, & lui préſente la main. *Le Clerc ſ.*

+10. *Chant X.* On voit ici une galere ou un vaiſſeau à rames, au milieu de la mer ; vers la poupe une dame, à genoux, aſſiſe ſur ſes talons, paroit accablée de douleur ; pluſieurs femmes de ſa ſuite, qui ſont debout, ſemblent s'oppoſer à l'arrivée d'un jeune guerrier qui après avoir jetté ſon épée, s'avance vers elle, en marchant ſur un monceau de morts. *Le Clerc.*

+11. *Chant XI.* Combat ſingulier entre deux champions, à pied, armés d'épées & de boucliers ; dans le lointain, un grouppe de cavaliers qui accourent pour les ſéparer. Sur le devant, un cheval bleſſé & renverſé. *Le Clerc.*

+12. *Chant XII & dernier.* L'eſtampe repréſente le ſiége d'une ville fortifiée à l'antique, avec des tours rondes & quarrées & de hautes murailles. Sur le devant une mulu-

1667.

tude de foldats qui forment la tortue avec leurs boucliers, pour monter à l'affaut. *Le Clerc f.*

Au cabinet des eftampes du Roi cette fuite fe trouve par-faite d'épreuve. Chez Madame de Bandeville. Chez MM. Paignon & Jombert, &c.

✚84. Hiftoire générale des Antilles, par le Pere du Tertre. En 4 vol. *In-quarto.* Paris. Jolly. 1667, 1671.

✚1. Le frontifpice du livre, où l'on voit l'Amérique, fous la figure d'une femme affife fur un trophée de fruits des Indes, de ferpens, &c: derriere elle des drapeaux. A fa gauche, des habitans naturels de cette partie du monde; à fa droite, des Européens. Au-deffous, fur le dé d'une ef-pece de piedeftal, une carte des ifles Antilles.

Haut. 7 pou. 7 lig. larg. 6 pou.

Chez M. Paignon 2 épreuves du frontifpice, avant & avec la lettre. Chez M. Jombert, une épreuve avec la lettre.

✚2. Vignette où l'on voit le chiffre du nom de Harlay dans un médaillon foutenu par deux grands anges affis. *Le Clerc f.* [1]

Haut. 1 pou. 8 lig. long. 4 pou. 2 lig.

✚3. Lettre M derriere laquelle font des palmes & des bran-ches de laurier, liées par le bas, fur un fond ombré.

Haut. 15 lig. larg. *idem.*

✚4. Autre lettre M, au bas de laquelle font deux palmes liées par le pied: au-deffus un très-petit portrait au milieu d'une efpece de cartel d'ornement: au haut, deux très-petits anges portant des branches de laurier.

Haut. 1 pou. 5 lig. larg. *idem.*

Chez MM. Paignon & Jombert la vignette & les deux petites lettres M.

---

[1] M. le Normant D. C. à Orléans a trois épreuves différentes de cette vignette, dont deux où l'on voit le chiffre de M. Bignon, avec quelques différences entre elles, & la troifieme avec celui de M. de Harlay, furmonté d'une couronne de comte.

Il a auffi deux épreuves différentes de la lettre M (N°. 4), avec les deux petits anges.

1667.

+ 5. Les armes de M. de Brienne, en grand , en grand , ayant pour
support un aigle de chaque côté , la ferre appuyée contre
l'écu , & pour cimier un casque fermé vu en face surmonté
d'une couronne d'où sort une licorne , vue de profil , avec
de grands lambrequins qui s'étendent au milieu de l'écu.
Haut. 6 pou. 8 lig. larg. 5 pou 6 lig.
Chez MM. Paignon & Jombert.

+ 6. Les armes de M. Bignon , en grand , ayant pour supports deux grands anges vetus d'une tunique avec des brodequins aux jambes, le genou & le bas de la cuisse découverts,
tenant chacun une palme d'une main , & ayant l'autre appuyée sur le haut de l'écu : & pour cimier un casque fermé
vu en face , surmonté d'un grand ange aussi vu en face , les
ailes déployées , &c. l'écu est rempli par un sep de vigne
chargé de pampres & de raisins , entortilié autour d'une
croix d'argent, le tout sur une monticule, avec quatre
flammes d'argent aux quatre coins. Le fond est d'azur.
Haut. 7 pou. 9 lig. larg. 6 pou. 5 lig.
Chez M. Jombert.

+ 7. Cette planche est séparée en deux parties. En haut on
voit le fort de la tortue élevé sur le sommet d'une montagne
escarpée derriere laquelle sont des bois. Au dessous , sur
une draperie, le fort de la Magdeleine dans la Guadeloupe,
dont on voit seulement le plan fortifié de quatre bastions
aux quatre angles. En bas , est une vue du château de M. de
Poincy & de ses jardins. *Le Clerc.*
Haut. du cuivre 7 pou. 7 lig. larg. 6 pou.

+ 8. Sur cette planche sont représentés le lamantin, la zi-
gene , le requiem , avec sa tete vue séparément , le spadon,
la dorade , & la bonite.
Haut. 7 pou. 5 lig. larg. 5 pou. 9 lig.

+ 9. Sur celle-ci on voit la murene , l'aiguille , le remore,
le pilote , le cochon de mer , le poisson armé , la lune , le
poisson galere , & le poisson volant.
Haut. *idem.* larg. 5 pou. 7 lig.

+ 10. Ici on voit un grand lezart , le gobe-mouches , l'a-
nolis , le mabouia ou scinc, un autre mabouia , & le rocquet.
Haut. 7 pou. 6 lig. larg. 5 pou. 7 lig.

+ 11. on a rassemblé sur cette planche la grosse araignée,
l'araignée ordinaire, la mouche cornue, la sauterelle ou

1667.

ou locuſte des iſles, les mouches luiſantes, le cent pieds, le crabe marin, le crabe de terre, & le ſoldat ſortant de ſa coquille.

Haut. 7 pou. 6 lig. larg. 5 pou. 9 lig.

†12. On a repréſenté ici un homme & une femme ſauvages, entiérement nuds, debout & vus en face au pied d'un arbre appellé papayer franc, qui eſt chargé de fruits ſemblables à de groſſes pommes. L'homme tient un arc & des fleches de la main droite, & une eſpece de maſſue plate de la gauche. La femme tient une corbeille quarrée & deux feuilles de papayer qui lui cachent la partie naturelle. Elle a un collier qui lui pend entre les deux mamelles, & des eſpeces de brodequins qui lui ſerrent la jambe au-deſſous du mollet. Le Clerc ſ.

Haut. 6 pou. 6 lig. larg. 5 pou. 9 lig.

†13. Cette planche eſt intitulée viſite des Sauvages aux François. Sur le devant pluſieurs naturels du pays tous nuds qui font cuire quelques légumes ou fruits. Plus loin un homme nud dans un hamac ſuſpendu au deſſus d'un feu. Sur le rivage, des habitans du pays qui ſe préſentent devant des Européens. Plus loin, ſur la mer, quelques canots pleins de Sauvages préts à aborder. Le Clerc ſ.

Haut. 7 pou. 8 lig. larg. 5 pou. 10 lig.

†14. Sur cette planche on voit la grenadille ou fleur de la paſſion, des gouyaves, des piſtaches, un ananas, un momin, un cachima épineux, un bananier, des pommes de momins, un chardon épineux, des patates, & des karatas.

Haut. 7 pou. 8 lig. larg. 5 pou. 8 lig.

†15. Sur celle-ci on a repréſenté le bois de couleuvre, la ſenſitive, le manioc, la mal-nommée, le pignon d'Inde, le panache de mer, le colubry, petit oiſeau, ſur la plante de tabac nommée petun, le ſargaſſo, & le piment.

Même grandeur.

†16. Grande planche ſur la demi-feuille en travers, repréſentant une indigoterie. On voit ſur le devant pluſieurs réſervoirs quarrés l'un au-deſſous de l'autre dans leſquels la liqueur qui forme la couleur d'indigo paſſe ſucceſſivement. Pluſieurs plantes étrangeres, comme le figuier d'Inde, le rocou, l'indigotier, le cierge épineux, y ſont

très-bien repréfenteés. Le lointain offre la vue d'un pays montagneux. *Le Clerc f.*

Haut. du cuivre avec l'explication qui eft au bas 7 pou. 10 lig. long. 12 pou. 8 lig.

+17. Autre grande planche fur la demi-feuille en travers, intitulée fucrerie. On voit dans le demi-lointain, à droite, le moulin où l'on écrafe les cannes de fucre entre trois rouleaux pofés debout : il eft tourné par deux bœufs conduits par un negre. Plus près, en revenant vers la gauche, les fourneaux & chaudieres où l'on cuit le fuc qui découle des cannes écrafées : fur le devant différens arbres & plantes du pays très-bien deffinés. *Le Clerc f.*

Haut. avec l'explication 8 pou. 3 lig. long. 12 pou. 11 lig.

+18. Grande planche en travers où l'on voit divers animaux du pays tels que l'acouty, le manitou, le cochon des ifles, le tatou, & quelques arbres & plantes des ifles, telles que le grand figuier, l'acajou, le fquine, le cacao, & le calebaffier. *S. le Clerc f.*

Haut. avec la lettre du bas de la planche 8 pou. long. 12 pou. 9 lig.

+19. Autre grande planche en travers : fur le devant, on voit la grande tortue des Indes & la maniere dont on la retourne pour la prendre. Le refte de la planche eft occupé par divers oifeaux des ifles, tels que la pie d'Inde, l'arras, quelques perroquets, des poiffons volans & la chaffe que leur fait l'oifeau nommé fregatte, le fétu-en-cul, le flamant, le crabier, & le grand-gofier. *Le Clerc f.*

Haut. avec la marge du cuivre 8 pou. 2 lig. long. 12 pou. 10 lig.

+20. Grande planche en travers, intitulée ménagerie. On y voit des negres & negreffes occupés à différens travaux : à droite eft le hangard où l'on prépare le tabac, appellé anciennement petun. A gauche un autre hangard pour la préparation du manioc. Sur le devant, la cuifine au milieu de l'habitation, couverte feulement d'un petit toit. Dans le fond, la cafe du maitre. *Le Clerc f.* 1666. L'année eft gravée à rebours.

Haut. avec les quatre lignes du bas de la planche 8 pou. long. 12 pou. 7 lig.

1667.

Cette suite [1] se trouve dans tous les œuvres de le Clerc. Au cabinet du Roi manquent les vignettes, lettres, &c, & les deux planches d'armoiries. Chez MM. Paignon & Jombert les 20 planches complettes.

1668.

Lamoignon de Basville (Nicolas),

X 185. Plaidoyer en faveur de Girard Van-Opstal, Sculpteur, Recteur de l'Académie royale de peinture & sculpture. *In-quarto.* Paris. 1668.

+ 1. Vignete où l'on voit au milieu l'Eloquence assise tenant un bouclier aux armes de la Moignon, avec un casque au-dessus : vis-à-vis la Sculpture travaillant à ces mêmes armes. A droite, la Géométrie & l'Architecture : à gauche, l'Art qui couronne la Peinture : derriere ces deux figures, la Géographie & l'Astronomie [2]. *S. le Clerc f.*

Haut. 2 pou. 6 lig. long. 6 pou. 6 lig.

+ 2. Fleuron des armes de l'académie de peinture. C'est un aigle les ailes déployées, vu en face, qui soutient avec son bec & avec ses serres l'écu des armes de cette académie, avec cette inscription sur une légende qui voltige : ACADEMIA REGIA PICTURÆ ET SCULPTURÆ. L'écu est chargé de trois écus d'argent, sans aucunes armes, avec une fleur de-lys au milieu.

Haut. totale du cuivre 3 pou. 4 lig. long. 4 pou. 9 lig.

Ces deux planches au cabinet des estampes du Roi. Chez MM. Paignon & Jombert.

+ 86. Les tireurs de Nantes, à l'arquebuse [3] ;

---

[1] Les cartes topographiques, attaquées des Anglois, & autres planches de cet ouvrage dont on n'a point fait mention ici, ne sont point de le Clerc, & ne doivent point entrer dans son œuvre.

[2] Cette même vignette a servi depuis [en 1696] pour le livre intitulé : *Sentimens des plus habiles Peintres sur la pratique de la Peinture*, par Testelin. *In-folio.* On a seulement supprimé les armes de la Moignon, sur le bouclier, & l'on y a substitué un soleil rayonnant, avec cette devise : *Nec pluribus impar.*

[3] Cette belle estampe ayant été distribuée tous les ans aux chevaliers de l'Arquebuse, la planche s'est trouvée bientôt usée, & les épreuves dispersées & collées contre les murailles des associés. Elle a été ensuite

1668.

deſſiné & gravé par le Clerc en 1668. Très-belle
eſtampe & de la plus grande rareté à trouver
bonne épreuve.

On voit ſur le devant, à droite & à gauche, des eſpeces
de Greffiers aſſis devant un bureau, qui enregiſtrent ſur un
grand livre le nom des perſonnes qui ſe préſentent pour
etre admis à concourir au prix. A droite, un homme appuyé contre la barriere qui tire à l'oiſeau avec l'arquebuſe :
à gauche un autre en pareille poſture, qui tire avec une
arbalétre. Dans le fond une porte de la ville de Nantes
avec un mât au-deſſus du bâtiment : au haut du mât eſt une
longue perche au bout de laquelle l'oiſeau eſt attaché. Dans
le ciel, à droite & à gauche, des grouppes d'anges volans qui ſoutiennent les armes de la ville & celle du maire.
Au bas eſt écrit en trois lignes : *cette table a été faite en l'an*
1668 : pour lors étoit Maire Eſcuyer Jacques Charette, Sei-
gneur de Montbert, &c.

Haut. de la planche avec l'écriture au bas, 16 pou. 8 lig.
larg. 13 pou. 8 lig.

Cette eſtampe manque au cabinet du Roi. Chez Madame de Bandeville il y en a une bonne épreuve mais mal
conſervée, fort rouſſe & ſale, rognée par le bas au point
qu'il n'y a point de lettre ; enſorte qu'elle n'a plus que
15 pou. 7 lig. de haut. Chez MM. Paignon & l'avocat
Lachey très-belle épreuve & bien conſervée, avec toute
ſa marge. Chez M. Jombert très-bonne épreuve, mais le
papier eſt un peu taché de rouſſeur à quelques endroits.

+87. Six morceaux de deux figures chacun, gravés dans le goût des Turcs de Ferrol, & de la
grandeur des planches de l'empire Ottoman. Les

---

retouchée en 1694 par un ignorant nommé Garreau, qui l'a ſi fort
défigurée, qu'on feroit tenté de croire que c'eſt une autre planche ; il
a mis au bas : *regravé par Garreau, 1694.* Ces épreuves ainſi retouchées ſont au-deſſous du rien ; elles ne peuvent ſervir qu'à conſerver le ſouvenir de cette planche & à faire regretter la perte des bonnes
épreuves.

quatre premieres repréfentent les quatre parties
du monde. Savoir :

+1. Europécens. A gauche un homme de guerre vu en
face en bottines & en culottes étroites & ne faifant qu'un
avec les bas. Une cafaque fort courte , avec un manteau
très-court par-deffus les épaules , une longue épée & un
fabre au côté. A droite une femme vue de profil , la tête
nue , enveloppée dans une draperie affez ample. Dans le
lointain plufieurs petites figures vétues de même. Le
Clerc f.

Haut. 3 pou. 4 lig. long. 3 pou. 6 lig.

+2. Afiatiques. A gauche une femme vue de profil , coëffée avec une efpece de bande d'étoffe qui vient s'attacher
fous le menton , & qui lui defcend très-bas par derriere.
Elle eft vétue d'une longue robe qui traine à terre , avec
une autre robe par deffus , & une ceinture. A droite un
homme vu en face , avec barbe , coëffé d'une efpece de
turban à forme haute , avec une robe fort riche , un baudrier d'où pend un fabre , & une ceinture. Dans le fond un
payfage très-éloigné. S. L. Clerc f.

Haut. 3 pou. 3 lig. long. 3 pou. 8 lig.

+3. Africains. A gauche un vieillard , vu en face , enveloppé dans une draperie à l'antique. A droite une jeune
femme , vue en face , coëffée finguliérement , les épaules
& les bras nuds , une robe fort courte , avec une ceinture
au-deffous des mamelles. Des petites figures dans le lointain. Le Clerc f.

Haut. 3 pou. 2 lig. long. 4 pou. 8 lig.

+4. Américains. A gauche , un fauvage , vu de profil ,
un bonnet fur la tête , un carquois fur l'épaule gauche , un
long fabre pendu du même côté. La moitié du corps ,
les bras , les jambes & une partie des cuiffes nuds. Une
peau de béte , paffée fur fon épaule gauche , & attachée
fur fon corps par une ceinture. La main droite appuyée fur
fon arc. A droite une femme qui le regarde , le corps vêtu
d'une longue robe , les bras & les pieds nuds. Dans le
lointain , à droite , trois pyramides. Point de nom de
graveur.

Même grandeur.

1668.

Ces quatre morceaux se trouvent assez communément:
Au cabinet des estampes du Roi. Chez MM. Paignon,
Jombert, &c.

— 5. Cinquieme morceau de la même suite, qui est extrémement rare. A gauche, un François, vu en face, habillé comme on l'étoit du tems de la minorité de Louis XIV,
enveloppé dans son manteau, avec un baudrier fort large,
qu'on apperçoit par dessous son manteau qui est un peu entre-
ouvert par le haut, coëffé d'un chapeau à large bord. A
droite, une dame, vue de profil, les mains enveloppées dans
le devant de sa robe retroussée en façon de manchon, avec
une large guimpe sur les épaules, à la maniere des religieuses. Dans le lointain, au milieu, un homme à pied,
un chien devant lui. A gauche un homme en manteau, vu
par derriere : à droite, un cavalier, précédé d'un homme
à pied. S. L. Clerc f.

Même grandeur.

Chez MM. Paignon & Jombert.

— 6. Sixieme morceau, plus grand que les cinq précédens, & qui paroit plus anciennement gravé. Il représente
des femmes richement vêtues, dans le goût des anciens habillemens Flamans ou Allemands. L'une, à gauche, est
vue par derriere. Elle est en corps de robe, avec des manches pendantes, & une fraise qui lui remonte autour du col
en façon de collier : les cheveux tressés, sans autre coëffure. L'autre, à droite, est vue de profil, regardant à
droite, les cheveux aussi tressés, avec une coëffure très-
haute, soutenant une espece de voile qui lui descend par
derriere jusqu'à la moitié du corps : elle a une longue
robe sans ceinture, & une espece de manteau par dessus.
Elle a les deux mains l'une sur l'autre & tient de la gauche un éventail plié. Il n'y a point de nom de graveur [1].

Haut. 5 pou. 4 lig. larg. 5 pou. 2 lig.

---

[1] J'ai trouvé cette derniere estampe dans l'œuvre de le Clerc, qui
a appartenu à M. Huquier, lequel m'a toujours assuré que ce morceau
étoit gravé par le Clerc, mais dans ses premiers tems. Malgré cette
autorité, comme je ne l'ai vu nulle part ailleurs, je n'oserois certifier
qu'il soit de ce maitre ; il me paroit même diamétralement opposé à
la façon de faire de cet artiste.

Chez M. Jombert seulement.

88. Devises pour les tapisseries du Roi, où sont représentés les quatre élémens & les quatre saisons de l'année, peintes en mignature par J. Bailly, peintre du Roi, en son académie royale de peinture & sculpture, & gravées par S. le Clerc. *In-folio.* Paris. De l'imprimerie de C. Blageart, rue S. Jacques, & se vend aux galleries du Louvre, chez ledit Bailly. 1668 [1]. Titre rouge & noir.

+1. Le fleuron de ce titre représente deux grands anges volans, dont l'un, à gauche, soutient un globe aux armes de France, l'autre, à droite, une couronne royale, au-dessus du globe.

Haut. du cuivre du fleuron 3 pou. 2 lig. long. 6 pou. 7 lig.

+2. Frontispice *in-quarto*, rarissime, pour les devises des tapisseries du Roi [2].

Au-dessous d'une grande draperie, soutenue en haut par une figure de Mercure, & destinée à écrire le titre, on voit huit figures de dieux & déesses de l'antiquité couchés sur des nuages, qui représentent symboliquement les quatre élémens & les quatre saisons de l'année. En haut, dans

[1] Il y a eu deux éditions *in-folio* de ces devises: la première est de 1668, avec le titre ci-dessus, imprimé en rouge & noir, & avec le fleuron des deux anges qu'on vient de décrire. La seconde édition a été faite l'année suivante [en 1669], à l'imprimerie royale, avec le fleuron quarré des armes du Roi qui se voit à tous les ouvrages qui furent imprimés alors aux dépens du Roi, tels que l'histoire des animaux, les grands mémoires de l'Académie, &c. On sent bien que pour avoir de bonnes épreuves, il faut prendre cette première édition de 1668, préférablement à la seconde, qui n'a été faite qu'un an après.

[2] Ce frontispice est de la plus grande rareté. Il a été dessiné & gravé par le Clerc, pour une édition *in-quarto*, des devises des tapisseries, qui s'est vendue par cahiers avant l'édition *in-folio*. A la vente de M. Potier [en 1759] il y en avoit une épreuve qui a été achetée pour M. Paignon d'Ijonval. Chez Madame de Bandeville il y en a une très-belle épreuve. Chez M. Jombert *idem*.

l'angle, à gauche, le soleil les anime & les échauffe de ses rayons. Point de nom de graveur.

Haut. 7 pou. 6 lig. larg. 5 pou. 9 lig.

3. Frontispice *in-folio*, de la composition de M. Bailly; gravé par Seb. le Clerc. C'est un grand soubassement ou corps d'architecture en forme de piedestal, au devant duquel on voit deux autres piedestaux plus petits, dont celui à gauche porte une corbeille de fleurs, & celui à droite une corbeille pleine de raisins. Sur une table taillée dans chacun de ces piedestaux, il y a un enfant portant à gauche, des fleurs, & à droite des fruits : ce qui désigne le printems & l'automne. Au haut de ce piedest. est attaché un médaillon de forme ronde, entouré d'épis de bled, dans lequel est une moisson & un enfant portant une gerbe de bled. C'est l'été. Au bas, sur le devant d'une pierre quarrée dans un cadre octogone, l'hiver est désigné par un arbre sec & un enfant vêtu, qui porte une bûche. Au-dessus de ce soubassement les quatre élémens sont ingénieusement représentés par diverses figures allégoriques disposées & grouppées avec beaucoup d'art [1]. On lit au bas du piedestal : *devises pour les tapisseries du Roy, où sont représentés les quatre élémens & les quatre saisons de l'année.* Sans nom de graveur.

Haut. 15 pou. 3 lig. larg. 10 pou. 7 lig.

4. Frontispice *in-folio*. C'est une bordure quarrée fort large, au haut de laquelle sont, un autel antique, un brasier suspendu, accompagné à droite & à gauche de deux aigles, tenant l'un un encensoir, l'autre un faisceau de couronnes & de sceptres, & un lion ; en bas, un pelican, la mer, accompagné de deux dauphins, & un coq. Les deux côtés de la bordure sont remplis, à gauche, par les armes de France, un médaillon ovale, où l'on ne voit que des

---

[1] Ce même frontispice a servi aussi quelques tems après pour le livre des tapisseries du Roi, avec les devises qui les accompagnent, & leur explication. *In-folio.* A Paris chez Mabre Cramoisy 1670. On a seulement effacé les deux premieres lignes du titre *devises pour les tapisseries du Roi,* & l'on a remis à la place, en grosses capitales: TAPISSERIES DU ROY. On a aussi ajouté à droite, au bas de la planche, au-dessous du soubassement, proche la partie circulaire, *I. Bailly in.* Il n'y a point de nom du Graveur.

guées, & un groupe de raisins & de fruits. A droite les armes de Navarre, un médaillon ovale, dans lequel est un payfage, & un casque avec plumes d'autruche : dans le vuide que laisse cette bordure, qui est octogone, est écrit : *devifes pour les tapifferies des quatre élémens.* Le fond du titre est blanc. Les épreuves de cette planche, même les premieres, ont toujours été fort gâtées [1]. Il n'y a point de nom de graveur.

Haut. du cuivre 15 pou. 3 lig. larg. 10 pou. 8 lig.

15. Devife pour la Piété, dans la piece de l'élément du feu. Un encenfoir avec ces mots : *Et facrofcarpitur igni.* Planche rariffime, c'est la premiere, qui a été gravée pour l'édition *in-quarto* & dont la planche a été perdue & recommencée par le Clerc pour l'édition *in-folio.* Ici les brafiers qui font aux deux côtés du cartel jettent une groffe fumée. L'écriture de la devife est gravée plus légerement & avec deux traits : la fumée de la caffolette est plus légere & à deux tailles croifées : le payfage du fond est plus étendu : les têtes des enfans qui fortent des enroulemens font moins lourdes & moins ombrées : les feuilles de refends & les autres ornemens de cette planche, font plus légers & mieux gravés dans cette premiere planche que dans la feconde.

Haut. du cuivre 6 pou. 9 lig. larg. 6 pou. 3 lig.

Il y en avoit une à la vente de M. Potier qui a été achetée pour M. Paignon. Chez Madame de Bandeville & chez M. Jombert, bonne épreuve & bien confervée. Au cabinet du Roi, *idem.*

16. La même devife recommencée par le Clerc, & qui fe trouve, ainfi que les 31 fuivantes, dans tous les œuvres de ce maitre. Elle est en général gravée avec beaucoup plus de dureté, & pouffée au noir. Les deux brafiers ne jettent qu'une flamme, & n'ont point de fumée. L'écriture est plus lourde & gravée d'un feul trait noir. La fumée de

[1] Dans l'édition des tapifferies du Roi, en 1670, où l'on a fait fervir les mêmes frontifpices, celui-ci s'étant trouvé trop foible, fans doute parce qu'il étoit gravé fur un cuivre mol, M. le Clerc l'a recommencé, en y faifant beaucoup de changemens, comme on le verra ci-après, N°. 59, art. 5.

la caffolette eft très-groffiérement faite. Les deux enfans, ainfi que les enroulemens d'où ils fortent, & les autres ornemens, font trop noirs.

Haut. 6 pou. 6 lig. larg. 6 pou. 3 lig.

†7. Devife pour la Magnanimité, dans la tapifferie de l'élément du feu. Une fufée volante qui s'éleve dans l'air, avec ces paroles : *splendet & afcendit*.

Haut. 6 pou. 9 lig. larg. 6 pou. 6 lig.

†8. Devife pour la Bonté, dans la piece de l'élément du feu. Un phare au milieu de la mer, pour éclairer les vaiffeaux, avec ces mots : *in publica commoda fulget*.

Haut. 6 pou. 2 lig. long. 6 pou. 3 lig.

†9. Devife pour la Valeur, dans la piece de l'élément du feu. La foudre qui tombe fur un grand arbre & qui le brife, avec ces mots : *micat exitiale fuperbis*.

Haut. 6 pou. 11 lig. larg. 5 pou. 8 lig.

†10. Devife pour la Piété, dans la tapifferie de l'élément de l'air; un arc-en-ciel qui s'étend fur l'horifon, avec ces mots : *terras devinxit olimpo*.

Haut. 6 pou. 11 lig. larg. 5 pou. 8 lig.

†11. Devife pour la Magnanimité, dans la piece de l'élément de l'air : l'oifeau de paradis volant dans les airs, avec ces mots : *femper fublimis*.

Haut. 7 pou. larg. 6 pou. 4 lig.

†12. Devife pour la Bonté, dans la piece de l'élément de l'air. Le roi des abeilles proche d'une ruche, avec ces mots : *fignat clementia regem*.

Haut. 6 pou. 11 lig. larg. 5 pou. 8 lig.

†13. Devife pour la Valeur, dans la piece de l'élément de l'air. L'aigle de Jupiter volant dans les airs, & tenant la foudre dans fes ferres, avec ces mots : *meruitque timeri*. Le contour du cartel eft formé par fix aigles grouppés l'un au-deffus de l'autre.

Hau. 6 pou. 8 lig. larg. 5 pou. 5 lig.

†14. Devife pour la Piété, dans la tapifferie de l'élément de l'eau : une pleine mer, avec ces mots : *nufquam data littora frangit*. Au bas du cartel, quatre têtes de dauphin qui jettent de l'eau dans une grande coquille.

Haut. 6 pou. 11 lig. larg 5 pou. 9 lig.

†15. Devife pour la Magnanimité, dans la piece de l'élément

ment de l'eau. Une fontaine ſautiſſante dans un baſſin de
forme ronde, au milieu d'un parterre, avec ces mots :
petit impiger ortus. Le cartel eſt accompagné de roſeaux,
& de jets d'eau : au bas de grands filets.

Haut. 6 pou. 10 lig. larg. 6 pou. 6 lig.

†16. Deviſe pour la Bonté, dans la piece de l'élément de
l'eau. Un grand fleuve qui coule paiſiblement dans une
plaine, avec ces mots : facit omnia læta. Le contour
du cartel eſt formé par une couronne de roſeaux. Au bas
trois grandes grenouilles, dont deux tiennent un filet.

Haut. 7 pou 8 lig. larg. 7 pou.

†17. Deviſe pour la Valeur, dans la piece de l'élément
de l'eau. Un dauphin au milieu des flots, avec ces mots :
lunc & monſtra timent.

Haut. 6 pou. 8 lig. larg. 6 pou. 1 lig.

†18. Deviſe pour la Piété, dans la tapiſſerie de l'élément
de la terre. Une plante de tourne-ſol ſeule, dans un grand
terrein, avec un ſoleil au-deſſus ; on y lit ces mots : cœ-
leſtes ſequitur motus

Haut. 6 pou. 5 lig. larg. 6 pou. 3 lig.

†19. Deviſe pour la Magnanimité, dans la piece de l'é-
lément de la terre. Un ſapin iſolé au milieu d'une campagne, avec ces mots : recta ſe tollit in altum. Le cartel eſt
accompagné d'arroſoirs, beches, rateaux, & autres outils
de jardinage : en bas des artichauds, des cardons d'Eſ-
pagne, des aſperges, & autres légumes.

Haut. 6 pou. 4 lig. larg. 6 pou. 4 lig.

†20. Deviſe pour la Bonté, dans la piece de l'élément de
la terre. Une houlette debout, avec ces mots : & regit
& ſervat.

Haut. 6 pou. 11 lig. larg. 5 pou. 7 lig.

†21. Deviſe pour la Valeur, dans la piece de l'élément
de la terre. Un lion qui ſe repoſe [1] au pied d'un arbre,
dans une foret, avec ces mots : quis hunc impuné laceſſet.
Des deux côtés du cartel deux grands vaſes de porcelaine ;

[1] Cette deviſe a été copiée peu de tems après par le Clerc, pour
l'enſeigne de Bonaventure Didier, Marchand à Lyon, avec quelques
différences dont nous parlerons au n°. 50.

G

au bas plusieurs vases pleins de fleurs grouppés avec une draperie ; un bas-relief au-dessous.

Haut. 6 pou. 11 lig. larg. 5 pou. 8 lig.

†22. Grand frontispice formé par une bordure très-large & très-artistement composée de tous les attributs de l'agriculture, du jardinage, & de l'économie rustique, relativement aux quatre saisons de l'année. Les quatre milieux sont occupés par quatre médaillons renfermés dans des cartels où l'on voit une riviere qui coule dans une plaine : une campagne chargée de moissons prêtes à être coupées : des coteaux escarpés plantés de vignes : un pont de pierre sur une riviere gelée, avec des arbres secs & sans feuilles, & des terreins couverts de neige. Dans le vuide du milieu de cette bordure est écrit : *devises pour les tapisseries des quatre saisons* [1].

Haut. 15 pou. larg. 10 pou. 7 lig.

†23. Devise pour le Printems dans la tapisserie du printems : des fleurs printanieres de différentes especes dans un beau jardin, avec ces mots : *terræ amor & decus.* Le cartel est accompagné d'une infinité de petites plantes & broussailles légerement dessinées, au milieu desquelles on voit un nid de petits oiseaux.

Haut. 6 pou. 11 lig. larg. 6 pou. 6 lig.

†24. Devise pour le Printems dans la piece du Printems. Une hirondelle qui traverse des endroits montagneux pour revenir dans son pays natal, avec ces mots *& tempora læta reducit.* Le cartel est formé par des fleurs de printems dessinées avec la plus grande vérité.

Haut. 6 pou. 11 lig. larg. 6 pou. 5 lig.

†25. Devise pour le Carrousel, divertissement dans la piece du Printems. Une lance préparée pour la joute, avec ces mots : *ludo pugnæ que paratur.* Le fond représente une vue de l'ancien palais des tuileries, du côté de la grande cour, où se faisoient les fêtes & tournois.

Haut. 7 pou. 5 lig. larg. 6 pou. 5 lig.

[1] Cette même planche a servi ensuite pour le recueil des tapisseries du Roi, sans y rien changer que le titre qui a été effacé entierement pour y substituer celui-ci : *Tapisseries du Roy, où sont représentées les quatre saisons.* Voyez au n°. 98, pl. 15.

26. Devife pour le Carroufèl dans la piece du Printems. Un rofier portant une belle rofe qui eft armée d'épines : avec ces mots : *juncta arma decori*. Le cartel eft accompagné de fleurs & de branches d'arbres deffinées & gravées avec un goût & un art inimitables.

Haut. 6 pou. 8 lig. long. 8 pou. 3 lig.

27. Devife pour l'Eté dans la piece de la faifon de l'Eté. Une plante de lys en fleurs, avec ces mots : *candore vincit omnia*.

Haut. 7 pou. 4 lig. larg. 6 pou. 6 lig.

28. Devife pour l'Eté dans la tapifferie repréfentant l'Eté. Une groffe gerbe de bled (1) chargée d'épis, avec ces mots : *vitæ melioris in ufum*. Le cartel eft entouré d'épis de bled, de deux chiens, deux dragons, &c. En haut un parafol, en bas des pavots très-bien imités.

Haut. 7 pou. 5 lig. larg. 6 pou. 6 lig.

29. Devife pour les bâtimens du Roi dans la piece de l'Eté. Une équerre pofée fur un mur, avec ces mots : *dirigit obliqua*. Le cartel eft formé par une couronne de feuilles de chêne, fur un fond d'architecture orné de colonnes canelées, d'ordre Corinthien. Le tout eft terminé par un fronton circulaire.

Haut. 7 pou. 6 lig. larg. 6 pou. 5 lig.

30. Devife pour les bâtimens, dans la piece de l'Eté. Un alcyon bâtiffant fon nid fur une mer très-calme, avec ces mots : *miratur natura filens*.

Haut. 7 pou. 5 lig. larg. 6 pou. 5 lig.

31. Devife pour l'Automne, dans la piece qui repréfente cette faifon. Une grenade entr'ouverte, avec ces mots : *proeftant interna coronæ*. Le cartel eft une couronne formée par toutes fortes de fruits : en haut deux cigognes, & un écureuil : en bas des fruits & des légumes très-bien repréfentés.

Haut. 7 pou. 5 lig. larg. 6 pou. 6 lig.

---

[1] Le fond de cette devife, qui repréfente une campagne chargée de moiffons, & dans le lointain, une chaîne de montagnes, paroît ufé & mal retouché au burin, même aux premieres épreuves de l'édition de 1668, fur-tout vers le bord du cartel, à gauche ; mais c'eft un défaut de l'eau-forte qui a mordu inégalement à cet endroit.

+32. Devise pour l'Automne, dans la tapisserie de l'Automne. Une vigne de Virginie qui monte jusqu'au sommet d'une très-haute pyramide, avec ces mots : *crescit in immensum*. Le cartel est entouré de raisins rendus avec une vérité frappante.

Haut. 7 pou. 4 lig. larg. 6 pou. 6 lig.

+33. Devise pour la chasse, divertissement, dans la piece de l'Automne. Un faucon qui fond sur sa proie, avec ces mots : *& fulminis ocyor alis*. Le cartel est entouré de filets, cages, trebuchets, fleches, carquois, & autres attributs de la chasse : en haut, un oiseau de proie : en bas un paquet de gibier.

Haut. 6 pou. 6 lig. long. 7 pou. 6 lig.

+34. Devise pour le divertissement de la chasse, dans la piece de l'Automne. Un cor-de-chasse suspendu à une branche d'arbre, avec ces mots : *ducit & excitat agmen*. Au bas du cartel deux beaux chiens de chasse qui tiennent un cerf par les oreilles.

Haut. 7 pou. 8 lig. larg. 6 pou. 7 lig.

+35. Devise pour l'Hiver, dans la tapisserie qui représente cette saison. La plante nommée perce-neige, qui fleurit au milieu de la neige, avec ces mots : *nil florere vetat*. Le contour du cartel est orné d'arabesques d'un goût singulier.

Haut. 7 pou. 6 lig. larg. 6 pou. 6 lig.

+36. Devise pour l'Hiver dans la piece de l'Hiver. Un foyer plein de charbons allumés, avec ces mots : *tempus mitescit ab illo*. Cette devise est représentée sur un grand écran à pied, qui est au-devant d'une cheminée : sur le devant, on voit la fable du singe qui se sert de la patte du chat pour tirer les marrons du feu.

Haut. 7 pou. 5 lig. larg. 6 pou. 6 lig.

+37. Devise pour les ballets & comédies, dans la piece de la saison de l'Hiver. Le théatre de l'opera, avec une gloire qui descend du ciel : on lit au haut : *naturam superat* [1].

—————————————————

[1] Il est très-difficile de trouver cette estampe bonne épreuve. Le sujet représenté dans le cartel paroit toujours gris, comme si la planche étoit usée, même dans l'édition de 1668.

Haut. 7 pou. 5 lig. larg. 6 pou. 6 lig.

38. Devise pour les ballets & comédies dans la piece
de l'Hiver Un cirque ou amphithéatre des anciens, avec
ces mots : *deliciæ populi*. Cette devise est dans un médaillon; des deux côtés est un grand rideau d'une étoffe à
fleurs, avec un scaramouche à gauche sur le devant d'un
théatre, & à droite un arlequin qui regarde par un trou
fait au rideau.

Même grandeur.

Cette suite des 38 devises avec les trois frontispices *in-
f lio* se trouve dans tous les œuvres de le Clerc, à l'exception des planches 2 & 5, qui sont très rares; mais pour
qu'elles soient bonnes épreuves, il faut les avoir de l'édition de 1668, avec l'adresse de Bailly, & non pas de l'imprimerie royale, S. M. n'ayant acheté ces planches qu'une
année après qu'elles ont paru dans le public.

⸭89. Un beau fleuron allégorique à la conquête
de la toison d'or, fait à la louange de Louis XIV,
par l'abbé de Brianville, avec cette devise au-
dessus : *& major Jasone vindex* [1].

C'est un médaillon dans lequel on voit un trophée de la
toison d'or suspendu à une épée qui est debout : au haut du
trophée, des lions & l'arbre du jardin des Hespérides
gardé par un dragon : en bas des drapeaux & enseignes militaires, des taureaux qui jettent des flammes, des canons
qui tirent, & des soldats qui se battent. Au-dessous on lit
ces six vers françois :

Des monstres surveillans tromper la vigilance,

---

[1] A la bibliotheque du séminaire de S. Sulpice, cette estampe se
trouve jointe à une page *in-quarto*, où l'on voit ce titre imprimé :
Symbole héroïque pour les dernieres conquêtes du Roi. A Paris chez
Charles de Sercy. 1668.

Derriere ce titre imprimé, & vis-à-vis l'estampe, il y a une page
de discours pour expliquer la fable de la conquête de la toison d'or
par Jason, avec une application aux conquêtes du Roi en Flandre &
en Franche-Comté : le tout se termine par ces mots, en capitales :
Son conquérant est plus grand que Jason. L'Abbé de Brianville, Auteur de cette flatterie, sollicitoit sans doute alors quelque faveur à la
Cour.

1668.

Des monftres foudroyant dompter la violence,
Aux enfans de la Terre enlever fa toifon,
Et dans le champ de Mars éternifer fa gloire;
Si ce fut dans la fable un conte pour Jafon,
C'eft une vérité pour LOUIS dans l'hiftoire.

O. F. De Brianville.

S. le Clerc in. & fecit.
Haut. 8 pou. 10 lig. larg. 7 pou.
Au cabinet des eftampes du Roi. Chez Madame de Bandeville. Chez M. Paignon, Chez M. Jombert deux épreuves, dont une avant toute lettre & avant qu'elle foit entiérement finie.

1669.

—90. L'enfeigne de Lyon.

C'eft une copie de la devife de la Valeur dans la piece de l'élément de la terre (n°. 88. pl. 21) avec cette différence que dans le cartel d'en haut , au lieu de *quis hunc impune laceffet ?* on lit ici : FABRIQUE *de Jean-Baptifte Bonaventure Deydier, à Lyon:* que toute l'eftampe eft retournée , ce qui étoit à gauche dans l'original paroiffant à droite dans cette copie. Au lieu des palmiers qui étoient proche la tête du lion, on voit ici le chiffre du marchand , & dans le lointain une petite vue de la ville de Lyon. Le bas-relief d'en bas eft auffi fupprimé pour y placer le n°. du même marchand. Il n'y a point le nom du graveur.
Haut. 6 pou. 5 lig. larg. 5 pou. 10 lig.
Cette copie, qu'on prétend gravée par le Clerc, eft fort rare. Elle fe voit chez Madame de Bandeville très-bien confervée , auffi bien que chez MM. Paignon & Jombert.

+91. La promenade de S. Germain. A Mademoifelle de Scudery , par Louis le Laboureur, Bailly de Montmorency. *In-douze.* Paris, De Luynes, 1669.

+1. Vignette repréfentant la Poéfie qui couronne la Peinture : l'Amour broie les couleurs. Le fond repréfente un attelier , avec les attributs de différens arts.
Haut. de la vignette 15 lig. long. 2 pou. 7 lig.

1669.

2. Lettre M, derriere laquelle on voit Mercure foutenu fur des nuages, tenant à la main fon caducée.

Haut. 11 lig. larg. *idem*.

3. Cul-de-lampe de deux enfans fortant de deux rinceaux d'ornement : l'un tient une épée & une balance, l'autre un caducée : le tout couronné d'un cafque avec panache [1].

Haut. 1 pou. 10 lig. long. 2 pou. 10 lig.

4. Fleuron du laboureur. C'eft une efpece de médaillon où l'on voit un bœuf trainant une charrue dans des ronces & des épines, avec ces mots au-deffus : *labor & dolor*. Le médaillon eft porté fur un faifceau de ronces & d'outils de jardinage & d'agriculture des mieux compofé, & d'une propreté d'exécution que le Clerc étoit feul capable de bien rendre.

Haut. du cuivre, 2 pou. 3 lig. long. 3 pou.

Au deffous de ce fleuron, on lit les fix vers fuivans, qui ne font point gravés, mais imprimés en lettres, au bas de la planche.

> Je laboure un champ plein d'épines
> Qui ne rapporte fruit ni fleur,
> Et me fent piquer jufqu'au cœur
> Par mille pointes affaffines.
> Que mon deftin a de malheur !
> Ce n'eft que *labeur & douleur*.

Il eft rare de trouver cette petite fuite bien complette. On la voit éparpillée dans les œuvres de le Clerc à différens endroits ; c'eft ainfi qu'on la trouve au cabinet des eftampes du Roi. Chez Madame de Bandeville, & chez MM. Paignon & Jombert, les 5 eftampes font fur la même feuille.

On fera feulement mention ici d'un effai de l'hiftoire des animaux que M. Perrault préfenta au public, de format *in-quarto*, quelques années avant que de faire paroitre la grande édition *in-folio*. Ce livre a pour titre : *Defcription*

---

[1] Il y a eu des changemens à ce cul-de-lampe : il y avoit d'abord au milieu un foleil tout blanc avec des rayons en forme de pointes. On a effacé enfuite ce foleil, pour y fubftituer une étoile à cinq rayons. On a auffi ombré plus fortement la guirlande de fleurs qui termine le tout par en bas. Il faut avoir ces deux épreuves différentes.

anatomique d'un cameléon , a un caſtor , d'un dromadaire;
d'un ours , & d'une gazelle. In quarto. Paris. Leonard,
1669 , avec cinq grandes planches *in-folio* , en hauteur,
qui repréſentent ces animaux , deſſinées & gravées par le
Clerc.

Comme ces cinq planches ont été inſérées dans l'édition *in-folio* qui a paru deux ans après , nous nous diſpen-
ſerons d'en faire ici la deſcription.

92. *Pratique de la géométrie ſur le papier & ſur le
terrein. In douze.* A Paris , chez Thomas Jolly.
1669. Avec privilege du Roi [1].

Ce livre contient 82 planches , ſans y comprendre le
frontiſpice & l'épitre dédicatoire , ce qui fait 84 planches
en tout.

+1. Le frontiſpice , repréſentant la Géométrie aſſiſe qui
enſeigne ſes élémens à un jeune militaire qui eſt debout,
les deux mains appuyées ſur ſa canne , habillé comme on
l'étoit ſous le regne de Louis XIV [2].

Haut. 3 pou. 7 lig. larg. 2 pou. 6 lig.

+2. Vignette & lettre griſe de l'épitre dédicatoire à M. le
Marquis de Seignelay , fils du grand Colbert. Au haut

---

[1] M. Le Clerc a commencé les gravures de cet ouvrage en 1664;
étant encore à Metz. Il s'en eſt perdu quelques planches dans le voyage
qu'il fit de Metz pour venir s'établir à Paris , telles que celles des n°.
104 & 105 qui n'ont jamais ſervi dans le livre , n'y ayant même aucune démonſtration de gravée au-deſſus du ſujet : auſſi les épreuves en
ſont elles *rariſſimes*.

La première édition de ce livre , achevé d'imprimer le 15 novembre
1668 , porte l'année 1669. Aux premiers exemplaires de cette édition
voit deux planches , qui ayant été perdues ont été remplacées par
deux autres : ces deux planches rariſſimes ſont le pêcheur à la ligne
[n°. 31] & la femme vue par le dos , un panier au bras [n°. 61]. La
ſeconde édition, imprimée auſſi chez Thomas Jolly, a paru en 1682 avec
dix nouvelles planches , dont 3 tirées du *diſcours ſur le point de vue*.
La troiſieme édition a été faite en 1700 chez *Jean Jombert* , grand-pere
de l'auteur de ce catalogue , avec 7 nouvelles planches.

[2] A la vente de M. le Clerc fils [en 1764] il s'eſt trouvé quatre
épreuves différentes de ce frontiſpice avec changemens , qui ont paſſé
dans le cabinet de M. Paignon.

on voit un soleil dont les rayons remplissent toute la planche : au-dessous, sur des nuages, un serpent qui accoutume son petit à regarder fixement le soleil. Au-dessus est écrit : *nec degener excitat ardor.* C'est une allusion aux fonctions de la place de M. Colbert, qui lui procuroit de fréquens entretiens avec S. M. dont la devise étoit le soleil; & aux armes de Colbert qui consistent en un serpent qui s'élance. Au bas est une M, dont le fond est ombré.

Haut. 3 pou. 6 lig. larg. 2 pou. 6 lig.

3. *Définition du point.* La démonstration est renfermée dans un cartel d'ornement terminé en haut par une couronne de fleurs, & des rubans qui voltigent : en bas, par deux cornes d'abondance d'où sortent des palmes & des fruits. Le bas du cartel est terminé par quatre palmes.

Haut. 3 pou. 4 lig. larg. 2 pou. 5 lig.

Toutes les autres planches de cette suite sont de même grandeur.

4. *Définition de la ligne.* La démonstration est sur une grande table quarrée, au bas de laquelle, à gauche, est la Géométrie assise par terre, tenant un compas ouvert : elle a autour d'elle divers instrumens de mathématique. Vis-à-vis d'elle, à droite, est un philosophe, vêtu à l'antique, aussi assis par terre, qui l'écoute.

5. Le même sujet recommencé pour la seconde édition. Au bas de la démonstration, à droite, est un petit amour qui souffle en l'air des bouteilles de savon, avec un chalumeau de paille. A ses pieds son arc & son carquois. A gauche, sur le devant, un petit mur à hauteur d'appui qui est fortement ombré.

6. *Les lignes finie & infinie : apparente & occulte.* La démonstration est sur une grande table ovale, au bas de laquelle, à gauche, est un amour debout, qui montre une de ces lignes avec son doigt.

7. Le même sujet recommencé pour la seconde édition. C'est une des planches du *discours sur le point de vue,* dont le Clerc a conservé le paysage, & dont il a effacé la démonstration pour y substituer celle ci. Le sujet d'en bas est un paysage champêtre, sur le devant duquel on voit une mare d'eau, environnée d'un terrein circulaire, un peu élevé, avec une barriere à droite, sur le devant. On voit sur la

gauche quelques fabriques de maisons, & des montagnes
dans le lointain : les nuages sont très-légers & au simple
trait [1].

Haut. du cuivre 4 pou. larg. 2 pou. 6 lig.

+8. *Diverses dénominations de la ligne selon ses diverses
positions & propriétés.* La démonstration est renfermée dans
un cartel en hauteur, d'assez mauvais goût.

+9. *Diverses définitions des lignes & des surfaces.* Les figures sont tracées sur une grande draperie dont le bas est
relevé par un globe céleste monté sur son pied.

+10. *Définition de l'angle.* Les figures sont tracées sur une
espece de piedestal, au haut duquel sont deux oreilles ou
volutes qui ne font pas un bel effet. Au-dessus de ce corps
d'architecture on voit deux enfans soutenant une grosse
guirlande fort lourde, chargée de fruits. Cette guirlande
environne tout le piedestal, jusqu'au bas, où sont quatre
enfans.

+11. *Définition de la superficie.* Les figures sont sur une
grande draperie soutenue en l'air par trois petits anges volans. Cette draperie descend jusqu'au bas de la planche.
Dans le peu d'intervalle qui reste on apperçoit, à droite,
partie d'un bâtiment circulaire formé par des arcades, & à
gauche quelques montagnes fort éloignées.

+12. *Des superficies ou figures rectilignes.* Les figures sont
renfermées par une bordure quarrée formée par des fleurons pendans, attachés l'un au bout de l'autre.

+13. *Des figures de quatre côtés.* Les figures sont renfermées dans un mauvais cartel qui descend fort bas. Au-dessous, est un port de mer, avec quelques barques, & des
ballots de marchandises qu'on apporte & qu'on remue sur
le rivage.

+14. *Des figures courbes, ou courbelignes.* Les figures sont
renfermées par un grand anneau d'ornement suspendu à un

---

[1] Comme cette planche a déjà servi au *discours touchant le point
de vue*, imprimé en 1679, les épreuves qu'on en trouve dans la seconde édition de la géométrie, en 1681, sont fort usées, & paroissent
même retouchées & gâtées par un mauvais burin : c'est pourquoi les
amateurs curieux doivent en chercher une bonne épreuve dans le livre
ci-dessus, où elle a été employée pour la premiere fois.

ruban qu'un aigle tient dans son bec. Au-dessous est un
paysage dont l'horison est très-bas, & des montagnes dans
le lointain, à droite.

15. *Des figures composées.* Les figures sont renfermées
par une très-belle bordure ovale en hauteur, composée, de
fleurs très-bien rendues.

16. *Des figures régulieres & irrégulieres.* Les figures sont
renfermées dans une grosse bordure octogone, en hauteur,
dont les ornemens paroissent en bas-relief, comme de
l'orfévrerie.

17. *Axiomes I, II, III & IV.* La démonstration est
coupée en deux parties. En haut, c'est un cercle divisé
par seize rayons. En bas on voit quatre petites figures de
géométrie, au trait, pour les quatre axiomes expliqués à
la page vis-à-vis.

18. *Suite des axiomes V, VI, & VII.* La démonstration est au haut dans un cartel d'ornement. Au-dessous est
un beau jardin de promenade, avec un bassin rond dans le
milieu duquel est un jet d'eau. Plusieurs personnes sont
arrêtées autour du bassin qui est à droite. A gauche, un
portique, ou vestibule, soutenu sur quatre pilastres quarrés, avec quelques figures qui s'y promenent.

19. *Les pétitions ou demandes.* I & II. La démonstration se fait par un philosophe vêtu à l'antique, assis devant un tableau quarré sur lequel il trace les lignes dont il
est question.

20. La même planche recommencée pour la seconde édition. Au-dessous de la démonstration est la vue d'un village.
A gauche, un paysan debout, appuyé sur les débris d'un
mur, ayant à côté de lui une vieille femme assise par terre,
tenant un petit enfant. A droite, une maison de paysan
devant laquelle est une charrette sans chevaux.

21. *Suite des pétitions.* III & IV. Sur un grand cartel
qui tient toute la planche on voit une main tenant un
compas ouvert qui trace un cercle : plus bas deux arcs
de cercles ponctués formant une intersection au point où
ils se croisent.

22. Livre I, Proposition I. *Elever une perpendiculaire
d'un point proposé dans le milieu d'une ligne droite.*

Au bas de la figure, on voit à droite, sur une terrasse

élevée, deux Perſans avec turban & aigrette, qui conterſent enſemble. A gauche, dans le lointain, une ville ſur le bord d'une riviere.

+23. Liv. I. Prop. II. *Elever une perpendiculaire à l'extrémité d'une ligne droite propoſée.*

Au-deſſous de la démonſtration, à droite, eſt un hermitage ſur le ſommet d'une montagne eſcarpée, avec des degrés pour y monter. Au bas, un hermite qui marche appuyé ſur ſon bâton. A gauche, dans le lointain ; une riviere ſur laquelle eſt un pont de bois.

+24. Le même ſujet recommencé pour la ſeconde édition. Au-deſſous des figures propoſées, on voit à gauche, quelques maiſons de payſans ; plus loin une autre que l'on bâtit, & dont la charpente du comble eſt déjà poſée. A droite, un puits ; quelques maiſons dans le lointain.

[+25. Le même ſujet recommencé pour la troiſieme édition en 1700. On voit ici, à gauche, une riviere avec un pont de pierre à trois arches, défendu par une groſſe tour, & quelques maiſons au-delà du pont. A droite, un bout de terraſſe, moitié claire moitié ombrée.]

+26. Liv. I. Prop. III. *Sur un angle donné élever une ligne droite qui n'incline ni à droite ni à gauche.*

Au-deſſous de la figure, à droite, une religieuſe debout, vue par derriere, avec un voile ſur la tête qui lui deſcend fort bas. Dans le lointain, à gauche, une égliſe.

+27. Liv. I. Prop. IV. *Abaiſſer une ligne perpendiculaire ſur une ligne droite donnée & d'un point hors icelle.*

Au-deſſous de la figure, un très-riche parterre orné de ſtatues, avec un jet d'eau dans le milieu. Dans le fond un beau palais décoré d'ordre d'architecture, avec avant-corps au milieu & deux pavillons quarrés aux extrémités.

+28. Liv. I. Prop. V. *Par un point donné mener une ligne parallele à une ligne droite donnée.*

Au-deſſous de la démonſtration eſt un combat entre quatre hommes à pied, armés d'épées ; à droite, ſur le devant, un cinquieme combattant renverſé mort. A gauche, dans le lointain, pluſieurs perſonnes qui accourent pour les ſéparer.

+29. Liv. I. Prop. VI. *Couper une ligne droite donnée & terminée en deux également.*

1669.

Au-deſſous eſt un joli village entremêlé d'arbres & de maiſons : ſur le devant une jeune payſanne, avec un pot au lait ſur la tête [1].

430. Liv. I. Prop. VII. *Couper un angle rectiligne donné, en deux également.*

Au-deſſous, à gauche, ſur le devant, on voit les veſtiges d'un ancien arc de triomphe : plus loin, à droite, les ruines d'une tour fort élevée.

431. Liv. I. Prop. VIII. *A l'extrémité d'une ligne droite faire un angle rectiligne égal à un angle rectiligne propoſé.*

Dans quelques premiers exemplaires de cette premiere édition [2], on trouve l'eſtampe *rariſſime* du *pêcheur à la ligne*, tirée vis à-vis cette propoſition. Il eſt debout, à droite, ſur le devant de l'eſtampe, élevé ſur un terraſſe, à l'ombre d'un fort gros arbre qui eſt derriere lui ſur la meme terraſſe, laquelle eſt fortement ombrée. A gauche, une riviere, & une plaine dans le lointain. A droite, quelques montagnes.

432. Le meme ſujet recommencé pour la premiere édition. La planche qui devoit ſervir ayant été perdue preſque auſſi-tôt que le livre a paru, M. le Clerc y a ſubſtitué celle-ci. On y voit, à gauche, ſur le devant, un gros bouquet d'arbres : à droite, dans le lointain, quelques maiſons ſur le bord d'une riviere, avec une grande ligne pliée, au-deſſus d'un ponceau d'une ſeule arche.

433. Liv. I. Prop. IX. *Diviſer une ligne droite en tant de parties qu'on voudra.*

Au-deſſous de la figure, on voit à gauche, un grouppe de maiſons, avec une arcade ſurbaiſſée ſur le devant, & une porte ceintrée, à jour, au-deſſus, tenant au bord de

---

[1] Cette eſtampe paroit toujours un peu noire & même boueuſe, ce qui peut venir de ce que l'eau forte a trop mordu.

[2] Quoiqu'il ſoit preſque impoſſible de trouver cette planche du *pêcheur à la ligne* dans les exemplaires de la premiere édition, en ayant eu en ma poſſeſſion plus de vingt exemplaires ſans avoir le bonheur de la rencontrer dans aucun, il n'eſt pas moins certain que cette planche y a ſervi, puiſqu'à l'épreuve que j'en ai, & qui me vient de l'œuvre du ſieur Huquier, on voit le diſcours de la propoſition IX (qui eſt la planche ſuivante) imprimé derriere cette planche.

l'eſtampe, à gauche. A droite, quelques terraſſes ſur le devant & dans l'éloignement.

+34. Liv. I. Prop. X. *D'un point donné mener une ligne droite qui touche un cercle propoſé.*

Au deſſous on voit les ruines d'un ancien amphithéâtre dans le goût du colliſée, avec un grouppe de colonnes d'ordre Ionique ſur le devant. Pluſieurs grandes marches, tant droites que circulaires occupent une grande partie de l'eſtampe.

+35. Liv. I. Prop. XI. *Mener une ligne droite qui touche un cercle d un point propoſé.*

On voit au-deſſous de la figure, à droite, un grouppe de maiſons avec des arbres derriere. A gauche, une riviere, avec un pont-levis au milieu: dans le lointain, des montagnes eſcarpées.

+36. Liv. I. Prop. XII. *Eſtant donné un cercle & une ligne droite qui le touche, trouver le point de l'attouchement.*

On voit ici un payſage très-champêtre; à droite, des arbres: à gauche, des ruines d'anciens édifices entremêlés d'arbres: dans le lointain, une petite figure aſſiſe.

+37. Liv. I. Prop. XIII. *Deſcrire une ligne ſpirale ſur une ligne droite donnée.*

On voit ici un pont de pierre, à quatre arches, ſur une riviere fort ombrée. A gauche, les ruines d'une ancienne tour, à la tête du pont.

+38. Liv. I. Prop. XIV. *Entre deux points donnés en trouver deux autres directement interpoſés.*

On voit à droite, une ville ſituée ſur le ſommet d'une montagne très-eſcarpée: à gauche, une grande plaine, & un village, dans le lointain.

+39. Le même ſujet recommencé pour la ſeconde édition. A droite, ſur le devant, une grande tour quarrée fortement ombrée: plus loin, un château à tourelles, environné d'eau, dans le goût de l'ancien château de Chantilly, avec des jardins derriere, & un village dans le lointain.

+40. Liv. II. Prop. I. *Conſtruire un triangle équilatéral ſur une ligne droite donnée & terminée.*

Au bas, à gauche, ſur le devant, un homme vu par le dos, qui marche appuyé ſur un bâton, un bout de terraſſe derriere lui, le tout fortement ombré: plus loin, du même côté, de hautes montagnes, avec quelques maiſons au bas.

141. La même planche recommencée pour la troiſieme édition, en 1700. On voit ſur celle-ci, au-deſſous de la même figure de géométrie, une chapelle & une croix, aux deux extrêmités d'un rocher très-eſcarpé, ſitué ſur le bord de la mer, que l'on voit à gauche.

+42. Liv. II. Prop. II. *Faire un triangle de trois lignes droites égales à trois lignes droites données.*

Au-deſſous de cette figure, on voit un beau jardin de promenade avec des officiers & des dames, proche une baluſtrade, ſur le piedeſtal de laquelle eſt poſée une ſtatue. Dans le lointain, un portique orné de colonnes, & percé d'une très-grande arcade ſurbaiſſée.

+43. Liv. II. Prop. III. *Conſtruire un quarré ſur une ligne droite donnée & terminée.*

Au-deſſous de la figure, à droite, eſt un grouppe de bâtimens avec une eſpece de temple ou rotonde, & des arbres derriere: plus loin quelques montagnes.

144. Liv. II. Prop. IV. *Conſtruire un pentagone régulier ſur une ligne droite donnée.*

Au-deſſous de la figure un très-petit payſage, dont l'horiſon eſt extrémement bas: à droite, ſur le devant un pauvre payſan qui ſe repoſe aſſis par terre, regardant à gauche, ſur une petite terraſſe ombrée.

+45. La même propoſition dont la figure a été recommencée pour la ſeconde édition. La grandeur de la figure qui tient preſque toute la planche, ainſi que ſur la précédente, a obligé de faire auſſi au-deſſous un payſage très-bas & très en petit: mais ici il n'y a qu'un bout de terraſſe à droite ſur laquelle on voit une ville: à gauche dans le lointain, une égliſe & quelques maiſons qui paroiſſent très-éloignées: il n'y a point du tout de figures.

146. Liv. II. Prop. V. *Conſtruire un exagone régulier ſur une ligne droite donnée.*

Au deſſous de la démonſtration, à droite, ſur le devant, une tour quarrée vue par l'angle, & des murs terminés en haut par des crenaux, faiſant partie d'une fortereſſe vue intérieurement. Sur le devant, du même côté, pluſieurs moutons qui paiſſent. A gauche, ſur le devant, une arche fort ombrée, ainſi que le terrein auquel elle tient, & l'eau qui eſt au-deſſous. Plus loin, un angle de baſtion fort éclairé & des arbres au-deſſus. Dans le lointain, partie d'un village avec deux tours ou clochers fort hauts.

+47. Liv. II. Prop. VI. *Sur une ligne droite donnée, deſcrire tel poligone qu'on voudra, depuis l'exagone juſques au dodecagone.*

Au-deſſous, une dame richement vétue, debout, vûe en face, la tête nue, les cheveux flottans ſur ſes épaules, enveloppée d'un grand manteau, dont une partie eſt relevée par devant & entortillée autour de ſes bras, en façon de manchon : derriere elle, à droite, un corps d'architecture décoré de pilaſtres d'ordre Dorique : à gauche, un mur orbe & tout uni.

+48. Liv. II. Prop. VII. *Sur une ligne droite donnée conſtruire tel poligone qu'on voudra depuis 12 juſqu'à 24 côtés.*

Au-deſſous de la figure, à gauche, partie d'une rotonde, avec quelques baraques bâties au devant, & trois marches pour y monter. Au milieu, un arbre iſolé, derriere une autre baraque faite de planches. A droite, dans l'ombre, un mur percé d'une porte en arcade, & quelques branches d'arbres au-deſſus.

+49. La même propoſition, dont la planche a été recommencée pour la troiſieme édition, en 1700. On voit au bas, à gauche, ſur le devant, une maiſon élevée ſur une terraſſe, avec un eſcalier vu de profil pour y monter : à gauche, proche le bord de la planche, une porte percée dans un mur : à droite, quelques paliſſades tenant à la maiſon, ſur le rampant de la terraſſe. Dans le lointain, à droite, quelques maiſons.

+50. Liv. II. Prop. VIII. *Sur une ligne droite donnée, deſcrire une portion de cercle capable d'un angle égal à un angle donné.*

Au deſſous de la démonſtration, à droite, ſur le devant, eſt un moulin avec une roue à eau, au-deſſus d'un ruiſſeau. A droite, une grande riviere, retenue par des pieux, formant une chûte d'eau : l'arche d'un pont de maçonnerie, avec des arbres au-deſſus & à côté.

+51. La même propoſition avec une nouvelle planche,

pour

pour la troisieme édition. On voit au bas , à droite, sur le devant un mur de clôture , éclairé , avec une porte en arcade percée dans ce mur , & une grande arcade au-dessus , percée dans un mur plus élevé , qui est dans l'ombre , ainsi qu'une grande tour quarrée qui tient à ce mur. A gauche , une riviere , & un pont à plusieurs arches , qui paroît très-éloigné.

452. Liv. II. Prop. IX. *Trouver le centre d'un cercle donné.*

Au-dessous de la figure , on voit un canon monté sur son affût , vu du côté de la culasse , & prêt à tirer : un autre canon plus loin , vers la gauche. Du même côté un officier d'artillerie , en attitude de donner le commandement : à droite un sentinelle avec une hallebarde ; des deux côtés plusieurs soldats armés de piques. Sur le devant des boulets de canons & des barils à poudre.

453. Liv. II. Prop. X. *Achever une circonférence commencée dont le centre est perdu.*

Au bas , on voit à droite les ruines d'un édifice percé d'arcades avec des contreforts ou arc-boutans , élevé sur une butte de terre , avec des arbres derriere ces masures. Sur le devant , du même , côté un bout de terrasse très-ombrée. A gauche , un paysage très-éloigné.

454. La même proposition avec une autre planche recommencée pour la seconde édition. Cette planche a déjà servi pour le discours touchant le point de vue , c'est pourquoi elle se trouve toujours mauvaise épreuve dans cette nouvelle édition de la géométrie. (Voyez la note au bas de la page 106.)

On voit ici à gauche une ville fortifiée bâtie au pied d'une montagne très-escarpée sur le bord d'une riviere , qui est à droite. A la moitié de la hauteur de cette montagne est une autre forteresse qui commande sur la ville. Dans le lointain , à droite , la riviere qui serpente dans une plaine , & des hauteurs dans le fond.

Haut. 3 pou. 10 lig. long. 2 pou. 6 lig.

455. Liv. II. Prop. XI. *Décrire une circonférence par trois points donnés.*

Au bas de la figure , à gauche , sur le devant , un pay-

H

fan qui fe repofe avec fa hotte, appuyé fur une butte de terre, une pele fous le bras droit : il eft fur une terraffe élevée & fortement ombrée. A droite, dans le lointain, une ville fermée de murs à créneaux défendus par des tours quarrées de diftance en diftance.

+56. Liv. II. Prop. XII. *Défcrire une ovale fur une lon-gueur donnée.*

Au-deffous de la figure, à gauche, fur le devant, un grand abbé, debout, vu par derriere, enveloppé dans fon manteau, qu'il tient retrouffé du bras droit. Plus loin, à droite, divers bâtimens moitié éclairés, moitié dans l'ombre ; & un portique formé par plufieurs arcades à jour, au-deffus defquelles eft une baluftrade à hauteur d'appui.

+57. Liv. II. Prop. XIII. *Défcrire une ovale fur deux diametres donnés.*

Au-deffous de la figure, on voit fur le devant un phi-lofophe à longue barbe, vêtu à l'antique, vu de profil, tourné vers la gauche, & fe promenant dans un endroit fermé de murs : à gauche, dans le fond, eft une porte ronde percée dans ce mur, & plus loin une porte quarrée plus petite.

+58. Liv. II. Prop. XIV. *Trouver le centre & les deux diametres d'une ovale.*

On voit ici à gauche, fur le devant, un payfan à demi-couché fur une butte de terre, le coude appuyé fur fon paquet, proche le tronc d'un arbre, le tout fortement om-bré. Dans le lointain, à droite, quelques maifons & une montagne derriere.

+59. Le même fujet recommencé pour la feconde édi-tion. On voit à gauche un bouquet d'arbres dans la demi-teinte, & un homme qui a la main gauche appuyée fur le tronc d'un de ces arbres. Plus loin, au milieu de la plan-che, une églife vue par le rond point, avec fes contreforts, ifolée d'un côté & tenant de l'autre à un jardin. Cette églife eft environnée d'un mur de clôture, au deffus duquel on apperçoit quelques traits de gravure qui ont été effacés, ainfi qu'une efpece de lointain, à droite, qui a manqué à l'eau forte, & que M. le Clerc n'a pas jugé à propos de réparer.

460. Liv. II. Prop. XV. *Conſtruire une figure rectiligne
ſur une ligne droite terminée, ſemblable à une figure rectiligne propoſée.*

Au deſſous de la démonſtration, on voit un payſage. A
droite deux arbres dont les troncs ſe joignent par le haut,
ſur une terraſſe, le tout fortement ombré : à gauche, un
vieillard vêtu à l'antique, avec barbe, appuyé ſur un bâton, qui marche ſur un terrein qui va en montant. Plus
loin un pays de montagnes. Il paroit en général que l'eau-
forte a agi trop vivement ſur cette planche.

461. Liv. II. Prop. XVI. *Sur une ligne droite propoſée
conſtruire deux rectangles ſelon une raiſon donnée.*

Dans quelques exemplaires de cette premiere édition,
on trouve la planche *rariſſime* de la femme vue par derriere, un panier au bras [1], tirée vis-à-vis cette propoſition, avec la démonſtration au-deſſus. Cette femme
eſt toute ſeule, debout, à droite, vers le bord de l'eſtampe, ſur un bout de terraſſe ombrée. Elle eſt vêtue à
peu près comme les ſœurs griſes de nos hôpitaux. Une
cornette plate ſur la tête, une guimpe ſur les épaules, un
corſet à baſques très-courtes : une ceinture, une jupe
pliſſée, retrouſſée & attachée par derriere. Une autre
jupe par deſſous, qui deſcend juſqu'à terre. A gauche,
dans le lointain, quelques maiſons, une tour quarrée fort
haute, à 7 ou 8 étages, & des arbres. Plus loin une eſpece de carroſſe attelé de deux chevaux de front, vu par
derriere, conduit par un homme à pied : à droite, toujours dans le lointain, une maiſon & un mur de clôture.

462. La même figure recommencée pour la premiere
édition. Cette planche ayant été perdue, peut-être avant
qu'on eût commencé à tirer les planches ſur l'impreſſion de
cet ouvrage, M. le Clerc a été obligé de graver celle-ci, pour
la remplacer dans la premiere édition de ſon livre. On voit

[1] Cette planche eſt encore plus rare que celle du pêcheur à la ligne
(pl. 31), il eſt comme impoſſible de trouver un exemplaire de cette
géométrie où elle ſoit. Cependant il eſt certain qu'elle a été tirée à quelques exemplaires. L'épreuve que j'ai eu avec la figure de géométrie re-
lative à cette propoſition XVI, & il paroit qu'elle a été retirée d'un
exemplaire relié : elle vient de l'œuvre du ſieur Huquier.

ici un jeu de quatre enfans qui s'amufent avec une chevre;
fur laquelle un des quatre eft monté, dans le goût de quelques Bacchanales antiques. A gauche, fur le devant, deux
autres enfans montés fur une butte de terre. Ce fujet eft
extrêmement joli, & confole de la perte de la planche
précédente les amateurs qui n'ont pas l'œuvromanie.

463. Liv. III. Prop. I. *Dans un cercle donné infcrire un
triangle équilateral, un exagone, & un dodécazone.*

Au-deffous de la démonftration eft une vue des ruines
du collifée, dans le lointain, à gauche, & dans le milieu
du fond, un obélifque extrêmement élevé, entouré de
maifons. A droite, fur le devant, un homme en robe &
en bonnet, affis fur une pierre à côté d'un mur à moitié
démoli, qui paroît deffiner la vue de ce monument.

464. Liv. III. Prop. II. *Dans un cercle donné infcrire
un quarré & un octogone.*

Au-deffous, à droite, fur le devant, on voit une rangée d'arbres, le long d'une terraffe au pied de laquelle il
y a de l'eau : du même côté, à l'ombre de ces arbres, une
bergere affife par terre qui file avec une quenouille, en gardant quelques moutons : un jeune homme, affis à côté
d'elle, la tient embraffée. A gauche, dans le lointain,
quelques maifons entremélées d'arbres.

465. Liv. III. Prop. III. *Dans un cercle donné infcrire
un pentagone & un décazone.*

Au bas de la démonftration eft une vue de la mer dont
les flots viennent fe brifer contre des rochers efcarpés que
l'on voit à gauche fur le devant, avec une chevre : dans
le lointain, à droite, un village dans une plaine, & par
derriere une montagne qui borne l'horifon.

466. Liv. III. Prop. IV. *Dans un cercle donné infcrire un
eptagone.*

Au-deffous, fur le devant, un homme debout, vu par
le dos, fur un bout de terraffe, un pan de fon manteau
rejetté fur l'épaule gauche. A droite, dans le demi-lointain, une maifon d'une architecture réguliere. Plus loin,
à gauche, une riviere fort large, avec un pont de pierre
dont on ne voit que trois arches. Une groffe tour quarrée
défend l'entrée du pont : plufieurs autres maifons derriere
& à côté de la tour.

+67. Liv. III. Prop. V. *Dans un cercle donné inscrire un
entagone.*

Au bas de la figure, à gauche, sur le devant, une croix
de pierre coupée par la bordure de l'estampe. Plus loin,
un grouppe de maisons & un escalier pour monter à un
pont d'une seule arche qui est au-dessus d'une riviere, à
droite. Sous cette arche, on apperçoit un autre pont à plusieurs arches dans le lointain, sur la même riviere. A droite,
sur le devant, un homme qui pêche à l'échiquier de dessus
une terrasse en platte-forme.

+68. Liv. III. Prop. VI. *Dans un cercle donné inscrire un
ondécagone.*

Au-dessous de la figure, à droite, sur le devant, le pignon d'une maison champêtre, avec des arbres derriere,
une riviere qui passe par devant & va s'étendre au loin : à
gauche, un bouquet d'arbres. Dans le lointain, quelques
barques sur la même riviere, avec leurs mâts & cordages.

+69. Liv. III. Prop. VII. *Dans un cercle donné inscrire
tel poligone qu'on voudra.*

Au-dessous de la démonstration, un combat entre trois
cavaliers : dans le lointain, à gauche, un cheval échappé
qui s'enfuit au grand galop.

+70. Liv. III. Prop. VIII. *D'un cercle donné, ôter une
portion capable d'un angle égal à un angle rectiligne proposé.*

A droite, sur le devant, un homme d'épée, avec casaque & surtout volant, debout, vu de profil, allant à
gauche, sur un terrein un peu ombré. Plus loin, la vue
d'une place publique bordée de maisons irregulieres qui
se continuent jusques dans le lointain.

+71. Liv. III. Prop. IX. *Dans un cercle inscrire un triangle
équiangle à un triangle donné.*

Au bas de la figure, sur le devant, une espece de hus-
sart ou Polonois debout, vu en face, avec moustaches, &
bonnet orné d'une plume d'autruche relevée par devant ;
il est couvert d'un manteau posé sur ses épaules & ouvert par devant : il a un ceinturon & un baudrier d'où
pendent une épée & un sabre. L'horison est fort bas, & les
objets ne s'apperçoivent qu'à peine dans le lointain.

172. Liv. III. Prop. X. *Inscrire un cercle dans un triangle
donné.*

H iij

Au bas, à droite, sur un terrein fortement ombré, est un vieux paysan debout, vu de profil, regardant à gauche, un sac sur l'épaule gauche, devant lui un grand chien qui le regarde en aboyant. Dans le lointain, à gauche, une montagne au pied de laquelle on voit quelques maisons & une tour quarrée : sur le sommet de la montagne un moulin à vent.

+73. Liv. III. Prop. XI. *Inscrire un quarré dans un triangle donné.*

Au bas, sur le devant, une rivière sur laquelle est un pont d'une seule arche à demi-ruinée & fortement ombrée, sur laquelle croissent quelques arbrisseaux. A gauche, une petite arche jointe à la grande par un mur aussi dans l'ombre ; cette petite arche est fermée par une rangée de pieux plantés au-devant.

+74. Liv. III. Prop. XII. *Inscrire un pentagone régulier dans un triangle équilatéral.*

Au bas de la démonstration, à gauche, sur le devant, un gentilhomme, debout, allant vers la droite, enveloppé dans son manteau, suivi de son page, qui est dans la demi-teinte. Dans le lointain une espèce de ferme ou de château fort, avec quelques tours quarrées, environné d'un mur de clôture.

+75. Liv. III. Prop. XIII. *Inscrire un triangle équilatéral dans un quarré.*

Au bas de la figure, à gauche, sur le devant, un homme d'épée enveloppé dans son manteau, marchant & regardant à droite, la main appuyée sur sa canne, par dessous son manteau. Dans le lointain, à droite, la vue perspective d'une place publique très-vaste, ornée de portiques à arcades, avec logemens au-dessus. Dans le fond une tour quarrée fort étroite.

+76. Liv. III. Prop. XIV. *Inscrire un triangle équilatéral dans un pentagone.*

Au bas, un joli paysage, sur le devant duquel est une grande masse fortement ombrée qui paroit un rocher dans l'eau : des arbres par derriere & sur les côtés. A gauche, sur le devant un tronc d'arbre avec quelques branchages. Dans le lointain, une rivière, avec un pont de bois à plusieurs travées, sur lequel passe un homme à pied.

+77. Liv. III. Prop. XV. *Inscrire un quarré dans un pentagone.*

Au-deſſous de la démonſtration, un joli payſage, où
l'on voit, à gauche, ſur le devant, le pavillon d'un château, avec un mur de terraſſe le long d'une riviere, au-
deſſus duquel on voit des maiſons & des jardins : à droite,
ſur le devant, un homme & une femme ſur un bout de
terraſſe, le tout fortement ombré.

†78. Liv. IV. Prop. I. *Autour d'un triangle d nné circonſcrire un cercle.*

Au bas, à gauche, on découvre un payſige aride formé
par deux rochers, entre leſquels eſt un chemin où l'on voit
un homme à cheval, avec un autre cheval atelé devant
lui : ſur le devant un voyageur à pied. Dans le lointain, à
droite, une porte ouverte en arcade dans un mur ombré.

†79. La même démonſtration recommencée pour la troiſieme édition de cet ouvrage, au bas de laquelle on voit
un château fort environné d'eau, & flanqué de quatre tourelles rondes aux quatre angles de ſon enceinte : la quatrieme eſt cachée par le château, au-deſſus duquel eſt une
tour quarrée élevée de pluſieurs étages. A gauche eſt un
pont de bois pour y arriver, avec un double garde-fou.

†80. Liv. IV. Prop. II. *Autour d'un quarré circonſcrire un
cercle.*

Au-deſſous de la figure, on voit, à droite, ſur le devant,
les ruines de deux beaux pavillons d'une architecture réguliere, décorés de pilaſtres d'ordre Dorique au rez-de-
chauſſée & au premier étage : dans le lointain un fort
beau jardin avec de grands arbres finiſſant en pointe. A gauche, une ſtatue qui verſe de l'eau d'une urne qu'elle tient
ſous ſon bras droit.

†81. Liv. IV. Prop. III. *Autour d'un cercle circonſcrire
un triangle équiangle d un triangle donné.*

Au-deſſous de la figure, ſur le devant de l'eſtampe,
on voit un cavalier à pied, debout, regardant & marchant
en face, avec chapeau à plumet, des mouſtaches, un
large rabat, caſaque, écharpe en ceinture, une épée, &
des bottes. A droite, dans le lointain, la vue d'un village
ſur un terrein élevé : à gauche, une plaine fort étendue.

†82. La même propoſition recommencée pour la troiſieme
édition. On voit en bas, vers la gauche, le pignon d'une

maison assez rustique, entourée de murs de clôture, &
accompagnée d'attirails de la campagne, comme échelles,
roues de charrette, &c.

+83. Liv. IV. Prop. IV. *Autour d'un quarré circonscrire
un quarré.*

Au-dessous de la figure sont des ruines d'anciens édifices, dans la demi-teinte, couronnés de quelques arbrisseaux ; à droite, un homme qui s'y promene, vêtu à l'antique, allant à droite.

+84. La même figure de géométrie recommencée pour la
seconde édition, avec un autre sujet au-dessous [1].

A gauche, sur le devant, on voit ici une tour quarrée
sur une espece de soubassement circulaire, avec une avance
en forme de terrasse au-dessus d'une riviere, le tout fortement ombré. Dans le lointain, à droite, un très-agréable
paysage à perte de vue.

Haut. 3 pou. 9 lig. larg. du sujet 2 pou. 3 lig.

+85. Liv. IV. Prop. V. *Autour d'un cercle donné circonscrire un pentagone.*

On voit au-dessous de la figure un cavalier tourné vers
la gauche, avec chapeau & plumet au-dessus, ayant une
écharpe qui voltige derriere lui, faisant faire des pas de
manége à son cheval, qui a une fort belle queue. Le fond
de la planche est tout blanc, il y a seulement quelques traits
d'ombre sous les jambes de derriere du cheval, dont les
deux jambes de devant sont en l'air & retroussées [2].

+86. Liv. IV. Prop. VI. *Autour d'un poligone régulier circonscrire un même poligone.*

Au-dessous de la démonstration, on voit sur le devant
quelques maisons de villageois avec des arbres sur la droite
formant un berceau couvert, au-dessous duquel sont quelques figures, le tout fortement ombré : à droite, sur le
devant, un paysan tout debout. Dans le lointain, à gauche,
on apperçoit la continuation du village.

---

[1] Cette planche ayant déjà servi pour le discours touchant le point
de vue, voyez ce que nous avons déjà dit à ce sujet dans la note de la
pl. 7 de cette suite, au bas de la page 106.

[2] Il y a une figure de cavalier à peu près dans la même attitude,
dans la petite suite de figures dédiées à M. de Courtenvaux, mais avec
quelques différences, dont nous rendrons compte en parlant de cette
suite, au N°. 196, pl. 35 & 36.

1669.

187. Liv. IV. Prop. VII. *Autour d'un triangle équilatéral* circonscrire *un quarré.*

Au bas, on voit à gauche, sur le devant, dans la demi-teinte, un terrein très-élevé & escarpé, au-dessous duquel on voit une espèce d'hermitage bâti sur une terrasse au-dessus d'une rivière très-large. En bas, sur le rivage, un petit capucin ou hermite qui pêche à la ligne. Dans le lointain, une ville termine l'horison.

188. Liv. IV. Prop. VIII. *Autour d'un triangle équilatéral* circonstruire *un pentagone.*

Au-dessous de la figure, on voit à gauche, sur le devant, des ruines d'anciens monumens soutenus sur des arcades : à droite, un lac ou marais : plus loin, d'autres ruines : dans le fond un village avec un obélisque ou clocher très-élevé.

189. Liv. IV. Prop. IX. *Autour d'un quarré circonscrire un* triangle équiangle à un triangle donné.

Au bas, à gauche, est un vieux Persan, ou Polonois, ayant un bonnet orné de plumes avec aigrette au-dessus, barbe & moustache : une cravate ; un manteau brodé fort court ; un baudrier d'où pend un large sabre : une ceinture ou écharpe par-dessus le baudrier : la main gauche sur la poignée de son sabre : la droite appuyée sur sa canne par dessous son manteau ; une casaque avec broderie & de grandes boutonnieres par devant ; des hauts-de-chausses & de petites bottes à l'ancienne mode. A droite, une ville dans le lointain.

190. La même démonstration recommencée pour la troisieme édition, en 1700. On voit au-dessous une espèce de maison de campagne bâtie sur un terrein qui va en pente de droite à gauche ; elle est environnée de murs, au bout desquels, à gauche, est une tour quarrée à plusieurs étages.

191. Liv. IV. Prop. X. *Autour d'un quarré circonscrire* un pentagone.

Au-dessous de la figure, à droite, sur le devant, des fabriques champêtres singulierement construites, au pied d'un grand mur, dans la demi-teinte. A gauche, dans le lointain, un village & des arbres derriere.

92. Liv. V. Prop. I. *Trouver une ligne qui soit moyenne* proportionnnelle entre deux autres.

1669.

A gauche, fur le devant, un petit obélifque élevé fur un foubaffement d'architecture gothique à quatre arcades portées fur quatre piliers de pierres : une églife fort haute, & quelques maifons qui paroiffent fort éloignées, bornent l'horifon.

†93. Liv. V. Prop. II. *Eftant donnée la fomme des extrêmes & la moyenne proportionnelle, difcerner les extrêmes.*

Au-deffous de la démonftration, on voit les reftes d'un ancien édifice à demi-ruiné élevé fur un grand foubaffement, avec des marches droites, par devant; le tout entremêlé d'arbres & de fabriques champêtres.

†94. Liv. V. Prop. III. *Eftant donnée la moyenne de trois proportionnelles, & la différence des extrêmes, trouver les extrêmes.*

On voit en bas, à gauche, fur le devant, un grand homme, debout, tourné à droite & regardant en face, avec un long manteau retrouffé fur fon épaule droite, l'épée au côté, la main droite appuyée fur fa canne. Dans le lointain, à droite, une églife de village & plufieurs perfonnes affemblées dans les environs.

†95. Liv. V. Prop. IV. *D'une ligne droite donnée, en couper une partie qui foit moyenne proportionnelle entre le refte & une autre ligne droite propofée.*

On voit au deffous, au milieu d'un terrein élevé qui eft fur le devant de l'eftampe, un gros bourguemeftre Hollandois, debout, vu en face, regardant à droite, un chapeau fur la tête, un peu de barbe, avec une ceinture, un grand manteau retrouffé fur les deux bras, une large culotte, &c. Dans le lointain, à droite, une tour quarrée, dans l'ombre, tenant à un mur auffi ombré. A gauche, vers l'horifon, fur le haut d'une montagne, une foreterefle entourée de murs fort hauts, & défendue de diftance en diftance par des tours quarrées.

†96. Liv. V. Prop. V. *Eftant données deux lignes droites, en trouver une troifieme proportionnelle.*

Au deffous de la démonftration, on voit, à droite, deux gros pavillons quarrés, d'une architecture réguliere, formant l'entrée d'un palais, dont on voit la porte au milieu : le refte du terrein eft occupé par des parterres de broderie & un fort beau jardin. A gauche, fur le devant, un homme d'épée, avec un manteau court, qui se promene, allant & regardant vers la droite.

+97. Liv. V. Prop. VI. *Trouver une quatrieme proportionnelle.*

Au-dessous de la figure, à droite, sur le devant, un bout de terrasse élevée, fortement ombrée, au pied de laquelle est une riviere, ou un grand étang, avec quelques roseaux : plus loin, vers le milieu de l'estampe, une espece de château ou de ferme bâtie sur le bord de l'eau.

+98. Liv. V. Prop. VII. *Entre deux lignes droites données trouver deux moyennes proportionnelles.*

Au-dessous, sur la droite, un gros pavillon quarré assez élevé, terminé par une lanterne, & environné de plusieurs autres édifices de diverse forme : sur le devant, de beaux parterres de broderie, dans le lointain de hautes palissades taillées en portiques. A gauche, sur le devant, partie d'un arbre, dont la tige, qui est fort droite, est coupée par le trait qui termine l'estampe.

+99. Liv. V. Prop. VIII. *Couper deux lignes droites données chacune en deux parties, tellement que les quatre secmens soient proportionnaux.*

Sur une terrasse ombrée qui occupe tout le devant, on voit un cavalier enveloppé dans son manteau, son cheval tourné à droite, posé sur ses quatre jambes, & en repos. Dans le lointain, une ville termine l'horison, qui est extrémement bas.

+100. Liv. V. Prop. IX. *Etant donné l'excès de la diagonnalle d'un quarré, par dessus le côté, trouver la grandeur dudit côté.*

On voit au milieu, sur le devant, un gros arbre tortueux élevé sur une terrasse. A gauche, un homme qui porte un sac de bled, appuyé sur son bâton. Derriere lui, dans le lointain, des maisons & des arbres : l'horison est fort bas.

+101. Le même sujet recommencé pour la seconde édition [1]. On voit ici, au-dessous de la figure, un château

---

[1] Aux premieres épreuves de cette planche il y avoit en haut une autre démonstration pour le changement de deux triangles en deux autres de même superficie.

confidérable, flanqué de tourelles rondes, avec les jardins qui en dépendent, entourés de murs de clôture. Dans la campagne, un cavalier qui galope, allant à droite.

‡102. Liv. V. Prop. X. *Couper une ligne droite terminée dans la moyenne & extrême raifon.*

On voit au-deſſous, ſur le devant, un bon vieillard, marchant & regardant à gauche, avec barbe & grand chapeau, enveloppé dans un grand manteau, s'appuyant ſur ſa canne, dont le haut ainſi que ſes deux mains ſont cachées ſous ſon manteau.

‡103. Liv. V. Prop. XI & derniere. *Divifer une ligne droite terminée, felon des raifons données.*

On voit à gauche, ſur le devant, une vieille tour quarrée, crenelée par en haut, au-devant de laquelle on a adoſſé un pavillon quarré; il y a un efcalier vu de profil pour monter au premier étage, & une galerie ou corridor extérieur, au ſecond. Le reſte de la planche eſt occupé par un terrein vuide : l'horifon eſt terminé par plufieurs bouquets d'arbres, dans le lointain.

–104. Planche rariſſime, qui n'a point ſervi. Le haut de la planche eſt tout blanc, on y apperçoit ſeulement des traces de quelques figures des premiers élémens de géométrie, qui ont été effacées. On voit au bas, à droite, un grouppe de trois payſans qui converſent enſemble, & un quatrieme adoſſé au pignon d'une maiſon, l'un & l'autre dans la demi-teinte.

Cette planche rariſſime ne ſe trouve que chez MM. Paignon & Jombert.

–105. Autre planche rariſſime. Le haut de la planche eſt tout blanc. On voit au bas une dame qui ſe promene un éventail à la main. Dans le fond on voit un beau payſage. Elle eſt de la plus grande rareté.

Elle ne ſe trouve que chez Madame de Bandeville & chez M. Rouſſet, architecte.

Cette eſtampe me paroit aſſez douteuſe, & je penſe que l'on feroit bien fondé à ne la croire qu'une copie.

Récapitulation des 105 planches de la petite géométrie de le Clerc. In-douze.

Il y a dans le livre 83 planches de géométrie . . 83

Les deux planches du frontispice & de l'épitre dédicatoire   2

Les 2 planches N°. 31 & 61 recommencées pour la premiere édition   2

Les 2 planches N°. 104 & 105 perdues, qui n'ont jamais servi.   2

10 planches recommencées pour la seconde édition en 1682   10

7 planches recommencées pour la troisieme édition en 1700   7

Total . . . 105 pl.

93. Histoire sacrée en tableaux, par l'abbé de Brianville, en trois volumes *in-douze*. Paris. Th. Jolly. Le premier volume a été imprimé pour la premiere fois en 1669 [1].

1. Un frontispice. C'est la même estampe que la pl. 1 du N°. 72.

2. Vignette de l'épitre dédicatoire à Monseigneur le Dauphin. C'est la même que la pl. 2 du même N°. 72.

3. Lettre fleuronnée Al, pour l'épitre dédicatoire. C'est la même que la pl. 3 du même N°. 72.

4. Petit cul-de-lampe gravé en bois d'un soleil qui en forme un autre au milieu d'un cercle de nuages, le tout renfermé dans un médaillon : au-dessus, dans une légende qui voltige, est écrit : *par dum respiciet.*

Haut. 1 pou. 6 lig. long. 2 pou. 3 lig.

---

[1] Il y a eu plusieurs éditions de ce petit ouvrage, dont les volumes ont paru chacun séparément en différens tems : mais la meilleure, pour en tirer les estampes, qu'on ne peut gueres avoir bonnes épreuves autrement, est celle de 1669 pour le tome premier (c'est la premiere édition), celle de 1670, pour le tome second, & celle de 1675, pour le tome troisieme.

5. Autre petit cul-de-lampe gravé en bois, de deux L fleuronnées formant un chiffre au deſſus duquel eſt une grande couronne, avec deux dauphins aux côtés.

Haut. 1 pou. 8 lig. larg. *idem*.

6. Autre cul-de-lampe gravé en bois des armes du Dauphin écartelées de celles de France ; le tout renfermé dans un cartel au haut duquel ſont deux palmes & deux branches de laurier.

Haut. 1 pou. 11 lig. long. 2 pou.

Haut. de toutes les pl. de cette ſuite, 1 pou. 9 lig. long. 2 pou. 9 lig.

7. La création du monde.

8. La création de l'homme.

9. La formation d'Eve.

10. Le péché originel. On voit ici Adam & Eve deſſinés en petit, dans un fort beau payſage, avec de jolis lointains, environnés de pluſieurs animaux. A droite, vis à-vis d'eux, on voit deux paons perchés ſur un arbre, l'un & l'autre dans la demi-teinte.

11. La même planche recommencée pour la ſeconde édition. Adam & Eve ſont ici repréſentés plus en grand au milieu de l'eſtampe dont ils occupent la plus grande partie. Eve debout au pied d'un gros arbre, vient de cueillir la pomme fatale, à l'inſtigation du ſerpent entortillé autour de ſon tronc, & la préſente à Adam qui eſt aſſis ſur une butte de terre. On lit au bas : *S. le Clerc f.* Il eſt difficice de trouver cette eſtampe belle épreuve.

12. Cain & Abel.

13. La conſtruction de l'arche.

14. Le déluge.

15. Le ſacrifice de Noé.

16. La malédiction de Cham.

17. La tour de Babel.

18. Le voyage d'Abraham.

19. Abraham victorieux reçu par Melchiſedech.

20. Abraham viſité par trois anges.

21. L'inſolence des Sodomites.

22. L'incendie de Sodome.

23. Le même ſujet recommencé pour une ſeconde édition. Ici on voit à droite, ſur le devant, dans une caverne,

1669.

Loth entre fes deux filles qui le careffent & l'excitent à boire. A gauche, dans le fond, un goutre de flamme & de fumée. On lit au bas : *Le Clerc.*

124. Abraham chez Abimelech.
125. Abraham facrifie Ifaac.
126. Le mariage d'Ifaac.
127. La mort d'Abraham.
128. Efaü vend fon droit d'aïneffe.
129. Ifaac chez Abimelech.
130. Ifaac bénit Jacob pour Efaü.
131. La vifion de Jacob.
132. Jacob recherche Rachel.
133. Jacob fe réconcilie avec Laban & après avec Efaü.
134. Le ravifflement de Dina.
135. Les fonges de Jofeph.
136. Jofeph vendu.
137. Thamar trompe Judas.
138. La chafteté de Jofeph.
139. Jofeph en prifon.
140. La délivrance de Jofeph.
141. Le triomphe de Jofeph.
142. La prévoyance de Jofeph.
143. Les freres de Jofeph.
144. La reconnoiffance de Jofeph.
145. Jacob en Egypte.
146. La mort de Jacob.
147. La mort de Jofeph.
148. Job.
149. La naiffance de Moyfe.
150. Le mariage de Moyfe.
151. Le buiffon ardent.
152. Les playes d'Egypte.
153. L'agneau pafchal.
154. Le paffage de la mer rouge.
155. La manne.
156. La défaite des Amalécites.
157. La loi fur la montagne de Sina.
158. Le veau d'or.
159. Le tabernacle.
160. Découverte de la terre promife.

1669.

+ 61. Coré, Dathan, & Abiron [1].
+ 62. Le serpent d'airain.
+ 63. L'asnesse de Balaam.
+ 64. La mort de Moyse.
+ 65. Le passage du Jourdain [2].
+ 66. La prise de Jericho.
+ 67. Josué arreste le soleil.
+ 68. Adonibezec puni [3].
+ 69. La guerre civile contre Gaba.
+ 70. La defaite de Sisara.
+ 71. Gedeon.
+ 72. Abimelech.
+ 73. Jephté.
+ 74. Samson.
+ 75. Ruth [4].

1670.

X+94. Histoire sacrée en tableaux par l'abbé de

[1] Dans l'œuvre de le Clerc chez Madame de Bandeville, il se trouve deux épreuves avec differences dans l'ouverture de la terre, dont les bords sont ombrés au côté gauche de l'estampe, & dont le haut est à doubles tailles croisées, aux dernieres épreuves; au lieu qu'aux premieres, ce bord est blanc, & le haut de l'ouverture du gouffre n'est ombré qu'à une seule taille.

[2] Chez Madame de Bandeville, il se trouve des differences dans la montagne à droite, dont une partie est ombrée à doubles tailles ainsi que le revers du terrein qui est sur le second plan, aussi à droite, aux dernieres épreuves: au lieu que dans les premieres ils ne sont ombrés qu'à une seule taille.
Chez M. Paignon deux épreuves avec differences sur la montagne à droite. Des doubles tailles sur le côté, proche le trait qui termine l'estampe. Le flot à gauche est bien plus noir dans une épreuve que dans l'autre: ce qui pourroit aussi venir de la beauté de l'épreuve & du talent de l'imprimeur.

[3] Chez Madame de Bandeville, deux épreuves avec differences dans les deux colonnes à gauche qui sont ombrées à deux tailles croisées quarrément, ainsi que le terrein qui est au devant, & dans une muraille ombrée qui se trouve ajoutée à côté de ces deux colonnes, dans les dernieres épreuves; au lieu qu'aux premieres, cette muraille n'y est point du tout, & que les colonnes ainsi que le terrein au-dessous ne sont ombrés qu'à une simple taille.

[4] Chez M. Paignon, la jambe & la cuisse droite de l'homme qui porte la gerbe de bled sont blanches sur une premiere épreuve, & ombrées sur une autre plus moderne.

Brianville.

1670.

Brianville. *In-douze.* Tome II. La premiere édition
a paru en 1670.

1. Vignette à la tête du tome second. Au-deſſous eſt
écrit : le Parelie : deviſe pour Monſeigneur le Dauphin [1] :
Haut. de cette vignette, 1 pou. 7 lig. long. 2 pou. 6 lig.

2. Samuel.

3. Saül.

4. Goliath.

5. La mort de Saül.

6. David.

7. Le péché de David.

8. La révolte d'Abſalom.

9. Le fleau de la peſte.

10. Le même ſujet recommencé pour la ſeconde édition :
On voit ici David pénitent dans ſon palais, à genoux devant
le Pere éternel, qui eſt à droite de l'eſtampe, ſur un nuage.
Dans le lointain, l'ange exterminateur dans le ciel, &
pluſieurs morts & mourans étendus par terre. S. le Clerc ſ.

11. Salomon.

12. Roboam.

13. Elie.

14. Eliſée.

15. Jezabel punie.

16. Jonas.

17. Achas.

18. Ezechias.

19. Tobie.

20. Jeruſalem détruite.

21. Judith.

22. Daniel.

23. Suſanne.

24. Daniel dans la foſſe aux lions.

25. Eſther.

[1] Elle eſt à peu près ſemblable à celle de l'épître dédicatoire qui eſt
à la planche 2 des Nos. 72 & 93, avec cette différence qu'ici les dauphins qui accompagnent le cartel ont la tête en bas & la queue en l'air ;
& que la deviſe : *par dum reſpiciet*, eſt écrite ſur un ruban qui flotte
au-deſſus du même cartel, des deux côtés de la couronne.

I

+26. Esdras.
+27. Heliodore.
+28. Les martyrs Machabées.
+29. Mathatias.
+30. Judas Machabée.
+31. Jonathas.
+32. Simon [1].

+95. Prieres du matin & du soir, avec les entretiens avant & après la confession & communion. Par H. L. F. curé de S. Livier. *In-douze*. Metz. Chez François Bouchard. 1670 [2].

Un frontispice où est écrit le titre ci-dessus, sur une table d'architecture, au-dessus de laquelle est N. S. ressuscité, portant sa croix, sur des nuages, dans le ciel, rayonnant & gloire & environné d'une grande multitude d'anges.

Haut. 4 pou. larg. 2 pou. 3 lig.

Au cabinet des estampes du Roi. Chez MM. Paignon & Jombert.

+96. Les figures de la Bible par Royaumont. *In-quarto*. Paris. Pierre le Petit. 1670.

+1. La vocation d'Abraham. *Le Clerc f.* [3]
Haut. 3 pou. 9 lig. long. 6 pou. 6 lig.

---

[1] Toutes les estampes des 2 premiers volumes de cette *histoire sacrée en tableaux* se trouvent communément dans les œuvres de le Clerc, mais il est rare de les y voir belles épreuves. Plusieurs amateurs se flattent de les avoir premieres épreuves & avant la lettre, parce qu'elles sont tirées à part & sans discours imprimé derriere, mais il ne faut pas toujours s'en rapporter à cette marque : ce sont souvent de mauvaises épreuves tirées après plusieurs éditions & par conséquent dont les planches ont été retouchées & usées.

[2] Au cabinet des estampes du Roi le titre porte l'année 1670. Chez M. Paignon, il y a l'année 1679.

[3] Chez M. Jombert, deux épreuves dont une premiere avec le nom de le Clerc au bas, sur une terrasse éclairée qui se trouve sur le devant de l'estampe, & l'autre épreuve où le nom de le Clerc est couvert par quelques tailles mises au même endroit, il y a aussi des ombres ajoutées dans le ciel, au-dessous du groupe de nuages d'où sort le Pere Éternel : d'autres ombres mises après coup à divers endroits de l'estampe, & des doubles tailles ajoutées sur les terrasses à droite, & sur un trône d'arbre à gauche.

Au cabinet des estampes du Roi. Chez MM. Paignon & Jombert.

2. La pénitence des Ninivites. *Le Clerc f.* [1]
Haut. 4 pou. long. 5 pou. 6 lig.
Au cabinet du Roi. Chez MM. Paignon & Jombert.

497. Histoire de l'état présent de l'empire Ottoman, par Briot. *In-quarto.* Paris. Mabre - Cramoisy. 1670.

1. Le frontispice dessiné & gravé par le Clerc, entouré d'une bordure d'ornement [2]. *L. Clerc in. & f.*
Haut. de l'estampe avec la bordure 8 pou. 6 lig. larg. 6 pou. 1 lig.

2. Le même frontispice réduit au format *in-douze* avec la même bordure aussi réduite, gravé par Noël Cochin, en 1670 [3].
Haut. avec la bordure 4 pou. 6 lig. larg. 2 pou. 7 lig.

3. Vignette du premier livre, représentant la mort tragique de l'ancienne sultanne, grand'mere de l'empereur Mahomet-Ham, regnant alors (vers l'an 1654).

On voit ici comme les ichoglans de la garde du sultan, après avoir dépouillé cette impératrice de ses pierreries, de ses fourures, & de ses riches habillemens, au point de la mettre toute nue, la trainerent en cet état par les pieds, à

---

[1] Chez M. Jombert, deux épreuves: l'une avec la colonne à gauche & le soubassement qui la porte, ombrés d'une seule taille, le pignon de la maison qui est derriere la colonne, entierement blanc, à l'exception des croisées, les terrasses sur le devant à gauche, & les figures qui y touchent légerement ombrées & à une seule taille: l'autre, où cette colonne & son soubassement sont fortement ombrés de deux tailles, ainsi qu'une partie des terrasses & des figures sur le premier plan du tableau: & la maison derriere la colonne entierement garnie de petits points longs au burin.

[2] Ce même frontispice a servi depuis pour l'histoire de la guerre des croisades, *in-quarto* avec quelques changemens dont nous parlerons au n°. 206.

[3] On trouve des épreuves de ce même frontispice *in douze* avec ce titre: recueil de diverses figures Turques, gravées par Seb. le Clerc. Et au bas est écrit: à Paris, chez de Rochefort, graveur, rue S. Jacques, au Palmier. Mais ces épreuves sont postérieures à l'édition de 1670.

la porte du férail, où ils l'étranglerent par ordre de l'empereur fon petit-fils Pendant cette cruelle exécution, un de ces affaffins ayant par hafard approché fon pouce de la bouche de cette princeffe, elle le mordit fi violemment, que le foldat ne put lui faire lâcher prife, qu'en lui donnant un coup de poignard dans le vifage. *Le Clerc f.* [1]

Haut. 2 pou. 3 lig. long. 4 pou. 9 lig.

~4. La lettre C où l'on voit fur la gauche une tente & des foldats Turcs armés de piques : dans le lointain une ville.

Haut. 14 lig. larg. 13 lig.

+5. Vignette du livre II. On voit, fur le devant plufieurs Turcs à cheval & quelques-uns à pied. Dans le lointain une mofquée. *S. le Clerc f.*

Haut. avec la petite bordure d'ornement, 2 pou. 3 lig. long. 4 pou. 11 lig.

+6. Lettre L. Le fond eft un foleil rayonnnant, entouré de quatre croiffans.

Haut. 15 lig. larg. *idem.*

+7. Vignette du livre III. A gauche, fur le devant, un combat de cavalerie : à droite, un camp & des bataillons rangés fur le glacis d'un baftion : dans le lointain, une ville où l'on voit un grand feu, & des montagnes qui bordent l'horifon. *S. le Clerc f.*

Haut. avec la bordure 2 pou. 2 lig. long. 4 pou. 10 lig.

+8. Lettre C élevée en l'air, au-deffus d'un très-petit payfage, où l'on voit à gauche, fur le devant, deux Turcs debout, à pied : dans le lointain, une ville Turque.

Hut. 14 lig. larg. *idem.*

+9. Sultan Mahomet-Han, aujourd'hui empereur des Turcs, âgé de 26 ans, en 1669 [2].

Haut. avec l'écriture qui eft au-deffus, 3 pou. 4 lig. long. 4 pou. 6 à 8 lig.

---

[1] Il faut avoir ces vignettes avant l'écriture, c'eft-à-dire, avant les titres qui ont été gravés au bas de chacune, & avant l'adreffe de Diacre qui en a acquis les planches long-tems après l'édition.

[2] Pour que les eftampes de cette fuite foient bonnes épreuves, il faut les avoir avant les chiffres des pages, qui n'ont été mis que pour l'édition *in-douze* tirée après l'*in-quarto*, quoique dans la même année. C'eft à quoi l'on n'a pas fait affez d'attention dans les œuvres de le Clerc dont j'ai fait l'examen.

Toutes les autres planches de cette fuite font de même grandeur.

‡10. Tultentar Aga, ou celui qui porte le turban du grand feigneur.

Page de l'Hafoda ou chambre du grand feigneur. *Le Clerc f.*

‡11. Ebriftar Aga, ou celui qui donne à laver au grand feigneur.

Seliftar Aga, ou celui qui porte le cimeterre du grand feigneur. *S. le Clerc f.*

‡12. Muets du grand feigneur. Nains du grand feigneur.

‡13. Kuflir Aga, ou chef des eunuques noirs des femmes.

‡14. Habit des dames du ferail. *Le Clerc f.*

‡15. Le Boftangi Bachi, ou fur-intendant des jardins & fontaines du grand feigneur. *Le Clerc f.*

‡16. Hofaki, ou officier que le grand feigneur emploie pour porter fes ordres.

Holuagi, ou confiturier du ferail: un Agiamoglan. *S. le Clerc f.*

‡17. Le premier Vifir.

‡18. Turban.

‡19. L'Emir Bachi, ou chef de la race de Mahomet. *S. le Clerc f.*

‡20. Un Emaum, ou preftre d'une mofquée royale. *Le Clerc f.*

‡21. Prieur d'un convent de Dervis. Habit des Dervis. Efpece de Dervis qui courent dans le monde. *S. le Clerc f.*

‡22. Un Santon ou faint homme des Turcs.

‡23. Religieux de l'ordre de Edhemi.

‡24. Habit des femmes de Conftantinople. *Le Clerc f.*

‡25. Un Spahis.

‡26. Le Janifar Agafi, ou Général des Janiffaires. Un Janiffaire.

‡27. Un Solak, ou valet-de-pied du grand feigneur. Un Pajok, ou autre forte de valet de pied. *S. le Clerc f.*

‡28. Le Chiaou Backi, ou chef des huiffiers du divan. Un Deli, ou un des gardes du premier vifir [1].

---

[1] Ces 28 eftampes fe trouvent communément dans tous les œuvres de le Clerc. Aucabinet des eftampes du Roi, chez Madame de Bandeville; chez MM. Paignon, Jombert, &c. mais comme tous ces

1670.

98. Tapisseries du Roi, où sont représentés les quatre élémens & les quatre saisons. Très-grand *in-folio.* Impr. Royale. Premiere édition. 1670 [1].

+ 1. Le fleuron du titre [2] : il est terminé par une grande bordure quarrée, garnie de coquilles de l'ordre de saint Michel, entremêlées avec des fleurs-de-lys, à distances égales. Au-devant de ce quarré est une espece de couronne formée par une guirlande circulaire de feuilles de laurier liées ensemble. Au milieu du vuide que laisse cette couronne sont les armes du Roi sur un globe couronné entouré des colliers des ordres de S. Michel & du S. Esprit.

Diametre de ce fleuron quarré 6 pou. 5 lig.

+ 2. Frontispice pour les tapisseries du Roi, où sont représentés les quatre élémens & les quatre saisons de l'année. C'est un grand soubassement d'architecture en forme de piedestal, &c. voyez-en la description ci-devant aux devises des tapisseries (N°. 88. Pl. 3). C'est la même planche dont on a seulement changé l'inscription en supprimant le mot *devises.*

+ 3. Vignette de l'avertissement : on y voit quatre enfans représentant les quatre saisons par les attributs qu'ils portent, & un cinquieme enfant au milieu tenant une lyre

---

œuvres n'ont aucun ordre déterminé, les estampes de cette suite se trouvent dispersées d'un côté, les vignettes & le frontispice d'un autre, & les lettres grises dans un autre volume : il en est de même de toutes les autres suites un peu considérables ; enforte qu'il est presqu'impossible de vérifier si chacune est complette. Il y a lieu d'espérer que la publication de ce catalogue engagera les possesseurs des œuvres de ce célebre artiste à en ranger les pieces dans le même ordre que l'on a observé ici. C'est alors qu'ils pourront juger par eux-mêmes de l'état où se trouve leur œuvre, & qu'ils verront avec surprise la quantité de pieces qui leur manquent pour le completter.

[1] La seconde édition de cet ouvrage a été faite en 1679, avec l'adresse de Seb. Mabre Cramoisy, rue S. Jacques, & avec différens changemens aux vignettes, dont on va rendre compte.

[2] Ce fleuron dessiné & gravé par le Clerc se trouve sur le titre de tous les ouvrages qui furent imprimés alors aux dépens de S. M. tantôt de la grandeur de celui-ci, tantôt réduit à une forme plus petite, selon la grandeur du volume. Dans la seconde édition des tapisseries, en 1679, ce fleuron n'a plus que 4 pou. 6 lig. de diametre.

d'Apollon & rayonnant de lumiere. Au-deſſous d'eux eſt une grande draperie étendue, ſur laquelle ſont les douze ſignes du zodiaque. Cette vignette, de la compoſition de Bailly, eſt gravée par le Clerc. Elle eſt entourée d'une légere bordure d'ornement [1].

Haut. de la vignette 3 pou. 6 lig. long. 8 pou. 11 lig.

+ 4. Grande lettre V pour le méme avertiſſement. On y voit la Juſtice aſſiſe ſur des nuages foulant aux pieds le Vice & l'Erreur : elle tient dans ſes mains la balance & l'épée. Le tout eſt renfermé dans une petite bordure formée par un ruban entortillé. *Le Clerc in. & f.*

Grandeur 2 pou. 3 lig. en quarré.

+ 5. Frontiſpice pour les tapiſſeries des quatre élémens. C'eſt une grande bordure quarrée, &c, dont on a donné ci-devant la deſcription aux deviſes des tapiſſeries (N°. 88. Pl. 4). M. le Clerc en regravant ce méme ſujet en a changé la compoſition à quelques endroits. L'intérieur de la bordure, c'eſt-à-dire l'eſpace vuide qu'elle laiſſe en dedans, étoit à pans coupés formant un octogone, ici c'eſt un quarré en hauteur. Le bas, où l'on voyoit la mer dans un cartel terminé par des roſeaux & deux dauphins, eſt ici changé en une fontaine jailliſſante, jettant un gros bouillon d'eau qui tombe dans une coquille, & de là ſe ſépare en pluſieurs napes pour retomber dans un baſſin bordé de ſeuilles d'eau, où ſont deux dauphins. Enfin l'eſpace vuide que laiſſe la bordure, qui étoit blanc aux deviſes des tapiſſeries, eſt ici ombré d'une taille légere & égale qui y forme comme un lavis très-tendre : on y lit : Tapiſſeries du Roi, où ſont repréſentés les quatre élémens. Enfin c'eſt une autre planche mieux gravée & moins griſe que la premiere. On lit au bas : *I. Bailly in. Le Clerc ſculp.* A la ſeconde édition on a effacé le nom de Bailly.

Haut. de l'eſtampe 15 pou. larg. 10 pou. 6 lig.

+ 6. Vignette pour les tapiſſeries des quatre élémens. On voit au milieu les armes du Roi dans un cartel ſoutenu par

---

[1] Cette vignette a été réduite plus en petit & gravée par Pierre le Pautre pour la ſeconde édition de ce méme ouvrage, en 1679, où elle ſe trouve n'avoir plus que 2 pou. 11 lig. de haut ſur 7 pou. 6 lig. de long y compris la bordure.

deux grandes ailes, & par deux trompettes paſſées en ſautoir derriere ce cartel, au-deſſus duquel eſt une grande
couronne royale. Aux deux côtés de ces armes on voit
deux enfans aſſis ſur un ſoubaſſement d'architecture : celui
à droite tient une houlette de la main gauche ; il a la droite
appuyée ſur un lion : celui à gauche tient une torche allumée de la droite, & il a l'autre main ſur la tête d'une ſala-
mandre couchée ſur un braſier ardent. Dans le fond, on
voit la mer des deux côtés de ces enfans : à droite, un dauphin nageant ſur les flots, à gauche, des oiſeaux qui volent
dans l'air. Cette vignette, du deſſein de J. Bailly, eſt gravée par le Clerc : elle eſt entourée d'une petite bordure
d'ornement (1).

Haut. avec la bordure 3 pou. 5 lig. long. 8 pou. 11 lig.

+ 7. Grande lettre L pour les tapiſſeries des élémens, qui
y ſont déſignés par quatre enfans grouppés ſur des nuages,
tenant chacun l'attribut qui lui convient : le tout entouré
d'une petite bordure d'ornement. *Le Clerc f.*

Grandeur de cette petite eſtampe, 2 pou. 4 lig. en quarré.

+ 8. Grand cul-de-lampe quarré à la fin du diſcours
ſur les quatre élémens. Il repréſente un grand ange volant, aſſis ſur des nuages, ſonnant d'une trompette qu'il
tient de la main droite, & tenant une autre trompette de
la gauche.

Haut. du cuivre 6 pou. 2 lig. larg. 5 pou. 8 lig.

+ 9. Tapiſſerie repréſentant l'élément du feu, déſigné par
Vulcain forgeant les foudres de Jupiter, & ayant autour
de lui toutes ſortes d'armes guerrieres. Jupiter & Vénus
ſont aſſis ſur des nuages au-deſſus de lui. Cette eſtampe eſt
entourée d'une belle bordure enrichie d'un aſſemblage ſingulier de toutes ſortes d'outils, d'armes, & d'ouvrages
forgés ou fondus par le moyen du feu. Aux deux milieux
de la bordure, dans un cadre quarré long, on voit à gauche la reddition de Marſal en 1663, & à droite la pyramide élevée à Rome contre les Corſes, en l'an 1664.

***

[1] Cette vignette a été réduite plus en petit & gravée par P. le
Pautre, pour la ſeconde édition de ce même ouvrage, en 1679. Elle
n'a plus alors, avec ſa bordure, que 2 pou. 10 lig. de haut, ſur 7
pou. 6 lig. de long.

1670.

Aux quatre angles, dans des médaillons ronds, sont quatre devises dont on a déjà rendu compte aux devises des tapisseries du Roi (Nº. 88). On lit au bas de l'estampe *C. le Brun in. S. le Clerc sculp. I. Goyton ex.*

Haut. de l'estampe 13 pou. 3 lig. long. 19 pou. 3 lig.

Chez M. Paignon une petite esquisse pour cette tapisserie, dessinée au crayon rouge, par le Clerc, avec un lavis d'encre de la Chine par dessus le crayon. On y voit Vulcain dans son attelier appuyé sur son enclume, &c.

Haut. du sujet sans la bordure, 4 pou. 10 lig. long. 8 pou.

10. Grand cul-de-lampe à la fin de la description de la tapisserie du feu, représentant allégoriquement les quatre élémens. Il est terminé en haut par une grande draperie attachée par les deux extrémités : & en bas par un globe terrestre, au-dessus duquel est un dauphin portant une grande lyre dont le haut est couronné par un phénix au-dessus d'un brasier, renaissant de ses cendres & prêt à s'envoler. Aux deux côtés de la lyre, sont deux enfans jouant d'instrumens à vent : ils ont à leurs pieds des trophées de gouvernails, de roseaux, d'ancres, &c. Ce fleuron, de la composition de I. Bailly, est gravé par le Clerc. Aux dernieres épreuves on voit le nom de Bailly, à droite, sur un des gouvernails antiques.

Haut. du cuivre 6 pou. 9 lig. long. 8 pou. 10 lig.

11. Tapisserie représentant l'élément de l'air caractérisé par Junon élevée sur un nuage, qui chasse les vents, & par Iris assise sur l'arc-en-ciel. Une multitude d'oiseaux de toutes les especes remplit le reste de cette estampe. La bordure qui est autour est ornée d'un assemblage singulier de toutes sortes d'intrumens à vent. Aux quatre angles sont quatre devises allégoriques à cet élément, & dans les deux milieux de la bordure, on voit dans deux cadres particuliers, à gauche, l'isle de la Conférence pour le mariage du Roi, en 1660, & à droite, un feu d'artifice pour le même sujet. On lit au bas, à gauche : *C. le Brun in.* Il n'y a point de nom du graveur ni de l'imprimeur.

Haut. de l'estampe 13 pou. 3 lig. long. 19 pou. 3 lig.

12. Grand cul-de-lampe à la fin de la description de la tapisserie de l'air, représentant allégoriquement les quatre

faisons, par des fleurs, des épis de bled, un grand vase plat rempli de fruits, & un autre vase en cul-de-lampe, plein de charbons allumés, suspendu par des chaînes, à une couronne en guirlande très-ingénieusement composée, & enrichie de pampres & de raisins très-bien rendus. Le tout forme une espece de médaillon, au haut duquel est une tête de soleil rayonnante de lumiere qui dissipe des nuages.

Haut. du cuivre 6 pou. 9 lig. long. 8 pou. 3 lig.

413. Tapisserie représentant l'élément de l'eau. On voit sur le devant Neptune & Thetis, sur la mer, dans un char fait d'une conque tiré par deux chevaux marins ; avec une grande quantité de poissons & de coquillages. La bordure est ornée de coquilles de mer de toute espece, avec divers attributs de marine. Aux quatre angles il y a quatre devises allégoriques à l'élément de l'eau. Aux deux milieux, sont deux tableaux, dont l'un à gauche est un vaisseau François qui donne la chasse à un corsaire : dans celui à droite, le départ d'un vaisseau sortant d'un port de France pour un voyage de long cours. Au bas de l'estampe est écrit : *C. le Brun in. I. Goyton ex.* Point de nom de graveur.

Haut. avec la bordure 13 pou. 4 lig. long. 19 pou. 2 lig.

414. Tapisserie représentant l'élément de la terre, caractérisé par Cybele & Cerès montées dans un charriot attelé de deux lions. Dans le lointain on voit des troupeaux dans un paturage. Plus loin, un beau jardin & des eaux jaillissantes. La bordure est remplie par des fruits, des légumes, & différens outils servant au jardinage & à l'agriculture. Les deux milieux sont occupés par deux tableaux : à gauche est une vue de Paris, du côté du château des Tuileries & du pont de bois appellé pont-rouge, qui étoit visà-vis, avant que l'on eût bâti le pont royal. Dans celui à droite est une vue de la ville de Dunkerque dont Louis XIV fit l'acquisition en 1662. On lit au bas, à droite, seulement, *le Clerc sculp.*

Même grandeur que la précédente.

415. Frontispice pour les quatre saisons, formé d'une espece de bordure très-large, &c. Voyez-en ci-devant la description (N°. 88. Pl. 22.) aux devises des tapisseries. C'est la même planche dont on a effacé le titre pour y subs

tituer celui-ci : Tapiſſeries du Rói où ſont repréſentées les quatre ſaiſons. Au bas eſt écrit : *I. Bailly in. Le Clerc ſculp.*

16. Lettre D pour le diſcours ſur les tapiſſeries des quatre ſaiſons. Elles y ſont repréſentées ſous la figure de quatre femmes tenant chacune les attributs qui leur conviennent, grouppées ſur des nuages & ſur un globe terreſtre aux armes de France. On lit au bas : *le Clerc f.*

Grandeur de la lettre avec ſa bordure d'ornemens, 2 pou. 4 lig. en quarré.

La vignette eſt la même que celle de l'avertiſſement, voyez ci-devant pl. 3.

17. Tapiſſerie repréſentant la ſaiſon du printems. On y voit Mars & Vénus aſſis ſur des nuages, tenant un médaillon où l'on voit Louis XIV à cheval, partant pour la guerre, à la tête de ſes troupes. Le fond repréſente une partie des jardins de Verſailles, vus du côté de l'orangerie. La bordure eſt du même deſſein que celle de l'élément de l'air (pl. 11 de ce Nº.), mais comme celle-ci eſt plus courte, on a retranché quelques inſtrumens aux milieux, en haut & en bas, & l'on a ſupprimé les deux tableaux ou cadres quarrés du milieu de la bordure, de chaque côté. On lit au bas : *C. le Brun in. Le Clerc ſculp.*

Haut. de l'eſtampe avec ſa bordure 13 pou. 4 lig. long. 16 pou. 6 lig.

18. Tapiſſerie pour la ſaiſon de l'été. On y voit Apollon & Minerve élevés ſur des nuages avec les attributs des arts, tenant un médaillon dans lequel eſt repréſenté le principal avant-corps d'une des façades du Louvre : ſur le devant, des gerbes de bled & des fruits d'été. Le fond eſt une vue du château & des jardins de Fontainebleau, du côté du grand étang. La bordure eſt la même que celle de l'élément du feu (ci-devant pl. 9), dont on a retranché ſur la longueur divers attributs militaires. Les deux cartels ou cadres des deux milieux ſont auſſi ſupprimés, & les quatre deviſes aux quatre coins ſont changées. On lit au bas : *C. le Brun in.* Il n'y a point de nom de graveur, ni d'imprimeur.

Même grandeur.

19. Tapiſſerie pour la ſaiſon de l'automne. Apollon & Diane y paroiſſent aſſis ſur des nuages, ſoutenant un mé-

1670.

daillon où le Roi eſt repréſenté courant le cerf. Bacchus eſt au-deſſous, environné de raiſins : on voit aux pieds de Diane, des filets & autres attributs de la chaſſe. Dans le lointain, à droite, une vue du château & de la terraſſe de Saint-Germain-en-Laye, du côté de la riviere. La bordure eſt la même que celle de l'élément de la terre (pl. 14), mais elle eſt un peu plus courte. Les deviſes des quatre angles ſont auſſi différentes. On lit au bas : *C. le Brun in. Le Clerc ſculp.*

Même grandeur.

+20. Tapiſſerie pour la ſaiſon de l'hiver. On y voit Saturne ou le Tems tenant une horloge de ſable, & la déeſſe Hébé accompagnée des attributs de la muſique & de la comédie, tenant un médaillon rempli d'une ſcene de l'opera de Médée & Jaſon. Sur le devant, du gibier, des filets, des fruits & des légumes d'hiver. Dans le lointain, à gauche, la porte de la Conférence & partie du pont-rouge, qui étoit de bois, &c. La bordure eſt la même que celle de l'élément de l'eau (pl. 13.) diminuée de longueur. Les quatre deviſes des médaillons ſont changées, & les deux cadres du milieu ſupprimés. On voit au bas de l'eſtampe. *S. le Clerc ſculp.* Le nom de le Brun n'y eſt point.

Même grandeur.

Cette ſuite d'eſtampes ſe trouve par-tout, mais inégalement conditionnée pour la beauté des épreuves. Les meilleures ſont celles qu'on trouve dans la premiere édition de cet ouvrage, en 1670. On voit à quelques-unes de celles-ci le nom de Goyton, célebre imprimeur en taille douce, qui travailloit alors pour les ouvrages du Roi & qui étoit très-habile dans ſa profeſſion.

1671.

+99. Grande médaille allégorique à la gloire de Louis XIV, imaginée par le pere Souhaitty.

C'eſt une grande eſtampe quarrée au milieu de laquelle eſt une grande médaille au trait, où l'on voit le portrait de Louis XIV, & ſur le revers la Ville de Paris aſſiſe, tenant une corne d'abondance, ayant pour légende *felicitas publica* ; & à l'exergue *Lutetia.* Le tout entouré de palmes &

de branches de laurier, & porté fur un foubaffement d'architecture, avec quantité de drapeaux, étendarts, boucliers,
cafque, épée & autres armes. Au haut, deux Renommées
volantes, fonnant de la trompette, avec une légende fur
laquelle eft écrit : *Ludovicus Magnus. Le Clerc fecit.*

Au-deffous de cette eftampe eft gravé, fur une planche à
part imprimée au bas de celle-ci : *l'époque de Louis le
Grand fixée en l'an de celle de J. C.* 1671 [1].

> Des grandeurs de Louis qui veut le milléfime,
> N'aille point confulter l'oracle d'Apollon ;
> Le Ciel nous le fait voir dans fon augufte nom,
> C'eft lui qui l'a donné, c'eft lui feul qui l'exprime.
> Au plus grand roi du monde aßigner une époque,
> Et dans fon propre nom à deffein la placer,
> C'eft dire hautement & fans nulle équivoque,
> Que les tems ni les ans ne pourront l'effacer.
>
> *F. J. J. Souhaitty.*

Haut des deux pl. réunies, 15 pou. 8 lig. larg. 11 pou.
1 lig.

Au cabinet des eftampes du Roi, épreuve ordinaire.
Chez Madame de Bandeville, épreuve avant la lettre,
avant les ombres fortifiées fur l'aile & le pavillon de
la Renommée, à droite, fur quelques étendarts pendans
au bas de l'eftampe, & à divers autres endroits. Chez
M. Paignon, deux épreuves, l'une avant les armes, fur
les boucliers d'en bas ; l'autre avec les armes, les légendes changées dans les pavillons des trompettes que
tiennent les Renommées d'en haut, & quelques autres différences. Chez M. Jombert, épreuve ordinaire avec les
deux pl. tirées enfemble.

100. **Addition à la petite géométrie de le
Clerc, en 42 planches.**

M. le Clerc ayant deffein d'augmenter fa petite géométrie dans une feconde édition qu'il projettoit, ou d'y
ajouter un fecond volume, pour faciliter aux jeunes gens

---

[1] Le P. Souhaitty, auteur de cette efpece de logogryphe,
trouve le nombre 1671 dans les deux mots *Ludovicus Magnus*, en les
écrivant ainfi : LVDoVICVs MagnVs.

l'étude de cette science, grava en différens tems, un grand
nombre de planches qui devoient entrer dans ce volume.
Ayant ensuite changé de projet, il ne fit aucun usage de
ces planches, & en supprima une grande partie qui n'ont
point paru, & dont nous n'avons pas eu de connoissance.
Nous ne rendrons donc compte ici que de 42 [1] des ces
planches dont nous avons trouvé des épreuves dans l'œuvre
de le Clerc appartenant à Madame de Bandeville; c'est le
seul œuvre où nous les avons vu réunies On n'en trouve
que 24 dans tous les autres œuvres: dans celui de M.
Jombert, qui vient du cabinet de M. Huquier, il s'en est
trouvé 27, dont trois extrémement rares.

† 1. Planche cotée page 15. Le sujet des deux figures de
géométrie répond aux propositions X & XI du chap. IV
du traité de géométrie par Séb. le Clerc, *In-octavo*, imprimé
en 1690. Hausser le triangle IKL jusqu'au point M : &
abaisser le triangle ABC au point D.

Au-dessous, dans le lointain, on voit un très-joli château, avec ses jardins : sur le devant, à gauche, un bout
de terrasse ombrée, quelques arbres secs, & un ponceau
d'une seule arche au-dessus d'un ruisseau.

Haut. de cette planche & des suivantes, 3 pou. 4 lig.
larg. 2 pou. 4 lig.

† 2. Planche cotée page 43. Le sujet de la figure d'en haut
répond à la prop. XXXV du chap. IV du même *traité de
géométrie*. Faire ensorte que le côté AB du pentagone ABD
soit parallele à CE.

Au-dessous, dans le lointain, un grouppe de maisons
& d'arbres, où l'on voit sur le bord, à droite, une église

_____

[1] Après la mort de M. le Clerc, ces 42 planches ont passé entre
les mains de ses héritiers, & de là dans celles de M. Odieuvre, Marchand d'estampes, connu par sa collection de portraits, qui n'en a
conservé que 24 des plus intéressantes, dont il a vendu quelques
suites, & il a fait effacer les autres. Ces vingt-quatre planches ont
passé ensuite à M. Chalquois, Secrétaire de M. le Prince de Salm, rue
d'Enfer, qui les possede encore aujourd'hui, avec plusieurs autres
planches de le Clerc, telles que celles de vingt-une médailles au trait,
pour l'histoire de Louis XIV, aussi de le Clerc, &c. & toutes les planches
de la suite des portraits du fonds de M. Odieuvre, avec un nombre de
suites completes des premieres épreuves de ces portraits.

avec son clocher. A gauche, sur le devant, une portion
de maisons avec une enseigne, le tout fortement ombré.

{ 3. Planche cotée page 49. Elle est totalement occupée
par trois figures de géométrie qui descendent jusqu'en bas,
dont deux au trait, & celle qui est au-dessous est ombrée
d'une seule taille. Il n'y a aucun sujet de figure ni de paysage au bas. Rare.

{ 4. Planche cotée page 59. Le sujet des figures de géométrie est pour réduire un pentagone en triangle, chap.
IV. prop. IX du *traité de géométrie*, *in-octavo*.

Au bas de la démonstration, on voit à gauche, dans
le demi-lointain, un grouppe d'arbres & de maisons : à
droite une riviere & des arbres, avec des montagnes derriere dans le plus grand éloignement.

{ 5. Planche cotée page 63. Elle est totalement occupée
par deux figures de géométrie dont celle d'en haut est au
trait, & celle d'au-dessous est un corps solide dont une
partie est ombrée à une simple taille, & l'autre l'est avec
deux tailles croisées. Rare.

A droite, au bas de l'estampe, proche le bord, sur le
devant, est un homme debout, appuyé sur sa canne, son
manteau retroussé sur le bras droit, vu de profil, regardant
à gauche.

{ 6. Planche cotée page 85. La figure d'en haut répond à
la prop. VII du chap. V du *traité de géométrie in-octavo*.
Pour réduire le plan BF en six parties égales, par des
lignes tirées de l'angle A.

Au-dessous, à droite, sur le devant, on voit la Géométrie sous la figure d'une Muse assise, ayant devant elle une
écritoire sur un appui de pierre : devant elle un globe, &
à côté d'elle, à gauche, des livres. Derriere elle, un
grand mur ombré d'une seule taille allant en pente. Ce mur
est percé à jour d'une grande ouverture surbaissée, sans
aucuns lointains.

{ 7. Planche cotée page 89. Le haut est occupé par une
figure de géométrie, pour tirer de l'angle A une ligne qui
partage le plan AEDC en deux également ; chap. V, prop.
VIII du *traité de géométrie in-octavo*.

Au bas, à gauche, on voit un homme assis sur une
pierre, accoudé sur le bras gauche, & regardant en face ;

il est enveloppé dans son manteau, avec chapeau à plumet, & rabat : tout le reste est blanc : il n'y a ni fond ni lointain.

8. Planche cotée page 91. La démonstration de géométrie qui est au-dessus occupe une grande partie de la planche. Au-dessous, à droite, sur le devant, on voit un pauvre paysan vu en face, assis par terre, au pied d'un gros arbre dont il ne paroît que le tronc ; son paquet & son bâton sont à côté de lui. Dans le lointain, à gauche, partie d'une pyramide , & quelques fabriques avec des arbres derriere. Cette estampe est fort rare.

9. Planche cotée page 95. La partie d'en haut est occupée par deux figures de géométrie sur la réduction ou transformation des plans, dont la seconde, qui est au simple trait, descend très-bas.

Au-dessous, à gauche, sur le devant, une croix de bois un peu penchée & arc-boutée par le devant avec deux pieux : derriere cette croix, une montagne & quelques broussailles au milieu desquelles est un petit hermitage, le tout fortement ombré. A droite, vers l'horison, des montagnes fort éloignées. Cette estampe est rare.

10. Planche cotée page 107. Dans la partie d'en haut, le milieu de la planche est occupé par la maniere de partager en cinq parties égales un hexagone régulier. Chap. V, prop. XIV du traité de géométrie, in-octavo.

Dans le lointain, vers la droite, une maison de campagne à plusieurs étages, avec un mur de clôture au devant , & trois arbres taillés en ifs sur le côté. A gauche, vers le bord de la planche, un homme en manteau, debout, à côté d'une femme en pareille attitude, à l'ombre d'un grand arbre.

11. Planche cotée page 115. La figure d'en haut est une démonstration de la maniere de diviser un pentagone en trois parties égales, par des lignes tirées du point F au-delà de la figure. Chap. V, prop. XI, du traité de géométrie, in-octavo.

Au-dessous de la figure, qui descend presqu'au bas de la planche, une ville très-éloignée borne l'horison, qui est extrêmement bas. Sur le devant, à droite & à gauche, un petit bout de terrasse fortement ombrée.

11. Planche

12. Planche cotée page 145. Les deux figures d'en haut démontrent la maniere de divifer le quadrilatere ABCD en trois parties égales, par une ligne parallele au côté BC. Chap. V prop. XXXVIII.

Le peu de place qui refte en bas eft rempli par une ville extrêmement éloignée. Sur le devant, à gauche, un pay- fan, fon bâton fur l'épaule, & une payfanne dont la robe eft retrouflée, qui voyagent enfemble, allant à droite.

-13. Planche cotée page 147. Elle eft remplie par une grande figure de géométrie, moitié au trait, moitié om- brée, qui defcend jufqu'au bas de la planche. Rare.

Le N°. qu'elle porte nous difpenfe d'en donner une plus ample defcription, n'y ayant rien d'intéreffant ni aucun fujet de figure fur cette planche.

-14. Planche cotée page 149. Tout le haut eft occupé par la démonftration de la propofition XXX du chap. V du *traité de géométrie*, in-octavo. Partager l'exagone ré- gulier AD en quatre parties égales, par des lignes paral- leles à la diagonale CF.

Au-deffous quatre enfans jouent avec une groffe guir- lande de pampres & de raifins, fur laquelle eft monté un cinquieme enfant déguifé en Bacchus: à côté, à gauche, fur le devant, eft un mur de pierre à hauteur d'appui, à demi-ruiné. Cette eftampe eft une des rares.

15. Planche qui n'eft point cotée, dont les figures ont rapport au chap. VI, prop. VI du *traité de géométrie*, in- octavo, fur la maniere de réduire une figure de grand en petit, ou de petit en grand.

Au-deffous de la figure, on voit à gauche, fur le de- vant, des ruines d'anciens batimens fur le bord de l'eau. Plus loin, vers la droite, un petit fort fur un rocher au milieu de l'eau, & un petit vaiffeau. L'horifon eft ter- miné par une chaine de montagnes qui paroiffent fort éloignées.

-16. Planche qui n'eft point cotée. Toute cette planche eft occupée par quatre démonftrations géométriques fur la réduction & la transformation des plans, dont une partie eft ombrée, & le refte au trait. Point de figures ni de loin- tain. Rare.

K

1671.

17. Planche qui n'eſt point cotée. Elle eſt entiérement remplie par deux figures de géométrie. Celle d'en haut contient trois quarrés inſcrits l'un dans l'autre, dont le plus petit, qui eſt à gauche, eſt ombré. Celle d'en bas offre quatre cercles excentriques de différente grandeur. Rare.

18. Autre planche point cotée, ſans aucun ſujet de figures ni de payſage. Deux figures de géométrie tiennent toute la planche : elles ont rapport à la maniere de changer deux triangles en deux autres de même ſuperficie. Les mêmes lettres ABCDEFGH ſont employées aux deux figures pour déſigner les mêmes angles. Rare.

19. Planche point cotée. La figure d'en haut montre la maniere de changer un cercle en un quarré de même ſuperficie. Au-deſſous, à droite, on voit un moulin à vent élevé ſur un ſoubaſſement circulaire en pierre, avec les maiſons du meûnier, &c. Sur le devant, quelques terraſſes moitié éclairées, moitié ombrées.

20. Planche point cotée. Toute la planche eſt occupée par une opération de géométrie pratique, dont la démonſtration eſt ſur un papier au-deſſus de la figure, pour diviſer ſur le terrein un parallélogramme qui a un angle aigu, en trois parties égales. Autour de ces deux plans on voit diverſes poſitions d'une carte topographique tracées légérement.

21. Planche point cotée. Une opération de géométrie pratique ſur le terrein pour élever une perpendiculaire au pied d'un mur, occupe tout le bas de la planche. On y voit trois hommes agenouillés par terre qui plantent un piquet à chaque angle d'un triangle équilatéral, dont la figure eſt tracée ſur la moitié de la planche qui eſt vuide. *Traité de géométrie, chap. X, prop. I.*

22. Planche point cotée. Le bas de la planche eſt occupé par une opération pour tracer ſur le terrein une ligne qui faſſe un angle droit avec un mur propoſé. *Traité de géométrie, chap. X, prop. II.* Sur le devant, un homme à genoux tend le cordeau & enfonce un piquet pour tracer cette ligne. Plus loin, deux hommes debout converſent enſemble. On apperçoit des montagnes dans le lointain.

23. Planche point cotée. Une opération de géométrie occupe toute la planche. Il s'agit d'élever une perpendi-

colaire, & de former une alée d'arbres vis-à vis le milieu d'un château inaccessible & entouré d'eau. L'édifice est dans le fond, tout au haut de la planche, avec un perron en portique à colonnes, & des marches à droite & à gauche, qui descendent dans l'eau.

-24. Planche point cotée. On voit au haut de cette planche dix arbres formant deux lignes paralleles, a cinq de chaque côté : au dessous, un mur, avec une tourelle ronde à gauche, & une tour quarrée à droite. Rare.

+25. Planche point cotée. Le bas de cette planche est occupé par deux opérations pour lever sur le terrein le plan d'un angle rentrant, & celui d'un angle saillant. Traité de géométrie, chap. X, propos. VI & VII. La démonstration est au dessus.

+26. Planche point cotée. Les deux tiers de cette planche sont occupés par une opération pour tracer sur le terrein un triangle semblable à un triangle ABC, dont la figure est au dessus tracée sur un papier. Traité de géométrie, chap. X, prop. VIII.

+27. Planche point cotée. Le bas de la planche est rempli par une opération pour tirer une ligne sur le terrein, qui réponde à une ligne donnée sur la planchette. Traité de géométrie, chap. X, prop I de la planchette. On voit sur la partie d'en haut, qui est presque vide, la maniere de prolonger cette même ligne sur le terrein, par le moyen de la planchette & de plusieurs piquets.

-28. Planche point cotée. Cette planche est séparée en deux parties. Sur celle d'en haut, est tracé légerement le plan d'une place irréguliere située le long d'une riviere. En bas, cette place paroit dessinée avec ses tours, ses fossés pleins d'eau, & a riviere qui est à droite sur le long coté de cette même place. Rare.

-29. Planche point cotée. Celle-ci est remplie par deux démonstrations de géométrie, sans aucune figure ni sujet au bas, pour rapporter sur le terrein un angle proposé sur la planchette. Traité de géométrie, chap. X, propos. II de la planchette. Rare.

-30. Planche point cotée. Les deux figures qui occupent le haut & le bas de cette planche font voir deux opérations pour mesurer sur le terrein une largeur inaccessible, comme celle d'un marais, ou d'une riviere. *Traité de géométrie, chap. X, prop. IV de la planchette.*

~31. Planche point cotée. Elle est partagée en trois parties. On voit au haut le plan de l'angle saillant d'un bastion, avec son fossé sec, & la campagne qui l'environne. Au milieu, ce même angle tracé légèrement par le moyen de la planchette, qui est à droite. En bas, ce même angle de bastion tracé de même avec la planchette, qui se trouve à gauche. Rare.

+32. Planche point cotée. Toute la planche est remplie par un exemple de la maniere de tracer sur le terrein un plan semblable à un plan donné sur la planchette. *Traité de géométrie, chap. X, prop. V de la planchette.* On voit ici un fort à quatre bastions tracé sur la planchette posée au milieu d'un terrein donné, avec des rayons dirigés avec le cordeau, qui répondent aux lignes & aux angles du plan proposé.

+33. Planche point cotée. Lever le plan d'une place & 1°. du bastion BEB. *Traité de géométrie, chap. X, prop. VI de la planchette.* La planchette est ici au milieu du bastion qui est dessiné en grand, avec le terre-plein du rempart, son fossé plein d'eau, & partie du chemin couvert.

+34. Planche point cotée. Toute la planche est occupée par une opération qui est une suite de la précédente. On voit ici deux bastions joints par une courtine, avec leur fossé sec, & la campagne qui est au-delà, dont on a levé le plan par le moyen de la planchette, transportée d'un bastion à l'autre.

~35. Planche point cotée. Toute cette planche présente une opération pour trouver sur un terrein montagneux la situation de deux lieux donnés, relativement à plusieurs autres positions par le moyen de la planchette. *Traité de géométrie, chap. X, prop. VII de la planchette.* Rare.

~36. Planche point cotée. C'est le même sujet que la proposition précédente. On voit ici deux opérations pour lever les diverses positions d'une carte topographique donnée sur le terrein & les rapporter sur le papier, par le moyen de la planchette, sans aucun autre sujet au bas. Rare.

~37. Planche point cotée. On voit sur cette planche la maniere de tracer sur le terrein, par le moyen des piquets, un hexagone, dont les dimenſions ſont données ſur un grand papier déroulé. Derriere ce papier il y a une terraſſe fortement ombrée, & quelques petits arbres qui paroiſſent très-éloignés. Rare.

- 38. Planche point cotée. Toute la planche eſt occupée par le plan d'une ville fortifiée de baſtions, avec leurs foſſés ſecs : on en voit la moitié au bas de la planche. Au-deſſus eſt la campagne, & vers le haut quelques montagnes à vue d'oiſeau, avec un fort en pentagone irré-gulier, tracé à droite, ſur le terrein, & un baſtion tracé ſur un grand papier, à gauche. Rare.

+39. Planche point cotée. Celle-ci eſt ſéparée en deux parties égales ; on a repréſenté dans toutes les deux, partie d'un château avec ſon mur de clôture, au-devant duquel eſt un marais impraticable & fort étendu : avec cette diffé-rence qu'en haut la planchette ſe trouve à gauche, & qu'en bas, elle eſt vers la droite. *Traité de géométrie*, *chap. X*, *prop. VIII de la planchette*. Conduire d'un point donné I la ligne IH, parallele à la muraille AB, de laquelle on ne peut approcher. Rare.

+40. Planche point cotée. Meſurer la hauteur AB, de la-quelle on ne ſauroit approcher. *Traité de géométrie*, *chap. X*, *prop. XII de la planchette*. On donne ici deux exemples de la maniere de meſurer la hauteur d'une tour ou autre bâtiment, ſur un terrein de niveau.

+41. Planche point cotée. Meſurer ſur un terrein inégal & penchant ES la hauteur d'une tour inacceſſible AB, dont le pied eſt plus bas que le niveau du terrein d'où l'on meſure cette hauteur. *Traité de géométrie*, *chap. X*, *prop. XIII de la planchette*. Il y a deux exemples différens de cette opération.

+42. Planche point cotée. Meſurer la hauteur de la mon-tagne AB. *Traité de géométrie*, *chap. X*, *prop. XIV de la planchette*. Les deux figures qui rempliſſent cette plan-che, ſont deux exemples de la maniere dont on peut, par le moyen de la planchette, meſurer la hauteur d'une montagne, ſoit par pluſieurs ſtations, ſoit en une ſeule opération [1].

_____

[1] Les citations que nous avons ajoutées à la ſuite de la deſcription de la plupart des planches ci-deſſus, ſervent à faire voir que M. le

1671.

+101. Mémoires pour servir à l'histoire naturelle des animaux, par MM. de l'Académie Royale des Sciences. Très-grand *in-folio*. Impr. royale. Premiere partie. 1671 [1].

+1. Le frontispice [2]. Il représente une des salles du

Clerc ayant renoncé à faire usage de ces planches qu'il avoit gravées, a cependant employé les mêmes sujets dans son *Traité de Géométrie théorique & pratique*, *in-octavo*, imprimé chez Jean Jombert en 1690, dont on parlera ci-après au N°. 209.

[1] M. Perrault, choisi par MM. de l'Académie pour être le rédacteur de leurs observations sur cette partie de l'histoire naturelle, avoit déjà prévenu le goût du public, en 1669, par la description anatomique de cinq animaux qu'il publia alors, en un petit volume *in-quarto*, dont nous avons déjà fait mention (pages 103 & 104, entre les N°. 91 & 92) en 1671 il donna les mêmes descriptions, augmentées de neuf autres, en un grand volume *in-folio*, dont il est question ici ; ce qui fait quatorze animaux différens décrits dans cette premiere partie. En 1675, M. Perrault y en ajouta plusieurs autres, au nombre de quinze, & en forma une seconde partie à laquelle il joignit la premiere, qui fut réimprimée en même tems. Voyez ci-après au N°. 111.

M. Perrault étant mort en 1688, M. Duverney, nommé par l'Académie pour le remplacer dans ce travail, fit tronquer les planches des vingt neuf animaux précédens, & fit beaucoup de changemens dans les développemens anatomiques qu'on voit au haut de chaque planche. Il fit graver en même tems par M. le Clerc douze nouvelles planches plus petites, se proposant de faire du tout une nouvelle édition de format petit *in-folio*, pour rendre l'ouvrage plus portatif & d'un prix plus modique. Mais cette édition, commencée à l'Imprimerie Royale en 1690, ne fut pas achevée. Il n'y en a jamais eu qu'un seul exemplaire qui a été tiré pour essai. M. Anisson, directeur de cette imprimerie, fit présent de cet exemplaire unique à M. d'Hermand, d'où il a passé dans le cabinet de M. le duc de Chaulnes. Voyez ci-après la description de ces douze planches au N°. 230.

[2] Ce même frontispice se trouve aussi à la tête du recueil de plusieurs traités de mathématiques, & le grand *in-folio*; de l'histoire des plantes de Dodart, & de divers autres ouvrages de MM. de l'Académie des sciences ; mais les premieres épreuves sont à celui-ci On y lit ordinairement *Goyton ex.* C'est le nom d'un célèbre imprimeur en tailles douces qui travailloit alors pour les ouvrages faits aux dépens du Roi.

Ce frontispice a été réduit à la grandeur *in-quarto*, & gravé par CL. Duflos le pere, en 1730, pour les mémoires de l'académie des sciences,

jardin du Roi, orné de tout ce qui peut convenir aux arts
& aux sciences, & à l'histoire naturelle. Le Roi, M. Colbert, plusieurs seigneurs & ministres d'état, & nombre de
savans y paroissent examiner les curiosités de ce cabinet. Il
y a dans le fond deux grandes fenêtres en arcades, au travers desquelles on voit le jardin royal des plantes, & dans
le fond sur une hauteur, l'observatoire de Paris, que l'on
acheve de bâtir. S. le Clerc in. & f.

Haut. de l'estampe 15 pou. 1 lig. larg. 11 pou. 4 lig.

+2. Fleuron du titre. C'est une grande bordure quarrée,
garnie de coquilles de l'ordre de S. Michel. Voyez-en la
description ci-devant planche 1 du N°. 98, où il a servi
pour la premiere fois.

+3. Vignette de la dissection du renard [1], mise à la
tête de la préface. On y voit l'animal étendu sur une grande
table, le ventre & la poitrine ouverts, avec un démonstra-
teur qui développe ses entrailles, un autre qui en fait la
description, un ecclésiastique assis, en manteau long, qui
écrit sous sa dictée ; plusieurs académiciens autour de la
table, les uns assis, les autres debout. Dans le fond quelques squelettes d'hommes & d'animaux, attachés contre
la muraille. Dans le lointain, à gauche, au travers des
fenêtres & d'une porte ouverte, on apperçoit une partie
du jardin du Roi, avec ses bâtimens. Cette grande vignette

_____

qui sont de cette grandeur, mais il n'y a point servi, & les épreuves en
sont rares.

Haut. du frontispice in-quarto, 7 pou. 11 lig. larg. 6 pou.

Chez MM. Paignon & Jombert les deux frontispices in-folio & in-
quarto.

[1] Cette vignette a été diminuée des quatre côtés pour entrer dans
un plus petit in-folio, & M. le Clerc y a fait alors des changemens
considérables, à plusieurs figures. Il y a fait aussi une autre bordure
beaucoup plus petite.

Haut. de la vignette tronquée, avec sa petite bordure, 3 pou. 1 lig.
long. 7 pou. 1 lig.

Cette même vignette a encore été coupée une seconde fois pour servir
à une édition in-quarto, & M. le Clerc y a fait aussi divers changemens :
ce qui oblige d'avoir trois épreuves différentes de cette vignette dans
l'œuvre de cet artiste.

Haut. de cette vignette in-quarto, 2 pou. 8 lig. long. 4 pou. 7 lig.

Chez M. Jombert, on peut voir ces trois épreuves différentes, l'une
au-dessous de l'autre.

K iv

eſt entourée d'une bordure fort legere, formée d'un ruban tortillé entre-mêlé de patenotres. *Le Clerc in & fecit.*

Haut. avec la bordure 3 pou. 9 lig. long. 9 pou.

✝ 4. Grande lettre L pour la préface, où l'on voit à droite Noé regardant les différens animaux fortis de l'arche, que l'on apperçoit dans le lointain, à gauche, fur une montagne. Cette petite eſtampe eſt entourée d'une bordure d'ornemens, que l'on a retranchée enfuite pour la diminuer de grandeur. *Le Clerc in. & f.*

Grandeur avec fa bordure 2 pou. 4 lig. en quarré. Grand. fans la bordure, 1 pou. 11 lig.

Au cabinet des eſtampes du Roi, fans la bordure. Chez MM. Paignon & Jombert, avec la bordure.

✝ 5. Grand cul-de-lampe quarré pour la fin de la préface. Il repréſente un grand ange volant affis fur des nuages, &c. Voyez ci-devant No. 98, pl. 8, aux tapiſſeries du Roi, où ce cul-de-lampe a ſervi pour la premiere fois.

✝ 6. Vignette pour la deſcription du lion. Ce font les armes du Roi dans un cartel ſoutenu par deux grandes ailes, & par deux trompettes, paſſées en ſautoir derriere ce cartel, au-deſſus duquel eſt une couronne royale. Aux deux côtés de ces armes, on voit deux enfans affis fur un ſoubaſſement d'architecture, celui à droite tenant une houlette de la main gauche, & ayant la droite appuyée fur un lion : celui à gauche tenant une torche allumée, & ayant l'autre main poſée fur la tête d'une falamandre qui eſt fur un braſier ardent. Dans le fond on voit la mer : à droite, un dauphin ; à gauche, des oiſeaux qui volent dans l'air. [1] Cette vignette, du deſſein de J. Bailly, eſt gravée par le Clerc.

Haut. de la vignette avec fa bordure d'ornemens, 3 pou. 5 lig. long. 8 pou. 11 lig.

✝ 7. Grande lettre A pour la deſcription du lion, dont le

---

[1] Cette vignette a ſervi enſuite pour le traité de la percuſſion, par M. Mariotte, grand *in-folio*, 1676, & pour la deſcription des tableaux du cabinet du Roi, *in-folio*, 1677. Elle a auſſi été réduite plus en petit & gravée par P. le Pautre, pour la deſcription des tapiſſeries du Roi, ſeconde édition, grand *in-folio*, 1679.

fond eſt rempli par un beau payſage où l'on voit Adam &
Eve dans le paradis terreſtre, environnés de tous les animaux. Cette lettre eſt entourée d'une petite bordure d'ornemens, qui a été coupée enſuite pour en diminuer la
grandeur. *Le Clerc in. & f.*

Haut. avec la bordure 2 pou. 4 lig. larg. *idem.* Grand.
ſans la bordure, 1 pou. 11 lig. en quarré.

Au cabinet des eſtampes du Roi ſans la bordure. Chez
M. Paignon avec la bordure. Chez M. Jombert avec &
ſans la bordure.

8. Cul-de-lampe à la fin de la deſcription de la lionne.
Il repréſente un ſquelette humain aſſis ſur une eſpece de
piedeſtal d'architecture, terminé en cul-de-lampe, au bas
duquel eſt attaché un trophée d'inſtrumens d'anatomie &
de têtes d'animaux deſſechées. Deux enfans, montés ſur
le piedeſtal, paroiſſent effrayés à la vue de ce ſquelette,
& tiennent une longue draperie pour le couvrir. A leurs
pieds, ſont des ſquelettes de cerfs ou d'élans, avec leurs
bois.

Haut. du cuivre, 6 pou. 7 lig. long. 8 pou. 1 lig.

Chez M. Jombert, le deſſein original, à la ſanguine,
d'une premiere penſée de ce cul-de-lampe par le Clerc. Il
n'y a point de corps d'architecture, & les enfans, qui
tiennent une peau d'animal au lieu de draperie, paroiſſent
voler & ſe ſoutenir en l'air aux deux côtés du ſquelette
humain.

Haut. de ce deſſein, 4 pou. 7 lig. long. 6 pou. 4 lig.

9. Grand cul-de-lampe pour la fin de la deſcription
du caméléon. Il repréſente allégoriquement les quatre
ſaiſons, par des fleurs, des épis de bled, &c. Voyez ſa deſcription, ci-devant aux tapiſſeries du Roi (N°. 98. Pl.
11), où ce cul-de-lampe a ſervi en premier lieu.

10. Grand cul-de-lampe repréſentant allégoriquement
les quatre élémens, à la fin de la deſcription de l'ours. Il
eſt formé en haut par une grande draperie attachée par les
deux extrémités, &c. Voyez-en la deſcription ci-devant
aux tapiſſeries du Roi (N°. 98. Pl. 10), où ce cul-de-
lampe a ſervi pour la premiere fois.

11. Grand cul-de-lampe à la fin de la deſcription de la

gazelle [1]. On voit au haut le foleil dans un char attelé
de quatre chevaux de front, jettant des rayons de lumiere
qui percent les nuages fur lefquels il eft foutenu, pour
éclairer un globe terreftre aux armes de France, qui eft au
bas de la planche. *Le Clerc in. & f.*

Haut. du cuivre 6 pou. 1 lig. long. 6 pou. 1 lig.

+12. Le lion. Planche particuliere & rariffime du développement anatomique des diverfes parties intérieures du
lion, en fix figures, pour la premiere édition de cet ouvrage qu'on avoit d'abord projetté de faire *in-quarto*, &
dont il n'a paru qu'un effai en 1669. Toutes les figures de
cette planche, deffinées & gravées par le Clerc, ont été copiées exactement par le même artifte fur le haut de la
planche *in-folio* qui fuit (nº. 13), telle qu'elle fe trouve
avant que d'avoir été tronquée. L'explication des lettres de
renvoi eft gravée en lettres fur la même planche, à droite,
en une colonne contenant 55 lignes.

Haut. du cuivre 8 pou. 10 lig. long. avec l'explication
gravée, 13 pou. 5 lig.

Cette eftampe rariffime fe trouve chez M. Jombert feulement.

Deffein original de la planche ci-deffus, contenant les
fix figures anatomique du lion, au crayon rouge, de forme
oblongue, & de même grandeur que la planche. Chez
M. Paignon.

+13. Le lion. Planche *in-folio*. Cette planche, ainfi que
les fuivantes, eft divifée en deux parties : fur l'inférieure
on voit l'animal entier, fuppofé vivant, dans fa fituation
naturelle, avec un payfage convenable à fa nature & à fa
façon de vivre. La partie fupérieure fait voir fur une grande
draperie volante par le bas, & attachée par le haut avec
deux cloux ou deux nœuds de rubans, le développement
anatomique des parties intérieures du même animal [2].

_____

[1] Ce même cul-de-lampe a auffi fervi au traité de la percuffion ou
choc des corps, par Mariotte, grand *in-folio*, impr. roy. 1676.

[2] Toutes les planches de cette fuite ont d'abord été gravées fur de
grands cuivres, pour un très-grand *in-folio* : on les a enfuite tronquées
par les quatre côtés pour les faire entrer dans un volume *in-folio* de
grandeur ordinaire, avec les douze nouvelles planches gravées fur de
plus petits cuivres, en 1650, dans le deffein d'en faire une nouvelle

Haut. du cuivre avant que la planche ait été tronquée, 15 pou. 3 lig. larg. 10 pou. 11 lig.

Haut. du cuivre depuis que la planche a été diminuée de grandeur, 14 pou. 6 lig. larg. 9 pou. 6 lig.

Il y a des différences considérables dans la partie supérieure où sont les développemens anatomiques. La grande figure à droite marquée de chiffres & de lettres grecques est supprimée totalement sur l'épreuve de la planche tronquée : on a mis en place trois autres figures, & à côté vers la gauche, on en a ajouté une fort longue marquée en haut des 3 lettres grecques Λ Δ Ξ, & en bas de trois autres Γ Z Υ.

Le nom de le Clerc qui étoit au bas de la planche, à droite, au-dessus d'une terrasse ombrée de trois tailles croisées, a été emporté en rognant le cuivre, ainsi que les arbres & les terrasses qui étoient au dessus.

Chez M. Paignon, le dessein original de cette planche in-folio, de même grandeur que la gravure.

†14. La lionne, qui paroît s'élancer dans un paysage très-aride & désert.

Haut. totale du cuivre avant que d'avoir été rogné, 15. pou. 1 lig. larg. 10 pou. 10 lig.

Haut. du cuivre diminué de grandeur, 14 pou. 6 lig. larg. 9 pou. 4 lig.

A la réserve des deux premieres figures qui sont à gauche sur les épreuves de cette planche non tronquée, toutes les autres ont été changées, & regravées de la main de le Clerc. Son nom, qui étoit à gauche au bas de la planche proche la bordure, a été emporté en coupant le cuivre par en bas, ainsi qu'une partie des ruines d'anciens édifices qui se voyoient sur le bord à droite, dans le lointain.

15. Le caméléon, perché sur un tronc d'arbre sec. Cette planche est gravée par Abr. Bosse, d'après le dessein de le Clerc.

Besse

_____

Edition. On recherche les épreuves avant que les planches aient été tronquées, parce que ce sont les premieres tirées, mais il faut en avoir aussi des épreuves tirées depuis que les planches ont été diminuées de grandeur, parce que M. le Clerc y a fait alors plusieurs changemens considérables dans la partie anatomique & ailleurs, ce qui fait des différences dont nous allons rendre compte.

Haut. du cuivre non rogné, 15 pou. larg. 10 pou. 11 lig?
Haut. du cuivre rogné, 14 pou. 4 lig. larg. 9 pou. 5 lig.

Les deux côtés de la draperie sur laquelle la partie anatomique étoit gravée ont été emportés en rognant le cuivre, avec l'ombre que cette même draperie portoit sur les côtés de l'estampe, & l'on a effacé celle qu'elle portoit au bas. On y a fait encore quelques autres changemens qu'il est facile de voir en comparant ensemble les deux épreuves du cuivre tronqué & non tronqué. Une partie du terrein, au bas de la planche, a été aussi emporté en coupant le cuivre de ce côté.

Chez M. Paignon, le dessein original de cet animal, avec le développement de ses parties anatomiques au-dessus, tel qu'il se voit sur l'estampe & de même grandeur.

+16. Le dromadaire, tourné de gauche à droite ; il a une bosse couverte de longs poils au milieu du dos, une touffe de longs poils au poitrail, d'autres entre les oreilles & autour de la tête, avec une queue de cheval. Le Clerc f.

Haut. du cuivre non rogné 15 pou. 1 lig. larg. 10 pou. 10 lig.

Haut. du cuivre rogné [1]

Aux premieres épreuves la partie anatomique est développée sur une draperie volante, attachée par des nœuds de rubans au haut de la planche, qui se trouvent entiérement emportés & effacés depuis que la planche a été tronquée ; le nom de le Clerc s'y trouvoit aussi gravé à droite sur le côté montant de la planche vers le bas, lorsqu'elle n'étoit bordée que d'un simple trait, mais ce nom a été effacé par le double trait que M. le Clerc y a ajouté ensuite.

Chez M. le Normant, à Orléans, une épreuve avant le double filet autour de la planche, où l'on voit très-distinctement le nom de le Clerc : avant l'ombre formée par la double taille que l'on voit à droite au bas & sur le revers de la draperie où sont représentées quelques parties anatomiques du dromadaire.

_____

[1] L'épreuve de cette planche, après qu'elle a été tronquée, manque au cabinet des estampes du Roi, chez Madame de Bandeville, chez M. Jombert, & dans presque tous les œuvres de le Clerc.

+17. L'ours, accompagné de son petit écorché, qui marche devant lui, vers la gauche. Le Clerc sculp.

Haut. du cuivre non tronqué, 15 pou. 3 lig. larg. 11 pou. 3 lig.

Haut. du cuivre tronqué, 14 pou. 6 lig. larg. 9 pou. 3 lig.

Aux premieres épreuves il y a, au haut de la draperie volante, des armoiries ou cachets qui ont été effacés ensuite avant que de faire tirer cette planche pour l'édition de 1671.

Le nom de le Clerc, qui étoit gravé au bas de la planche proche la bordure, a été emporté en coupant le cuivre, ainsi qu'une partie du payfage de chaque côté : en haut, toute la draperie volante & ses accompagnemens ont été supprimés.

Chez M. le Normant D. C. épreuve avec les deux armoiries au haut de la draperie, avant le double filet autour de la planche, & avant que la terrasse qui est au bas du petit ours écorché, ait été ombrée.

Chez M. Paignon, le dessein original de cette planche fait par le Clerc, tel qu'il a été gravé dans l'in-folio & de même grandeur.

Chez le même, autre dessein particulier fait par le Clerc de l'anatomie de l'ours, in-quarto en travers, sur lequel il y a trois figures : ce dessein, fait pour l'édition in-quarto projettée, n'a pas été gravé.

+18. La gazelle. Elle est représentée dans un payfage montagneux, vue de côté, de droite à gauche, & prête à s'é-lancer. Le Clerc sculp.

Haut. de la planche non tronquée, 15 pou. 3 lig. larg. 10 pou. 10 lig.

Haut. du cuivre après qu'il a été tronqué, 14 pou. 7 lig. larg. 9 pou. 6 lig.

Aux épreuves avant que la planche ait été tronquée, la partie supérieure de cette estampe est occupée par une grande draperie volante, attachée par deux nœuds de rubans sur le haut de la planche, & le restant est fortement ombré par le haut & par les deux côtés. Aux épreuves, depuis que le cuivre a été diminué, tout cela a été emporté. Par en bas, le nom de le Clerc, qui se trouvoit à 5 lignes du bord de

la planche, en est si proche que le mot *sculp.* se trouve à
moitié effacé. Il n'y a aucun changement ce fait aux figures
anatomiques.

M. le Normant à Orléans, en a une épreuve avant le
nom de le Clerc, avant le pied de la gazelle, gravé au bas de
la partie anatomique, désigné par un ☉ : avant le cartilage
xiphoïde désigné par un 𝒵 & un Δ au dessus, dans la même
partie anatomique : avant les contre-tailles que l'on voit
à droite, au bas & sur le replis de la draperie volante où
est le développement des parties anatomiques : & avant
que les cornes & le dedans de l'oreille de l'animal, aient
été ombrés.

†19. Autre planche de la gazelle, *in-folio*, en hauteur,
chez M. Paignon. Sur celle-ci l'animal est en haut, & les
développemens anatomiques sont gravés au-dessous. Cette
estampe unique vient du cabinet de M. Potier.

Haut. de cette planche 10 pou. 6 lig. larg. 6 pou. 4 lig.

Chez M. Paignon on voit le dessein original de cette
planche particuliere de la gazelle, fait par le Clerc, où
l'animal est en haut & l'anatomie au dessous. Même grandeur que la gravure.

†20. Le chat-pard, vu de côté sur une grande terrasse,
allant de droite à gauche : dans le fond, à droite, un très-
joli paysage dans le lointain.

Haut. du cuivre & de la marge avant que d'avoir été
tronqué, 15 pou. 3 lig. larg. 10 pou. 11 lig.

Haut. du cuivre tronqué, 14 pou. 3 lig. larg. 9 pou.
2 lig.

Aux premieres épreuves, la partie anatomique est sur
une grande draperie volante, attachée en haut par deux
cloux, avec une grande ombre tout autour : le tout a été
emporté en rognant le cuivre, ainsi qu'une partie du
paysage à droite & à gauche dans la partie d'en bas. Il n'y
a eu aucun changement aux figures d'anatomie.

Chez M. Paignon, le dessein original de cette planche
par le Clerc, & de la même grandeur.

†21. Le renard marin. Planche particuliere de cet animal, *in-quarto* en long, où l'on voit deux figures de ce
poisson ; celle d'en haut, en son entier, & supposé vivant,
l'autre ayant le ventre ouvert pour faire voir la position

du cœur & des intestins. Il y a apparence que c'est une des planches destinées pour l'édition *in-quarto* projettée. On voit au bas l'explication des lettres de renvoi en deux colonnes de six petites lignes chacune.

Haut. totale du cuivre avec la lettre gravée au-dessous des deux figures, 8 pou. long. 11 pou. 2 lig.

Cette planche rarissime ne se voit que chez M. Jombert.

Dessein original de le Clerc des deux figures ci-dessus, tirées à l'encre de la Chine, de forme *in-quarto* long, de même grandeur que l'estampe gravée, chez M. Paignon, avec le même dessin réduit en petit, de format *in-douze*.

+22. Autre planche en hauteur du renard marin, pour l'édition *in-folio*. Au bas, on voit l'animal supposé vivant posé sur un rocher, entouré des vagues de la mer. Au-dessus l'animal ouvert, & le développement de son œil & d'une partie de ses intestins, vus au microscope. Les deux figures de l'animal sont les mêmes que celles de la planche précédente, M. le Clerc les a seulement enrichies d'un paysage représentant la mer avec quelques coquilles marines sur son rivage. Le nom de le Clerc est à droite dans l'angle, au bas de la planche, tout proche la bordure ou le cadre qui renferme l'estampe.

Haut. de la planche non tronquée, 15 pou. 2 lig. larg. 10 pou. 10 lig.

Haut. du cuivre après avoir été tronqué, 14 pou. 2 lig. larg. 9 pou. 7 lig.

La partie anatomique, avant que la planche ait été tronquée (qui consiste en trois figures), se trouvoit disposée sur une grande draperie volante par le bas, attachée en haut par deux cloux, & entourée d'ombre des trois côtés. Tout ce travail a été emporté en rognant la planche par les quatre côtés, ainsi que le nom de le Clerc qui étoit au bas, & qui ne se trouve plus depuis que la planche a été tronquée. Il y a une quatrieme figure très-petite & ombrée à deux tailles croisées, cotée V, que l'on a ajoutée à la partie anatomique, depuis que la planche a été tronquée.

Chez M. Paignon le dessein original de cette planche en hauteur, pareil à la gravure, & de même grandeur.

+23. Le loup cervier, vu de côté, assis sur son cul, tourné de droite à gauche, sur une terrasse fortement ombrée : dans le lointain un très-agréable paysage. Le nom de le Clerc se voit à gauche dans l'angle, au bas de la planche, avant qu'elle ait été tronquée.

Haut. de la planche non tronquée, 15 pou. 3 lig. larg. 10 pou. 10 lig.

Haut. de la planche tronquée, 14 pou. 2 lig. larg. 9 pou. 2 lig.

La partie anatomique étoit, comme ci-dessus, sur une draperie volante attachée avec deux cloux par le haut, & ombrée tout autour, avant que la planche fût tronquée, ce qui a été emporté en coupant la planche des quatre côtés pour la diminuer de grandeur, ainsi que le nom de le Clerc, qui étoit à gauche proche la bordure d'en-bas. Il n'y a eu aucun changement aux figures d'anatomie.

Chez M. Paignon, le dessein original de cette estampe, & de la même grandeur.

†24. Le castor. Il est représenté de coté, allant de gauche à droite, & sortant de l'eau, ayant les deux pattes de devant & la tête sur terre, celles de derriere & la queue dans l'eau ; pour désigner que c'est un animal amphibie, qui se plait également dans l'un & dans l'autre de ces élémens. Le fond est un paysage. A gauche, de l'eau & de grands arbres. Dans le lointain un pays de montagnes. Le nom de le Clerc est au bas de la planche.

Haut. du cuivre non tronqué, 15 pou. larg. 10 pou. 10 lig.

Haut. du cuivre tronqué, 14 pou. 5 lig. larg. 9 pou. 4 lig.

On voyoit sur la planche, avant qu'elle ait été coupée, deux nœuds de rubans qui attachoient la draperie volante sur laquelle est gravée la partie anatomique, avec une ombre portée en haut & sur les deux côtés, ce qui a été effacé & emporté en tronquant le cuivre : le nom de le Clerc est resté au bas la planche dont on n'a coupé que très-peu de ce côté.

Chez M. le Normant, à Orléans, épreuve avant le double filet autour de la planche, avant l'ombre portée par la contre-taille que l'on voit à droite, au bas, & sur le replis de la draperie volante, qui contient la partie anatomique.

Chez

Chez M. Paignon le deſſein original de le Clerc de cette planche du caſtor & de ſes développemens anatomiques, qui ſont en ſept figures ſur le deſſein, quoiqu'il n'y en ait que quatre ſur l'eſtampe. Même grandeur que la gravure.

~ 15. La loutre, vue de côté, dans l'eau, tournée de droite à gauche, tenant un poiſſon ſous ſes paties de devant. Le fond eſt un fort joli payſage aquatique, entre-mêlé d'eau & de roſeaux. Le nom de le Clerc eſt ſur la bordure même, à droite, au bas de la planche.

Haut. de la planche non tronquée, 15 pou. 6 lig. larg. 11 pou.

Haut. du cuivre tronqué, 14 pou. 6 lig. larg. 9 pou. 4 lig.

Aux premieres épreuves, la draperie volante de la partie anatomique eſt attachée par en haut avec deux cloux, & eſt environnée d'une forte ombre qui a été emportée en coupant le cuivre, ainſi que le nom de le Clerc par en bas, & une petite partie de la queue de l'animal & des roſeaux de ce côté. Il n'y a eu aucun changement dans les figures anatomiques.

Chez M. Paignon, le deſſein original par le Clerc de l'eſtampe ci-deſſus, de même forme & de même grandeur.

16. La civette, vue de côté, allant de droite à gauche, ſur une terraſſe fortement ombrée, avec un très-agréable payſage dans le fond. Le nom de le Clerc eſt à droite, au bas de l'eſtampe, au-deſſous de la bordure.

Haut. de la planche non tronquée, 15 pou. 3 lig. larg. 10 pou. 11 lig.

Haut. de la planche tronquée, 14 pou. 2 lig. larg. 9 pou. 4 lig.

La draperie volante d'en haut, ſur cette planche, eſt pareillement attachée avec deux cloux, & eſt environnée au-deſſus & par les côtés d'une forte ombre à une ſeule taille qui a été emportée en diminuant de grandeur ce cuivre par les quatre côtés. Le nom de le Clerc a été également retranché par en bas.

Sur la partie d'en haut il y a deux grandes figures du côté droit de l'eſtampe, qui ont été retranchées pour la ſeconde édition propoſée; & M. le Clerc leur en a ſubſtitué trois autres que l'on voit fur la planche après qu'elle a été tronquée, en 1690.

Chez M. Paignon le deſſein original de cette eſtampe par le Clerc, avec l'anatomie au-deſſus, pareil à la gravure & de même grandeur.

✝ 27. L'élant, vu de côté, ſur la glace, tourné de gauche à droite, dans la poſture d'un animal empaillé. Le terrein du devant eſt tout blanc, & le payſage repréſente l'hiver, avec des arbres ſecs & ſans feuilles, & la terre couverte de neige. Le nom de le Clerc eſt dans l'angle à droite, au bas de la planche.

Haut. de l'eſtampe non tronquée, avec ſa marge, 15 pou. 1 lig. larg. 10 pou. 11 lig.

Haut. du cuivre tronqué, 14 pou. 5 lig. larg. 9 pou. 6 lig.

L'ombre qui eſt au-deſſus & aux deux côtés de la draperie volante qui contient la partie anatomique a été emportée en tronquant le cuivre, ainſi que le nom de le Clerc au bas de la planche. Il n'y a point d'autre changement aux figures anatomiques, que le poil HH vu dans le microſcope, qui étoit d'abord au haut de cette partie, & qui ayant été emporté en coupant le cuivre par le haut, a été remis au bas de la draperie, au-deſſous de toutes les autres figures.

Chez M. Paignon, le deſſein original de cet animal, par le Clerc, & du développement de ſes parties anatomiques, pareil à l'eſtampe & de même grandeur.

28. Le coati-mondi, animal quadrupede, vu de côté, allant de gauche à droite, avec une tête de porc & une queue de chat. Le fond eſt un joli payſage.

Haut. du cuivre avec ſa marge avant que d'être rogné, 15 pou. 6 lig. larg. 11 pou. 1 lig.

Haut. du cuivre rogné, 14 pou. 7 lig. larg. 9 pou. 6 lig.

Cette planche a eſſuyé quatre révolutions différentes, outre l'ombre portée au-deſſus de la draperie volante & des deux côtés, qui a été emportée en rognant le cuivre tout autour. Aux premieres épreuves il n'y avoit d'abord que quatre figures d'anatomie ſur la partie d'en haut, cotées A, B, C, & DE. Ce ſont celles qu'on trouve dans l'édition de 1671 : on voit enſuite d'autres épreuves non tronquées

1671.

fur lefquelles M. le Clerc a ajouté en haut une cinquieme figure cotée des lettres F, G, H, I, K, L, M, N, O. En coupant le cuivre, on a effacé cette cinquieme figure, & l'on voit des épreuves tronquées fur lefquelles il n'y a plus que les quatre figures cotées A, B, C, D E; enfin, M. Duverney, en 1690, y a fait ajouter (toujours par M. le Clerc) trois autres figures anatomiques cotées des lettres de l'alphabet depuis F jufqu'à V. Ce qui fait fept figures. Enforte qu'on eft obligé d'avoir quatre épreuves différentes de cette planche.

Chez M. Jombert on voit les quatre épreuves ci-deffus avec leurs différences.

Chez M. Paignon, le deffein original de cette eftampe, tel qu'il a été fait d'abord par le Clerc pour être gravé, & de la même grandeur.

Au cabinet des eftampes du Roi, on voit les 14 planches d'animaux ci-deffus toutes tronquées, excepté la planche du dromadaire, qui n'eft point tronquée. Chez Madame de Bandeville, & M. Paignon, les mêmes planches avant que d'être tronquées. Chez M. Jombert, deux épreuves de chacune, tronquée & non tronquée, excepté le dromadaire qui n'y eft qu'une fois, non tronquée.

102. Mefure de la terre, par M. Picart, très-grand *in-folio*. De l'imprimerie royale. 1671.

Le fleuron du titre. C'eft le même dont on a parlé ci-devant N°. 98, pl. 1: & N°. 101, pl. 2.

+1. Vignette [1] où l'on voit plufieurs aftronomes fur la terraffe de l'obfervatoire de Paris, qui prennent pendant la nuit, avec un quart de cercle, la diftance de deux objets

[1] Il y a trois épreuves différentes de cette vignette. Aux premieres, ces deux feux allumés dans l'éloignement, vers l'horifon, ne paroiffent que comme deux points blancs, & même celui à droite eft prefque imperceptible. M. le Clerc a enfuite étendu la lumiere de ces deux pofitions, & a formé une très petite atmofphere éclairée autour de ces deux points blancs. Enfin, dans le livre, il y a un cercle de lumiere beaucoup plus vifible à chacun de ces points éloignés.

Chez M. Jombert on voit ces trois épreuves avec les différences qui les caractérifent.

fort éloignés , à l'aide de deux feux allumés fur des hauteurs à ces deux endroits. Au bas de l'eſtampe , à gauche, hors de la bordure , eſt écrit : *S. le Clerc in. & f.*

†2. Très-grande lettre C, derriere laquelle on diſtingue une grande plaine , & des arpenteurs qui en meſurent le terrein avec la chaine (1).

†3. Premiere planche. On y voit le quart de cercle armé de ſes lunettes , monté ſur un piedeſtal d'architecture , & au-deſſus le développement de ſes différentes parties. Au bas de la planche , à gauche, un obſervateur tout ſeul qui fait uſage de cet inſtrument de mathématique , & derriere lui un payſage aſſez étendu. Au bas de la planche vers le milieu eſt écrit : *le Clerc fecit.*

†4. Quatrieme planche (2), repréſentant un inſtrument propre à obſerver le niveau. On voit au bas, à droite, un homme prêt à faire uſage de cet inſtrument : il parle à un autre qui a le chapeau à la main : à gauche, un obſervateur tout ſeul , qui dirige l'inſtrument vers un objet très-éloigné , ſur la mer. Le nom de le Clerc eſt au bas, proche la bordure de la planche.

†5. Grand cul-de-lampe très-ingénieuſement compoſé , terminé en haut par une ſphere céleſte grouppée avec des enfans & des inſtrumens de mathématique , pour la fin de la *meſure de la terre* , par M. Picart. On y voit quatre enfans ou génies dans diverſes attitudes , ſur un piedeſtal d'architecture qui finit en cul-de-lampe. L'un, à gauche, regarde dans un microſcope ; un autre aſſis à côté de lui montre du doigt l'heure qu'il eſt à une pendule à poids ,

---

[1] Cette même lettre a ſervi enſuite pour le traité de la percuſſion, par Mariotte , en 1676.

[2] Il y a des amateurs qui inſerent mal à propos dans l'œuvre de le Clerc la planche 111 , gravée par *de la Boiſſiere* , où l'on voit pluſieurs figures d'hommes vêtus à l'antique , avec de longues barbes , qui operent ſur le terrein avec les inſtrumens décrits dans ce livre : dans la ſuppoſition que le Clerc ayant deſſiné & gravé les autres planches , ainſi que les vignettes & fleurons de ce livre , pourroit bien avoir auſſi quelque part à celle-ci : mais elle ne tient en aucune façon de la maniere de notre artiſte , ni pour le deſſein ni pour la gravure, & ne doit point être placée dans ſon œuvre. Il en eſt de même de la planche 11 ſur laquelle il n'y a que des figures géométriques au ſimple trait.

1671.

placée au milieu du fleuron, au-deſſous de la ſphere. A droite, un autre enfant aſſis obſerve quelque objet éloigné avec une lunette d'approche adaptée à un quart de cercle. Le quatrieme examine le mouvement des cercles de la ſphere. Le bas du fleuron eſt orné d'un trophée de toutes ſortes d'inſtrumens de mathématique. Au-deſſous eſt écrit : le Clerc in. & f. (1)

Haut. du cuivre 6 pou. 10 lig. long. 8 pou. 2 lig.

Chez M. Jombert, deſſein original de le Clerc, lavé à l'encre de la Chine, d'un cul-de-lampe dans le même goût. C'eſt un corps d'architecture formé par un entablement d'ordre Ionique, avec architrave, friſe, & corniche, terminés par le bas en cul-de-lampe. Au-deſſus eſt un piedeſtal portant un médaillon, dans lequel on voit une petite lanterne : il y a un vaſe au-deſſus du médaillon : & derriere ce même médaillon, un arriere-corps, en attique, avec pilaſtre à chaque extrémité, portant chacun un vaſe. Trois génies grouppés ſur la corniche du corps d'architecture ſont occupés de différentes opérations. L'un à gauche, aſſis ſur la baſe du piedeſtal, regarde en bas dans un microſcope. Celui du milieu, debout, obſerve quelque objet éloigné, à l'aide d'une lunette d'approche. Celui à droite, aſſis ſur une guirlande qui deſcend ſur la baſe du même piedeſtal, regarde de fort près quelque choſe qu'il tient de la main droite, en ſe fermant un œil avec la main gauche.

Haut. de ce deſſein 4 pou. 9 lig. larg. 4 pou. 8 lig.

1672.

†103. Recueil des poéſies latines de Dom le Houx, Chartreux. Dédiées au Cardinal de Bouillon. In-quarto. Pariſiis, ex officina Puteana. 1672.

—1. Vignette rariſſime, aux armes de ce cardinal, avec quatre enfans, dont deux au milieu de l'eſtampe tiennent l'écu des armes de ce prélat ; un autre à droite, le cordon

[1] Ce même cul-de-lampe a ſervi pour le traité de la percuſſion ou du choc des corps. In-folio maximo. Impr. Royale, 1676, & pour divers autres ouvrages de MM. de l'académie des ſciences.

de l'ordre du Saint-Efprit, & celui à gauche une maffe &
un chapeau de cardinal. Dans le fond des étendarts & des
drapeaux. Elle eft entourée d'une bordure d'ornement de
3 lignes de large.

Haut. avec la bordure 2 pou. 4 lig. long. 5 pou.

Cette vignette rariffime fe trouve chez Madame de Bandeville, chez MM. Paignon, Jombert [1], Rouffet, &c.

+2. La même vignette recommencée par le Clerc, un
peu plus petite que la premiere. Dans celle-ci il y a fept
enfans deffinés plus en petit. Deux au milieu foutiennent
les armes & la couronne du cardinal de Bouillon ; deux à
gauche, tiennent la croffe & la maffe qui caractérife la
dignité de cardinal. Trois à droite font occupés des attributs de l'ordre du Saint-Efprit. Il y a une petite bordure de
2 lignes autour de cette vignette.

Haut. avec la petite bordure d'ornement, 2 pou. 2 lig.
long. 4 pou. 10 lig.

+3. Lettre V pour l'épitre dédicatoire : au bas de cette
lettre pend une croix de l'ordre du Saint-Efprit. Dans le
fond on voit une grande tour au pied de laquelle croiffent
des lys : au-deffus de la tour eft un grand oifeau blanc qui
vole ; & au-deffous de l'oifeau, une légende avec ces
mots : *candore allectus.*

Grand. de la lettre, 15 lig. en quarré.

+ 4. Cul-de-lampe pour la fin du même livre. Il eft compofé d'un corps d'architecture terminé en cul-de-lampe &
recouvert d'une grande draperie, où font attachés la maffe
& le chapeau de cardinal, avec un cordon de l'ordre du
Saint-Efprit. Au-deffus on voit un miroir ardent pofé fur
fon pied : à gauche, dans le ciel, un foleil dont les rayons
fe réfléchiffent dans ce miroir qui les renvoie d'un autre
côté avec ces mots fur une légende qui voltige dans l'air :
accepta réfundit [2].

Haut. 3 pou. long. 3 pou. 4 lig.

---

[1] L'épreuve de M. Jombert vient de l'œuvre de feu M. Huquier,
qui l'avoit achetée de M. Bafan 24 livres toute feule.

[2] Ces trois dernieres eftampes fe trouvent ordinairement dans tous
les œuvres de le Clerc ; mais la premiere vignette, appellée aux quatre
enfans, eft très-rare.

1672.

+104. Quatre estampes sur la guerre de Louis XIV contre les Hollandois, en 1672.

+ Planche 1. Vignette rarissime dont le fond est blanc, avec cette devise : *evexi sed discutiam* [1]. C'est un cartel formé par les colliers des ordres du Roi, au bas duquel pend une croix du Saint-Esprit. Aux deux côtés du cartel sont les deux anges que l'on met pour support aux armes de France, qui terrassent deux lions belgiques, & les enchainent. Dans le milieu du cartel, on voit un soleil rayonnant qui dissipe des nuages, au-dessus de la mer & d'un pays bas & marécageux. Il n'y a point de bordure ni aucun trait qui termine la planche.

Haut. du cuivre 2 pou. 6 lig. long. 5 pou. 2 lig.

+2. Autre vignette sur le même sujet, dont le fond est ombré. C'est la même composition, il y a seulement quelques différences dans le haut du cartel, & dans les attitudes des deux anges, qui sont ici plus en grand, & dont les ailes montent jusqu'au haut de la planche. La mer & les nuages du dedans du cartel sont aussi beaucoup plus visibles. Le tout est renfermé par un simple trait noir, interrompu au milieu par le fleuron de la couronne qui excede un peu la bordure, au-dessus du cartel.

Haut. de la vignette 2 pou. 4 lig. long. 4 pou. 11 lig.

---

[1] Cette vignete très-rare se voit chez Madame de Bandeville, chez M. Paignon, & chez M Jombert. Elle est ordinairement tirée sur une page *in-quarto*, au-dessus d'un sonnet en quatorze vers françois, de la composition de l'Abbé de Brianville : c'est une allégorie sur la guerre que Louis XIV déclara alors aux Hollandois, après avoir pris leur défense contre les Anglois quelques années auparavant : ce sonnet finit ainsi :

Qu'ils sachent, les Ingrats, qu'ils ne font rien sans moy ;
Je pus les élever, je sçauray les détruire.

Derriere cette vignette on lit ce qui suit en capitales : *REGI*, *in Belgicam expeditionem apparanti*, *anno 1672*, *symbolum heroïcum. Sol nubes discutiens. LEMMA.* On lit ensuite la traduction du sonnet de l'Abbé de Brianville en quatorze vers latins, dont voici les deux derniers.

Ingrati, vilesque meo sine numine, Nimbi!
Vos extuli, vos deprimam.

Celle-ci est plus commune, mais il est rare de la trouver bonne épreuve.

—3. Autre vignette sur le même sujet, dont le fond est
pareillement ombré. C'est encore la même composition,
avec des différences dans les attitudes des anges & des lions
belgiques ; ici le fleuron de la couronne royale n'excede
point la bordure, qui est formée par un double trait. Le
terrein marécageux au milieu de la mer est aussi beaucoup
plus visible, & les ailes des anges ne sont pas si hautes que
dans l'estampe précédente. Enfin c'est une autre planche,
ce qui oblige d'avoir trois fois cette vignette dans un
œuvre de le Clerc.

Haut. de cette troisieme vignette, 2 pou. 4 lig. long.
5 pou.

Cette troisieme vignette ne se trouve que chez M. Jombert & n'est connue d'aucun marchand d'estampe ou amateur, mais elle n'en est pas moins dessinée & gravée par
le Clerc.

+ 4. Petite estampe qui représente un château fort bâti sur
des rochers au milieu de la mer : il est défendu par des
lions, & l'on voit un pavillon arboré aux armes de Hollande : sur le devant quelques monstres paroissent dans la
mer, un dragon ailé, un serpent qui dévore un enfant,
une sirene, &c. Dans le ciel, à gauche, on voit un soleil
rayonnant qui dissipe des nuages épais, & qui lance des foudres contre ce château, avec une légende sur laquelle sont
écrits ces mots : *mihi non impervia*. A droite, un aigle &
un coq qui volent vers ce château fort. Au bas est écrit :
le Clerc f. C'est encore une allégorie faite à l'occasion de
la guerre de Louis XIV contre les Hollandois, en 1672.

Haut. de l'estampe, 3 pou. 6 lig. long. 5 pou. 6 lig.

Chez Madame de Bandeville. Chez MM. Paignon, Jombert, Rousset, &c.

+105. Représentation du mausolée érigé en l'é-
glise des R. R. P. P. de l'Oratoire de la rue Saint-
Honoré, par l'Académie Royale de Peinture &
Sculpture, à la mémoire de Monseigneur le Chancelier Seguier, son protecteur. Fait le 5 Mai 1672.

. 1672.

Inventé par M. le Brun, & deffiné & gravé par M. le Clerc [1].

Cette planche a fervi de chef-d'œuvre à M. le Clerc pour fa réception à l'académie, à laquelle il a été préfenté par M. le Brun.

Haut. du cuivre aux premieres épreuves, 13 pou. 3 lig. larg. 10 pou. 10 lig.

Haut. du cuivre aux dernieres épreuves fans la bande qui y a été ajoutée, 13 pou. larg. 10 pou. 2 lig.

Au cabinet des eftampes du Roi, chez Madame de Bandeville, chez M. Jombert, &c. avant que la planche ait été tronquée. Chez M. Paignon, trois épreuves différentes. 1°. Avant les noms de le Brun & le Clerc ; 2°. avec ces deux noms gravés au bas de la planche ; 3°. avec l'infcription ci deffus gravée fur une petite bande ajoutée au bas de l'eftampe, en deux lignes de très-petit caractere.

1673.

106. Réfolution des quatre principaux problèmes d'architecture, par Blondel. Très-grand in-folio. Impr. royale. Mabre-Cramoify. 1673 [2].

---

[1] Les premieres épreuves de cette planche fe diftinguent aux marques fuivantes. 1°. Le nom de le Brun eft à gauche, au bas de la planche en gros caracteres très-mal gravés. 2°. Celui de le Clerc eft à droite, en très-petits caracteres beaucoup mieux gravés. 3°. Le cuivre a 4 lignes de marge de chaque côté, & deux lignes de marge en haut & en bas. On a enfuite emporté les noms de le Brun & le Clerc, en retranchant toute la marge du cuivre, & l'on a gravé le titre ci-deffus en quatre lignes de gros caracteres, fur une bande de cuivre ajoutée au bas de l'eftampe. Aux épreuves modernes, depuis que cette planche appartient à l'académie royale de peinture, on y a ajouté : pour fa réception à l'Académie.

2] Depuis le rems qu'on raffemble des œuvres de le Clerc, il eft bien étonnant que perfonne jufqu'ici n'ait fait attention à cet ouvrage. Je fuis le premier qui s'eft avifé d'en examiner les vignettes & les lettres grifes avec les yeux d'un amateur curieux de s'inftruire, & qui ai ofé, après un examen réfléchi, les affocier aux autres productions de cet excellent artifte. Feu M. Huquier étoit poffeffeur d'un exemplaire du livre ci-deffus en feuilles, qu'il avoit laiffé pourrir dans un coin de fon magafin, avec des defects d'autres grands volumes du cabinet du Roi,

1673.

1. Grande vignette de la dédicace à M. Colbért, assez mal gravée [1]. On voit au milieu sur des nuages épais, le Tems qui vole la faulx à la main pour détruire tous les monumens qu'il rencontre : il est précédé de la Renommée , qui lui fait voir à droite les ruines d'un bâtiment magnifique. A gauche, trois génies font usage de la conchoïde de Nicomede , découverte par M. Blondel , pour tracer le renflement du fût d'une colonne. Dans le fond un édifice moderne d'une architecture très-réguliere, à deux étages , avec ordre de colonnes.

Haut. de la vignette 3 pou. 3 lig. long. 8 pou. 10 lig.

Les quatre autres vignettes qui suivent font de même grandeur que celle-ci.

2. Grande lettre M capitale , pour la mê. . dédicace. On voit deux serpens (qui font les armes de Colbert) entortillés autour des jambages de l'M , & cinq génies ailés qui s'en amusent. Dans le fond , des jardins & un palais magnifique : ce sujet est entouré d'une légere bordure d'ornement. Toute cette planche est dessinée par le Clerc & gravée par le même , à la réserve des cinq enfans qui paroissent l'ouvrage du sieur de la Boissiere.

Haut. de cette lettre avec sa bordure 2 pou. 4 lig. larg. 2 pou. 3 lig.

---

dont il avoit extrait toutes les estampes qu'il croyoit de le Clerc , pour les insérer dans son œuvre. Voyant le peu de cas qu'il faisoit de ces feuilles & l'état de pourriture où elles se trouvoient , je lui demandai à les acheter, mais il les estima si peu qu'il m'en fit présent. De retour chez moi, je les ai coupé du livre, toutes pourries qu'elles étoient , je les ai collées sur d'autre papier sain , en attendant que j'en retrouve un exemplaire mieux conditionné , & j'en ai enrichi mon œuvre de le Clerc , avec la certitude que c'est la seule collection où ces vignettes & ces lettres grises se trouvent , aucun amateur ne s'en étant seulement douté.

[1] Cette vignette , de la composition de le Clerc , ainsi que les planches suivantes , est gravée en partie par lui, pour ce qui regarde les fonds & les lointains : les figures , ainsi que les devants , sont l'ouvrage d'un Ingénieur nommé de la Boissiere , qui étoit ami de M. Blondel , & sans doute aussi de le Clerc , & qui se mêloit de graver (quoiqu'assez mal) pour son amusement. C'est le même qui a gravé les planches II & III de la mesure de la terre , par M. Picart, in-folio , dont nous avons parlé ci-devant N°. 102. (Voyez la note qui suit la planche 4 de ce N°. 102).

1673.

Les quatre autres grandes lettres font à peu de chofe près de la même grandeur.

3. Vignette où l'on voit au milieu une Minerve debout au pied d'un portique dont on n'apperçoit que les piedeftaux & le bas des colonnes, préfentant à M. Colbert, qui eft auffi debout, un des traits d'architecture qui fait le fujet du premier problême de ce livre. Aux pieds de M. Colbert, à gauche, trois génies qui tiennent une grande regle, une toife, & autres outils. A droite, deux génies debout, & derriere eux des bâtimens réguliers. A gauche, dans le lointain, divers édifices, un temple en rotonde avec portique formé de quatre colonnes, & des jardins. Toute cette planche eft deffinée par le Clerc, qui en a gravé les fonds & les lointains. Le refte eft gravé par de la Boiffiere.

4. Grande lettre S, dont le fond, qui eft extrêmement joli, repréfente une façade de palais avec fes jardins, & quelques figures infiniment petites. Celle-ci eft entiérement deffinée & gravée par le Clerc.

5. Grand cul-de-lampe compofé & deffiné par le Clerc, & gravé par le fieur de la Boiffiere. C'eft un grand médaillon entouré de nuages, portant au haut une caffolette qui jette beaucoup de fumée. Au-deffus eft un foleil rayonnant, & des faifceaux de drapeaux, des deux côtés de la caffolette. Au-deffous deux renommées qui volent en fonnant de la trompette. En bas divers génies occupés des arts, dont plufieurs tiennent les outils qui en dépendent.

Dans le Médaillon, on voit Monfeigneur le Dauphin affis fur un trône placé à gauche, avec quelques miniftres derriere lui : devant fon trône, à droite, Minerve tenant une grande pancarte, accompagnée d'un favant, tous les deux debout [1].

Haut. du fleuron 5 pou. 9 lig. long. 6 pou. 8 lig.

6. Vignette. A droite, fur le devant, une Minerve affife, tenant fon bouclier de la main gauche, & de la droite un compas ouvert pour mefurer quelques traits fur une grande pancarte que deux enfans debout tiennent devant elle : cette

---

[1] Ce fleuron fe voit auffi dans la feconde partie de l'hiftoire naturelle des animaux, grand in-folio, imprimée en 1676, à la fin de la defcription des Otardes, N°. 144.

partie est gravée par le sieur de la Boissiere. Tout le reste
de l'estampe, qui représente un très-beau palais avec ses
jardins, ainsi qu'un grouppe d'arbres sur le devant, à
droite, est dessiné & gravé par le Clerc.

7. Grande lettre I, où l'on voit sur le devant, à gauche,
deux figures debout, vétues à l'antique, & un jeune
homme qui présente un à-plomb devant l'I. Dans le lointain
un beau palais & quelques arbres. Le tout est dessiné &
gravé par le Clerc, à l'exception des trois figures sur le
devant qui paroissent l'ouvrage de notre ingénieur.

8. Grand cul-de-lampe quarré, représentant une muraille, aux deux côtés de laquelle sont à droite l'Architecture, & à gauche, la Sculpture, fort en grand & fort
mal gravés : le tout est entouré d'une légere guirlande
d'ornement, au haut de laquelle volent deux génies qui
couronnent ces deux figures. La guirlande est gravée par
le Clerc, qui a fait le dessein de ce fleuron ; de la Boissiere, en gravant ces deux grandes figures, en a ôté tout
l'esprit.

Grandeur de ce fleuron 5 pouces en quarré.

9. Grande vignette, où l'on voit dans le fond un
édifice moderne à trois étages, avec un avant corps au
milieu, à trois croisées, orné de colonnes, & d'un fronton triangulaire : des deux côtés de ce bâtiment, on en
voit d'autres très-riches, avec des jardins. Sur le devant,
à gauche, un bout de terrasse avec deux méchants petits
enfans, l'un debout, l'autre assis, de la façon du sieur de
la Boissiere. Tout le reste de la planche est gravé par le
Clerc, qui a fait le dessein de cette vignette.

10. Grande lettre A, dessinée & gravée par le Clerc.
On voit dans le fond un gros pavillon quarré accompagné
d'arbres & de jardins : sur le devant, une terrase qui porte
cette lettre A, avec trois ou quatre demi-figures qui dé-
celent le peu de talent du sieur de la Boissiere. Tout le reste
est gravé par le Clerc.

11. Très-vilain cul-de-lampe quarré [1], composé de

—————————————————————————————

[1] Quoiqu'il y ait grande apparence que le Clerc est l'auteur de
toute cette composition, elle est tellement défigurée par la pointe peu

deux mauvaifes figures, dont l'une à droite eft une Minerve affife fur un faifceau d'armes, tenant d'une main fa
pique & de l'autre une draperie : le Tems, à gauche, affis
fur quelques débris de monumens, tient l'autre côté de
la draperie, fur laquelle eft tracé un des problêmes de ce
livre. Au-deffus trois petits anges volans fur des nuages,
tiennent des branches de laurier dont ils préfentent une
couronne au-deffus de ce trait. Le tout eft porté fur un
foubaffement d'architecture, où eft attaché un cartel & une
petite guirlande fort légere.

Haut. de ce fleuron 5 pou. long. 5 pou. 2 lig.

12. Grande vignette, où l'on voit, à droite, un philofophe affis, tourné vers la droite, le coude gauche appuyé
fur une table couverte d'un grand tapis, réfléchiffant dans
fon cabinet. A côté de lui un globe terreftre, monté fur
fon pied. Derriere lui, fur le même plan, deux petits enfans debout, dont l'un tient une toife. A gauche, fur le
devant, deux autres petits enfans debout, dont l'un tient
une regle, à côté d'un grand bâtiment, le tout dans la
demi-teinte. Le fond repréfente, à droite & à gauche, deux
gros corps de bâtiment joints enfemble par une galerie
avec portiques en arcades & un pavillon au milieu. Derriere cette galerie, des jardins : fur le devant une grande
terraffe, avec un efcalier pour y monter. Tout le fond,
qui eft très-bien gravé, eft l'ouvrage de le Clerc. Les
figures du devant & ce qui les accompagne, deffiné par
le Clerc, paroit gravé par notre ingénieur, qui a fait
preuve de fon peu de capacité dans cette vignette comme
dans les ouvrages précédens.

13. Grande lettre P, derriere laquelle on a repréfenté
l'arc de triomphe du fauxbourg Saint-Antoine, du deffein
de M. Perrault. Cette petite eftampe paroit entiérement
compofée & gravée par le Clerc.

On ne doit point être furpris, après ce qu'on a vu dans
la note qui eft au commencement de ce n°. que l'on affure

---

favante du fieur de la Boiffiere, qu'il feroit impoffible d'y reconnoître
le génie de notre artifte, fans la guirlande & le corps d'architecture
qui font gravés par lui-même, ayant abandonné le plus effentiel à
l'ineptie de fon compétiteur.

ici que cette fuite, intéreffante par fa fingularité, ne fe trouve que dans l'œuvre de le Clerc appartenant à M. Jombert, & que perfonne ne s'eft avifé d'y reconnoître la touche fpirituelle & la compofition de notre artifte.

+X 107. Livre de payfages dédiés à M. de Beringhen, en douze planches. *Le Clerc*

Les 12 eftampes font numérotées dans l'angle à gauche, au bas de la planche, & l'année 1673 fe trouve marquée aux premieres épreuves au bas de la planche 12.

+1. Le titre, où eft la dédicace à M. le marquis de Beringhen, chevalier des ordres du Roi, premier efcuyer de S. M. gouverneur des citadelles de Marfeille. A Paris chez N. Langlois, rue Saint-Jacques, à la Victoire. *S. le Clerc f.*

On voit fur le devant une fontaine jailliffante aux armes de M. de Beringhen, fur une efpece de char traîné par fix chevaux attelés de front, avec des palfreniers à pied à côté de chaque cheval : cette fontaine eft au milieu d'un grand baffin quarré dans un beau jardin, ou plufieurs perfonnes fe promenent. Le fond eft rempli par un grand palais décoré de portiques & d'un ordre d'architecture.

Comme il fe trouve des différences dans prefque toutes les eftampes de cette fuite, on en foupçonne auffi dans celle-ci, quoique je n'aie pas eu encore le talent d'y en appercevoir. Auffi cette fuite fe trouve-t-elle double dans tous les œuvres de le Clerc.

Haut. de l'eftampe du titre 3 pou. 6 lig. long. 6 pou. 8 lig.

+2. Ce payfage eft dans le ftyle champêtre. A droite, fur le devant, plufieurs cavaliers arrêtés devant la porte d'une maifon fur un grand chemin, & un homme qui leur apporte à boire. A gauche, un petit pont d'une arche, fur un ruiffeau, un crocheteur chargé & un chien qui paffent deffus. Dans le lointain une riviere, & de hautes montagnes fur la gauche. *S. le Clerc f.*

Il y a des ombres portées fous les pieds des chevaux, & fur la riviere dans le lointain, qui ne fe trouvent point aux premieres épreuves. Il y a pareillement des ombres fortifiées après coup aux terraffes & aux arbres, fur le devant & ailleurs.

Haut. 3 pou. 4 lig. long. 6 pou. 5 lig.

3. Paysage dans le genre noble. Sur le devant, les ruines
d'un palais inhabité, où l'on voit deux figures d'hommes
vétus à l'antique, qui se promenent. Vers la droite une
colonnade en péristyle : au milieu de l'estampe, un grouppe
de grands arbres derriere ces ruines. A gauche, dans le
lointain, une vaste campagne à perte de vue, où la dégradation des objets est savamment observée. *Le Clerc in & f.*

Aux dernieres épreuves, il y a des ombres portées sur
la premiere terrasse à gauche, & une petite branche seche
sortant du buisson qui est sur le devant, qui ne se trouvent
point aux premieres. Le grouppe d'arbres du milieu est
aussi plus fortement ombré.

Haut. 3 pou. 6 lig. long. 6 pou. 7 lig.

† 4. Joli paysage, où l'on voit à droite sur le devant une
fabrique de maison champétre élevée sur une terrasse
éclairée. A gauche, sur le premier plan, de grands arbres
& une terrasse dans la demi-teinte. On découvre dans le
lointain une ville ornée de temples, de rotondes, de châteaux, & de belles maisons au milieu d'une vaste campagne, dans laquelle on voit une riviere serpenter. *S. le
Clerc f.*

Il y a des différences considérables au grouppe d'arbres
& à la terrasse à gauche sur le devant, qui sont légerement
ombrés & à une seule taille aux premieres épreuves, &
qui ont été ensuite ombrés plus fortement, avec addition
de plusieurs troncs d'arbres & de branchages, & avec des
doubles tailles à quelques endroits du terrein : à droite,
M. le Clerc a ajouté un mur percé d'une fenétre à côté du
pignon de la maison, & une porte ombrée, dont la moitié
est coupée par le bord de la planche, & l'ombre est plus
forte à la terrasse, dans l'angle de la planche à droite,
tout au bas, au-dessus du nom de le Clerc. Il a aussi
ajouté, à gauche du pignon, sur le bord escarpé de la
terrasse, à côté d'un mur de clôture, une barriere de
planches & de pieux dont on voit le haut au-dessus dudit
mur de clôture.

Haut. 3 pou. 6 lig. long. 6 pou. 8 lig.

5. Paysage dans le style terrible. A droite & à gauche,
ce ne sont que des rochers affreux & escarpés dont la

cime se perd dans les nues, & entre lesquels coule une
riviere. Des torrens échappés de ces rochers & des chûtes
d'eau d'une hauteur considérable viennent se joindre à
cette riviere, pour aller se jetter dans la mer que l'on apperçoit dans le plus grand éloignement, avec une ville &
quelques vaisseaux proche l'horison. Deux chevres sont
les seuls animaux qui habitent cet endroit sauvage.

Il y a des différences considérables à cette planche, en
ayant vu trois épreuves différentes chez M. le Normant
D. C. à Orléans : & de même chez Madame de Bandeville,
à Paris, dont une des trois est retouchée au crayon rouge,
à quelques endroits, par le Clerc même. Ces différences
consistent dans des ombres & des doubles tailles ajoutées
après coup à plusieurs endroits des terrasses & des rochers,
à droite & à gauche : des arbres ajoutés à gauche sur le
haut d'un rocher, à l'endroit où il est traversé par un
nuage : une taille ajoutée sur une partie du terrein où est
une des deux chevres, à gauche, au pied de la grande cas-
cade, &c. *S. le Clerc f.*

Même grandeur que la précédente.

+6. Paysage dans le style noble. A gauche, sur le devant,
les vestiges d'un palais magnifique, dont une partie est
ruinée, avec un frontispice orné de colonnes & d'un péristyle dont l'architecture se réfléchit dans l'eau qui en
baigne le soubassement. A droite & dans le fond, des bois
ou des jardins délicieux entre lesquels coule une riviere,
où tous ces objets se réfléchissent. Cette composition est
des plus agréables. *S. le Clerc f.*

Quoique j'aie deux épreuves de cette planche, ainsi
que de toutes les autres de la même suite, je n'ai pu remarquer aucune différence sensible à celle-ci.

Haut. 3 pou. 5 lig. long. 6 pou. 7 lig.

+7. Paysage qui représente une plaine immense vue d'une
montagne sur le sommet de laquelle, à gauche, est un
hermitage ou une chapelle, avec un hermite & un pelerin
au pied d'une croix de bois, qui en considerent l'aspect.
Cette plaine est entre-mêlée de bois & de maisons, &
arrosée d'une grande riviere qui y serpente. *S. le Clerc f.*

Il y a quelques différences dans les ombres de la terrasse

à

à gauche, qui font fortifiées en différens endroits aux dernieres épreuves.

Haut. 3 pou. 8 lig. long. 6 pou. 9 à 10 lig.

48. Très-agréable payfage dans un goût champêtre. A
droite, une jolie maifon de campagne au milieu des bois,
précédée d'une cour quarrée entourée d'eau, flanquée de
quatre tourelles rondes aux quatre angles, avec un pont de
bois & un pont-levis pour y arriver. Sur le devant, un
berger, & des moutons qui paiffent dans une prairie baffe &
à demi-inondée. Sur la gauche, deux grands arbres & des
bois derriere. Dans le fond, une plaine très-vafte & très-
éloignée : l'horifon eft terminé par des montagnes.

Il y a des ombres fortifiées confidérablement aux arbres
& à la terraffe de la gauche, ainfi qu'à tout le terrein du
devant où font les moutons, à toute la partie qui eft à
droite, & aux maffes d'arbres derriere la maifon, de ce
côté, lefquelles font ombrées plus légerement aux premieres épreuves.

Haut. 3 pou. 6 lig. long. 6 pou. 8 lig.

49. Payfage dans le genre noble. Au milieu, fur le devant, ce font des ruines & des voûtes fouterreines d'un
ancien édifice circulaire dont on voit plus loin des veftiges
& des parties encore entieres, avec colonnes & pilaftres,
qui s'étendent jufqu'au bord de la planche, à droite. A
gauche, fur le fecond plan, un édifice moderne, régulier
& de bon goût. Dans le lointain, au milieu d'un vafte
pays, un arc de triomphe quarré, très-élevé, un obélifque, & quelques autres bâtimens confidérables.

Il y a des différences dans des ombres portées fur les
terraffes & les voûtes fouterreines du devant, dont une
partie, qui étoit claire ou en demi-teinte aux premieres
épreuves, a été enfuite ombrée plus fortement, enforte
que le nom de le Clerc, qui fe voyoit aux premieres
épreuves à droite, fur un terrein ombré d'une feule taille,
ne fe diftingue plus qu'avec peine aux dernieres, où cette
taille a été élargie & l'ombre fortifiée par le burin.

Haut. 3 pou. 7 lig. long. 6 pou. 7 lig.

50. Vue d'un monaftere confidérable, avec une églife
terminée en coupole, au-deffus de laquelle eft une aiguille
ou un clocher très-délié. Sur le devant, deux cavaliers

M

qui vont au galop, en confidérant cet édifice. *Le Clerc f.*

Toute la différence dans cette eſtampe conſiſte dans la fleche au-deſſus du dôme, qui n'étoit d'abord qu'une aiguille finiſſant en pointe très-fine, & dont M. le Clerc a fait enſuite un clocher beaucoup plus élevé, terminé par une croix.

o. Au cabinet des eſtampes du Roi, cette eſtampe ſe trouve avant le chiffre 10, à gauche, & le nom de le Clerc à droite : & avant les tailles croiſées qui ombrent fortement le devant de la terraſſe à gauche, ſur le premier plan.

Haut. 3 pou. 5 lig. long. 6 pou. 7 lig.

+11. **Payſage champêtre.** A droite, ſur le devant, des maſures & des habitations de payſans fortement ombrées, avec une enſeigne pendue au haut d'une de ces maiſons, vers le pignon : ſur le ſecond plan, d'autres maiſons de payſans, qui ſe détachent en clair de deſſus le troiſieme plan compoſé de hautes montagnes qui bornent l'horiſon. A gauche, ſur le devant, les reſtes d'un arbre rompu par les vents. Plus loin, une riviere qui coule entre deux chaines de montagnes. *S. le Clerc.*

Il y a de grandes différences ſur cette planche entre les premieres & les dernieres épreuves ; à celles-ci, M. le Clerc a ajouté beaucoup de feuilles & de branches à cet arbre demi-mort qui eſt à gauche, ſur le devant, ainſi qu'au terrein qui porte cet arbre, où il a ajouté des roſeaux qui croiſſent ſur le bord de l'eau. A droite, ſur le devant, le ſoubaſſement de la maiſon qui eſt dans la demi-teinte, eſt totalement changé. Aux maiſons ſur le ſecond plan, une porte en arcade aſſez haute pour y paſſer un homme, a été rabaiſſée. A l'extrémité de ces fabriques de maiſons vers la gauche, il y a ajouté des barrieres & le chaſſis d'une porte ou barriere.

Chez Madame de Bandeville, il y a trois épreuves de cette planche dont une très-rare, avec le tronc d'arbre à gauche, tout ſec, ſans aucunes branches ni feuilles : avant la riviere qui ſerpente dans la plaine, ſur le ſecond plan : avant les barrieres, &c.

Haut. 3 pou. 4 lig. long. 6 pou. 6 lig.

+12. **Payſage militaire.** On voit ſur le devant un général accompagné de pluſieurs cavaliers & de gens à pied : plus

loin différens corps de cavalerie & d'infanterie qui s'af-
semblent, dans une grande plaine, aux environs d'une
ville de guerre située fur une hauteur, qui borne l'horifon
vers la gauche.

Aux premieres épreuves, le nom de le Clerc fe voit au
bas de la planche, à gauche, gravé par lui-même, fur un
petit efpace de terrein, qu'il avoit laiffé blanc exprès,
quoique tout le refte de la terraffe fût fortement ombré,
au deffus du chiffre 12, qui y paroît à peine : & l'année
1673 eft gravée auffi par lui-même, à droite, au bas de
la planche, fur un terrein clair. Aux dernieres, cette année eft effacée par les tailles qu'on a paffé par deffus, ainfi
que le nom de le Clerc, à gauche, par une ombre très-
forte, aioutée, à cet endroit. Il y a eu auffi des changemens dans la branche d'arbre qui eft à gauche, au-devant
d'un cavalier fortement ombré, & dans les terraffes du
devant, fous les pieds des chevaux.

Haut. 3 pou. 5 lig. long. 6 pou. 6 lig.

On voit toures les différences marquées ci-deffus dans
l'œuvre de le Clerc qui eft au cabinet des eftampes du
Roi : chez Madame de Bandeville, chez MM. Paignon,
Jombert, &c. avec deux épreuves de chacune.

†108. Recueil d'académies, deffinées & gravées par le Clerc. En 32 planches, y compris le titre.

†1. Le titre dans un cartel d'orrement entouré d'une
guirlande : dans le cartel eft écrit : figures d'académie
pour apprendre à deffiner. Gravées par S. L. C. 1673. Et
au-deffous : à Paris, chez N. Langlois, rue Saint-Jacques,
à la Victoire [1].

Haut. du titre 3 pou. 9 lig. larg. 2 pou. 6 lig.

12. Figure d'académie repréfentant Jupiter dans le ciel,
entouré de nuages, affis fur fon aigle, la jambe droite
couchée fur fa cuiffe gauche, lançant la foudre du bras
gauche.

[1] Ces figures ont été faites pour la feconde édition de l'art de peinture, par Dufrenoy, traduit & commenté par M. de Piles, in-douze,
Paris, chez Nic. Langlois, 1673.

Haut. de cette planche & des fuivantes, 3 pou. 4 lig.
long. 2 pou. 3 lig.

+3. Figure repréfentant Neptune au milieu de la mer,
affis fur fon char traîné par des chevaux marins, tenant fon
trident de la main gauche, & montrant quelque chofe de
la droite.

+4. Figure repréfentant Pluton, roi des enfers, affis fur
un quartier de rocher, dans un antre, une couronne fur la
tête & montrant quelque chofe de la main gauche : dans le
lointain, on voit les enfers.

+5. Figure d'académie repréfentant Saturne volant dans
les airs, tenant de la main droite fa faulx qui eft appuyée
fur fon épaule gauche.

+6. Figure d'académie repréfentant Mercure volant dans
les cieux, de gauche à droite, entouré de nuages, tenant
fon caducée de la main droite : une draperie volante lui
couvre la tête & les épaules.

+7. Figure d'académie repréfentant Vulcain, debout,
dans l'attitude de vouloir frapper fur l'enclume avec fon
marteau qu'il tient des deux mains ; à fes pieds, un cafque, une cuiraffe, & autres armes.

+8. Figure d'académie repréfentant Vulcain affis à côté
de fon enclume, fe repofant, la main gauche fur la tête
de fon marteau, la droite fur l'enclume, ayant autour de
lui un bouclier, un cafque, & d'autres armes.

+9. Figure d'académie repréfentant le nautonnier Caron,
debout, dans fa barque, fur le ftix, pour paffer aux enfers.

+10. Figure d'académie repréfentant Apollon debout, un
carquois fur le dos, dans l'attitude de courir après la nymphe Daphné.

+11. Figure d'académie repréfentant Mars, tout nud, le
cafque en tête, le fabre au côté, allant au combat, & tenant fa pique des deux mains.

+12. Figure d'académie repréfentant un fculpteur, tout
nud, dans fon attelier, ayant de la barbe, accompagné
des outils & des attributs de fon art, & tenant de la main
droite une maffe de fculpteur.

+13. Figure d'académie repréfentant Ganymede affis fur
des nuages, vû par le dos, portant la main droite à fa
tête, & ayant la main gauche appuyée fur un nuage.

14. Figure d'académie représentant Prométhée assis, attaché à un rocher, les jambes écartées, & dans une attitude forcée. Dans le ciel, à droite, on voit le vautour qui s'approche pour le déchirer.

15. Figure d'académie représentant un des fils de Niobé, renversé par terre, & regardant Diane qui est à gauche dans le ciel, dans l'attitude de lui décocher un fleche. Dans le lointain, on voit cette reine éplorée qui tâche de se soustraire à la colere de la déesse irritée contre elle.

16. Figure d'académie représentant Amphion avec une espece de viole dont il tient l'archet de la main gauche: on voit à gauche, à côté de lui, un mur qu'il a commencé à bâtir par l'harmonie de son instrument.

17. Figure d'académie représentant S. Jean-Baptiste assis sur une butte de terre, la jambe droite couchée sur sa cuisse gauche. Il tient une croix légere autour de laquelle voltige une légende sur laquelle devroit être écrit: *ecce Agnus Dei.*

18. Figure d'académie qui représente un homme tournant le dos, assis sur un bout de rocher, vis-à-vis une chûte d'eau considérable qui forme une nappe.

19. Figure d'académie qui représente le dieu Pan, à droite, assis sur une butte de terre, regardant à gauche, & tenant son chalumeau de la main droite.

20. Figure d'académie représentant Hercule combattant contre un lion dont il déchire la gueule avec ses deux mains, ayant le genou gauche appuyé sur le dos du lion.

21. Figure d'académie où l'on voit un jeune homme assis sur un tombeau, ayant derriere lui une pyramide. A droite, dans le lointain, quelques anciens monumens.

22. Figure d'académie représentant Hercule vainqueur de Diomede, une massue à ses pieds, emportant les trésors de ce tyran; derriere lui on voit des tables renversées & différentes choses dans un grand désordre.

23. Figure d'académie où l'on voit Apollon assis sur le serpent Python, après l'avoir vaincu & tué.

24. Figure d'académie représentant Hippomene, lequel en disputant le prix de la course avec Atalante, laisse tomber des pommes d'or, pour amuser cette nymphe & la retarder dans sa course.

+25. Figure d'académie repréſentant Apollon aſſis, tournant le dos, tenant de la droite un gros bâton noueux, & gardant les troupeaux d'Admete roi de Theſſalie, que l'on voit dans le lointain, ſur le bord de la mer.

+26. Figure d'académie repréſentant Argus debout, vu en face, un grand bâton à la main, gardant la nymphe Io changée en vache. Dans le lointain, à gauche, on voit Mercure qui deſcend du ciel pour la lui dérober.

+27. Autre figure d'académie qui repréſente le même Argus aſſis ſur un bout de rocher, vu par le dos, tenant un grand bâton de la main gauche, & gardant Io changée en vache, que l'on voit à gauche dans le lointain.

+28. Figure d'académie qui repréſente un guerrier nud, ſous une tente, vû de profil, regardant à gauche, le genou gauche plié, appuyant la main droite ſur ſon épée qu'il s'eſt enfoncée dans la poitrine juſqu'à la garde, & tenant le fourreau vuide de la gauche.

+29. Figure d'académie, repréſentant Bellerophon qui dompte la Chimere, dans ſon antre, ayant le genou gauche appuyé ſur le dos de ce monſtre.

+30. Figure d'académie couchée, qui repréſente un chaſſeur aſſis par terre, ayant ſon carquois ſur ſon dos, la main droite appuyée ſur la terre: dans le lointain, à droite, Acteon changé en cerf, à la tête d'une meute de chiens.

31. Figure d'académie couchée. C'eſt un dieu fleuve, couché à droite, regardant à gauche, appuyé contre un rocher, le bras gauche & la main droite appuyés ſur ſon urne, d'où ſort une grande quantité d'eau.

+32. Figure d'académie couchée. C'eſt un jeune homme aſſis par terre, à l'entrée d'un antre obſcur, regardant à gauche. Il a le bras gauche appuyé ſur une pierre, les jambes & les cuiſſes étendues.

Cette ſuite de 32 planches ſe trouve dans tous les œuvres de le Clerc.

Chez M. Paignon, on voit quatre deſſeins de ces mêmes académies, lavées à l'encre de la Chine, par le Clerc. Ces figures ſont plus grandes que les eſtampes qui ont été gravées d'après, & elles ont environ ſix pouces de proportion.

Chez Madame de Bandeville, on voit ſur un même

papier quatre deſſeins de figures académiques, toutes nues, & aſſiſes : il y en a deux en haut deſſinées à la pierre noire [1], & deux au-deſſous deſſinées à la ſanguine, avec un léger lavis par deſſus, de la couleur convenable au crayon avec lequel elles ſont tracées. Ils proviennent de la derniere vente d'Huquier, en 1-72.

Haut. totale du papier 6 pou. 2 lig. larg 5 pou. 8 lig.

¶109. Les dix livres d'architecture de Vitruve, corrigés & traduits nouvellement en françois, avec des notes & des figures [2], par M. Perrault. In-folio. Paris. Coignard. Premiere édition. 1673.

¶1. Le Frontiſpice, compoſé & deſſiné par le Clerc, qui en a gravé une bonne partie, c'eſt-à-dire, tout le fond, l'arc de triomphe, la colonnade du louvre, enfin toutes les figures qu'on voit ſur le ſecond plan & dans les lointains Les grandes figures & l'architecture du devant de l'eſtampe ſont gravées par G. Scotin.

Aux premieres épr uves, avant la lettre, il y a quelques

___

[1] Une de ces deux académies a été gravée par Huquier le pere, avec quelques autres études de le Clerc dont nous parlerons à la fin de ce catalogue. Voyez le ſupplément N° 321.

[2] Le nombre des planches de cette traduction de Vitruve, qui doivent entrer dans l'œuvre de le Clerc, n'eſt pas facile à fixer. Les uns en comptent 20, d'autres 22, d'autres 25; nous en avons trouvé 41, & il pourroit bien ſe faire qu'il y en eût davantage, toutes les planches de ce grand ouvrage paroiſſant gravées d'après ſes deſſeins. En effet, la liaiſon intime de le Clerc avec M. Perrault, & les talens connus de notre artiſte pour deſſiner parfaitement bien l'architecture & les machines, pourroit porter à croire que non ſeulement les planches dont nous allons rendre compte doivent faire partie de ſon œuvre, mais qu'il a fait auſſi les deſſeins de toutes les autres planches de ce livre, & même ceux des figures gravées en bois ue l'on y trouve. On prétend qu'il y a des curieux qui ont dix planches de cette ſuite, gravées ſeulement au trait, comme elles ſont ſorties de la main de le Clerc; elles ont été enſuite (dit-on) retouchées au burin & ombrées par différens graveurs qui y ont fait mettre leurs noms, enſorte qu'il eſt impoſſible à préſent de les reconnoître. Ces dix épreuves ſont très-rares, & je ne les ai vues nulle part. Il eſt inutile d'avertir qu'on doit préférer les planches de la premiere édition, les épreuves en ſont ſans comparaiſon plus belles que celles de la ſeconde, faite en 1684, qui ont été toutes retouchées.

différences dans la draperie qui couvre les épaules de la figure qui repréfente la France, & dans celle fur laquelle elle eft affife, qui eft unie aux premieres épreuves, & que l'on a enfuite ornée de fleurs-de-lys : on a auffi ajouté une ftatue équeftre fur la pointe du fronton de la grande façade du Louvre, qui ne fe voit point aux anciennes épreuves, & l'on a ombré la porte de l'avant-corps du milieu de cet édifice, qui étoit claire aux épreuves avant la lettre.

Haut. du frontifpice 11 pou. 9 lig. larg. 8 pou. 10 lig.

Chez M. Paignon, trois épreuves de cette eftampe, dont une avant la lettre, & les deux autres avec différences.

Chez M. Jombert, deux épreuves, dont une avant la lettre, avec différences.

Chez Madame de Bandeville, on trouve quelques études des draperies pour le frontifpice de ce livre, faites par le Clerc, au crayon rouge, mêlé d'un lavis d'encre de la Chine.

+2. Vignette pour la dédicace au Roi. On voit au milieu les armes de France dans un cartel attaché fur un piedeftal. A gauche, la principale façade du Louvre, du deffein de M. Perrault ; & à droite une élévation de l'intérieur de la cour du Louvre, dans un cadre porté par des génies. *S. le Clerc in. & f.*

Chez Madame de Bandeville il y a une épreuve très-rare, aux armes de M. Colbert au lieu de celles du Roi, avec une couronne de marquis, fur une efpece de piedeftal & un grand panneau au-deffus : une draperie dont les extrémités pendent des deux côtés, paffe entre le cartel des armes & la couronne. Il y a auffi une épreuve ordinaire, comme elle fe voit dans le livre, avec les armes du Roi, & une demi-teinte paffée fur la draperie qui couvre les genoux de l'Architecture, cette partie étant blanche & éclairée aux premieres épreuves.

Chez M. Paignon, trois épreuves différentes. La premiere avec les armes de Colbert. La feconde les armes de Colbert effacées, & celles du Roi deffinées par le Clerc, avec la draperie fur les genoux de l'Architecture, éclairée. La troifieme avec les armes du Roi gravées, & la draperie ombrée comme elle fe voit dans le livre.

Haut. 2 pou. 6 lig. long. 6 pou. 10 lig.

✝ 3. Lettre S pour la dédicace du Roi. On voit dans le vuide d'en haut de cette lettre, une tête de soleil avec chevelure, dont les rayons dissipent des nuages.

Haut. 1 pou. 10 lig. larg. 1 pou. 7 lig.

✝ 4. Vignette du commencement du livre. On y voit Auguste assis sur son trône, environné de savans & de vieillards. Vitruve debout devant ce prince, lui présente un dessein de l'intérieur de sa basilique ou grande salle à l'antique. Dans le lointain, à droite, on apperçoit le colisée. *Seb le Clerc in. & f.*

Chez Madame de Bandeville, il s'en trouve trois épreuves avec différences. A la premiere, le grouppe des trois figures qui sont à gauche sur le devant, est plus éclairé. A la seconde, ce même grouppe est fortement ombré, surtout les deux figures qui sont debout. A la troisieme, l'ombre est prolongée dans l'angle gauche supérieur du tableau qui représente la basilique de Fano, & les nuages sont effacés dans le haut du même tableau, comme aux épreuves ordinaires.

Chez M. Paignon, deux épreuves avec différences dans le grouppe ombré que l'on voit à gauche, & dans le dessein de la basilique de Fano présenté à Auguste, lequel se trouve différent dans les deux épreuves

Haut. 2 pou. 5 lig. long. 6 pou. 10 lig.

✝ 5. Grande lettre L remplie par un médaillon du portrait d'Auguste, d'après l'antique, regardant à droite. Elle est entourée d'une petite bordure d'ornement.

Haut. 1 pou. 10 lig. larg. 1 pou. 8 lig.

✝ 6. Grand cul-de-lampe d'Apollon qui découvre la Vérité. Ces deux figures sont au-dessus d'un médaillon rond, renfermé dans un corps d'architecture, finissant en cul-de-lampe. Le médaillon est rempli par une tête de soleil entouré de cheveux qui viennent par dessous le menton, & dont les rayons s'étendent de toutes parts. On lit autour du médaillon : *per me quod eritque, fuitque, estque patet.* Le nom de le Clerc, gravé au dessous des gouttes du cul-de-lampe, à droite, s'apperçoit très-difficilement, même aux anciennes épreuves [1].

_____

[1] Ce cul-de-lampe a servi depuis à la seconde partie de l'histoire

1673.

Haut. du cuivre 4 pou. 8 lig. long. 5 pou. 5 lig.

+7. Planche I. du livre. C'eſt une coupe ſur la largeur de la ſalle des gardes Suiſſes, dans le vieux Louvre, connue à préſent ſous le nom de ſalle des antiques. On y voit quatre très-belles figures de Cariatides de 12 pieds de haut, qui ſoutiennent un entablement enrichi d'ornemens de tres-bon goût : c'eſt l'ouvrage du célebre Jean Goujon, architecte & ſculpteur de Henri II, vers 1550. Le nom de le Clerc, qu'on voit à gauche, ſur la marge du cuivre, au bas de la planche, avant qu'elle ait été tronquée, ne laiſſe aucun doute ſur celle-ci [1].

+8. Pl. II. On voit au haut de cette planche le plan du dernier étage de l'obſervatoire de Paris, bâti ſur les deſſeins de Claude Perrault, auteur de ce livre. La figure au-deſſous eſt l'élévation du même édifice du côté du mily. *Le Clerc ſculp.*

+9. Pl. III. Au haut de cette planche eſt la coupe intérieure des différens étages du même bâtiment de l'obſervatoire, depuis les fondemens juſqu'à la terraſſe qui le couvre. Au-deſſous, eſt l'élévation du côté du ſeptentrion. *Le Clerc ſculp.*

+10. Pl. IV. On voit ici, en haut, ſur un papier à demi-déroulé, le plan des fortifications des anciens, qui conſiſtoient en des murailles fort épaiſſes & élevées, flanquées de diſtance en diſtance de tours rondes qui étoient encore plus hautes que les murs, dont elles interrompoient la continuité : comme on le voit par l'élévation perſpective qui eſt au-deſſous [2]. Les terreins & les lointains de cette

naturelle des animaux, grand *in-folio*, imprimée en 1676, où il ſe trouve tiré à la fin du diſcours ſur les peintades ; & à la deſcription des tableaux du cabinet du Roi, *in-fol.*, premiere édition en 1677.

[1] On en voit une pareille épreuve avec le nom de le Clerc au bas, chez M. Joubert, tirée avant la lettre & avant que le cuivre ait été coupé, qui porte 11 pou. 6 lig. de haut ſur 9 pou. 5 lig. de large. Elle garde encore toute ſa marge, aux épreuves de la premiere édition. On a ſeulement effacé le nom de le Clerc, & l'on a gravé en capitales, ſur la marge du cuivre, au bas de l'eſtampe : EXPLICATION DE LA PLANCHE I. Dans la ſeconde édition, & aux épreuves modernes, la planche n'a plus que 10 pou. 7 lig. de haut.

[2] A la premiere édition, ce plan eſt tout ſeul, & ſans aucune lettre ; à la ſeconde édition, on l'a côté fig. I, & l'on y a ajouté à

planche font tellement dans la maniere de le Clerc, que nous avons cru devoir l'inférer dans son œuvre.

11. Pl. V. Les deux figures de cette planche font voir la maniere dont les premiers hommes ont dû commencer à bâtir avec des bois, qu'ils recouvroient ensuite d'un enduit d'argile, & de terre grasse, ou avec du chaume & autres matieres [1]. Les lointains de cette planche font dans le même cas que ceux de la précédente, & la même raison nous a déterminé à les inférer dans l'œuvre de le Clerc.

12. Pl. VI. Cette planche contient, en cinq figures, les différentes especes de maçonnerie des anciens. Quand elle ne se trouveroit point dans un œuvre de le Clerc, je ne l'en estimerois pas moins complet.

13. Pl. VII. Cette planche fait voir les proportions du corps humain. Quoiqu'il semble qu'on ait dû recourir à le Clerc pour cette planche plutôt que pour aucune autre de ce livre, elle ne paroît pas plus tenir de sa maniere que la précédente.

14. Pl. VIII. On voit ici le plan & l'élévation du plus simple des temples des anciens, appellé par Vitruve paraftate, parce qu'il n'a que des pilastres à ses encoignures, au lieu de colonnes, il est orné d'un double fronton. Ceux qui veulent que le Clerc ait fait les desseins de toutes les planches de ce livre ne font point de difficulté d'y admettre celle-ci.

15. Pl. IX. Cette planche offre le plan & l'élévation du second genre de temple des anciens appellé proftyle, ayant seulement des colonnes à la face de devant. Son portail est orné de quatre colonnes canelées, d'ordre Dorique, avec un fronton orné de sculpture en bas-relief, & trois statues au dessus. Les figures du fronton & les autres font dessinées & gravées par le Clerc.

gauche la fig. II, qui représente la maniere dont les anciens lioient leur maçonnerie avec des pieces de bois d'olivier.

[1] Dans la premiere édition, la fig. I qui représente l'assemblage des pieces de bois d'un pavillon, étoit entierement à jour, & l'on voyoit par derriere le terrein, & un paysage dans le lointain. A la seconde édition, cette cage est recouverte en partie d'un enduit, & le tout est supposé tracé sur une surface quarrée qui cache tout ce qui étoit derriere.

+16. Pl. X. Plan & élévation du troisieme genre de temple appellé *amphiprostyle*, c'est-à-dire doublement *prostyle*, parce qu'il a des colonnes & un portique par derriere comme par devant. Les figures du bas-relief, dans le tympan du fronton, ainsi que les autres statues, sont de la main de le Clerc.

Chez M. Paignon le dessein original de le Clerc, lavé à l'encre de la Chine, & très-fini, du portail d'un temple à quatre colonnes Ioniques canelées, sans piedestal. Aux deux côtés sont deux figures de femmes debout, élevées sur des piedestaux. Au-dessus du milieu du fronton une figure de femme debout, & deux autres de chaque côté.

Haut. de ce dessein 6 pou. 4 lig. larg. 4 pou.

+17. Pl. XI. On voit ici le plan & l'élévation du quatrieme genre de temple appellé *periptere*, parce qu'il a des colonnes tout autour. Il a six colonnes canelées, d'ordre Ionique, au frontispice. Les figures du bas-relief dans le fronton, ainsi que les autres, sont de le Clerc, dont le nom se lit à gauche au bas du fronton. N. Pitau

+18. Pl. XII. Plan & élévation du cinquieme genre de temple appellé *pseudodiptere*, ou faux diptere, parce qu'il n'a qu'un rang de colonnes tout autour, au lieu que le diptere en a deux. Son portail est orné de huit colonnes canelées, d'ordre Corinthien, dont l'ordonnance regne au pourtour de l'édifice. Les figures du fronton, ainsi que les trois statues qu'on voit au-dessus, sont dessinées & gravées par le Clerc, dont le nom est gravé sur un piedestal au milieu du fronton. N. Pitau

+19. Pl. XIII. On voit sur cette double planche le plan & l'élévation du sixieme genre de temple appellé *diptere*, parce qu'il a deux rangs de colonnes tout à l'entour. Sa face principale est décorée de huit colonnes canelées d'ordre Ionique, portant un grand fronton dans lequel est un magnifique bas-relief dans le goût antique, de la composition & de la gravure de le Clerc ainsi que les trois figures qui le couronnent. Le nom de le Clerc est dans le fronton, au bas d'une muraille qui en occupe le milieu

Chez M. le N. D. C. à Orléans, on voit une premiere épreuve de cette planche avec un autre sujet dans le tympan du fronton. Il représente pareillement un sacrifice, mais il

eft autrement compofé, & il y entre un bien plus grand
nombre de figures. Il n'y a point de ciel, & tout le fond
eft blanc jufqu'à l'horifon. Au haut de la planche, on ne
voit point la draperie fur laquelle doit être tracé le plan
de ce temple.

20. Pl. XIV. Cette planche offre le plan & l'élévation
du feptieme genre de temple appellé *hypæthre*, c'eft-à-dire
découvert. Il a dix colonnes de front, canelées & d'ordre
Corinthien. Les figures du fronton, en bas-relief, & les
trois autres au-deffus, font de la main de le Clerc, dont on
a gravé le nom à la feconde édition à la pointe du fronton,
vers la droite. Il y a auffi au bas du temple & fur le perron
qui y conduit, quelques figures par le méme.

Les planches XV & XVI du Vitruve n'étant qu'au
fimple trait, nous n'avons pas cru devoir leur donner
place dans cet œuvre.

21. Pl. XVII. Elle contient quatre figures : fur la premiere on voit quatre colonnes canelées d'ordre Ionique,
plus ou moins écartées l'une de l'autre. La feconde figure
montre la maniere de diminuer le fût des colonnes ; la
troifieme repréfente l'inftrument dont l'invention eft due à
Nicomede, qui fert à tracer cette diminution ; la quatrieme eft un compas à deux roues [1] pour tracer les
grands cercles. Le terrein qu'on voit au bas de cette quatrieme figure nous a paru deffiné & méme gravé par le
Clerc.

22. Pl. XVIII. Cette planche repréfente les deux efpeces
de ftylobates ou piedeftaux. A la figure d'en haut, c'eft
un piedeftal continu en forme de foubaffement : celle
d'au-deffous, fait voir les piedeftaux détachés & féparés
les uns des autres fous chaque colonne. Nous lui avons
donné place dans l'œuvre pour la méme raifon que les
planches IV & V, numero 10 & 11.

Les planches XIX, XX, XXI & XXII de ce livre ne
doivent point entrer dans l'œuvre de le Clerc.

23. Pl. XXIII. On voit fur cette planche l'origine du
chapiteau Corinthien, inventé par Callimachus, fculpteur

---

[1] Cette fig. IV n'exifte pas dans la premiere édition, elle a été
ajoutée par le Clerc dans la feconde.

Athénien, d'après un plante d'acanthe qui fe trouvant par
hafard fous un panier en forme de vafe, chargé d'une
pierre plate, avoit pouffé des feuilles autour de ce panier
qui donnerent lieu à cet habile architecte d'imaginer les
feuilles & les volutes qui ornent le chapiteau de cet ordre.

Cette figure, & les deux chapiteaux Corinthiens [1] que
l'on voit au haut de la planche font fi bien deffinés &
gravés, que nous les croyons de la main de le Clerc, ainfi
que le bas-relief qui orne le bas d'une pyramide ou d'un
tombeau, à côté de ce panier, au bas de la planche.

Les planches XXIV, XXV, XXVI, XXVII,
XXVIII, XXIX, XXX, XXXI, XXXII, XXXIII, &
XXXIV n'ayant rien d'intéreffant, ou qui paroiffe de le
Clerc, ne doivent point trouver place ici,

24. Pl. XXXV. Elevation d'un temple circulaire appellé *monoptere*, dont le toit en calotte eft foutenu feulement fur des colonnes, fans aucun mur derriere. La
figure de l'Amour qui eft au milieu du temple fur un piedeftal rond, & les ornemens de la frife de l'ordre Corinthien qui décore ce temple, font de la main de le Clerc [2].

25. Pl. XXXVI. Elévation d'un temple rond appellé
periptere, parce qu'il a des colonnes tout autour de fon
enceinte. Cette planche n'ayant rien qui paroiffe appar-
tenir à le Clerc, pourroit bien être fupprimée de fon œuvre
fans inconvénient.

La planche XXXVII n'eft qu'un plan d'édifice qui ne
doit point entrer dans cet œuvre.

† 26. Pl. XXXVIII. Cette double planche offre la vue de
l'intérieur d'une bafilique des anciens, à deux rangs de colonnes, mife en perfpective. Il n'y a pas lieu de douter que

---

[1] Ces deux chapiteaux font entierement différens dans la premiere
édition & d'un autre deffein, ainfi que le profil au trait d'un de ces
chapiteaux, coté fig. 1, qui eft à côté: & il n'y a aucune lettre de re
voi à la figure au trait qui eft au-deffous, repréfentant le plan du chapiteau Corinthien.

[2] Cette planche, qui n'a que 9 pou. 6 lig. de largeur dans la fe
conde édition, porte 11 pou. 6 lig. de largeur dans la premiere; e
forte que les degrés du perron qui conduit au temple, dont on ne
voit qu'une partie du profil dans la feconde édition, fe voient en
tierement jufqu'au bas de la planche, dans la premiere édition.

1673.

e deſſein de cette magnifique ſalle ne ſoit de le Clerc :
ailleurs les bas-reliefs que l'on y voit au ſoubaſſement
u premier étage, ainſi que les trois figures dans des
iches, ſont gravées par cet artiſte.

La planche XXXIX n'eſt qu'un plan d'édifice.

27. Pl. XL. Coupe & vue intérieure de la baſilique que
Vitruve bâtit à Fano, attenant le temple d'Auguſte. Il y a
ſur cette planche 4 ou 5 petites figures qui paroiſſent gra-
ées par le Clerc.

La planche XLI n'offrant que le ſyſtême de muſique des
anciens, n'a aucun rapport avec celles de notre artiſte.

28. Pl. XLII. Plan & élévation intérieure du théatre des
Romains, ſuivant Vitruve. Les petites figures qui ſont au-
ſſus de la colonnade circulaire, dont cet édifice eſt com-
plé, ſont gravées par le Clerc.

29. Pl. XLIII. Cette double planche repréſente plus en
rand une partie du théatre des Romains priſe ſur une
ligne paſſant par le milieu de la ſcene, de l'orcheſtre,
du demi-cercle que forment les degrés de l'amphithéatre
ù ſe plaçoient les ſpectateurs. Les ſtatues qui décorent le
ut de cet édifice, ſont de le Clerc.

30. Pl. XLIV. Cette double planche fait voir l'élévation
ntérieure de la ſcene du théatre des Romains. Les ſtatues &
s bas reliefs ſont de la main de le Clerc.

Les planches XLV & XLVI ſont deux plans du théatre
s Grecs, & des portiques ou promenoirs qui étoient
arriere les théatres. Il n'y a rien de le Clerc.

31. Pl. XLVII. On voit ſur cette double planche l'é-
vation perſpective des portiques ou promenoirs qui ſe
ſoient proche des théatres, pour mettre le peuple à
ouvert en cas de pluie. Les arbres que l'on voit, à gau-
e, au-deſſus de ce portique, ſont indubitablement deſſinés
gravés par le Clerc.

32. Pl. XLVIII. Cette planche offre en haut le plan, &
-deſſous, la vue de l'intérieur des bains publics des
ciens : la ſalle n'eſt éclairée que par une lanterne
atiquée au haut de la voûte. On ne peut douter que les
ures de cette eſtampe ne ſoient au moins deſſinées par
Clerc.

La planche XLIX n'eſt qu'un plan d'un grand édifice

public que les *Grecs* appelloient *paleftre*, où les jeunes
gens apprenoient toutes fortes d'exercices, tant de l'efprit
que du corps. Il n'y a rien Je le Clerc.

+33. Pl. L. Sur les trois figures de cette planche on voit
les trois manieres enfeignées par Vitruve pour la conftruction des jettées qui fe font aux ports de mer. Cette
planche eft entiérement deffinée par le Clerc, qui en a gravé
toutes les figures. (*S. Sc.... ....*)

Chez M. Paignon, on voit le deffein original de cette
planche, lavé à l'encre de la Chine, de la main de le
Clerc.

Haut. de ce deffein 6 pou. 2 lig. long. 8 pou. 3 lig.

34. Pl. LI. On voit fur cette double planche les deux
efpeces de cours que les anciens faifoient dans l'intérieur
de leurs maifons. L'une en haut, toute fimple, eft à la maniere Tofcane ; l'autre eft entourée d'un rang de colonnes
Corinthiennes ifolées & éloignées du mur. Quoiqu'il n'y
ait aucune figure fur cette planche, comme elle peut
avoir été deffinée & mife en perfpective par cet artifte,
c'eft ce qui nous a engagé à lui donner place dans cet
œuvre.

Les planches LII & LIII ne nous ont pas paru mériter
une place dans l'œuvre de le Clerc.

+35. Pl. LIV. Vue de l'intérieur d'une falle à l'égyp-
tienne, à deux étages ornés de colonnes, qui ne reçoit
du jour que par l'étage fupérieur. Les ftatues & les bas-
reliefs font deffinés & gravés par le Clerc [1].

La planche LV n'eft qu'un plan de maifon à la maniere
des Grecs. Il n'y a rien de le Clerc.

+36. Pl. LVI. On voit fur cette planche la clepfydre de
Ctefibius, laquelle confifte en une colonne qui tourne

_____

[1] Aux premieres épreuves on lit à droite, au-deffous de l'eftampe,
fur la marge du cuivre : *E. Gantrel fculp.* & le cuivre a de hauteur 10
pou. 5 lig. fur 8 pou. 11 lig. de large. Aux dernieres épreuves, & dans
le livre, en tronquant le cuivre, on a emporté le nom de Gantrel,
& le cuivre n'a plus alors que 10 pou. de haut fur 8 pou. 5 lig. de
large.

Chez M. Jombert, épreuve avec le nom de Gantrel au bas de la
planche & avant que la planche foit cotée.

sur son axe, & qui fait sa révolution en une année : elle
marque les mois & les heures. Les figures & les paysages
sont de la main de le Clerc.

37. Pl. LVII. Elle représente trois différentes especes
de clepsidres en usage chez les anciens. Dans la persuasion où nous sommes que le Clerc a fait le dessein de cette
planche , nous avons cru devoir l'inférer dans son œuvre.

38. Pl. LVIII. On voit sur cette planche deux différentes sortes de machines servant à élever des fardeaux.
Le nom d'Edelinck écrit au bas de l'estampe vers la droite ,
n'empêche pas que les figures ne soient gravées par le
Clerc [1].

39. Pl. LIX. Cette planche représente trois sortes de
machines propres à élever des pierres & autres fardeaux.
Le nom de Gantrel qui est au bas de la planche pourroit
dispenser de lui donner place dans cet œuvre, à moins
qu'on ne veuille croire que toutes les machines de ce livre
sont destinées par le Clerc.

40. Pl. LX. On voit ici les trois inventions que les anciens employoient pour transporter des fardeaux d'un très-
grand poids. Le fond du paysage & les figures sont gravés
par le Clerc [2]; le reste est l'ouvrage d'Edelinck, qui y a
fait mettre son nom.

41. Pl. LXI. Les trois premieres figures de cette planche représentent le tympan des anciens , une roue à eau ,
& un moulin à chapelet, pour élever l'eau à diverses hauteurs. La quatrieme figure est un moulin à bled semblable
à ceux que l'on construit à présent pour agir par le moyen
de l'eau. Toutes ces machines , du moins c'est notre
opinion, étant destinées par le Clerc, il est nécessaire
qu'elles fassent partie de son œuvre.

Chez M. Paignon, le dessein original par le Clerc, lavé
à l'encre de la Chine , des deux figures du haut de cette
planche, savoir , le chapelet & le moulin à bled.

_____

[1] Dans la premiere édition le nom de le Clerc se lit , à droite, au
bas du papier déroulé sur lequel la figure II est tracée.

[2] A la premiere édition, le nom de le Clerc est écrit à droite vers
le bord de la planche, à la figure d'en bas, au-dessous d'une partie de
terrein ombrée, sur le troisieme plan,

Haut. de ce deſſein 5 pou. 6 lig. long. 7 pou. 10 lig.

42. Pl. LXII. Il y a trois figures ſur cette planche ; la premiere fait voir la vis d'Archimede ſervant à élever de l'eau : la ſeconde eſt la pompe de Creſibius : la troiſieme eſt la roue à chapelet qui ſervoit à élever de l'eau pour former un jet dans le baſſin du jardin de la bibliotheque du Roi, à Paris. Indépendamment du deſſein, le fond de la figure III, & le payſage qu'on apperçoit ſous l'arcade de la figure II, ſont gravés par le Clerc : le reſte eſt de Gantrel.

43. Pl. LXIII. Cette planche repréſente la machine hydraulique qui étoit l'orgue des anciens, avec le développement de ſon mouvement. Elle eſt entiérement deſſinée & gravée par le Clerc, dont le nom eſt à gauche, au bas de la planche, ſur le bord du cuivre.

44. Pl. LXIV. On voit ici ſur le ſecond plan la catapulte, machine dont les anciens ſe ſervoient à la guerre pour lancer des traits & des javelots, toute montée & en état d'agir. Sur le devant, ſes différentes parties démontées. Cette machine, ainſi que les précédentes, paroit deſſinée par le Clerc.

45. Pl. LXV. Trois figures rempliſſent cette planche ; la premiere repréſente l'élévation de la grande tour de bois, à vingt étages, avec ſon eſcalier au milieu, en uſage chez les Anciens pour l'attaque des places. La ſeconde, la tortue, dans laquelle étoit le bélier ou plutôt la tariere qui ſervoit à percer les murs. La troiſieme, cette même tariere, étant encore ſur terre, & miſe en état d'agir, avant que d'être placée ſous la tortue. Malgré le nom d'Edelinck, perſonne ne diſputera à le Clerc le mérite d'avoir gravé les figures qu'on voit ſur cette planche.

46. Pl. **. Plan & élévation perſpective des ruines de l'ancien palais des tuteles, bâti à Bordeaux, par les Romains, peu de tems après le regne d'Auguſte. On y voit un exemple remarquable d'un ordre de colonnes couronné d'un entablement dont la friſe & la corniche ſont ſupprimés. Quoiqu'on voie le nom de le Pautre au bas de cette eſtampe, il n'eſt pas douteux qu'elle ne ſoit deſſinée par le Clerc, qui a gravé les Cariatides qu'on voit au-deſſus de chaque colonne, ainſi que le payſage du fond : le reſte eſt gravé par Pierre le Pautre, graveur d'architecture.

1673.

Cette planche ayant été ajoutée à la seconde édition, qui a paru en 1684, ne se trouve point dans la première.

Chez M. Paignon, le dessein original par le Clerc, lavé à l'encre de la Chine, de cette estampe pour la seconde édition de Vitruve, de même grandeur que la planche gravée ci-dessus.

47. Pl. *****. On voit ici l'assemblage de charpente & les machines qui ont servi à amener de la carriere à Paris les deux grandes pierres qui couvrent le fronton de la principale entrée du Louvre, & celles qui ont servi à les élever au haut de ce superbe édifice.

Quoique cette planche soit gravée par P. le Pautre, elle ne doit pas moins entrer dans l'œuvre de le Clerc, puisque, si on lui dispute la gravure des figures que l'on y voit, on ne peut lui ôter le mérite du dessein & de la composition, cette estampe n'étant qu'une copie d'une partie de la grande qu'il a mise au jour en 1677, sur le même sujet, & dont nous parlerons en son lieu, N°. 132.

Cette planche est une de celles qui ayant été ajoutées dans la seconde édition, en 1684, ne se trouve pas dans la première.

Au cabinet des estampes du Roi, il ne se trouve que 14 planches de cette suite. Chez Madame de Bandeville, à peu près le même nombre. Chez M. Jombert, les 41 planches décrites ci-dessus, de la premiere édition, dont quelques-unes avant la lettre, avec differences, sans compter le frontispice, les vignettes, &c. Chez M. Paignon, il y a 63 planches du livre, sans les vignettes, &c.

1674.

110. Abrégé des dix livres d'architecture de Vitruve. *In-douze* Paris. Coignard. 1674. Avec onze planches, dessinées & gravées par le Clerc.

†Planche 1. Elle représente les sept différentes manieres dont les anciens construisoient leurs murailles.

†2. On voit ici les quatre premiers manieres d'espacer les colonnes, savoir : le picnostyle : le sistyle : le diastyle : & l'areostyle.

43. Cette planche offre la cinquieme maniere d'efpacer les colonnes, que les anciens appelloient euftyle.

44. On voit fur celle-ci la décoration du frontifpice d'un temple à l'antique, formée par huit colonnes de front, d'ordre Corinthien, couronnées d'un grand fronton orné d'un bas-relief.

45. Cette planche donne les proportions de l'ordre Tofcan, dont l'architrave, fuivant l'étimologie de fon nom, eft formée par une maitreffe poutre ou fabliere portée par la colonne.

46. Cette planche repréfente l'ordre Dorique, dont le fuft de la colonne eft canelé à vive arrête, & dont la frife de l'entablement eft ornée de triglyphes d'où pendent des gouttes.

47. On voit ici les proportions de l'ordre Ionique, dont le profil eft tiré du temple de la Fortune virile, à Rome, avec fa volute antique. Au-deffous de la bafe de cet ordre, eft une autre bafe, nommée attique, que les anciens employoient fouvent à l'ordre Ionique.

48. On a décrit plus en grand fur cette planche les proportions de la volute Ionique, vue en face & de profil, & la maniere de la tracer géométriquement, ainfi que les autres ornemens du chapiteau de cet ordre.

49. On trouve ici deux deffeins différens du chapiteau Corinthien, avec un plan pour faire voir la faillie des volutes & la forme du tailloir qui les couronne. Dans la partie inférieure de cette planche on a repréfenté l'origine du chapiteau de cet ordre, ainfi que Vitruve le raconte [1].

50. On voit fur cette planche, dont la grandeur eft double des autres, le plan & l'élévation d'un théâtre à la maniere des anciens.

51. Cette planche repréfente la catapulte, machine de trait des anciens, en état d'agir & de lancer un javelot contre l'ennemi. Sur le devant font les différentes parties de cette machine démontées, pour en faire voir les proportions.

[1] Voyez ce que nous en avons dit ci-devant en expliquant la planche 23 du N°. précédent.

1674.

Cette suite n'est point rare & se trouve dans tous les œuvres ; les planches ont 4 pou. 5 lig. de haut sur 2 pou. 10 lig. de large.

·111. Petite estampe d'architecture représentant le temple d'Auguste, bâti par Vitruve à Fano [1], dans la colonie Julienne, sur le milieu de sa basilique, & en face de sa principale entrée.

On voit ici sur le devant la moitié du plan de la basilique de Vitruve & du temple d'Auguste, conforme au plan qu'on en trouve dans le grand Vitruve, in-folio, seconde édition, page 152 : l'autre moitié offre l'élévation perspective de ces mêmes édifices. Les petites figures sont de la main de le Clerc. Au bas de la planche, dans l'angle à gauche, est l'explication des 5 lettres de renvoi du plan, en cinq petites lignes.

Haut. de tout le cuivre avec sa marge, 6 pou. 3 lig. long. 8 pou. 6 lig.

Cette petite estampe est assez rare. Elle se trouve chez Madame de Bandeville & chez MM. Paignon & Jombert.

112. Description sommaire du château de Versailles, par André Felibien. *In-douze*. Paris. 1674.

Un petit plan de Versailles, qui se trouve à la tête de ce livre, très-joliment dessiné & gravé par le Clerc, dont le nom est à gauche, au-dessous de la planche. le C

Haut. du plan, avec l'échelle qui est au bas, 5 pou. 5 lig. larg. 3 pou. 1 lig.

Chez M. Paignon, on voit ce petit plan avec l'explication des lettres de renvoi, tirée du livre. Chez M. Jombert, le petit plan tout seul.

113. Trois petites estampes de forme ovale en travers, connues sous le nom des Iconoclastes,

---

[1] Nous en avons parlé ci-devant au N°. 109, article 27, planche XL.

1674.

entourées chacune d'une petite bordure d'orne-ment.

Haut. de chaque eftampe avec fa bordure, 1 pou. 3 lig. long. 1 pou. 7 lig.

+1. On voit ici, à gauche, un grand feu, & plufieurs hommes qui y jettent des tableaux, ftatues, bas-reliefs, & autres monumens. Dans le fond, un homme à cheval & quelques foldats à pied.

Différences dans l'ombre portée par terre, fous les pieds des hommes, qui eft à une feule taille aux premieres épreuves, & qui eft à deux tailles croifées aux autres.

+2. Dans celle ci, on voit à droite, un roi défenfeur des images tué au pied d'un autel, tenant à la main un cru-cifix. On lit au deffous de celle-ci, fur la marge à droite: S. le Clerc f. [1]

Au cabinet des eftampes du Roi. Chez MM. Paignon & Jombert, deux épreuves de chacune avec différence.

+3. Celle-ci eft rariffime. On y voit un faint, ou un phi-lofophe vêtu à l'antique, debout, avec une longue barbe, que l'on amene devant un Juge, ou un empereur, affis fur un trône, environné de foldats armés de piques & de bou-cliers.

Cette petite eftampe ne fe trouve qu'au cabinet des eftampes du Roi, & elle eft de la plus grande rareté.

1675.

-114. Les morceaux rariffimes gravés par le Clerc pour le préfident Roffignol [2], au nombre

---

[1] Aux premieres épreuves, ces deux eftampes font gravées fur le même cuivre, dans le même ordre où elles font décrites ici.

[2] Antoine Roffignol, maître des comptes, naquit à Alby, le premier Janvier 1590. Il avoit un talent particulier pour deviner les énigmes les plus difficiles, & pour déchiffrer les écritures les plus im-pénétrables, & il rendit en cette qualité des fervices très importans à l'Etat. Il mérita l'eftime particuliere de Louis XIII, du Cardinal de Richelieu, & de Louis XIV, qui lui rendit vifite à fa terre de Juvify, en 1673. M. Roffignol mourut peu de tems après, vers la fin de la même année, âgé de quatre-vingt-trois ans.

Il eut un fils nommé Charles-Bonaventure Roffignol, Seigneur de de sept estampes, en quatre planches, dont chacune est séparée en plusieurs parties.

11. Grande planche séparée en quatre parties, contenant chacune un paysage, avec des aigles qui volent.

Le premier de ces quatre paysages est divisé en deux parties dans le milieu, par une ligne blanche, du haut en bas. Dans la partie à gauche, sur le devant, on voit un aigle qui s'envole en emportant un enfant emmailloté, qu'il vient de tirer de son berceau, qui est à terre. Plus loin une forteresse défendue par deux grosses tours rondes. Dans le lointain un camp, & du canon qui tire.

Dans la partie, à droite, l'aigle dépose le même enfant emmailloté sur un autel : dans le lointain, on voit une procession du Saint-Sacrement qui fait le tour d'une ville fortifiée à la moderne (Alby). Au bas des deux parties de cette estampe est écrit : *Lauda Jerusalem* (Albia) *L'num O. benedixit filiis tuis in te.* Ps. 147.

Sur le second paysage on voit à gauche sur le devant, des guerriers qui marchent vers une ville assiégée par terre & par mer : c'est la Rochelle. Au bas de celle-ci on lit: *Adipe frumenti satiat te* (ô Rupella) *velociter currit sermo ejus.*

Le troisieme de ces paysages représente le pas de Suze. On y voit des montagnes couvertes de neige, des arbres secs & sans feuilles, & quelques soldats sur un chemin qui cotoie le rampant d'une de ces montagnes. Au bas est écrit : *qui dat nivem* (Susæ) *sicut lanam lique-faciet ea.*

Sur la quatrieme on voit un pays rempli de montagnes, sur l'une desquelles est une ville (Alby) sur le devant, & une autre ville dans le lointain. Un aigle vole tenant dans son bec un rameau d'olivier. On lit au-dessous : *Posuit fines tuos pacem* (Albia) *non fecit taliter omni nationi.*

Il n'y a que ce seul quatrieme paysage chez Madame de

Juvisy, président en la chambre des comptes de Paris, & il y a grande apparence que c'est à ce fils que le Clerc a eu affaire pour cette suite de planches énigmatiques qu'il grava en 1675, puisque le pere étoit mort quelques années auparavant.

1675.

Bandeville : il paroît que c'est une épreuve avant la lettre.

Haut. de chacun de ces quatre paysages , sans l'écriture qui est au-dessus & au-dessous , 4 pou. 2 lig. larg. 5 pou. 3 lig.

Au haut du cuivre où sont gravés ces quatre paysages , on lit , à gauche , E CUNIS AD ARAS. *Aurelianum volucris è cunis rapit , statim que ad aram jam diu eversam locat* [1] , & à droite :

> De Jupiter le noble oiseau
> Prend Aurelien au berceau ;
> Puis du sort de l'enfant donne un grand pronostique ,
> L'ayant porté sans mal près d'un autel antique.

Au bas du même cuivre , au-dessous des quatre estampes de paysage , on lit ces dix vers , en deux colonnes.

> D'un premier coup d'essay je sauve ma patrie ,
> Détruisant Realmont son ennemi mortel,
> Au bout de 60 ans j'y releve l'autel
> Où Calvin exerça sa premiere furie.
> D'une derniere atteinte , en lui perçant le cœur ,
> De la Rochelle enfin je vois LOUIS vainqueur;
> Seul je pénetre après dans l'intrigue hérétique.
> Je fais qu'on part de Suze , on cherche un autre employ ;
> Et dans la même année une paix authentique
> En tous lieux met le calme & rétablit la FOY.

Grandeur du double trait qui renferme ces quatre paysages , avec l'écriture qui est en haut & en bas : haut. 10 pou. 5 lig. larg. 6 pou. 9 lig.

Au cabinet des estampes du Roi , & chez MM. Paignon & Jombert , ces quatre paysages se trouvent réunis sur

---

[1] Ce fait est attesté par un auteur ancien nommé *Flavius Vopiscus* , originaire de Syracuse , qui a vécu sous Dioclétien & Maximien , & qui a écrit l'histoire de l'Empereur Aurelien , au commencement du regne de Constance. Après avoir rapporté que Callicrate de Tyr assuroit que la mere d'Aurelien étoit Prêtresse du Soleil , & qu'elle avoit le don de divination , ayant prédit que son fils seroit un jour Empereur, il continue ainsi : *Addit etiam illud , quod vinctum fasciola Aurelianum aquila innoxiè de cunis levaverit , & in aram posuerit , quæ juxta sacellum fortè sine ignibus erat. Historia Augustæ scriptores VI. Flavii Vopisci Syracusii* , pag. 833. *Divus Aurelianus. In-octavo.* Lugd. Batav. 1661.

une feule planche avec toutes les écritures. Chez M. le
N. D. C. à Orléans, il n'y a que trois de ces quatre morceaux, féparés l'un de l'autre : il lui manque le quatrieme,
qui eft feul chez Madame de Bandeville.

2. Planche quarrée, divifée en trois parties du haut en
bas, formant trois colonnes, remplies de hieroglyphes &
de diverfes figures fymboliques, avec beaucoup d'écritures,
qu'il feroit trop long de rapporter. On y voit :

Un oifeau qui vole en defcendant.

Une grotte ou niche de pierre.

Un papier de mufique.

Une main qui trace des lignes.

Les fix lettres initiales F. O. R. N. I. X.

Une autruche qui regarde des œufs, & un autre oifeau
qui couve.

Un philofophe à qui un enfant préfente des nids d'oifeau
dans un verger.

Deux mains qui balaient.

Un fep de vigne lié fur fon échalas.

Une branche de palmier recourbée qui cache deux fruits
de cet arbre.

Une main armée d'une poignée de verges devant un enfant.

Un homme affis jouant de l'orgue, & un autre qui fait
agir les foufflets.

Dedale volant dans les airs, proche la conftellation
de l'ourfe, & un oifeau qui vole au-devant de lui.

Une jolie cafcade dans un jardin.

Un phénix entouré de nuages, vis-à-vis un amas de
bois qui n'eft point allumé.

Un autre phénix fur un bûcher allumé, prêt à s'élancer
dans les airs, avec cette devife : *poft funera vivam.*

La planche paroit coupée par en haut, enforte qu'on ne
voit point le double filet qui doit la terminer de ce côté.
Ce qui en refte dans l'œuvre de le Clerc, chez M. Jombert, a de haut. 7 pou. 11 lig. fur 7 pou. 2 lig. de large.

3. Planche en hauteur ; divifée en deux colonnnes, qui
eft une fuite de la précédente, avec des hyeroglyphes & des
écritures dans le même goût. On y voit :

Une Chimere qui vole du haut d'une montagne devant

1675.

un homme armé d'un fabre , qui lui préfente une grande pancarte.

Une main qui lave la tête d'un maure.

Des philofophes debout vis-à-vis une grande table couverte d'un tapis , offufqués par des nuages.

Le frontifpice d'un temple antique orné de quatre colonnes & d'un grand fronton.

Une main tenant une épée qui s'eft caffée en voulant couper un nœud de cordes.

Un faulx chargé de branches & de feuilles.

Un arc de triompe au haut d'un rocher très-efcarpé.

Une main tenant une plume pour écrire , & quelques livres fermés au-deffous.

Une table couverte d'un tapis , chargée de richeffes.

Une porte de ville dont l'entrée eft défendue par deux tours rondes.

Un vaiffeau qui vogue à pleines voiles.

Un arbre déraciné & renverfé par le vent.

Une roue muficale dont l'anfe eft défaite.

Une porte fermée avec une ferrure.

Chez M. Jombert, cette planche eft coupée du côté droit, & il paroit qu'elle doit être compofée de plus de deux colonnes de figures fymboliques , à en juger par fa forme haute & étroite, & par le double trait qui manque de ce côté. Ce qu'on en voit dans fon œuvre de le Clerc, a 10 pou. 8 lig. de haut, fur 4 pou. 10 lig. de largeur.

—4. Grande planche en hauteur , en forme d'une grande médaille allégorique à la deftruction de l'héréfie de Calvin en France, dont le milieu eft rempli par les débris d'une ville entiérement renverfée , avec la Chimere enfevelie fous fes ruines. A côté de cette médaille font 12 petits profils de villes, & à gauche, fur le côté, la ville d'Alby, dans un médaillon ovale.

Au deffous du grand médaillon , on voit à gauche , fur le haut d'une double montagne , une églife moderne , & à droite, auffi fur une hauteur, le temple de Janus fermé. Autour du grand médaillon, eft écrit: *Annus & urbs claudunt Calvini fata cadentis.*

Mefme ville & mefme année
De Calvin renverfé bornent la deftinée.

Chez M. Jombert, cette estampe est coupée par le haut, ensorte qu'on n'y voit plus le double trait qui doit la terminer de ce côté. Ce qui en reste a encore 8 pou. 3 lig. de haut, sur 7 pou. 2 lig. de large.

Cette suite rarissime & inconnue à tous les amateurs ne se trouve complette que chez M. Jombert. elle vient de l'œuvre de le Clerc qu'il a acheté à la vente de feu M. Huquier, uniquement pour ces quatre estampes, & pour celle de l'ordre François de le Clerc, morceau rare & inconnu dont on parlera ci-après au n°. 304.

On prétend que le Clerc a fait aussi pour le même président Rossignol plusieurs bordures & autres pieces dont nous ignorons le sujet & la grandeur. M. Huquier nous a assuré qu'on avoit bien trouvé toutes ces planches, avec les quatre ci-dessus, dans les effets de la succession du président Rossignol, mais qu'elles étoient en si mauvais état & si défigurées par le verd de gris qui les avoit rongées, qu'on a été contraint de les vendre au chaudronnier, sans pouvoir en faire aucun usage.

4115. Recueil de divers ouvrages en prose & en vers, dédié à Monseigneur le Prince de Conty. *In-quarto*. Paris. Coignard. 1675 [1].

+1. Vignette de l'épître dédicatoire. On voit au milieu les armes de Conty sur un écu couronné, soutenu par deux génies portés sur des nuages. Sur le devant, à gauche, quelques nymphes s'amusent à cueillir des fleurs & à en former des couronnes dont elles ornent les armes du jeune prince de Conty; à droite, dans le lointain, au pied du Parnasse, des Muses cueillent des branches de laurier dont elles forment pareillement des couronnes pour le prince, lorsqu'il sera plus avancé en âge. On lit au bas sur une légende: *nunc flores, mox lauros.* Et au-dessous de l'estampe à droite: *S. le Clerc in. & f* [2].

[1] Chacun sait que M. Charles Perrault, de l'Académie Françoise, est l'auteur de ce recueil, & que M. le Laboureur, qui en est l'éditeur, déroba ce manuscrit dans le cabinet du Roi, pour le donner au public.

[2] Cette vignette & la suivante ont servi depuis pour le recueil de

1675.

Haut. de la vignette 1 pou. 7 lig. long. 3 pou. 8 lig.

+2. Lettre M pour l'épître dédicatoire. On y voit une Minerve debout se présentant en face, tenant sa pique de la main droite, & ayant la gauche appuyée sur son bouclier. Elle est entourée d'un côté (à droite) d'attributs militaires, & de l'autre, de ceux des sciences & des arts, sur un fond semé de lys.

Haut. de la lettre, entourée de sa petite bordure d'ornement, 15 lig. larg. *idem.*

+3. Très-jolie vignette, pour le commencement du livre. On voit à gauche, sur le devant, un poëte assis à côté de l'Eloquence qui le soutient; sa lyre & un livre à ses pieds. Plus loin, vers la droite, quelques génies, dont un s'envole en portant un livre du côté de Versailles, dont on apperçoit le château dans le lointain, à droite. Au bas est écrit : *S. le Clerc in. & fecit.*

+4. Lettre M pour le commencement du livre. On y voit Mercure volant dans les airs, de droite à gauche; au-dessous de lui divers attributs des sciences & des arts.

Haut. avec la petite bordure 15 lig. larg. 14 lig.

Cette suite se trouve assez communément dans tous les œuvres de le Clerc.

X 116. Histoire sacrée en tableaux, par l'abbé de Brianville. *In-douze.* Paris. Th. Jolly. Tome III, Contenant le nouveau Testament. La premiere édition est de 1675.

+1. Vignette dont le sujet est l'étoile des Rois. Il est renfermé dans une espece de cartel formé par une guirlande de fleurs, & terminé en haut par une couronne royale, autour de laquelle voltige une légende sur laquelle est écrit : *regibus orta regendis. Le Clerc.*

+2. L'Annonciation. A celle-ci, qui se trouve dans tous les exemplaires, la Vierge est assise à droite, à côté de sa cheminée, & l'ange paroit en l'air, à gauche, sur un

plusieurs machines de nouvelle invention. Ouvrage posthume de M. Claude Perrault, de l'Académie des Sciences, mis au jour par M. Charles Perrault, son frere, de l'Académie Françoise. *In-quarto,* 1700.

nuage. A côté de lui, sur le devant, est un bout de grand rideau retroussé. Au-dessous de ce rideau est une banquette ou un lit de repos dont on ne voit qu'une partie. Le Clerc f.

3. Le même sujet, planche rarissime, qui n'a jamais servi à cet ouvrage, quoique de même grandeur, & très-différente de la planche précédente.

On voit à droite la Vierge à genoux à terre devant un prie-Dieu couvert d'un tapis, ayant une aureole, ou un cercle de gloire, derriere la tête. L'ange est à gauche, au haut de l'estampe ; il remplit de sa lumiere toute la chambre. A terre, au-dessous de l'ange, il y a deux petits tabourets ou sièges plians.

Elle se trouve chez Madame de Bandeville seulement.

4. La Nativité. Le Clerc in. & f.

5. Les Rois. Dans celle ci, qui est commune, la Vierge est à droite sur le devant, assise sur une pierre quarrée, tenant sur ses genoux l'enfant Jesus, dont S. Joseph, qui est debout à côté d'elle, tient une main. Derriere ce grouppe, on voit de grands piedestaux portant des colonnes dont il ne paroit que la base. Une figure debout, dans la demiteinte, est appuyée contre l'un de ces piedestaux ; à gauche, les trois rois, dont un debout & deux à genoux prosternés devant l'enfant : au-dessus d'eux, des nuages & un rayon de lumiere.

6. Le même sujet, planche rarissime, qui n'a point servi à cet ouvrage, & entiérement différente de la précédente.

On y voit la sainte Vierge, à gauche, tenant l'enfant Jesus, assise au haut de trois marches, adossée contre un grand piedestal, sur lequel il y a des bas-reliefs. S. Joseph est debout, à gauche, à côté d'elle. Deux autres figures, aussi debout, sont appuyées contre le même piedestal. Les trois Mages sont à droite, dont un prosterné devant l'enfant Jesus & les deux autres debout. Il y a un page qui porte le bas de la robe d'un des trois. Derriere ce grouppe, dans le lointain, on voit une grande arcade, & beaucoup de monde.

Elle se trouve chez Madame de Bandeville seulement.

7. La Fuite en Egypte. S. le Clerc in. & f.

8. Le Baptême de Jesus-Christ.

1675.

9. Les Nopces de Cana. *Le Clerc in. & f.*

10. La Samaritaine.

11. Le Paralytique. *Le Clerc in. & f.*

12. Le Centenier.

13. Le Mort de Naim.

14. La Pécherefle pénitente.

15. La Décollation de S. Jean.

16. La Multiplication des pains. *Le Clerc.*

17. S. Pierre marchant fur les eaux.

18. La Cananée. *Le C. f.*

19. La Transfiguration.

20. Les dix Lepreux.

21. La Femme adultere. *Le Clerc in & f.*

22. L'Aveugle né. *Le Clerc f.*

23. Le Samaritain. *S. le Clerc in. & f.*

24. L'Enfant prodigue. *S. le Clerc f.*

25. Le mauvais Riche. *Le Clerc.*

26. Les Ouvriers de la vigne. *Le Clerc.*

27. La réfurrection du Lazare.

28. Les rameaux. *Le C. in.*

29. Le même fujet, planche très-rariffime, & qui n'exifte peut-être point, ne l'ayant vue dans aucun œuvre de ce maître. On dit qu'elle repréfente l'entrée de N. S. dans Jerufalem, & qu'elle eft fort différente de celle ci-deffus ; mais qu'elle n'a point fervi dans aucune édition de cet ouvrage : elle eft, dit-on, de même grandeur que toutes les planches de cette fuite.

30. Les Vendeurs au temple. *Le Clerc in. & f.*

31. La Cène.

32. Jefus au jardin.

33. La Flagellation.

34. Le Crucifiement. *Le Clerc in.*

35. La Réfurrection.

36. Les Apparitions.

37. L'Afcenfion.

38. La Pentecofte.

39. Ananie & Saphire.

40. S. Etienne.

41. La converfion de S. Paul.

42. Le Centenier Corneille.

1675.

43. S. Paul pris pour un Dieu à Lystre.

44 Traverses de S. Paul.

45. S. Paul ressuscitant Eutyche [1].

¶ 117. *Panegyrices veteres , ad usum SS^mi Delphini. In-quarto. Parisiis.* Leonard. 1675.

† 1. Une très-jolie vignette représentant le triomphe de l'empereur Trajan. Dessiné par Jouvenet [2] & gravé par le Clerc.

Haut. de la vignette 1 pou. 10 lig. long. 4 pou. 1 lig.

Au cabinet des estampes du Roi , chez Madame de Bandeville , chez M. Jombert , &c , épreuve ordinaire.

Chez M. Paignon trois épreuves ; la premiere est une eau forte , la seconde est avant le nom de Jouvenet , & la troisieme une épreuve ordinaire.

~ 2. Lettre N dont le fond est occupé par un soleil rayonnant qui remplit tout le quarré. Elle est entourée d'une petite bordure.

Au cabinet des estampes du Roi , chez Madame de Bandeville & chez M. Jombert , grandeur 1 pou. 3 lig

† 118. La vie de saint Bruno, en 22 planches, dessinées & gravées par Fr. Chauveau, d'après les tableaux du cloître des Chartreux de Paris , peints par le Sueur. *In-folio.* Paris. 1675.

† 1. Le frontispice du livre [3] dessiné & gravé par le

_____

[1] Les estampes de ce troisieme volume sont moins rares que celles des deux premiers , & elles se trouvent communément assez bonnes épreuves dans tous les œuvres de le Clerc.

[2] Il faut l'avoir avant le nom de Jouvenet , qui est gravé au bas de la planche en très-petits caracteres, aux épreuves ordinaires ; mais cette estampe sans le nom de Jouvenet est de la plus grande rareté.

[3] Le frontispice de cette suite, gravé par Chauveau , ayant été égaré peu de tems après la mort de cet artiste , arrivée en 1674, M. le Clerc fut chargé de graver une autre planche sur le même dessein. Mais celle de Chauveau s'étant retrouvée ensuite, elle eut la préférence, & celle de le Clerc n'a point servi au livre.

Le frontispice gravé par Chauveau se reconnoît à une sainte Vierge debout , vue en face , posée sur des nuages rayonnans de gloire , portant l'enfant Jésus sur le bras gauche , & tenant un sceptre de la droite !

Clerc. C'est le même dessein & la même composition que celui de Chauveau.

Haut. du frontispice de le Clerc 12 pou. 2 lig. larg. 8 pou.

Au cabinet des estampes du Roi, épreuve avant la lettre. Chez Madame de Bandeville trois épreuves différentes de la planche de le Clerc ; la premiere est avant la lettre avec la Vierge dans le rond, sans la table renfoncée. La seconde, le rond vuide, les rayons seulement conservés, avec la table en renfoncement, les angles du haut & le dedans de la niche marbrés, sans aucune lettre gravée. La troisieme épreuve avec un nom de Jesus dans le rond, des entre-tailles, & l'inscription gravée par Berey sur la table renfoncée. Chez M. Jombert, trois épreuves, idem. Chez M. Paignon, deux épreuves de celles de le Clerc, avant & avec la lettre.

42. La planche 15 de cette suite, gravée par le Clerc. On y voit S. Bruno debout accompagné d'un religieux, & de deux autres qui sont derriere lui. S. Bruno tient un papier qu'il lit. C'est une lettre qu'un courier vient de lui apporter de la part d'Urbain II, pape, l'an 1090, pour l'appeller à Rome auprès de Sa Sainteté.

43. L'apothéose de S. Bruno enlevé dans le Ciel par les anges. C'est la planche 22 & la derniere de cette suite [1].

_____

à ses pieds est une fleur-de-lys. Elle est dans un médaillon rond placé dans le milieu du tympan du fronton qui couronne le corps d'architecture où l'on devoit écrire le titre. On le reconnoît aussi aux deux petits anges couchés sur les deux cymaises rampantes de ce fronton, qui sont plus forts, plus nerveux, & qui ont la tête plus grosse & moins bien dessinée que les enfans de le Clerc. Enfin la planche de Chauveau est un peu plus petite, l'estampe avec sa bordure n'ayant que 11 pou. 4 lig. de haut. sur 7 pou. 5 lig. de large.

La planche de le Clerc restant inutile, elle fut achetée par M. Berey le pere, célebre graveur en lettres, qui y a écrit en belles capitales le premier commandement : *Vous aimerés le Seigneur vostre Dieu*, &c. avec son nom & son adresse au bas. Elle a ensuite passé dans le fond d'un marchand nommé Gaillard, demeurant sur le Petit-Pont, à l'Y grec, qui a effacé le nom & l'adresse de Berey pour y substituer la sienne.

[1] C'est une tradition reçue par les amateurs, que cette planche est gravée par le Clerc ; cependant plus on la considere, moins on trouve

119. *Sancti Optati Afri Milevitani Episcopi Opera omnia. In-folio. Parisiis.* Dupuis. 1676.

‡ 1. Une fort belle vignette, pour la dédicace de ce livre, faite par M. le Prieur à M. l'abbé Colbert, dont les armes occupent le milieu de cette planche. Sur les deux côtés, dix enfans tiennent divers attributs des dignités ecclésiastiques. Dans le lointain on voit une des grandes salles de la bibliotheque du Roi. *Le Clerc in. & f.*

Haut. 1 pou. 6 lig. long. 7 pou. 4 lig.

‡ 2. Très-grande lettre E capitale, derriere laquelle on voit, à droite, partie d'une grande église, terminée par un dôme, avec une grande enceinte, & deux portes vis-à-vis l'une de l'autre. A gauche, vers l'horison, un soleil levant qui éclaire toute la terre de ses rayons. *Le Clerc f.*

Haut. 1 pou. 3 lig. larg. 1 pou. 2 lig.

Au cabinet du Roi. Chez Madame de Bandeville. Chez MM. Paignon, Jombert, &c.

120. Œuvres de Racine, en deux vol. *in-douze.* Paris. Barbin. 1676.

‡ 1. Le frontispice général, gravé par le Clerc d'après M. le Brun. On y voit la Tragédie assise sur un trône, environnée d'événemens tragiques & de génies qui pleurent. On voit au bas cette inscription grecque : φόβος καὶ ἔλεος, *terror & commiseratio*, qui est la devise de la tragédie.

Haut. du cuivre avec l'inscription grecque 5 pou. 2 lig. larg. 3 pou.

‡ 2. Titre du tome II, dans un cartel entouré d'attributs relatifs au théatre. Dessiné & gravé par le Clerc.

Haut. de l'estampe 4 pou. 10 lig. larg. 1 pou. 10 lig.

‡ 3. Frontispice pour la tragédie d'Esther, composé par M. le Brun, & gravé par le Clerc [1].

Haut. 4 pou. 7 lig. larg. 1 pou. 10 lig.

---

de ressemblance entre les autres ouvrages de cet artiste & le travail grossier de cette estampe : aussi est-elle dessinée & gravée en grande partie par Chauveau, lequel est mort en 1674, comme il travailloit à cette planche; le Clerc s'étant chargé de l'achever a été obligé de suivre le travail commencé par Chauveau.

[1] Cette petite estampe est une copie de celle que le Clerc a gravée

14. Frontifpice pour la tragédie de Bajazet. Gravé par le Clerc, d'après le deffein de Chauveau [1].

Haut. 4 pou. 8 lig. larg. 2 pou. 10 lig.

15. Frontifpice pour la tragédie de Phedre & Hyppolite, deffiné par le Brun, & gravé par le Clerc [2].

Haut. de l'eftampe fans le titre, 4 pou. 9 lig. larg. 2 pou. 10 lig.

16. Frontifpice pour la comédie des Plaideurs, deffiné par Fr. Chauveau [3], gravé par le Clerc.

Haut. de l'eftampe feule, 4 pou. 8 lig. larg. 2 pou. 10 lig.

Cette fuite, en général, eft difficile à trouver belles épreuves, fur-tout la planche cotée 5, de Phedre & Hyppolite. Elles font paffables au cabinet des eftampes du Roi & chez M. Jombert: très belles épreuves chez Madame de Bandeville: chez M. Paignon deux épreuves du titre avec différences, trois épreuves de Phedre, dont une avant la lettre, une autre belle épreuve avec la lettre, la troifieme retouchée & de nulle valeur. Deux épreuves des Plaideurs, l'une bonne, l'autre retouchée: les trois autres, affez belles.

+121. **Face principale du Louvre, du côté de S. Germain - l'Auxerrois. Au bas, à droite, eft écrit:** *J. Marotte fculp.* 1676.

---

plus en grand pour une édition de cette tragédie, imprimée de format *in-quarto*, pour les Dames de Saint Cyr, en 1689; ce qui fait voir que cette petite eftampe n'a été gravée que long-tems après les autres de cette même fuite, auffi la gravure en eft-elle fort différente.

[1] François Chauveau, étant mort en 1674, M. le Clerc fut chargé de continuer cette fuite, & il en a achevé quelques planches que Chauveau avoit laiffé à moitié faites.

[2] Chez M. Jombert on voit cette même eftampe de la grandeur d'une page *in-folio*, qui paroît une copie de la petite de le Clerc. Il y a au bas de l'eftampe les armes de Colbert avec deux licornes pour fupport, de la main de cet artifte, ou du moins d'après fon deffein.

[3] Chez M. Jombert on voit le deffein original de Chauveau, très-peu décidé: auffi le Clerc y a-t-il fait en gravant des corrections & changemens confidérables, foit dans les têtes des perfonnages, qui font beaucoup mieux deffinées, foit dans les figures entieres, & dans l'architecture du fond.

Les figures, statués, & bas reliefs de cette planche sont dessinés & gravés par le Clerc. L'architecture est de Jean Marot, architecte & graveur. Cette pièce fait partie de la collection d'estampes connue sous le nom *du cabinet du Roi*.

Haut. du cuivre avec toute sa marge, 14 pou. 8 lig; long. 26 pou. 9 lig.

Chez MM. Paignon & Jombert.

122. Histoire naturelle des animaux, par M. Perrault. Seconde partie [1]. Très-grand *In-folio*. Impr. Royale. 1676.

Cul-de-lampe d'Apollon qui découvre la vérité, avec cette devise : *per me quod erit que*, &c. qui se voit après la description des peintades : il se trouve décrit ci-devant dans la suite du Vitruve. Voyez la planche cotée 6 du N°. 109.

Cul-de-lampe du médaillon de M. le Dauphin assis sur un trône, &c. employé à la fin du discours sur les otardes, décrit ci-devant dans la suite des problèmes d'architecture, par Blondel. Voyez la planche cotée 5 du N°. 106.

11. Le veau marin, couché sur une terrasse pavée de grandes pierres plates, sur le bord de la mer. A gauche, dans le lointain, une jolie fabrique de ruines d'architecture, avec de grandes arcades : plus loin la mer & des vaisseaux : quelques montagnes au-delà.

Haut. du cuivre avant que d'avoir été rogné, 15 pou. lar. 10 pou. 9 lig.

Haut. du cuivre tronqué, 14 pou. 3 lig. larg. 9 pou. 3 lig. [2]

---

(1) En 1676, M. Perrault mit au jour la seconde partie de son histoire des animaux, de même format & de même grandeur que la première qui avoit paru en 1671, & pour lui servir de supplément. Elle contient seize animaux différens, avec des discours d'explication & un titre particulier, en un très-grand in-folio, imprimé à part, & aussi avec la première partie que l'on réimprima alors, avec cette seconde partie, sans aucune séparation, vignette, ni titre entre deux. Les planches étoient alors encore entières & sans être tronquées autour du cuivre : elles ne l'ont été qu'en 1692.

(2) En rognant la planche tout au tour, on a emporté sur l'estampe

1676.

Il y a eu des changemens dans la partie anatomique du haut de la planche, où l'on a effacé, à droite, deux grandes figures pour leur substituer les memes figures diminuées de grandeur.

Chez M. Paignon, le dessein original de cette planche par le Clerc, tel qu'il se voit sur l'estampe, aux premieres épreuves.

42. La vache de Barbarie, vue de côté, allant de droite à gauche, avec un paysage champetre.

Haut. du cuivre avant que d'être tronqué, 14 pou. 9 lig. larg. 10 pou. 8 lig.

Haut. du cuivre tronqué, 14 pou. 3 lig. larg. 9 pou. 5 lig.

Chez M Paignon, le dessein original par le Clerc, de l'estampe ci-dessus, de même forme & grandeur.

43. Le cormoran, grand oiseau, vu de côté, allant de droite a gauche, sur un terrein environné d'eaux courantes.

Haut. du cuivre non tronqué, 14 pou. 10 lig. larg. 10 pou. 9 lig.

Haut. du cuivre tronqué, 14 pou. 4 lig. larg. 9 pou. 7 lig.

Chez M. Paignon, le dessein original de cet oiseau, lavé à l'encre de la Chine, fait par le Clerc d'après nature, de même grandeur que la gravure. Plus un autre dessein du même animal avec sa partie anatomique au-dessus, en hauteur, pareil à l'estampe gravée & de meme grandeur.

44. Le Chamois, vu de côté, allant de droite à gauche, posé sur un grand terrein : dans le lointain, à droite & à gauche, des montagnes très-escarpées & quelques sapins secs.

Haut. du cuivre non tronqué, 15 pou. larg. 10 pou. 8 lig.

Haut. du cuivre tronqué, 14 pou. 3 lig. larg. 9 pou. 12 lig.

Chez M. Paignon, le dessein original de cet animal,

qui est au bas, vers la droite, un petit vaisseau proche l'horison : à gauche une figure d'homme qui monte un perron, ainsi que le corps d'architecture qui bordoit la planche de ce côté, &c.

par le Clerc, avec fon anatomie au-deſſus, tel qu'il eſt
repréſenté ſur l'eſtampe ci-deſſus.

15. Le porc-épic & le hériſſon, ſur la même eſtampe,
avec leurs parties anatomiques, au haut de la planche.

Haut. du cuivre non tronqué, 14 pou. 10 lig. larg.
11 pou.

Haut. du cuivre après avoir été tronqué, 14 pou. 3 lig.
larg. 9 pou. 3 lig.

Il y a eu des changemens conſidérables faits à la partie
anatomique de cette planche lorſqu'elle a été tronquée. Six
figures qui ſe voient aux planches dont le cuivre eſt entier
ont été effacées, & l'on y en a ſubſtitué huit autres, qui
ſont pareillement de le Clerc.

Chez M. Paignon le deſſein original par le Clerc, de la
partie anatomique de ces animaux ſeulement, telle qu'elle
ſe voit au haut de cette planche. La partie d'en bas, où
ſont les animaux deſſinés vivans, manque.

16. Le ſapajou & la guenon: on voit ſur cette planche
trois ſinges qui jouent au bas d'un mur d'appui dans un
jardin, proche d'un palais orné de ſtatues, qui borde la
planche vers la droite.

Haut. de la planche non tronquée, 15 pou. larg. 10
pou. 11 lig.

Haut. de la planche tronquée, 14 pou. 3 lig. larg. 9
pou. 10 lig.

Chez M. Paignon, le deſſein original, par le Clerc, du
ſapajou tout ſeul, avec ſon anatomie au deſſus, de même
grandeur que la gravure.

17. Le cerf de Canada & la biche de Sardaigne, repréſentés ſur la même planche, l'un debout, l'autre couché,
vis-à-vis l'un de l'autre: le payſage repréſente une forêt,
avec quelques-uns des ces animaux.

Haut. du cuivre non tronqué, 15 pou. 3 lig. larg. 11
pou. 1 lig.

Haut. du cuivre tronqué, 14 pou. 8 lig. larg. 9 pou.
6 lig. [1]

_____

[1] Lorſqu'on a rogné le cuivre, on a effacé, dans la partie anatomique, la première figure qui étoit au haut de la planche, ſur la gau-

Chez M. Paignon, le deſſein original du petit cerf de Canada ſeulement, lavé à l'encre de la Chine, & fait d'après nature, par le Clerc, même grandeur que la gravure. Autre deſſein de la partie anatomique du cerf de Canada & de la biche de Sardaigne. C'eſt ſeulement la partie d'en haut.

48. La peintade, grand oiſeau, vu de côté, allant de droite à gauche, ſur une terraſſe, proche d'une grande riviere, ſur laquelle on voit les ruines d'un ancien pont ou aqueduc : à droite, dans le loirtain, un fort ſur le haut d'une montagne eſcarpée.

Haut. du cuivre non tronqué, 15 pou. 3 lig. larg. 11 pou. 2 lig.

Haut. de la planche étan: tronquée, 14 pou. 5 lig. larg. 9 pou. 4 lig.

Chez M. Paignon, le deſſein original de cet oiſeau, fait par le Clerc d'après nature, à l'encre de la Chine, même grandeur que la gravure.

Plus, le deſſein de la partie anatomique du même oiſeau, comme on la voit au haut de la planche ci-deſſus.

49. L'aigle perché ſur une groſſe branche d'arbre ſeche, vu de profil, de droite à gauche. Le fond eſt un payſage où l'on voit une riviere, & le rivage des deux côtés.

Haut. du cuivre avant que d'être tronqué, 14 pou. 7 lig. larg. 11 pou.

Haut. du même cuivre tronqué, 14 pou. 3 lig. larg. 9 pou. 4 lig.

Chez M. Paignon, le deſſein original par le Clerc, de la partie ſupérieure de cette planche, contenant le développement anatomique de l'aigle, ſeulement.

50. Le coq Indien, vu de côté, allant de droite à gauche : le fond repréſente un payſage très-vaſte & déſert.

Haut. du cuivre non tronqué, 14 pou. 8 lig. larg. 11 pou.

_____

che · dant l'eſtampe qui eſt au deſſous, on a emporté & effacé entierement la partie de forêt qui étoit ſur la gauche, & qui touchoit la queue du cerf, & à droite une petite biche blanche, avec les arbres qui l'accompagnoient, dans le lointain.

Haut. du cuivre tronqué, 14 pou. 4 lig. larg. 9 pou.
6 lig.

En rognant cette planche par les côtés, on a emporté
les figures A, B, & C, qui étoient au côté gauche de la draperie volante, au haut de la planche ; l'on a regravé les
figures A, B un peu plus bas, du même côté, & la figure
C a été reportée dans une place vuide qui restoit sur la
planche vers le côté droit de la même draperie.

Chez M. Paignon, le dessein original de cet oiseau &
de sa partie anatomique, par le Clerc, même grandeur
que la gravure.

11. L'otarde, grand oiseau, vu de côté, allant vers la
gauche : le fond représente un paysage des plus agréables,
orné de fabriques champêtres & de jolies maisons de campagne, le tout entremêlé d'arbres touchés avec la plus
grande légereté. Aussi le Clerc y a-t-il gravé son nom, à
gauche, au bas de la planche.

Haut. de la planche non tronquée, 15 pou. 2 lig. larg.
11 pou. 1 lig.

Haut. de la planche tronquée, 14 pou. 6 lig. larg. 9 pou.
4 lig.

En rognant le cuivre on a emporté la partie ombrée du
ciel qui se voit aux anciennes épreuves des deux côtés de
la draperie, où sont les développemens anatomiques. Et
dans le bas de la planche où est l'animal vivant, on a retranché du côté droit une maison de paysans & les grands
arbres qui étoient derriere. Le nom de le Clerc a été aussi
emporté avec la partie du terrein qui étoit au bas de la
planche.

Chez M. Paignon, le dessein original de le Clerc, contenant la partie anatomique de cet oiseau seulement, faisant le haut de la planche ci-dessus.

12. La demoiselle de Numidie, grand oiseau, vu de
côté, marchant de droite à gauche. Le fond représente une
campagne très-étendue, où l'on voit, à gauche, une riviere qui serpente, & à droite, un château fort, avec un
pont de pierre, précédé d'une tour quarrée. Le nom de le
Clerc est à gauche au bas de la planche.

Haut. totale du cuivre non rogné, 15 pou. 3 lig. larg.
11 pou.

O iv

Haut. du cuivre étant rogné, 14 pou. 5 lig. larg. 9 pou. 5 lig.

En coupant les bords du cuivre, on a emporté comme à la planche précédente la partie ombrée du ciel qui se voyoit aux deux côtés de la draperie où font les développemens anatomiques de cet oiseau. Et dans le bas de la planche on a retranché, à droite, partie du fort qui bordoit la planche de ce côté. Au bas, le nom de le Clerc a été pareillement emporté.

Chez M. Paignon, le deffein original par le Clerc, de la demoiselle de Numidie, fait d'après nature, & lavé à l'encre de la Chine : elle regarde à gauche, & est de même proportion que la gravure. Autre deffein particulier de la partie d'en haut de la planche ci-deffus feulement, contenant les développemens anatomiques de cet oiseau. Le nom de le Clerc est à gauche, au bas de la planche.

†13. L'autruche, grand oiseau, vu de profil, tourné vers la gauche : le fond est un payfage fingulier où l'on voit des rochers efcarpés fur le bord de la mer, & des fabriques très pittoresques. Le nom de le Clerc est à gauche, au bas de la planche, proche la bordure.

Haut. du cuivre non tronqué, 15 pou. 3 lig. larg. 10 pou. 10 lig.

Haut. du même cuivre tronqué, 14 pou. 3 lig. larg. 9 pou. 3 lig.

Outre la partie ombrée du ciel, emportée des deux côtés de la planche en tronquant le cuivre, on a effacé entiérement la derniere figure, à droite, au bas de la draperie, & l'on y en a fubftitué deux autres très différentes. On a auffi changé quelque chofe à la partie M de la figure d'à côté. En rognant le cuivre par en bas, on a emporté le nom de le Clerc : & fur le côté droit, au bord de la planche on a retranché un petit percé où l'on voyoit la mer, deux vaiffeaux, & la terre dans le lointain, ce qui gâte un peu la compofition de le Clerc, de ce côté, où ce percé fembloit néceffaire pour faire fuir les objets qui font devant, fur le fecond plan de cette eftampe.

Chez M. Paignon, le deffein original de l'autruche fait d'après nature à l'encre de la Chine, par le Clerc ; elle

regarde à gauche , & eſt de même grandeur que la gravure.
Chez le même , le deſſein original de la partie d'en haut
de la planche ci-deſſus , contenant les développemens anatomiques de cet oiſeau , en trois grandes figures , différentes de la gravure.

+14. Seconde planche de l'autruche. C'eſt une demi planche [1] où l'on voit la ſuite des différentes parties anatomiques de cet oiſeau , qui n'ont pas pu tenir ſur le haut de
la planche précédente. Il n'y a point de ſujet de figure
en bas.

Haut. du cuivre de cette demi-planche non tronquée , 7,
pou. 10 lig. long. 10 pou. 1 lig.

Haut. du cuivre tronqué. . . . .

Chez M. Paignon , le deſſein original, par le Clerc, de ce
ſupplément à l'anatomie de l'autruche , formant une demi-planche ſéparée.

+15. Le caſuel ou caſoar , gros oiſeau , vu de côté, tourné
de gauche à droite,avec un fond de payſage aquatique,& des
montagnes, dans le lointain. A gauche, ſur le ſecond plan ,
partie d'un château avec un mur de clôture fortifié de
tours. Point de nom de graveur.

Haut. de la planche non tronquée , 15 pou. 1 lig. larg.
11 pou.

Haut. de la planche tronquée , 14 pou. 3 lig. larg. 9,
pou. 3 lig.

En rognant cette planche il y a eu divers changemens
faits à la partie anatomique. La grande plume qui tenoit
toute la largeur du haut de la planche , a été emportée avec
le haut de la draperie , ainſi que ſes deux cotés : & le bas
de cette même draperie ayant été entiérement effacé , on y
a gravé cette même plume qui étoit au haut ; on a auſſi
effacé les trois figures du globe de l'œil de cet oiſeau , pour
y en ſubſtituer trois autres d'un autre deſſein : au bas de la

---

[1] Cette demi-planche eſt tirée ſur le diſcours , avec l'explication
imprimée au-deſſous ; & comme il n'y a que des démonſtrations d'a-
natomie , ſans aucun nom de graveur , c'eſt ce qui fait qu'elle ſe
trouve rarement dans l'œuvre de ce maître , quoiqu'elle ſoit réellement
gravée de ſa main , ainſi que les autres planche de cette ſuite.

planche, le château avec partie de son mur de clôture, à gauche, sur le second plan, ont été aussi emportés en coupant le cuivre de ce côté.

Chez M. Paignon, le dessein original de cet oiseau, fait d'après nature par le Clerc, & lavé à l'encre de la Chine, de même grandeur que la gravure. Dans le dessein, il regarde à gauche ; c'est un gros oiseau monté sur de fortes pattes, avec un plumage panaché, un bec pointu assez fort, le col gros & assez long. Il est couvert de beaucoup de plumes, & n'a point de queue. Chez le même, autre dessein original, par le Clerc, de cet oiseau, avec sa partie anatomique au-dessus : dessein en hauteur, de même grandeur que la planche ci-dessus.

416. La grande tortue des Indes, vue de côté, allant de gauche à droite, sur un terrein uni ; dans le lointain, un très-joli paysage, entre-mêlé d'arbres, de chûtes d'eau, & de différentes fabriques variées. Le nom de le Clerc est gravé de sa main au bas de la planche [1].

Haut. de la planche non tronquée, 15 pou. 2 lig. larg. 11 pou. 1 lig.

Haut. de la planche tronquée, 14 pou. 7 lig. larg. 9 pou. 10 lig.

Chez M. Paignon, le dessein original de le Clerc, de cet animal amphibie, avec le développement de ses parties

_____

[1] On fera ici une remarque qui servira généralement pour toutes les planches de la premiere & de la seconde suite de cette histoire naturelle des animaux, c'est que souvent les épreuves des planches, après avoir été tronquées, paroissent plus belles & sont en effet plus noires & plus fortes que les premieres des planches non-tronquées, mais il ne faut pas s'y laisser surprendre, elles sont toutes retouchées : il est vrai qu'elles sont si adroitement reprises au burin, qu'il est presque impossible de s'en appercevoir, à moins que d'avoir une ancienne épreuve pour objet de comparaison.

Il en est de même de l'architecture de Vitruve, *in-folio* (N°. 109) dont les planches à la seconde édition paroissent plus belles épreuves & plus noires que celles de la premiere, pour la même raison : & comme elles ont été très-bien retouchées, on ne peut s'en appercevoir qu'aux lointains, & aux petites figures des frontons ou des bas-reliefs gravés par le Clerc sur la plupart de ces planches, lesquelles étant très-délicates, n'ont pu être reprises avec le burin sans beaucoup altérer la beauté de la pointe spirituelle de le Clerc.

au-deſſus, comme on le voit ſur la planche ci-deſſus, & de même grandeur.

Au cabinet des eſtampes du Roi, on voit les 16 planches d'animaux ci deſſus. y compris la demi-planche, toutes tronquées. Chez Madame ce Bandeville & chez M. Paignon, les mêmes non tronquées, ſeulement. Chez M. Jomb rt, deux épreuves de chacune de ces planches tronquées & non tronquées, excepté la demi planche de l'autruche, qui s'y t o ive ſeulement non tronquée.

123. Mémoires pour ſervir à l'hiſtoire des plantes. Par M. Dodart, de l'Académie des ſciences. Très-grand *in-folio*. Impr. Royale. 1676.

1. Une très-belle vignette où l'on voit ſur une grande table un tiroir rempli de petits pots, contenant différentes drogues. Un vieux eccléſiaſtique aſſis à table écrit ſous la dictée d'un profeſſeur qui diſſerte ſur une liqueur contenue dans un verre qu'il tient à la main. Autour de la table, pluſieurs perſonnes dans diverſes attitudes prennent part aux démonſtrations du profſſeur en chymie.

Le fond de la ſalle repréſente un laboratoire avec les vaiſſeaux néceſſaires pour les opérations chymiques. A gauche, au travers d'une porte vitrée du haut juſqu'en bas, on voit un cabinet d'apothicairerie. A droite, des fourneaux & un alembic. La fenetre qui eſt ouverte, du même côté, laiſſe appercevoir une partie du jardin royal des plantes, avec des botaniſtes qui les examinent. On lit à gauche, au bas de la planche, gravé à la pointe de la main de le Clerc : *Se. le Clerc in. & ſ.*

Haut. de la vignette 3 pou. 7 lig. long. 8 pou. 9 lig.

Chez Madame de Bandeville, le deſſein original de cette vignette, lavé à l'encre de la Chine, où il ſe trouve beaucoup de différences d'avec l'eſtampe, M. le Clerc, qui étoit le maitre de ſon ſujet, en ayant changé le deſſein & la compoſition en pluſieurs endroits, lorſqu'il a gravé cette vignette

2. Grande lettre L où l'on voit dans le jardin royal des plantes, la Botanique une couronne ſur la tête & une baguette à la main qui montre à un philoſophe vêtu à l'an-

tique diverses plantes, & qui lui en explique les propriétés.
Dans le fond, un palais avec un periftyle en colonnade,
au premier étage. Au bas, à droite, eſt écrit : le Clerc.

Haut. de la lettre avec ſa petite bordure, 2 pou. 3 lig.
larg. idem.

Au cabinet des eſtampes du Roi. Chez Madame de Bandeville. Chez MM. Paignon & Jombert, la vignette & la
lettre L qui en dépendent.

+X 124. Des principes de l'architecture, de la
ſculpture, de la peinture, &c. Par Felibien. In-
quarto. Paris. Coignard. premiere édition en 1676.
La ſeconde édition eſt de 1690.

+1. Lettre griſe M pour l'épitre dédicatoire à M. Colbert
d'Ormoy, où l'on voit une Minerve debout appuyée ſur un
bouclier aux armes de Colbert.

Grandeur 13 lignes en quarré (1).

+2. Vignette pour le commencement du livre, formée
de divers attributs des arts grouppés enſemble, avec un
médaillon dans le milieu, où l'on voit une grue qui enleve une pierre pour un bâtiment, avec cette deviſe écrite
ſur une légende qui voltige au-deſſus du médaillon : mens
agitat molem.

Haut. 1 pou. 9 lig. long. 4 pou.

Chez M. Jombert, le deſſein de ce médaillon un peu
plus en grand, entouré d'une guirlande & d'un cartel,
avec les memes fonds d'architecture, lavé à l'encre de la
chine par le Clerc, & détaché du reſte de la vignette.

Haut. de ce deſſein du médaillon avec ſa légende, 3 pou.
7 lig. larg. de ce médaillon entouré d'un cartel, 4 pou..

+3. Lettre B, où l'on voit une Minerve aſſiſe, entourée
d'attributs des arts & d'inſtrumens de géométrie.

Haut. 13 lig. larg. 12 lig.

+4. Très jolie vignette à la tête du dictionnaire des
termes, où l'on voit preſque tous les arts & les profeſſions

[1] La vignette eſt de Chauveau, & ne doit point entrer dans l'œuvre
de le Clerc.

qui ont rapport à l'architecture, rassemblés dans un très-
petit espace, Au bas est écrit : *Seb. le Clerc in. & s.*

Haut. de la vignette 1 pouc. 8 lig. long. 4 pouc.

ꝗ 5. Lettre A derriere laquelle sont des trophées d'outils
servant aux arts.

Haut. 13 lig. larg. 11 lig.

Au cabinet des estampes du Roi. Chez Madame de Bandeville. Chez MM. Paignon & Jombert.

✝✗125. Religions de tous les royaumes du monde ;
par Jovet. En 3 vol. *in-douze.* Paris, au Palais.
Osmont. 1676. *Le Clerc.*

Un frontispice assez rare, où l'on voit la Religion chrétienne élevée dans le ciel, qui regarde l'éternité. Au dessous
d'elle, à gauche, sur la terre, la Religion Judaïque, & à
droite la Mahométane dans l'obscurité.

Haut. 3 pou. 10 lig. larg. 2 pou.

Chez Madame de Bandeville, épreuve avant la lettre.
Chez M. Paignon, 3 épreuves, 1°. avant la lettre ; 2°.
avec la lettre, le ciel pointillé ; 3°. avec la lettre, & avec
des tailles droites dans le ciel. Chez M. Jombert, épreuve
ordinaire tirée du livre.

126. Fleuron à la louange de M. le Dauphin.

' C'est un cartel entouré d'ornemens par en bas, avec des
branches de laurier, au-dessus, & fermé en haut par une
lyre couronnée. Le dedans a pour sujet le soleil dans son
char, qui parcourt le zodiaque, & qui se trouve sous la
constellation du Dauphin. Au bas, est la mer, & un homme
assis sur le rivage qui contemple ce phénomene. Sur une
banderole au haut du cartel, est écrit : *Phœbi doctas quod ama-
veris artes, sidus eris.*

Haut. 4 pou. larg. 3 pou. 5 lig.

Au cabinet des estampes du Roi, & chez M. Jombert.

127. Oraison funebre de Henri de la Tour
d'Auvergne, Vicomte de Turenne, prononcée
à Paris dans l'église des Carmelites, le 30 octobre

1675, par M. Mascaron, évêque de Tulle. *In-quarto*. Paris. Cramoisy. Dupuis. 1676.

+1. Fleuron du titre aux armes de M. de Turenne, surmontées d'un casque couronné avec un aigle au dessus, les ailes déployées. Ces armes ont pour supports deux griffons ailés. Il y a de chaque côté sept étendarts ou guidons de cavalerie.

Haut. du fleuron du titre, 2 pou. 6 lig. long. 3 pou. 7 lig.

Chez Madame de Bandeville & chez M. Peignon, deux épreuves de ce fleuron, avec différence dans les enseignes de cavalerie, dont il n'y avoit que six aux premieres épreuves, trois de chaque côté, & aux dernieres, il s'en trouve quatorze. Au cabinet des estampes du Roi & chez M. Jombert, le fleuron aux quatorze étendarts.

+2. Vignette représentant le tombeau de ce grand général, couvert d'un dais & d'une grande draperie relevée par les quatre angles. La France & la Religion, assises sur le devant, pleurent la perte de leur défenseur. Tout le reste de la planche est occupé par des trophées militaires [1]. A gauche, au bas de la planche, est écrit de la main de le Clerc *Seb. le Clerc f.*

Haut. de la vignette 2 pou. 3 lig. long. 4 pou. 10 lig.

Au cabinet des estampes du Roi. Chez MM. Peignon & Jombert, deux épreuves, l'une bonne l'autre usée.

+3. Lettre I où l'on voit un combat de cavalerie; dans le fond à gauche une ville sur une hauteur. A droite, au bas de la planche, on lit : *S. le Clerc f.*

Haut. de la lettre avec sa bordure, 1 pou. 8 lig. larg. idem.

+4. Très-grand cul-de-lampe formé par un trophée des

---

[1] Il y a des épreuves très-brillantes où l'on distingue bien les bas-reliefs de batailles sur le tombeau & sur le piedestal qui est au-devant, ainsi que les fleurs-de-lys & les broderies sur les manteaux de la France & de l'Eglise, ce sont les premieres & les plus rares. Il y en a d'autres très-tendres & qui paroissent usées. On n'y distingue plus rien sur le tombeau, ni sur les draperies des figures, & l'ombre de la cuirasse, sur le devant, est à doubles tailles, au lieu qu'il n'y a qu'une simple aux premieres épreuves : celles-ci sont usées & retouchées.

vertus de ce prince, accompagnées d'enseignes, drapeaux, piques, canons, & autres attributs militaires, avec
les esclaves attachés au pied de ce trophée, les mains liées
derriere le dos : au-dessus sont la Force & la Libéralité
assiſes. Au haut eſt une figure d'homme debout, vu en
face, tenant de la main droite un cœur, & une palme de
la gauche. Au bas du trophée, à gauche, eſt gravé, de la
main de le Clerc lui-même : *S. le Clerc in. & f.*

Haut. du cuivre de ce fleuron, 4 pou. 7 lig. long. 5 pou.
1 lig.

Différences dans la figure nue & debout, au haut du trophée, qui étoit un homme, & dont le Clerc a changé la
tête pour en faire une femme, qui tient de la droite une
couronne de laurier, au lieu d'un cœur qu'elle tenoit d'a-
bord. Il a pareillement changé entiérement la tête de la
figure qui repréſente la Force, ainſi que celle de l'esclave
qui eſt au-deſſous, à gauche, laquelle eſt tout à fait différente & bien mieux caractériſée. Il a auſſi ombré d'une
taille debout le ſoubaſſement qui porte ce trophée, &c : ce
qui oblige d'avoir deux épreuves de cette eſtampe, pour en
mieux voir les différences.

Au cabinet du Roi, chez Madame de Bandeville, chez
MM. Paignon, Jombert, Rouſſet, &c. deux épreuves de
ce cul-de-lampe, avec différences.

★128. Oraiſon funebre de Henri de la Tour
d'Auvergne, Vicomte de Turenne, prononcée
à Paris dans l'égliſe de S. Euſtache, le 10 Janvier
1676, par M. Flechier. *In-quarto.* Paris. 1676.

★1. Un fleuron ſur le titre aux armes de M. de Turenne,
à peu près ſemblable à celui du titre de l'oraiſon funebre
par M. Maſcaron, mais plus petit, ayant pour ſupports
deux lions ailés au lieu de deux griffons, avec ſix étendarts de chaque côté.

Haut. 1 pou. 9 lig. long. 2 pou. 8 lig.

La vignette de cette oraiſon funebre eſt gravée par Coſſin
d'après Chauveau, & ne doit point entrer dans cet œuvre.

★2. Lettre I, derriere laquelle ſont deux os de mort en
ſautoir, mêlés avec des branches de cyprès : le fond eſt

ombré d'une feule taille. On attribue cette petite eftampe
à le Clerc.

129. Métamorphofes d'Ovide en rondeaux, par
M. de Benferade. *In-quarto.* Paris. Impr. royale.
Cramoify. 1676.

+1. Un fort beau frontifpice avec le titre ci-deffus, de la
compofition de M. le Brun : il eft affez connu pour nous
difpenfer d'en faire la defcription. Au bas eft écrit : *Ch. le
Brun in. S. le Clerc fculp.*

Chez Madame de Bandeville, très-belle épreuve, avant
la lettre. Chez M. Paignon, épreuve avant ces mots : de
l'imprimerie royale, & avant le nom & les qualités de
Cramoify, gravés au-deffous du titre. Chez M. Jombert,
épreuve ordinaire, mais affez bonne.

Haut. du frontifpice 8 pou. 6 lig. larg. 6 pou. 3 lig.

Chez M. Paignon, le deffein original par M. le Clerc,
de ce frontifpice, lavé à l'encre de la Chine & très-fini,
d'après la compofition de M. le Brun.

+2. Les quatre âges du monde. *Le Clerc in. & f.*

Haut. de cette eftampe & de toutes les fuivantes, 2 pou.
8 lig. long. 3 pou. 2 lig.

Toutes ces petites eftampes font entourées d'une bordure d'ornement variée à chacune.

+3. Pandore. *Le Clerc.*

Cette eftampe a été copiée, & l'on en a fait un frontifpice de la grandeur d'une page in-douze, en allongeant la
compofition par en haut. Sur une banderolle qui voltige
au haut de l'eftampe on lit : PANDORE, ENIGME, fans
aucun nom de graveur : les figures reviennent du même
fens que l'original.

+4. Trébuchement de Phaeton. *S. le Clerc f.*

+5. Sœurs de Phaeton en peupliers. *Le Clerc f.*

+6. Le corbeau d'Apollon. *Le Clerc.*

+7. Nyctimene en hibou. *S. le Clerc in. & f.*

+8. Ocyroë en jument. *S. le Clerc f.*

+9. Apollon gardant les troupeaux. *Le Clerc in. & f.*

+10. Aglaure en rocher. *Le Clerc.*

+11. Minéides en chauve-fouris.

12. Dercetis

12. Dercetie & Naïs en poiſſons. S. le Clerc f.

13. Semiramis en colombe. S. l. Clerc n. & f.

14. Clytie en tourne-ſol. S. le Clerc in. & f.

Cette eſtampe a été copiée, & i on en a fait un frontiſpice pour un *in douze*, en élevant le nuage ſur lequel le
Soleil ou Apollon eſt aſſis. Il n'y a aucun nom de graveur.
Les figures ſont retournées de droit à gauche. Au-deſſous
de l'eſtampe, ſur la marge eſt écrit : CLYTIE, ENIGME,

15. Daphnis en rocher. S. le Clerc in & f.

16. Celme en diamant. *Le Clerc f.*

17. Polydecte en rocher. *Le Clerc.*

18. Proetus en rocher. *Seb. le Clerc in. & f.*

19. Pierices en pies.

20. Aſcalaphe en hibou. *Le Clerc.*

21. Lyncus en loup cervier. S. le Clerc f.

22. Cyniras pleurant. *Le Clerc in. & f.*

23. Jupiter en cygne. *Le Clerc in. ſe.*

24. Jupiter en paſteur. *Le Clerc in. & f.*

25. Amphion.

26. Tantale. *Le Clerc.*

27. Pelops. *Le Clerc in. & f.*

28. Philomele en roſſignol. *Le Clerc in. & f.*

29. Les Harpies. *S. le Clerc in. & f.*

30. La Toiſon d'or. *S. le Clerc.*

31. Eſon rajeuni. *Seb. le Clerc in. & f.*

32. Le fils de la nymphe Hyrie en cygne. *Le Clerc
in. & f.*

33. Femmes de l'iſle de Co en vaches.

34. Arné en chouette. *Le Clerc in. & f.*

35. Les Mirmidons. *Le Clerc f.*

36. Cephale & Procris. *Le Clerc.*

Il y a une copie de cette planche de le Clerc : c'eſt
une petite eſtampe dans un ovale en hauteur, où l'on a
alongé le ſujet par le haut & par le bas pour remplir les
deux extrémités de cet ovale. Cette copie eſt beaucoup
dans le goût de le Clerc, & l'on voit ſon nom gravé, vers
la gauche, ſur la premiere marche de l'eſtrade ou du lit
ſur lequel ces deux amans ſont couchés. C'eſt ce qui fait
qu'on lui donne place dans l'œuvre de cet artiſte.

Haut. de l'ovale 2 pou. 10 lig. larg. 2 pou.

P

1676.

437. Procris tuée. Le Clerc in. & f.
438. Perdix en perdrix Le Clerc in. & f.
39. Amphiaras devin. Le Clerc.

Cette suite se trouve dans tous les œuvres de le Clerc ; & ordinairement les épreuves en sont assez belles. Toutes les autres estampes qu'on trouve dans le livre sont dessinées & gravées par François Chauveau, & ne doivent point entrer dans l'œuvre de notre artiste.

Douteuses.

On fera mention ici de deux estampes en hauteur, de la grandeur d'une page in-douze, qui paroissent gravées dans le goût de le Clerc ou dessinées par lui, & que l'on trouve dans l'œuvre de ce maître, chez quelques amateurs. L'une a pour titre MARSYE ENIGME ; c'est Apollon assis, tenant sa lyre, qui fait lier Marsyas à un arbre pour l'écorcher vif. L'autre a pour titre : MEDÉE ENIGME. On voit cette magicienne enlevée dans un char traîné par deux dragons, sur des nuages : au-dessous d'elle plusieurs figures expirantes, & deux guerriers debout. On voit au bas de chaque estampe une L & un C, qui ont fait penser qu'elles pourroient bien être de le Clerc : mais je les croirois plutôt de Chauveau.

Haut. de chacune, 4 pou. 4 à 5 lig. larg. 2 pou. 9 lig.

Chez MM. Paignon & Jombert.

130. Recueil de plusieurs traités de mathématique, par Messieurs de l'Académie royale des sciences. Très-grand in-folio. Impr. royale. 1676.

Le fleuron du titre, ainsi que les vignettes, lettres grises, & autres ornemens de ce volume ont déjà servi à d'autres ouvrages, où ils se trouvent annoncés dans ce catalogue.

Le traité du nivellement, par M. Mariotte, est un de ces traités. On y voit trois planches dont la gravure paroit faite par Abraham Bosse, d'après le dessein de le Clerc.

1. Petite planche longuette sur laquelle il y a trois figures ombrées (cotées 5e, 7e, & 8e figures) pour la boëte qui porte le niveau. Le reste n'est que du trait.

Haut. 5 pou. 4 lig. long. 8 pou. 4 lig.

2. Petite planche longue & étroite : la figure cotée 13 représente un coup de niveau donné sur deux hauteurs, à

1676.

une très-grande diſtance l'une de l'autre. On voit une ville à gauche dans le lointain, & à droite la mer & des montagnes.

Haut. du cuivre 3 pou. 7 lig. long. 8 pou. 7 lig.

3. Petite planche longuette où l'on voit à la figure cotée 17 l'opération d'un grand nivellement, de deſſus un rocher élevé ſur le bord de la mer, qu'on apperçoit dans le lointain, avec une ville maritime très-éloignée & une montagne derriere.

Haut. du cuivre 4 pou. 6 lig long. 9 pou. 9 lig.

1677.

†131. Très-grand morceau allégorique préſenté à Louis XIV le premier Janvier 1677, par l'abbé d'Eſtrehan, à l'occaſion du fameux canal de Languedoc, pour la jonction des deux mers.

C'eſt une eſpece de grand cartel au haut duquel eſt le portrait de Louis XIV dans un médaillon. Au-deſſous du portrait une vue de la principale façade du Louvre. Au-deſſous, ſur une grande draperie [1], une piece de vers en latin, à la louange de cette belle entrepriſe, adreſſée au Roi. C'eſt un des premiers monumens où Louis XIV ait reçu le ſurnom de *Grand*. Des deux côtés de la draperie, la Fortune répandant des richeſſes, & Minerve avec des attributs des ſciences. Au bas, un dieu fleuve & une nayade qui reçoivent de l'eau dans leur urne, & une carte du cours de ce canal.

Haut. du cuivre 10 pou. 6 lig. larg. 13 pou. 8 lig.

Au cabinet des eſtampes du Roi. Chez MM. Paignon & Jombert.

+132. Repréſentation des machines qui ont ſervi à eſlever les deux grandes pierres [2] qui couvrent

---

[1] Aux bonnes épreuves, on doit voir diſtinctement la tête de ſoleil, qui eſt au haut de la draperie, ſur laquelle eſt écrit : *Ludovico Magno*, &c. ainſi que les rayons qui partent de cette tête & qui vont ſe répandre ſous les ſix premiers vers latins.

[2] Ces deux pierres immenſes ont été tirées d'une carriere qui eſt ſur la montagne de Meudon, à deux lieues de Paris, & ont été élevées ſur le fronton du Louvre, qui eſt à près de 20 toiſes du rez-de-chauſſée. Ces pierres peſoient chacune plus de 80 milliers. La difficulté de les élever à une ſi grande hauteur étoit moins par rapport à leur

le fronton de la principale entrée du Louvre. *S. le Clerc fe.* 1677.

Il n'y a point d'amateur qui ne connoiſſe ce morceau qui paſſe à juſte titre pour un des chef-d'œuvres de cet artiſte, tant pour la richeſſe de la compoſition que pour la beauté de la gravure.

Haut. du cuivre avec le titre au bas, 14 pou. long. 23 pou.

Les bonnes épreuves ſont avant la lettre. Viennent en-ſuite celles où l'année n'eſt pas encore marquée à la ſuite du nom de le Clerc, au bas de la planche : mais il faut être ſur ſes gardes ; pluſieurs marchands ont eu l'adreſſe de gratter ces chiffres, ou de les couvrir avec un petit papier en faiſant imprimer la planche. Aux anciennes épreuves on voit le nom de *Goyton*, célebre imprimeur, écrit de ſa main ſur le cuivre avec une pointe.

Au cabinet des eſtampes du Roi, avant la lettre. Chez Madame de Bandeville, *idem*. Chez M. Paignon, trois épreuves différentes, 1°. avant la lettre, 2°. avec la lettre, avant l'année, & avec le nom de Goyton ; 3°. épreuve ordinaire avec la lettre & l'année. Chez M. Jombert deux épreuves ; l'une avant toute lettre : l'autre avant l'année, & avec le nom de Goyton. Chez l'avocat Lachey, une épreuve avant l'année, avec le nom de Goyton.

Tableaux du cabinet du Roi, avec leur deſ-cription, par Felibien. *In folio*. Impr. royale. Pre-miere partie. La premiere édition eſt de 1677. La ſeconde a été faite en 1679.

Fleuron du titre. C'eſt le même que celui des tapiſſeries du Roi. N°. 98. Pl. 1.

Vignette aux armes du Roi ſoutenues par deux grandes ailes grouppées avec deux trompettes en ſautoir, & deux enfans pour ſupports, pour la préface de ce livre.

Cette vignette avoit déjà ſervi pour l'hiſtoire des ani-

pèſanteur, qu'à cauſe de leur figure mince & plate, qui les rendoit faciles à ſe rompre, ſi elles n'avoient pas été ſoutenues également dans toute leur longueur, qui étoit de 12 pieds, ſur 8 pieds de large, & dont l'épaiſſeur n'eſt tout au plus que de 18 pouces.

1677.

maux. Voyez au Nº. 101, la planche cotée 6 , & pour le
traité de la percuffion ou choc des corps, de Mariotte, en
1676. Elle a été enfuite réduite plus en petit & gravée par
P. le Pautre pour la feconde édition de la defcription des
tapifleries du Roi , en 1679.

Lettre I. pour la préface, où l'on voit les quatre élémens défignés par quatre enfans, tenant chacun les attributs
qui les caractérifent. Elle eft entourée d'une petite bordure de fleurs, au bas de laquelle, à droite, eft le nom de
le Clerc. Voyez ci-devant cette lettre employée aux tapifleries du Roi. Nº. 98.

Haut, avec la bordure 2 pou. 4 lig. larg. *idem.*

Cul-de-lampe tiré derriere l'avertiffement ou la préface;
à la premiere édition : il repréfente Apollon qui découvre
la Vérité. Voyez la planche cotée 6 du Nº. 109.

Grand cul-de-lampe quarrée à la fin de la defcription
des tableaux. On y voit le foleil dans fon char tiré par
quatre chevaux attelés de front, &c. Voyez ci-devant à
l'hiftoire des animaux (Nº. 101. Pl. 11), la defcription
de cette eftampe.

Comme ces cinq pieces fe trouvent dans d'autres fuites,
ce feroit une répétition inutile fi on les plaçoit ici dans
l'œuvre de le Clerc, & nous n'en avons parlé que pour fuivre
l'ordre hiftorique des ouvrages imprimés où il entre quelque gravure de cet artifte. C'eft pour cette raifon qu'on n'y
a point mis de numero.

†133. Vignette *in-folio* pour quelque volume
du cabinet du Roi, mais qui n'ayant point fervi,
eft par conféquent très-rare & difficile à trouver.
Au milieu eft le chiffre du Roi fur un cartel de
forme affez bizarre, avec une couronne au-deffus.
A droite, on voit un grand vafe antique, un
pélican & fes petits, un cafque, un coq qui
vole, &c. A gauche, une cigogne qui en porte
une autre fur fon dos : un lion, une colonne renverfée, un bouclier, une balance, & un grand
vafe. Il n'y a point de nom de graveur, & l'on

ne fait point précisément pour quel ouvrage cette
vignette allégorique a été faite : mais elle est certainement dessinée, composée, & gravée par le
Clerc dans son bon tems.

Haut. de la vignette avec sa petite bordure d'ornement,
2 pou. 5 lig. long. 7 pou.

Elle se voit au cabinet des estampes du Roi, Chez Madame de Bandeville, Chez MM. Paignon, Jombert, &c.

134. Le labyrinthe de Versailles. *In-octavo*,
Impr. royale. Premiere édition en 1677 [1].

Chez M Paignon quatre suites complettes. 1°. Avant la
premiere édition, sans les chiffres, & sans impression derriere. 2°. Avec l'impression derriere, mais sans les chiffres
au haut de la planche, premiere édition. 3°. Avec les
chiffres & l'impression derriere: seconde édition 4°. Avec
les chiffres & l'impression, & les planches retouchées,
troisieme édition. Chez M. Jombert, une seule suite,
belles épreuves, avant les chiffres, sans impression derriere,
avant la premiere édition.

Chez M. Paignon, le dessein d'un frontispice, par le
Clerc, lavé à l'encre de la Chine & très fini, pour mettre
à la tête de cet ouvrage. On y voit Apollon qui tient un
plan du labyrinthe, & l'Amour qui lui en fait voir les
routes. Ce plan est posé sur un soubassement de rocailles :
au-dessus est un jet d'eau. Sur les côtés & dans le fond, on
voit des arbres & un bois.

Haut. de ce dessein, 5 pou. 10 lig. larg. 3 pou. 7 lig.

+1. Le titre, au-dessus duquel est le plan géométral du labyrinthe avec l'emplacement de chaque fontaine désignée
par un chiffre. Il y a une ligne ponctuée qui indique la route
qu'il faut suivre pour voir les 40 fontaines sans s'égarer &
sans repasser devant les memes positions.

Haut. de ce plan 5 pou. 6 lig. larg. 3 pou. 5 lig.

Il y a quelques différences sur ce plan : entre autres dans
une allée ajoutée après coup du chiffre 25 au chiffre 26,

_____

[1] Il faut avoir cette suite entiere avant les chiffres au haut de la
page à droite, qui n'y ont été mis qu'à la seconde édition, & avant
l'écriture au bas de la planche.

qui ne se trouve point aux premieres épreuves.

2. L'entrée du labyrinthe : aux deux côtés on voit deux figures posées sur des piedestaux : à droite, Esope ; à gauche, l'Amour tenant un peloton de fil pour guider dans les routes de ce labyrinthe [1].

Haut. des estampes de cette suite, 5 pou. 4 lig. larg. 3 pou. 1 lig.

3. Fable I. Le Duc & les Oiseaux. S. le Clerc f.
4. Fable II. Les Coqs & les Perdrix. Le Clerc.
5. Fable III. Le Coq & le Renard.
6. Fable IV. Le Coq & le Diamant.
7. Fable V. Le Chat pendu & les Rats. Le Clere.
8. Fable VI. L'Aigle & le Renard.
9. Fable VII. Les Paons & le Geay.
10. Fable VIII. Le Coq & le Coeq d'Inde. Le Clerc f.
11. Fable IX. Les Paons & la Pie. Le Clerc f.
12. Fable X. Le Serpent & la lime.
13. Fable XI. Le Singe & ses Petits.
14. Fable XII. Le combat des animaux. Le Clerc f.
15. Fable XIII. Le Renard & la Grue. Le Clerc f.
16. Fable XIV. La Grue & le Renard.
17. Fable XV. La Poule & les Pouffins. Le Clere.
18. Fable XVI. Le Paon & le Rossignol. Le Clerc f.
19. Fable XVII. Le Perroquet & le Singe. Le Clerc f.
20. Fable XVIII. Le Singe juge. Le Clerc f.
21. Fable XIX. Le Rat & la Grenouille. Le Clerc f.
22. Fable XX. Le Lievre & la Tortue.
23. Fable XXI. Le Loup & la Grue.
24. Fable XXII. Le Milan & les Oiseaux.
25. Fable XXIII. Le Singe roi.
26. Fable XXIV. Le Renard & le Bouc. Le Clerc.
27. Fable XXV. Le conseil des Rats. Le Clerc.
28. Fable XXVI. Les Grenouilles & Jupiter.
29. Fable XXVII. Le Singe & le Chat.
30. Fable XXVIII. Le Renard & les Raisins. Le Clerc f.

[1] A la vente du cabinet de M. Potier (en 1757) il s'est trouvé deux morceaux de cette suite, différens de ceux qui y sont ordinairement, & qui n'y ont jamais servi : ils ont passé dans le cabinet de M. Paignon d'Ijonval.

1677.

131. Fable XXIX. L'Aigle, le Lapin, & l'escarbot. Le Clerc f.

132. Fable XXX. le Loup & le Porc épic. Le Clerc f.

133. Fable XXXI. le Serpent à plusieurs tête. Le Clerc.

134. Fable XXXII La Souris, le Chat, & le petit Cocq. Le Clerc.

135. Fable XXXIII. Le Milan & les Colombes.

136. Fable XXXIV. Le Dauphin & le Singe. l. C.

137. Fable XXXV. Le Renard & le Corbeau. Le Clerc f.

138. Fable XXXVI Le Cigne & la Grue. Le Clerc f.

139. Fable XXXVII. Le Loup & la Tête. Le Clerc.

140. Fable XXXVIII. Le Serpent & le Porc épic. Le Clerc f.

141. Fable XXXIX. Les Cannes & le Barbet.

Cette suite est commune & se voit dans tous les œuvres de le Clerc.

1678.

135. *Glossarium od scriptores mediæ & infimæ latinitatis*, à *D. du Cange.* In-folio en trois vol. Paris. Billaine. 1678.

Un grand frontispice représentant la République Romaine pleurant, assise & appuyée sur les debris de ses monumens. Dans le fond, la ville de Rome embrâsée & pillée par les barbares. *S. le Clerc in. J. Nolin scul.*

M. le Clerc a fait quelques changemens dans la tête de la principale figure, que l'on peut voir aux épreuves avant la lettre.

Haut. du frontispice, 13 pou. larg. 8 pou. 1 lig.

Au cabinet des estampes du Roi & chez M. Jombert, deux épreuves avant & avec la lettre. Chez M. Paignon, quatre épreuves, dont deux avant la lettre avec différences : & deux avec la lettre, aussi avec différences dans les années, marquée l'une 1678, l'autre 1733.

136. Mercure géographique, ou le guide du curieux des cartes géographiques. Par le pere Lubin, *In-douze.* Paris. Remy. 1678.

Un frontispice où l'on voit Mercure, le caducée à la main,

volant à côté d'un voyageur qui va à pied. Au bas est écrit :
P. Sevedelin. Le Clerc sculp. A Paris chez Chr. Remy,
rue Saint Jacques, au grand S. Remy.

Haut. du cuivre 4 pou. 11 lig. larg. 3 pou.

Au cabinet des estampes du Roi, & chez M. Jombert,
épreuve avec la lettre. Chez Madame de Bandeville,
épreuve avant la lettre. Chez M. Paignon, deux épreuves
dont une très-belle, avant la lettre, & une épreuve ordinaire.

†137. Explication littérale de l'épître de S. Paul
aux Romains. *In douze.* Paris. Desprez. 1678 [1].

Une vignette dont le sujet est la conversion de S. Paul.
S. le Clerc f. Cette vignette est très-rare.

Haut. de l'estampe 13 lig. long. 2 pou. 10 lig.

Chez Madame de Bandeville, avant la lettre. Au cabinet
des estampes du Roi, chez M. Paignon, & chez M. Jombert, épreuve ordinaire, avec la lettre imprimée derriere.

†138. Les confessions de S. Augustin. *In-douze.*
Paris. Imprimé à deux colonnes, l'une françoise,
l'autre latine.

Une petite vignette représentant S. Augustin assis par
terre dans un jardin, tenant un livre, & regardant un
rayon de lumiere qui lui vient du ciel, avec ces mots :
tolle, lege. Au bas est écrit : S. le Clerc f.

Haut. de l'estampe 11 lig. long. 2 pou. 6 lig.

Cette vignette est très-rare. Elle se trouve chez Madame
de Bandeville avant la lettre. Au cabinet des estampes du
Roi & chez M. Paignon, épreuve ordinaire. Chez M.
Jombert, deux épreuves, l'une avant les mots *tolle, lege,*
& avant l'édition ; l'autre avec ces mots & avec l'impression derriere.

†139. Carte particuliere des environs de Paris ;

_____

[1] Dans l'explication littérale des épîtres de saint Paul à Philémon
& aux Hébreux, *in-octavo.* Paris, 1684, il y a une copie de cette
même vignette, dessinée plus en grand, & assez mal gravée.

1678.

publiée par MM. de l'Académie royale des sciences, en 1674, & gravée par la Pointe, géographe, en 1678, en neuf feuilles.

1. Grand cartel pour le titre aux armes du Roi, posées
sur un soubassement circulaire, décorées de palmes & de
couronnes de laurier, grouppées avec des drapeaux & des
trompettes. Le bas est terminé par une peau de lion sur laquelle est suspendu un trophée militaire : au-dessus, un
aigle, les ailes déployées.

Haut. de ce trophée jusqu'au bas de la queue du lion,
11 pou. 3 lig. largeur d'une palme à l'autre, 9 pou. 9 lig.

2. Petit cartel où est écrit : par MM. de l'académie
royale des sciences, en l'année 1674. C'est un corps d'architecture, surmonté d'une pendule : au-dessous, dans une
partie circulaire, le soleil, & deux lampes allumées, aux
deux extrêmités. En bas, deux dauphins, un globe terrestre, & divers attributs des sciences.

Haut. jusqu'au haut de la pendule, 8 pou. 9 lig. larg.
6 pou.

3. Grand cartel pour les échelles du plan. Au haut est
une médaille des armes de la ville de Paris, avec ces mots
sur la légende : *felicitas populi*. Et à l'exergue : 1678. Le
dessous est occupé par une grande draperie, du haut de laquelle sortent deux cornes d'abondance. En bas divers
attributs qui désignent, le commerce, la navigation, l'a-
griculture, & l'abondance.

Haut. du médaillon jusqu'en bas, 11 pou. 8 lig. larg.
d'une rame à l'autre, 9 pou.

4. Petit cartel pour l'explication des marques des différentes positions de cette carte : il est formé par un corps
d'architecture, au haut duquel sont les armes de Colbert,
accompagnées de deux branches d'olivier, des deux côtés
une tête de chien, & une tête de licorne, qui sont les supports des mêmes armes. Au-dessous, un coffre royal, d'où
pend un collier & une croix de l'ordre de S. Louis. Des
deux côtés du coffre, deux cornes d'abondance, qui ré-
pandent des richesses. Au bas un trophée de divers attributs
des arts.

Haut. 9 pou. 10 lig. larg. 7 pou.

Cette fuite fe trouve communément par-tout. Chez M. Paignon, deux de ces cartels avec différences.

4140. *Gierufalemme liberata, del Torquato Taffo.* En 2 vol. *in* 24. Imprimé à Paris, chez Thomas Jolly, fous le nom des Elfevirs [1]. 1678.

Chez Madame de Bandeville, doubles épreuves des 22 planches de cette fuite : les unes avant la lettre fur le titre & au bas du portrait, & avec le nom de le Clerc au bas de chaque eftampe ; les autres avec la lettre, le nom de le Clerc effacé : toutes très-belles d'épreuve. Chez MM. Paignon & Jombert, une feule fuite des 22 planches affez belles épreuves, mais le nom de le Clerc effacé.

1. Le titre dans un cartel au bas duquel un héros & une héroïne font affis fur un faifceau d'armes, le cafque en tête, tenant chacun un bouclier.

Haut. du titre & de toutes les eftampes de cette fuite [2], 2 pou. 9 lig. larg. 1 pou. 8 à 9 lig.

2. Le portrait du Taffe, auteur de ce poëme, en bufte, couronné de laurier : au-deffous eft écrit en capitales, dans un efpace quarré fervant de piedeftal au bufte : TOR-QUATO TASSO. Le tout eft enfermé dans une bordure d'ornement.

3. *Canto* I°. Cette planche repréfente un camp : à gauche, fur le devant, un commandant à cheval : à droite, plufieurs foldats à pied : dans le lointain, des bataillons rangés qui fe difpofent pour le combat : plus loin, des tentes, & une ville fur une hauteur.

4. *Canto* II°. Un jeune homme & une jeune fille qu'on

___

[1] Chacun fçait que les Elfevirs étoient de riches Imprimeurs établis à Amfterdam, qui fe font rendus célèbres par la beauté & la correction des éditions qu'ils ont faites de la plupart des auteurs claffiques, en latin.

[2] Cette fuite d'eftampes, & toutes les autres dont on va parler, pour des auteurs Italiens, font très-communes, dans les œuvres de le Clerc, mais elles s'y trouvent fouvent mauvaifes épreuves, ufées & retouchées & il eft très-rare de les trouver toutes également belles épreuves, avant la retouche, fur-tout les trois dernieres petites fuites, de l'*aminta*, du *paftor fido*, & de la *filli di fciro*.

lie enfemble à un poteau, fur un échaffaut élevé, pour être brûlés. Un homme à cheval, & plufieurs gens armés au pied de l'échaffaut.

+5. *Canto III*°. Un guerrier defcendu de cheval, & fe mettant à génoux, fon cafque & fon bouclier à terre à côté de lui. Dans le lointain, une ville fur une hauteur. Un rayon de lumiere paroit s'échapper du ciel au travers de quelques nuages.

+6. *Canto IV*°. Le dieu des enfers tenant fa cour infernale dans une vafte caverne entourée de rochers.

+7. *Canto V*°. Un général affis fur un trône, à l'entrée de fa tente, au milieu d'un camp: plufieurs foldats debout vis-à-vis de lui, qui femblent lui parler.

+8. *Canto VI*°. Un général d'armée debout fur une eftrade élevée de deux marches, au-devant de fa tente, au milieu d'un camp. A gauche, un homme vêtu en Turc fe préfente devant lui, accompagné de plufieurs foldats dont un porte fon bouclier.

+9. *Canto VII*°. Une femme affife devant une fontaine, appuyée fur un bouclier, un cafque à côté d'elle, & un cheval fort proche. Dans le lointain, plufieurs cavaliers, dont deux qui fe battent: derriere eux, une ville fur une hauteur.

.+10. *Canto VIII*°. A gauche, fur le devant, un général debout accompagné d'un vieillard, & de quelques gardes, proche d'une tente. A droite, plufieurs foldats, armés de piques, dont un porte un drapeau. Entre ces deux grouppes, la dépouille d'un guerrier, à terre, confiftant en un cafque, une cuiraffe, une épée, & un bouclier. Dans le lointain, un corps de cavalerie, plus loin de l'infanterie, & une ville fur une hauteur.

+11. *Canto IX*°. Bataille où l'on voit un Turc à pied & défarmé, attaqué par une troupe de cavalerie, qui paroit obligé de fe rendre. Dans le lointain, un combat opiniâtre, & une ville fur une hauteur. Dans le ciel, un ange qui pourfuit des diables.

+12. *Canto X*°. Un jeune Turc affis à l'ombre d'un palmier, la tête & les jambes nues: fon turban, fon fabre, & fon bouclier, font à terre à côté de lui. Un vieillard Turc, debout, vis-à-vis de lui, femble lui parler. Plus loin, un camp & des foldats. Une ville dans le fond.

†13. *Canto XI°.* Un général affis fous fa tente, au milieu d'un camp, fur un matelats, les jambes nues : un
homme à genoux devant lui fe prépare à le faigner du pied.
Un foldat le foutient par derriere, & un autre par devant,
préfente un baffin. Dans le lointain, à gauche, on voit des
foldats qui efcaladent des murailles, que d'autres foldats
défendent d'en haut.

†14. *Canto XII°.* Un guerrier bleffé mortellement apporté
par des foldats à fa tente, qui eft à gauche fur le devant.
Dans le lointain, à gauche, un grand incendie; à droite,
une ville.

†15. *Canto XIII°.* Un guerrier tout feul, debout, vu
par le dos, tenant fon bouclier, & regardant une ville
embrafée, & des foldats qui la défendent du haut des tours
& des murailles.

†16. *Canto XIV°.* Un vieillard à grande barbe, affis
devant une table, fous la voûte d'une efpece de galerie : il
tient une épée qu'il montre à plufieurs guerriers, affis devant lui à la même table, qui l'écoutent avec grande attention.

†17. *Canto XV°.* On voit ici un jardin champêtre. A
gauche, fur le devant, une femme affife dans un bateau
qui aborde à terre; plus loin deux guerriers qui fe promenent : vis-à-vis d'eux un baffin rond plein d'eau, dans
lequel il y a deux perfonnes nues qui fe baignent : dans le
fond, un temple en rotonde.

†18. *Canto XVI°.* A gauche, fur le devant, une femme
affife dans un bateau, proche de la terre. Plus loin, une
nymphe qui fe préfente devant plufieurs guerriers. Plus
loin encore, à gauche, un petit édifice en rotonde fur
le haut d'une montagne.

†19. *Canto XVII°.* Une femme traînée dans un char
attelé de quatre chevaux au milieu d'un camp Turc, & qui
femble prête à s'évanouir. A gauche, un fultan élevé fur
une eftrade, avec un pavillon au-deffus de fa tête, & beaucoup de foldats Turcs rangés en haie au pied de cette
efpece de trône.

†20. *Canto XVIII°.* Sur le devant un guerrier debout, &
un ange à côté de lui, tous deux vus par le dos, regardant

l'affaut que des foldats donnent aux murs d'une ville affiégée. Dans le ciel, un ange armé d'une épée & d'un bouclier, fuivi d'une troupe d'autres anges, volent au fecours
de cette ville.

+21. *Canto XIX°.* Sur le devant, à gauche, un guerrier
mourant, affis & fe laiffant aller, le dos appuyé contre une
bute de terre, au pied d'un arbre. Son épée & fon bouclier
font à côté de lui. Dans le lointain un homme & une
femme, l'un & l'autre à cheval, qui regardent un corps
mort étendu fur la terre.

+22. *Canto XX°.* Grande bataille contre des Turcs. Sur
le devant, on en voit plufieurs tués avec leurs chevaux : plus loin, de la cavalerie turque qui s'enfuit, &
des chrétiens qui les pourfuivent ayant la croix fur leurs
étendarts : dans le lointain une ville affiégée.

✳+141. *L'Adone, del cavaliere Marino.* En 4 vol.
in-vingt-quatre. A Paris, chez Thomas Jolly,
fous le nom des Elfevirs. 1678. +

Haut. de toutes les eftampes de cette fuite & des trois
autres qui fuivent, 3 pou. larg. 1 pou. 10 lig.

Chez MM. Paignon & Jombert, les 21 planches de cette
fuite font affez belles épreuves. Chez Madame de Bandeville, très-belles épreuves.

+ 1. Le titre au haut d'une eftampe, dans un cartel. On voit
au bas un berger endormi, au pied d'un arbre, ayant fon
dard fous le bras droit, & fon chien couché à fes pieds. Le
nom de le Clerc n'eft refté qu'à cette feule eftampe ; on y
lit : *S. le Clerc in. & f.*

+ Planche 1. Vénus, toute nue, agenouillée fur le pied
de fon lit, fouettant l'Amour avec un gros bouquet de
rofes.

+ Pl. 2. Jugement de Pâris. A gauche, fur le devant, ce
berger eft affis fur une bute de terre, tenant une pomme,
Mercure eft à côté de lui. A côté de Mercure, Vénus toute
nue, dans la demi-teinte, accompagnée de l'Amour ; vis-
à-vis de Pâris, Pallas le cafque en tête, & Junon avec
deux paons attelés à fon char.

+ Pl. 3. Une femme toute nue couchée fur le dos, fur une

grande draperie, & qui femble dormir. L'Amour vole vis-
à-vis d'elle, & lui tire une fleche entre les deux mamelles.

✝ Pl. 4. On voit ici un jeune homme avec des ailes & une
jeune fille, tous les deux debout fous un dais, qui fe
donnent la main dans un fallon.

✝ Pl. 5. Un jeune homme tout nud affis au pied d'un
morceau d'architecture, du bas duquel fort une fontaine.
Mercure debout devant lui, femble lui parler.

✝ Pl. 6. On voit fur cette planche un parterre de jardin
en broderie, avec un baffin circulaire, au milieu duquel
eft une efpece d'ifle de même forme. Dans le ciel, le
foleil, ou Apollon, qui attache des yeux à la queue étalée
d'un paon qui fait la roue.

✝ Pl. 7. Converfation entre deux femmes qui ont à leurs
pieds une guitarre & un livre ouvert : elles font affifes à
l'ombre de plufieurs arbres de haute futaie. Un berger
debout & prefque nud fe préfente devant elles.

✝ Pl. 8. Une femme toute nue à demi couchée fur le bord
d'une fontaine, fous une grotte de rocaille, tient embraffé
un jeune homme affis à côté d'elle, qui eft auffi tout nud,
& qui a les jambes dans l'eau.

✝ Pl. 9. Très-jolie fontaine d'eau jailliffante, aux armes
de France, au milieu d'un parterre, avec plufieurs cygnes
qui nagent dans fon baffin. Au haut eft une ftatue d'Apollon rayonnant de lumiere, & appuyé fur fa lyre.

✝ Pl. 10. Vénus & Mercure, enlevant un jeune homme
qui eft tout nud, & le conduifant au ciel.

✝ Pl. 11. Une dame habillée richement, l'éventail à la
main, qui fe promene dans un riche fallon. La Renommée vole au-deffus d'elle, en fonnant de la trompette.

✝ Pl. 12. Un jeune homme prefque nud marche en tenant
en leffe un chien de chaffe à longues oreilles, qui va devant lui.

✝ Pl. 13. Un jeune homme, les bras & les jambes nud
couché négligemment, dort auprès d'une fontaine dans
un payfage affez défert.

✝ Pl. 14. Une dame bien ajuftée, avec un panache fur
la tête, fe promene dans un beau jardin.

✝ Pl. 15. Une femme toute nue affife fur le bord d'une
cuvette qui reçoit les eaux d'une fontaine jailliffante, au

milieu d'un bosquet garni de grands arbres, est surprise en cet état par un jeune homme qui paroît vouloir la caresser.

+ Pl. 16. On voit, à gauche, un joli temple quarré, élevé sur un soubassement, au haut d'une montagne dont le pied est baigné par une grande riviere. Les avenues qui conduisent à ce temple sont bordées de fleurs.

+ Pl. 17. Un jeune berger se dispose à quitter une nymphe toute nue qui se désespere ; l'Amour s'efforce en vain de le retenir : une grande draperie est suspendue au-dessus de leurs têtes.

+ Pl. 18. Un jeune homme nud, étendu mort sur la terre, son javelot à côté lui. Une nymphe aussi toute nue semble pleurer sa perte. A droite, sur le devant, on voit une tête de sanglier.

+ Pl. 19. Vénus assise sur un lit soutenue par une nymphe qui est debout derriere elle, le bras droit appuyé sur une autre nymphe qui pleure, ainsi que l'Amour qui est à côté d'elle. Bacchus est debout, vis-à-vis d'elle : Apollon à droite dans le ciel, sur des nuages, semble lui adresser la parole.

+ Pl. 20. On voit ici des danses & des jeux dans une espece de parterre, avec une grande multitude de spectateurs assis autour de l'arene, qui regardent ces divertissemens.

+ 142. *Il pastor fido, del signor Battista Guarini. In-vingt-quatre.* A Paris, chez Thomas Jolly, sous le nom des Elsevirs. 1678.

Chez Madame de Bandeville, il y a doubles épreuves des 7 planches de cette suite, les unes avant la lettre & avec le nom de le Clerc, & les autres à l'ordinaire, le nom de le Clerc effacé. Chez MM. Paignon & Jombert, une bonne épreuve de chaque sans le nom de le Clerc.

+1. Le titre, sur une draperie, au haut de l'estampe. Au-dessous, un berger assis, regardant en face, tenant d'une main sa houlette, & son chien de l'autre. On voit à ses pieds sa flute & sa gibeciere.

+2. Un dieu fleuve assis par terre, ayant une grande barbe : d'une main, il tient son trident, & l'autre est appuyée

puyée fur fon urne. Il eſt environné de rofeaux, derriere
lefquels eſt une montagne.

3. Un piqueur conduifant trois chiens en leffe : il parle
le chapeau à la main à un chaſſeur qui tient un grand dard
& qui a l'épée au côté.

4. Une jeune nymphe, le dos, la gorge, les épaules,
les bras & les jambes nuds, ayant un bandeau fur les
yeux, marche à tâtons, les bras étendus devant elle.
L'Amour voltige autour de cette belle, en fe tenant
d'une main fufpendu à une branche d'arbre, & dit en la
montrant au doigt : ecco la cieca.

5. Un chaſſeur, le dard à la main, court entrainé par
l'Amour qui tient fon cor, & qui mene fon chien par la
leffe. Une jeune nymphe à demi - nue appuyée fur l'é-
paule du chaſſeur, s'efforce de le fuivre pouſſée par un
autre Amour qui vole au deſſus d'elle, & qui tient à la
main un trait dont il va lui percer le fein.

6. Une nymphe monte à un autel antique fur lequel il y
a du feu : elle a les bras liés, & paroit accablée de douleur.
Au-deſſus de l'eſtampe eſt écrit : Ah ! queſto è pure il duro
paſſo.

7. Un homme couronné de lauriers & une jeune nymphe fe donnent la main, dans un temple, au-deſſus d'un
autel. Sur une légende qui voltige au-deſſus d'eux, eſt
écrit : vieni, ſanto Imeneo.

143. *Aminta, favola boſcareccia, del Torquato
Taſſo. In vingt-quatre. In Parigi, appreſſo Thomas
Jolly.* 1678.

Chez Madame de Bandeville, il y a deux épreuves de
chacune, l'une avant la lettre fur le titre, & avec le nom
de le Clerc à chaque planche : l'autre avec la lettre, & le
nom de le Clerc effacé, très-bornes épreuves.

1. Le titre dans un cartel foutenu fur un piedeſtal : au-
deſſus du cartel font les armes du Roi fur un globe au-deſ-
fus duquel deux grands anges mettent une couronne. Sur
le piedeſtal eſt le chiffre du Roi formé par deux L fleuronnées.

2. eſtampe pour le prologue. Un berger tout feul, de

Q

bout, vu en face, tenant à la main une houlette : à gauche, à côté de lui, un arbre : dans le lointain un paysage qu'on distingue avec peine.

┼3. Une nymphe & une bergere assises dans un bois, au pied d'un arbre, sur une bute de terre, & conversant ensemble.

┼4. Un vieux satyre debout, vu en face, dans un endroit solitaire & champêtre : il tient à la main une massue sur laquelle il s'appuie.

┼5. Un satyre ayant dépouillé une jeune nymphe, l'attache toute nue par les bras & les jambes contre le tronc d'un arbre dans un endroit écarté.

┼6. Un berger se précipite du haut d'un rocher très-escarpé ; un de ses camarades accourt trop tard pour l'en empêcher.

┼7. Un berger assis à côté d'une jeune nymphe, se laisse aller dans ses bras : une autre le soutient par derriere. Plusieurs bergers accourent attirés par la curiosité.

X ┼ 144. *Filli di Sciro. In-vingt-quatre.* A Paris chez Jolly, sous le nom des Elsevirs. 1678.

Chez Madame de Bandeville, les estampes de cette suite sont de la plus grande beauté. Chez MM. Paignon & Jombert, assez belles épreuves.

┼1. Le titre sur un piedestal quarré au-dessus duquel est un buste de femme, couronnée de fleurs.

┼2. La Nuit se promenant dans le ciel sur un char ténébreux traîné par deux chevaux conduits par les heures. On apperçoit en haut devant elle quelques étoiles. Au bas la mer, & dans l'angle, à gauche, le soleil qui se leve sur l'horison & qui chasse l'obscurité.

┼3. Deux vieux bergers debout vêtus à l'antique, conversent ensemble à l'ombre de plusieurs arbres. On voit dans le lointain, sur la gauche, une campagne très-étendue, & un petit temple rond.

┼4. Les deux mêmes bergers s'entretiennent avec un vieillard Turc, qui a un turban, & qui est assis entre eux deux, sous des arbres, auprès d'une fontaine. A gauche, dans le lointain, on voit un camp & quelques tentes.

┼5. Une jeune nymphe, debout, dans un endroit solitaire & champêtre, est prête à se percer le sein avec un javelot qu'elle tient dans sa main. On voit dans le lointain, un jeune homme qui accourt pour l'en empêcher.

+ 6. Deux nymphes, l'une débout tenant un dard, l'autre assise & qui paroît affligée, s'entretiennent ensemble à l'ombre de quelques arbres. On voit des maisons dans le lointain.

+ 7. Un Turc debout dans un grand sallon, vis-à-vis d'un autel où il y a du feu, prete attention aux discours d'un jeune homme & d'une jeune fille, qui font à ses deux côtés. Dans le fond de la salle, une grande multitude de spectateurs, bergers & bergeres, avec leurs houlettes, mêlés avec des soldats armés de piques.

+ 8. Petit morceau de la grandeur des precédens, & fait dans le même goût : on y voit un vieillard qui marche appuyé sur un bâton, accompagné d'une jeune femme, dans une campagne où il y a des arbres. Dans le lointain une femme seule, couchée à l'ombre de quelques arbres [1].

Chez Madame de Bandeville il y en a deux épreuves : l'une est une espce d'eau-forte, l'autre est avec beaucoup d'ombre ajoutée dans le ciel, sur les terrasses, & sur les arbres, tant sur ceux du devant que sur ceux du fond.

Chez M. Paignon il y en a trois épreuves avec différences. Chez M. Jombert, deux épreuves.

1679.

Description de la grotte de Versailles par Felibien. Très-grand *in-folio*. Impr. royale 1679.

Vignette aux quatre enfans représentant les quatre saisons de l'année, &c. Voyez-en la description ci-devant (N°. 98. Pl. 3.) aux tapisseries du Roi, où cette planche a servi pour la premiere fois, en 1670. La lttre I qu'on voit au-dessous n'est point de le Clerc, mais elle est dessinée & gravée par Fr. Chauveau : on y voit deux enfans qui se battent armés d'une épée & d'un bouclier.

+ 145. Bataille de Cassel gaignée par l'armée du

[1. M. le Clerc, dans les dernieres années de sa vie, a fait quelques changemens à cette planche.

Roi commandée par Monſieur, frere unique de
S. M. ſur l'armée de Hollande commandée par
M. le Prince d'Orange, le 11 d'Avril 1677. *S.
Le Clerc ſcul.*

Haut. de l'eſtampe 18 pou. 9 lig. long. 26 pou. 10 lig.

Chez M. Paignon deux épreuves, dont une eau-forte,
avant la lettre, & une épreuve avec la lettre, & avec beaucoup de différences, dans des ombres ajoutées ſur la plus
grande partie du terrein.

Chez M. le N. D. C. à Orléans, une épreuve avant
les tailles & les ombres paſſées après coup ſur la majeure
partie de l'eſtampe.

Chez M. Jombert, épreuve à l'ordinaire.

+146. Arc de triomphe, de Louis XIV, à la
porte Saint-Antoine. *S. le Clerc ſculp.* 1679 [1].

Haut. de l'eſtampe 14 pou. 9 lig. long. 18 pou. 3 lig.

Chez M. Jombert, une belle épreuve de cette eſtampe
avant toute lettre. Autre épreuve auſſi belle avec la lettre.
Plus, une aſſez bonne copie de cette planche gravée par
Babel, de la même grandeur, pour l'*Architecture fran-*
çoiſe. In-folio.

Chez M. Paignon, un deſſein original par le Clerc, fait
à la pierre noire, de cet arc de triomphe, vu de profil,
ſur ſon épaiſſeur: au haut eſt la même ſtatue équeſtre poſée ſur ſon piedeſtal élevé ſur un ſoubaſſement en Attique.

Haut. de ce deſſein 13 pou. 2 lig. larg. 5 pou. 10 lig.

+147. *D. Auguſtini Opera omnia, ex editione PP.*

_____

[1] L'abbé de Vallemont (page 10 de ſon éloge de le Clerc) aſſure
que M. le Clerc donna cette eſtampe en 1676. Il fait la même faute
en attribuant (page 11) la belle eſtampe de la pierre du Louvre à
l'année 1679 : mais il ſe trompe également dans les dates de ces deux
eſtampes, & il eſt d'autant plus inexcuſable que l'année ſe trouve gravée au bas de chacune, après le nom de le Clerc : en général, on ne
peut rien établir de certain ſur ce qu'il avance dans ſon livre, tant ſur
les dates que ſur le nombre des eſtampes qui doivent compoſer chaque
ſuite.

1679.

ordinis Sti. Benedicti. En onze volumes *in-folio*. Paris. Muguet. 1679-1693.

+ 1. Une vignette pour le tome Ve de cet ouvrage, où l'on voit S. Augustin prêchant sur une espece de jubé, ainsi que cela se pratiquoit dans la primitive église, avant l'invention des chaires de prédicateur. C'est une des plus belles compositions de le Clerc. *Le Clerc in. & f.*

Haut. de la vignette avec sa petite bordure d'ornement, 3 pou. long. 7 pou. 11 lig.

Cette vignette a été copiée assez bien pour s'y tromper, mais les figures sont retournées de droite à gauche, ensorte que S. Augustin qui est à gauche & qui doit regarder vers la droite, est à droite dans cette copie & regarde à gauche.

Au cabinet des estampes du Roi, & chez Madame de Bandeville, une épreuve avant la lettre. Chez MM. Paignon & Rousset deux épreuves, l'une avant la lettre, l'autre avec la lettre gravée au bas. Chez M. Jombert quatre épreuves, dont deux avant la lettre, avec différences dans des arbres ajoutés que l'on voit au travers des vitres, derriere le S. Augustin & à la fenêtre qui est à droite. La troisieme épreuve fort belle, quoique avec la lettre. La quatrieme est une copie de cette vignette.

Chez Madame de Bandeville, on voit en outre une copie de cette même vignette, pour une édition *in-octavo* de quelque ouvrage de S. Augustin.

M. l'abbé Gruel, amateur très-estimable par son goût particulier & par ses connoissances dans les desseins & estampes, mais sur-tout dans les curiosités d'histoire naturelle, outre plusieurs desseins précieux de Callot, de le Clerc, &c, qui ornent son cabinet, possede le dessein original de cette vignette, fait à la plume & lavé à l'encre de la Chine par le Clerc, avec un soin & une propreté admirables. C'est un morceau capital, & un des plus finis de ce maitre. Il provient du cabinet de feu M. Huquier.

+ 2. Grande lettre Q pour le commencement du tome V de cet ouvrage. On y voit S. Augustin assis, écrivant, sur un pupitre posé sur une table, inspiré par un rayon de

Q iij

lumiere qui vient du ciel. Au bas eſt écrit dans l'angle à gauche : le C.

Haut. de la lettre avec ſa petite bordure, 18 lig. larg. 17 lig.

✝148. *Bibliotheca Thuana.* En deux vol, *in-octavo.* Paris, 1679. QUESNEL (Joſeph)

✝1. Un frontiſpice formé par un corps d'architecture quarré, dans lequel eſt écrit le titre. Au-deſſus ſont les armes de M. de Thou, dans un cartel ayant pour ſupports deux femmes aſſiſes qui repréſentent l'Etude qui réfléchit, & l'Hiſtoire qui écrit; avec divers attributs des ſciences & des arts, S. le Clerc in. & f.

Haut. de l'eſtampe 5 pou. 13 lig. larg. 3 pou. 1 lig.

✝2. Petite vignette très-baſſe, où l'on voit une bibliotheque très-vaſte, avec quelques perſonnes qui s'y promenent.

Haut. de l'eſtampe 13 lig. long. 3 pou. 1 lig.

Au cabinet des eſtampes du Roi. Chez MM. Paignon & Jombert.

Chez M. l'Avocat Lachey, le deſſein original de le Clerc pour cette vignette, beaucoup plus en grand, provenant du cabinet de M. Potier.

Haut. de ce deſſein 1 pou. 1 lig. long. 5 pou. 6 lig.

✝149. Divers deſſeins de figures dédiés à M. de Boucœur, Conſeiller, &c. Par le Clerc. A Paris, chez N. Langlois, à la Victoire. 1679.

✝1. Le titre renfermé dans un cartel, orné par le haut de deux enfans, & d'une groſſe guirlande de feuillages & de fruits.

Haut. des planches de cette ſuite, 2 pou. 4 lig. long. 3 pou. 5 à 6 lig.

✝2. Sur le devant un officier la pique à la main, allant & regardant vers la gauche : dans le lointain, pluſieurs bataillons dont le centre eſt compoſé de piquiers, ſuivant l'uſage des ordres de batailles ſous le regne de Louis XIV. S. le Clerc in. & f.

✝3. Un manœuvre pouſſant une brouette chargée de

moilons, ou de terre, allant & regardant vers la droite,
Point de lointain ni de nom de graveur.

+4. A gauche, un homme vu par le dos, qui tient son
chapeau à la main pour faluer une dame qu'on voit en face,
la robe retrouffée par devant, les deux bras croifés & appuyés fur fon ventre. Point de lointain, ni de nom.

Chez M. l'Avocat Lachey, le deffein original par le
Clerc, lavé à l'encre de la Chine, de cette dame feulement, la robe retrouffée, les deux bras appuyés fur fon
ventre.

Haut. de ce petit deffein 2 pou. larg. 1 pou. 6 lig.

+5. A droite, fur le devant, un homme avec bonnet &
cravate, le fabre au côté, la main gauche appuyée fur fa
canne. Sur le fecond plan, à gauche, une pareille figure
tournant le dos: encore plus loin, au milieu, un homme
vu en face, enveloppé dans fon manteau. Dans le fond,
plufieurs autres petites figures, qui vont toujours en diminuant, à mefure qu'elles s'éloignent.

Différences, dans les différens plans marqués après coup
fur cette planche par des traits qui les féparent: dans le
bonnet de la principale figure, qui eft changé, &c.

+6. Deux hommes du commun prêts à fe battre à coups
de poings: celui à gauche n'eft qu'au fimple trait; celui à
droite eft ombré; les chapeaux font tombés à terre, à côté
de chacun.

+7. A droite, fur le devant, un bourgeois en manteau &
une dame la robe retrouffée, marchant enfemble, & regardant en face. A gauche, un petit garçon, qui leur
parle, le chapeau bas. Dans le fond, une façade de maifons & quelques figures.

Il y a des différences confidérables fur cette planche dans
des ombres portées fur le terrein qui forme le premier
plan, lequel étoit blanc aux premieres épreuves, & dans
une ombre ajoutée à gauche aux bâtimens du fond.

+8. Deux hommes en manteau. Celui à droite regarde en
face, & tient fon manteau retrouffé par devant: celui à
gauche, tourne le dos. S. le Clerc in. & f.

Il y a quelques différences dans la chevelure de l'homme
vu par le dos, qui eft beaucoup plus confidérable aux des
pieces épreuves chiffrées qu'aux premieres.

1679.

9. A droite, sur le devant, une jeune fille qui vient de puiser de l'eau à une fontaine, avec un chaudron, à ses pieds un seau. Dans le fond quelques maisons.

Différences dans la coëffure de la principale figure.

10. A gauche, sur le devant, un homme en manteau vu de côté, allant à droite. De l'autre côté, un officier, tourné en face, avec une épée au côté, une canne à la main, une cravate, & un nœud de rubans sur l'épaule droite : une muraille sert de fond à gauche : à droite, rien. *Le Clerc.*

Différence dans les jambes de l'homme en manteau, à gauche, qui sont proches l'une de l'autre aux premieres épreuves, & qui sont écartées aux autres.

11. A gauche, sur le devant, un vieux mendiant, le bâton & le chapeau à la main, un manteau sur les épaules, tourné vers la gauche & regardant en face, pret à entrer sous un toit rustique. Dans le lointain, une riviere, des pêcheurs, des arbres, & un joli paysage.

Différence dans la partie ombrée du mur qui est à gauche & de la terrasse sur le devant, dont les ombres ont été beaucoup fortifiées aux dernieres épreuves.

12. A droite, sur le devant, un jeune officier, accoté contre un mur à hauteur d'appui, regardant en face : au milieu, une jeune fille, avec un petit mantelet sur les épaules, allant à gauche, la tete retournée en face.

Il y a quelque différence dans les deux tétes, où M. le Clerc a changé quelque chose aux épreuves chiffrées.

13. Deux paysans en bonnet, dont celui à gauche remue la terre avec une pioche, & l'autre qui est à droite, l'enleve à mesure avec une pelle de bois, pour la jetter sur un terrein plus bas. A gauche, une bute de terre, plus loin, une forêt : dans le lointain, à droite, un paysage champêtre. *Le Clerc in. & f.*

Différence dans la bute de terre à gauche, & dans la terrasse à droite, lesquelles sont beaucoup plus fortement ombrées aux dernieres épreuves.

14. Au milieu de l'estampe, sur le devant, un vieux paysan, marchant vers la gauche & regardant en face : il a un sac sur l'épaule droite, & s'appuye de la main droite sur un bâton. Le fond est une forêt spacieuse.

1679.

415. A gauche, fur le devant, un jeune mendiant, tenant fon bâton des deux mains, vu de côté, regardant à droite. De l'autre côté, un autre mendiant, vu en face, la main droite dans fa vefte, & la gauche appuyée fur un bâton qui eft fort court. A gauche, quelques maifons dans le lointain. *Le Clerc in & f.*

416. A droite, fur le devant, un payfan avec un fac vuide fur l'épaule droite, accoté fur une piece de bois à hauteur d'appui, tourné vers la gauche, & regardant en face. Le fond eft un payfage, où l'on voit, à gauche, un fort bâti fur le bord d'une grande riviere, dont l'eau y entre par deffous une arcade de pierre.

Différence dans la muraille, à droite, derriere le payfan, laquelle eft augmentée de tailles ombrées par le haut & par le bas.

417. A gauche, fur le devant, un vieux jardinier les deux mains appuyées fur fa beche, au bord d'une grande riviere. Derriere lui, dans la demi-teinte, on voit quelques troncs d'arbres, & l'arche d'un pont qui tient toute la planche; fous cette arche, dans le lointain, la vue d'une ville, avec une très-groffe tour ronde.

Toute la différence confifte dans les troncs d'arbres à gauche, derriere le payfan, dont la forme a été changée par le bas & qui font plus fortement ombrés dans cet endroit, aux dernieres épreuves.

418. A gauche fur le devant, une dame vue par le dos, trouffant un peu fa robe par derriere, prête à defcendre quelques marches, pour arriver à une grande porte de maifon qui fait le fond de cette eftampe. A gauche, à côté d'elle, un commencement d'efcalier pour monter à un jardin dont on voit déjà quelques arbres. *Le Clerc f.* [1]

---

[1] Chez M le Normant du Coudray, on voit cette eftampe recommencée fur un cuivre un peu plus petit, avec le même fond; feulement tout s'y trouve retourné de droit à gauche, & au lieu d'une femme debout, c'eft une autre femme affife fur une chaife qui file à la quenouille & au fufeau.

Chez le même, le pendant de la fileufe, de même grandeur. C'eft une femme affife fur un tabouret qui devide du fil: elle a devant elle un devidoir, & derriere elle, un petit chat qui dort. Le nom de le

1679.

Nº 119. A droite, sur le devant, un Savoyard vu par le dos, portant une marmote dans sa boite. Le fond est un joli paysage champêtre. *S. le Clerc f.*

Nº 120. Deux oublieux [1], au simple trait, dont l'un a son corbillon sur le dos, l'autre le tient sous le bras droit, ayant chacun une lanterne à la main. Point de lointain, ni de terrein sous leurs pieds.

Nº 121. Planche rarissime. A droite, sur le devant un homme qui va poser une échelle contre un mur. Au milieu, sur le second plan, un puits, à côté duquel on voit deux figures assises par terre. A gauche, une maison dont on voit le pignon & la porte, avec un vieillard en manteau, courbé sur son bâton, qui paroit sortir de cette maison. Dans le lointain, plusieurs autres maisons, & un bouquet d'arbres.

Haut. de l'estampe 2 pou. 4 lig. long. 3 pou. 5 lig.

Cette estampe rarissime se trouve chez Madame de Bandeville, mais l'homme y est à moitié effacé, & l'épreuve paroit très-usée à cet endroit. Chez M. Jombert, elle s'y trouve bonne épreuve. Chez M. Paignon il y en a deux bonnes épreuves, avec des différences dans la tête & dans la jambe droite de l'homme qui tient l'échelle.

Cette planche a été coupée depuis, & M. le Clerc en a retranché entiérement l'homme à l'échelle, qui étoit sur le bord de l'estampe à droite. Il y a substitué quelques troncs d'arbres touchés avec force, & a remonté de ton tout le reste de la planche.

Haut. de l'estampe depuis que la planche est coupée, 2 pou. 11 lig. long. 2 pou. 7 lig.

Clerc est tracé à toutes les deux à la plume. Ces deux estampes ne sont point de ce maitre, elles sont toutes deux copiées d'une petite estampe de Callot sur laquelle on voit ces deux figures.

Haut. de chacune de ces copies de Callot, 2 pou. 3 lig. long. 3 pou. 2 lig.

[1] On appelloit ainsi des hommes qui couroient anciennement pendant la nuit dans les rues de Paris avec des lanternes, criant des oublies, & qui faisoient des tours de passe-passe dans les maisons, pour amuser les compagnies qui s'y trouvoient : l'usage en a été aboli, il y a une quarantaine d'années, à cause des abus qui s'étoient introduits à la faveur de ce commerce nocturne.

1679.

Deux planches très-rarissimes.

-22. Un homme en manteau qui se promene dans un beau jardin. Il est à droite, un grand chapeau sur la tête, & tient son manteau retroussé sous son bras, par devant.

-23. A gauche, sur le devant, un homme debout jouant du violon : à droite, un autre avec un manteau à moitié hors de dessus ses épaules. Plus loin, trois ou quatre petites figures. On voit dans le fond un portique, ou une galerie avec arcades.

Haut. de chacune 2 pou. 4 lig. long. 3 pou. 5 lig.

Ces deux estampes uniques ne se trouvent que dans l'œuvre de le Clerc qui appartient à M. Paignon.

Les vingt autres estampes de cette suite se trouvent partout, mais pour les avoir bonnes épreuves, il faut qu'elles soient avant les chiffres au bas de chaque planche. Chez Madame de Bandeville, & chez MM. Paignon & Jombert, il y en a deux suites complettes : l'une avant les chiffres, & l'autre avec des chiffres au bas de chaque planche, où l'on peut voir les différences indiquées ci-dessus.

†150. Divers desseins de figures dédiés à M. Colbert d'Ormoy [1], reçu en survivance à la charge de Sur-Intendant des bâtimens & jardins de S. M. arts & manufactures de France. Par Seb. le Clerc. A Paris chez N. Langlois, à la Victoire.

1. Le titre renfermé dans une simple bordure quarrée d'ornement, avec les armes de Colbert au bas.

Haut. des estampes de cette suite, 2 pou. 4 à 5 lig. long. 3 pou. 5 à 6 lig.

Chez M. Paignon, on voit un petit cartel en travers où l'on devoit graver le titre de cette suite, mais qui n'a point

_____

[1] M. Colbert d'Ormoy, fils du grand Colbert, & reçu en survivance à la charge de surintendant des bâtimens de S. M. a été connu depuis sous le nom du Marquis de *Blainville*. M. le Clerc ayant commencé en 1679 à lui enseigner le dessein & les mathématiques, grava alors, pour lui en faciliter l'étude, cette petite suite d'estampe dont la plupart des figures sont au simple trait, & quelques-unes ombrées.

ſervi. C'eſt une copie réduite plus en petit , du cartel où eſt gravé le titre des caractères des paſſions , gravées par le Clerc, d'après M. le Brun, dont on parlera ci-après au Nº. 256, année 1696.

✝2. Deux figures au trait. A droite , un ouvrier qui taille la pierre : à gauche un vieillard qui le regarde , appuyé ſur ſon bâton. Point de fond ni de nom de le Clerc, à celle-ci ni aux ſuivantes.

✝3. Deux figures au trait. A droite , un homme vu par le dos , portant une longue planche. A gauche , une femme aſſiſe , la main gauche ſur ſon genou droit , & le bras droit accoté ſur une pierre à hauteur d'appui.

✝4. Deux figures au trait. A gauche , un bourgeois en manteau & cravate , qui regarde en face, & qui tient ſon chapeau à la main en deſcendant quelques degrés , pour ſaluer un autre homme qui eſt vis-à-vis de lui , en manteau plus court , au bas de l'eſcalier , & qui a ſon chapeau ſur la tête.

✝5. Deux figures au trait. A droite , une jeune demoiſelle, vue de côté, dont la robe a une longue queue traînante , allant vers la gauche , & parlant à une eſpece de ſuivante , qui a une petite croix pendue au col , & la robe retrouſſée par devant : celle-ci regarde en face.

Il y a des différences dans les têtes de ces deux figures ; dans la coëffure de la demoiſelle, qui eſt changée , ainſi que ſes manchettes & ſon mouchoir de col. Et dans la petite croix pendante , ajoutée au col de la ſuivante.

✝6. Deux figures au trait. A gauche , un homme de robe , en rabat , vu en face, la jambe droite montée ſur une marche , retrouſſant ſa robe , & parlant à un homme qui eſt à droite , enveloppé dans ſon manteau , & qui le regarde.

✝7. Deux figures dans la même attitude , l'une ombrée , l'autre au trait , pouſſant les bras d'un cabeſtan.

8. Deux figures au trait. A droite , un bourgeois enveloppé dans ſon manteau , accoté ſur un mur à hauteur d'appui , le corps vu en face, la tête de profil , regardant à gauche quelque choſe qu'un jeune homme lui montre de la main droite , tenant ſon chapeau de la gauche.

Il y a quelque différence dans la main & dans la tête du bourgeois.

+9. Deux figures au trait. A droite, un homme courbé, vu par le dos, roulant un tonneau devant lui. A gauche, un vieux païfan, vu en face, portant un gros paquet fur une hotte, fon bâton fous le bras.

+10. Deux figures au trait. A droite, un aveugle en robe des quinze-vingts, tenant fa taffe pour demander l'aumône, & marchant vers la gauche. A gauche, un jeune homme, vu de côté, regardant à droite, enveloppé dans fon manteau jetté du côté gauche, & dont le bras droit eft forti.

+11. Deux figures au trait. A droite, une jeune fille, affife, les deux mains croifées, appuyées fur fon ventre, tournée & regardant en face. A gauche, un homme vu par le dos, en bonnet bordé de poil, un fabre, une redingotte jettée fur les épaules, la jambe droite un peu levée.

+12. Trois figures au trait. Au milieu de l'eftampe, un bourgeois enveloppé dans fon manteau, & un officier avec chapeau à plumet, longs cheveux defcendant des deux côtés de fon rabat, écharpe en ceinture, & épée, tous les deux allant & regardant en face. Plus loin, à gauche, un eccléfiaftique en longue robe, vu par le dos, montant les degrés d'un efcalier.

Chez Madame de Bandeville, cet eftampe eft mêlée dans la fuite des *Boucæur*, N°. précédent.

+13. Les deux mêmes figures, l'une à gauche, au trait, & celle à droite, ombrée. C'eft une femme vue de profil, allant vers la gauche, en cafaquin, tenant une bourfe pendue à de longs cordons, & portant devant elle quelque chofe dans fon tablier, qui eft retrouffé. *S. le Clerc f.*

+14. Les deux mêmes figures, celle à gauche, au trait: celle à droite, ombrée. C'eft un jeune homme debout, regardant en face, un bonnet de poil fur la tête, les deux mains fourrés dans fon habit. *Seb. le Clerc in. & f.*

+15. Les deux mêmes figures, l'une à droite, au trait: l'autre à gauche, ombrée. C'eft une jeune demoifelle bien parée, une coëffe fur la tête, en corps de robe, avec des manchettes, dont la robe eft ouverte par devant, & retrouffée avec des rubans: elle va vers la droite, & regarde en face.

+16. Les deux mêmes figures, celle à droite, au trait: celle à gauche, ombrée. C'eft un jeune homme debout, vu de profil, regardant en face, la tête & les deux mains appuyées sur son bâton, tenant par un cordon un chien qui est assis devant lui.

†17. Les deux mêmes figures, celle à droite, au trait ; celle à gauche, ombrée. C'est une jeune femme en casaquin, debout, tournée en face, le poing gauche appuyé sur sa hanche, & montrant quelque chose avec le bras droit qui est étendu.

Chez M. l'avocat Lachey, petit dessein de la figure ci-dessus, original de le Clerc, lavé à l'encre de la Chine.

Haut. de ce dessein 1 pou. larg. 1 pou. 6 lig.

†18. Les deux mêmes figures, à gauche, au trait ; à droite, ombrée. C'est un jeune Savoyard, debout, vu en face, un large chapeau sur la tête, tenant sous son bras gauche une boîte à marmotte.

†19. Les deux mêmes figures, à gauche, au trait ; à droite ombrée. C'est une vieille femme du commun, portant devant elle un inventaire recouvert de son tablier, avec des fruits dessus, suivant l'usage des regratieres de Paris.

†20. Les deux mêmes figures, à gauche, au trait ; à droite, ombrée. C'est un jeune homme, vu par le dos, portant du bras gauche un seau plein d'eau, & tenant le bras droit étendu.

†21. Les deux mêmes figures, à gauche au trait ; à droite ombrée. C'est un jeune matelot debout, vu de profil, allant vers la gauche, tenant un chapeau à très-grands bords sous son bras gauche, ayant de grandes culottes fort larges, dans l'attitude de monter une marche du pied droit.

†22. Les deux mêmes figures, à gauche au trait ; à droite ombrée. C'est un bourgeois, debout, vu par derriere, le chapeau sur la tête, avec de longs cheveux, un pan de son manteau rejetté sur l'épaule gauche, montrant quelque chose de la main droite.

Différence dans les cheveux de l'homme au trait, qui étoient d'abord très-frisés, & qui sont plus longs & plus droits dans les épreuves où sont les chiffres : il y a aussi plusieurs ombres ajoutées dans le manteau, à la figure ombrée.

123. Les deux mêmes figures, à droite au trait ; à gauche, ombrée. C'est une petite paysanne debout, vue de profil, singuliérement coëffée, en espece de julle, tenant de la main gauche sa robe retroussée par devant ; la droite appuyée sur son ventre.

124. Les deux mêmes figures, l'une à gauche, au trait ; l'autre à droite, ombrée. C'est un bourgeois debout, allant & regardant en face, le chapeau sur la tête, avec de longs cheveux, une cravate, un manteau sur les épaules, la veste déboutonnée, ayant des rubans à sa ceinture qui tiennent son haut de chausses.

125. Les deux mêmes figures, à gauche, au trait ; à droite, ombrée. C'est une vieille femme, qui vend des rubans ; elle est debout, vue en face, tenant devant elle une boîte quarrée & des rubans, qui pendent à son côté gauche : sa robe retroussée, pleine de marchandises, laisse voir un jupon déguenillé par le bas qui annonce sa pauvreté. S. le Clerc f.

Il y a des différences dans les deux têtes qui ont été changées, & dans tout le haut de la figure ombrée.

126. Les deux mêmes figures, à gauche, au trait ; à droite, ombrée. C'est un soldat, debout, vu par derriere, présentant sa hallebarde, qu'il tient des deux mains. ✳

127. Les deux mêmes figures, à gauche, au trait ; à droite, ombrée. C'est une femme du commun, debout, vue en face, portant des cardons ou autres légumes dans sa hotte sur son dos, & des herbages dans le devant de son tablier, qui est retroussé & attaché à plusieurs endroits. S. le Clerc f.

Il y a quelques différences dans la tête de la figure ombrée, & dans les ombres portées dans le haut de la même figure.

128. Les deux mêmes figures, à gauche, au trait ; à droite, ombrée. C'est une jeune femme du commun du peuple, debout, vue de trois quarts, en casaquin : elle tient devant elle une hotte qu'elle a posée par terre, & regarde, à gauche, devant elle.

129. Les deux mêmes figures, à gauche, au trait ; à droite, ombrée. Un jeune mendiant, debout, allant & regardant à droite, son paquet sur le dos, les deux mains croisées & appuyées sur son bâton. Seb. le Clerc in. & f.

+ 30. Les deux mêmes figures, a droite, au trait ; à gauche, ombrée, d'une proportion plus petite que les autres. C'est un homme debout, vu par le dos, la tête levée, montrant quelque chose avec un bâton qu'il tient de la main gauche, le bras étendu. L'autre main est appuyée sur sa hanche droite.

Les 30 planches de cette suite se trouvent communément, mais pour être sûr de la bonté des épreuves, il faut les avoir avant les chiffres, mis à droite, au bas de chaque planche, & sur-tout avec l'adresse de Langlois, & non pas avec celle de Jeaurat, qui n'a possédé ces planches qu'après la mort de M. le Clerc.

Chez Madame de Bandeville, & chez MM. Paignon & Jombert, il y a deux suites complettes de chacune de ces planches ; l'une avant les chiffres, & l'autre avec les chiffres, & avec des différences remarquables à plusieurs de ces planches, que nous venons de décrire, sur tout à celles cotées 5, 8, 11, 12, 22, 25 & 27.

151. **Discours touchant le point de vue.** Par Seb. le Clerc. *In-douze.* Thomas Jolly. 1679.

+ 1. Une très-petite vignette aux armes de M. Colbert d'Ormoy, à qui ce livre est dédié, ayant pour supports deux figures assises, représentant l'Etude, avec différens instrumens de mathématique.

Haut. de la vignette 9 lig. long. 2 pou. 3 lig.

+ 2. Planche en bois, page 9 du livre, pour démontrer que tout ce qu'on voit distinctement ne s'apperçoit que d'un seul œil : le tout en une figure au trait, par le moyen d'une petite boule dont l'image paroit double, étant réfléchi dans un miroir.

Grandeur d'une page in-douze.

+ 3. Planche en bois, à la page 11. On donne ici pour exemple une fleche, dont l'image paroit double étant réfléchie dans un miroir.

Même grandeur.

+ 4. Planche en cuivre, cotée page 15. On y voit, à droite, un homme vêtu à l'antique, debout, dans une chambre, qui regarde une boule au travers des vitres d'une d'une fenêtre. La porte ouverte laisse entrevoir, à gauche, un bout de paysage dans le lointain.

Haut. de l'estampe 3 pou. 10 lig. larg. 2 pou. 3 lig.

5. Planche en bois, cotée 17. On y démontre que deux objets apperçus dans la glace d'un miroir, se réunissent au-delà dans un seul point.

Grand. de la page in douze.

6. Planche en bois, cotée 19, pour faire voir qu'on ne peut appercevoir un objet quelconque que par un rayon rompu.

Même grandeur.

7. Planche en cuivre, page 23. En bas, à gauche, un homme assis dans une chambre vis-à-vis une table quarrée, regardant une ligne droite qui est tracée dessus.

Haut. de la planche 3 pou. 10 lig. larg. 2 pou. 3 lig.

8. Planche en bois, cotée 25, pour prouver que le globe EF empeche également l'œil gauche & l'œil droit de voir l'objet GH placé au-delà, sous le même angle.

Grand. d'une page.

9. Planche en cuivre, au simple trait, cotée 27, dont la figure est une confirmation de l'exemple précédent.

Haut. 4 pou. larg. 2 pou. 6 lig.

10. Planche en cuivre, cotée page 29, au haut de laquelle est une démonstration de l'arc de cercle compris entre les rayons visuels, lequel ne peut guère s'étendre au-del d'un angle de 45 ou 50 degrés au plus.

Au bas est un paysage champetre qui a servi ensuite pour la seconde édition de la petite géométrie de le Clerc, en 1682, mais qui est beaucoup meilleure épreuve ici. Voyez-en la description ci-devant (N°. 92. Pl. 7).

11. Planche en cuivre, cotée 31, au haut de laquelle est une confirmation de la proposition précédente.

Au bas est un joli paysage, dont la planche a servi ensuite pour la seconde édition de la petite géométrie de le Clerc, en 1682 : mais l'épreuve est bien plus belle ici. On en peut voir la description ci-devant (N°. 92. Pl. 54).

12. Planche en cuivre, cotée 33, au haut de laquelle est une figure au trait en continuation des exemples précédens, sur l'ouverture de l'angle que l'œil peut embrasser

R

dans la vision les objets éloignés. Au bas est un trait du globe de l'œil & de l'effet des rayons visuels qui se peignent au fond de son intérieur.

†13. Planche en cuivre, marquée 37, pour prouver que tout ce que l'on ne voit que de l'œil gauche, ne peut être apperçu distinctement.

†14. Planche en cuivre, cotée 39, où l'on a représenté les deux yeux, & la réunion des objets qui se fait dans leur intérieur.

†15. Planche en bois, cotée 41, pour prouver qu'un objet noir paroît comme une tache noire sur un objet blanc.

†16. Planche en cuivre, cotée page 43, où l'on voit le buste au trait d'un homme dont la main est appuyée sur une table, & qui regardant des deux yeux un objet avec attention, le voit double nécessairement.

†17. Planche en cuivre, cotée 45, représentant l'aveugle dont parle Descartes, qui tient deux bâtons, un de chaque main, lesquels se réunissent à l'autre extrémité. En frappant contre une pierre ce double bâton, l'aveugle s'imagine avoir ressenti deux coups.

†18. Planche en bois, cotée 47, pour faire voir que les images qui se forment dans les deux yeux, quoique produites par un même objet, sont différentes, & qu'ainsi leur réunion dans l'œil est impossible.

†19. Planche en cuivre, page 49, qui n'est qu'une confirmation de la proposition précédente.

†20. Planche en cuivre au simple trait, cotée 57, où l'on voit des têtes d'hommes & de divers animaux avec les rayons qui partent de leurs yeux.

†21. Planche en cuivre, cotée 59, au simple trait, où l'on voit en haut un dieu fleuve couché & appuyé sur son urne, pour prouver que tous les rayons visuels des objets se réunissent en un seul point dans l'œil.

†22. Planche en cuivre, cotée 61, au trait, pour prouver la réunion des pinceaux sphériques envoyés de l'objet, dans la capacité de la prunelle de l'œil, & qu'à la rencontre du cristallin, ces rayons changent de direction, & se réunissent en un seul point sur la rétine.

†23. Planche en cuivre, cotée 63, au bas de laquelle est un joli paysage, avec une tour quarrée, dans l'ombre, à

gauche, &c. qui à fervi enfuite pour la fecohde édition de
la petite géométrie de le Clerc, mais qu'on ne peut trouver qu'ici bonne épreuve. Nous en avons donné la defcription ci-devant (N°. 92. Pl. 84).

Haut. 3 pou. 3 lig. larg. 2 pou. 3 lig.

124. Planche en cuivre, page 65, au fimple trait. On y
démontre que le pinceau optique des théoriciens eft ima-
ginaire, & que les objets ne parviennent à l'œil que par
un feul rayon vifuel.

Le bas de la planche eft occupé par un jeune homme
vêtu à l'antique, qui regarde un point au travers d'une
vitre, par un feul rayon vifuel.

125. Planche en cuivre, cotée 67, & mife à la page 69,
où l'on prouve que fi le pinceau optique avoit lieu, l'image
vifuelle qu'il peindroit dans l'œil feroit plus grande que
l'objet même.

126. Planche en cuivre, pour la page 73, où l'on fait
voir, dans la fuppofition du pinceau optique, que de tout
le pinceau, il ne doit y avoir qu'un feul rayon qui porte
une image fenfible de l'objet dans le fond de l'œil.

127. Planche en cuivre, cotée 73, pour prouver que
fi le pinceau optique avoit lieu, on ne pourroit jamais voir
en même tems deux points diverfement éloignés.

128. Planche en cuivre, cotée 75, en confirmation de
la propofition précédente.

129. Planche en cuivre, marquée 77, où l'on prouve
que dans la fuppofition du pinceau optique, fes rayons ne
pourroient pas fe terminer au fond de l'œil, mais plus
proche du criftallin.

130. Planche en cuivre, cotée 81 & placée à la page 83,
où l'on démontre, par l'exemple d'une fleche dont la longueur, à une certaine diftance, eft apperçue toute entiere,
l'abfurdité du fyftême des pinceaux optiques.

131 & derniere, cotée 85 : en haut on voit un ange à
genoux, appuyé fur l'écu des armes de Colbert, dont
l'image diminue à mefure qu'elle approche de l'œil, &
dont les rayons fe réunifient en un feul point fur le criftallin.

Chez MM. Paignon & Jombert, la fuite complette.

§ 152. Oraifon funebre d'Anne-Geneviefve de Bourbon, veuve de Henry d'Orléans, fecond du nom, Duc de Longueville & d'Eftouteville, Prince fouverain de Neuf-Chatel, Pair de France, Chevalier des ordres du Roi, &c. morte le 15 Avril 1679.

＋1. Vignette repréfentant un tombeau, aux deux côtés duquel font deux petits anges affis, tenant l'un l'écu des armes de France, l'autre celles du Dauphin. Au milieu font de grandes armes entourées des colliers des ordres du Roi, fur un grand manteau ducal [1].

Haut. 1 pou. 1 lig. long. 4 pou. 7 lig.

Au cabinet des eftampes du Roi. Chez MM. Paignon & Jombert.

－2. Petite lettre M, au-deffus de laquelle eft une pleine lune avec cette devife efpagnole : *mayor fombra, mayor luz*, fur un fond ombré de deux tailles. Le tout entouré d'une petite bordure d'ornement.

Diametre 13 lig.

Chez MM. Paignon, Jombert, & le N. D. C. à Orléans.

＋3. Petit cul-de-lampe, au haut duquel font deux fquelettes nuds tenant un médaillon rond dans lequel eft une pleine lune, avec ces mots autour : *nec dubia jam luce nitet.* Au-deffous font deux autres fquelettes affis & revêtus de grandes draperies, tenant les écus des armes de la maifon de Longueville : au bas le chiffre de cette princeffe fur une draperie.

Haut. du cul-de-lampe 1 pou. 10 lig. larg. *idem.*

Cette petite eftampe eft très-difficile à trouver bonne épreuve. Elle eft de toute beauté chez Madame de Bandeville, & au cabinet des eftampes du Roi. On la voit auffi chez MM. Paignon & Jombert, mais moins bien conditionnée.

[1] Cette vignette a fervi depuis à l'oraifon funebre de M. de la Vrillière en 1681, & à celle de la princeffe Palatine en 1685, avec quelques changemens. Voyez ci-après aux N°. 169 & 198.

1679.

153. Obfervations aftronomiques & phyfiques faites en l'ifle de Cayenne par M. Richer. *In-folio*. Impr. royale. 1679.

†1. Vignette où l'on voit ce mathématicien dans fon cabinet, en bonnet bordé de poil & en robe de chambre, mefurant un globe terreftre avec un compas. *S. le Clerc f.*

Haut. de la vignette avec fa petite bordure 2 pou. long. 5 pou. 10 lig.

†2. Grande lettre L, derriere laquelle font un lys & une branche de laurier, paffés en fautoir. Le fond de la planche eft ombré d'une feule taille horizontale, avec une bordure plate, formée d'une feule taille.

Grand. de la lettre 1 pou. 8 lig. en quarré.

1680.

154. Voyage d'Uranibourg, ou obfervations faites en Danemarck par M. Picard. *In-folio*. Impr. royale. 1680.

†3. Une Vignette contenant trois médaillons. Dans celui du milieu, qui eft en ovale, on voit l'obfervatoire royal de Paris. Les deux autres font ronds. Dans celui à gauche, l'obfervatoire d'Uranibourg. Dans le médaillon à droite, celui de Copenhague. Sur le côté droit de la planche eft écrit: *le Clerc f.*

Haut. de la vignette avec fa bordure 2 pou. long. 6 pou.

†4. Grande lettre O, au milieu de laquelle eft une tête d'Apollon, avec de grands cheveux & couronnée de lauriers, dont les rayons rempliffent tout le quarré de la planche, autour de laquelle eft une petite bordure d'ornement.

Grand. avec la bordure 1 pou. 8 lig. en quarré.

†5. Carte particuliere de quelques endroits des environs de Copenhague, & de l'ifle d'Huene, proche cette même ville. Le tout en trois figures gravées fur la même planche, par le Clerc. La planche eft entourée d'une légere bordure d'ornement.

Haut. de la planche avec fa bordure, 9 pou. 6 lig. larg. 6 pou.

R iij

X 4155. Obfervations aftronomiques faites en divers endroits du royaume, par M. Picard, In-folio. Impr. royale. 1680.

La vignette eft la même que celle décrite ci-devant, pl. cotée 1.

† 6. Grande lettre A, où l'on voit un homme qui obferve, avec une lunette d'approche montée fur fon pied, un lieu fort éloigné ; deux autres perfonnes debout à côté de lui, s'entretiennent enfemble à l'ombre d'un grand arbre, à gauche. Le tout eft entouré d'une petite bordure d'ornement [1].

Grand. 1 pou. 8 lig. en quarré.

X +156. Premiere tapifferie du Roi, repréfentant défaite de l'armée Efpagnole près le canal de Bruges, fous la conduite de Marfin, par les troupes du Roi Louis XIV, en l'année 1667. Car. le Brun pinx. S. le Clerc fculpf. 1680.

C'eft la premiere des quatre grandes tapiſſeries appellées les conquétes du Roi, exécutées dans la manufacture des Gobelins, d'après les tableaux de Charles le Brun, premier peintre du Roi, qui ont été deffinées & gravées par M. le Clerc d'après ces mêmes tableaux.

Cette eftampe eft entourée d'une riche bordure d'ornemens en arabefques entremêlés de figures, de 2 pou. 2 lig. de largeur, qui a fervi depuis à l'eftampe du fiége de Tournay.

_____

[1] Cette fuite de fix eftampes ne fe trouve nulle part, ainfi complette, ni dans cet ordre, que chez M. Jombert. Dans quelques œuvres de le Clerc, on a même affecté, par un goût bizarre, de féparer les lettres grifes d'avec les vignettes auxquelles elles appartiennent, & d'en former une collection particuliere, difpofée par ordre alphabétique, ou de les arranger fymmétriquement fur une même page, fuivant leur grandeur ; c'eft dans ces occafions qu'un habile colleur fait étalage de fon prétendu goût aux dépens du bon fens, qui demande que toutes les eftampes d'une même fuite foient enfemble.

Haut. de l'estampe avec sa bordure 14 pou. 4 lig. long.
10 pou. 2 lig.

Cette estampe se trouve par-tout. Chez M. Paignon 2
épreuves ; l'une avant la lettre gravée , l'autre avec la
lettre , & quelques différences dans des ombres ajoutées à
divers endroits. Chez M. Jombert, avec la lettre.

157. Divers desseins de décorations de pavillons, inventés par M. le Brun , premier peintre
du Roi. *Le Brun invenit. C. pr. Reg.* A Paris , chez
Edelinck , rue Saint-Jacques ; au Séraphin.

1. Le titre ci-dessus sur une grande draperie.
Haut. du cuivre 8 pou. 4 lig. long. 11 pou.
2. Pavillon de Saturne.
Haut. du cuivre 15 pou. larg. 12 pou. 4 lig.
3. Pavillon de Vénus.
Haut. du cuivre 14 pou. 5 lig. larg. 12 pou. 6 lig.
4. Pavillon de Jupiter.
Haut. du cuivre 14 pou larg. 12 pou. 10 lig.
5. Pavillon de Diane.
Haut du cuivre 14 pou. 10 lig. larg. 13 pou.
6. Pavillon de Mars.
Haut. du cuivre 14 pou. 1 lig. larg. 12 pou. 9 lig.
7. Pavillon de la Victoire.
Haut du cuivre 14 pou. 1 lig. larg. 12 pou. 9 lig.
8. Pavillon d'Apollon & de Thétis.
Haut. du cuivre 13 pou. 11 lig. larg. 12 pou. 6 lig.
9. Pavillon de Minerve.
Haut. du cuivre 14 pou. 3 lig. larg. 12 pou. 6 lig.
10. Pavillon de Mercure.
Haut. du cuivre 14 pou. 3 lig larg. 12 pou. 7 lig.
11. Pavillon de la Renommée.
Haut. du cuivre 14 pou. 4 lig. larg. 12 pou. 9 lig.
12. Pavillon de Bacchus.
Haut. du cuivre 14 pou. 1 lig. larg. 12 pou. 4 lig.
13. Pavillon de l'Abondance.
Haut. du cuivre 14 pou. 5 lig. larg. 12 pou. 10 lig.
14. Pavillon d'Hercule.
Haut. du cuivre 17 pou. larg. 12 pou. 4 lig.
Ces 14 planches chez MM. Paignon , Jombert , &c.

R iv

1680.

+158. Tivoli, Brochure *in quarto*. Paris. Le Petit, 1680.

+1. Une très jolie vignette pour cette petite pièce fugitive en profe & en vers, adreſſée par de Santeuil à Madame de Thiange, mere de Madame de Nevers & de Madame de Sforce, deux beautés célebres de la cour de Louis XIV, qui voyageoient alors en Italie. Cette vignette repréſente la grotte & les jardins de Tivoli ; ſur le devant Mecenas & Horace s'entretenant enſemble, aſſis à l'ombre de deux grands arbres, environnés de nayades & de ſylvains, qui viennent les écouter. S. le Clerc f.

Haut. de la vignette 2 pouc. 5 lig. long. 5 pou. 3 lig.

+2. Grande lettre C, où l'on voit le temple fameux de la ſybille de Tivoli : c'eſt une petite rotonde ſoutenue par des colonnes, élevée ſur le ſommet d'un rocher eſcarpé.

Grand. de la lettre avec ſa petite bordure 1 pou. 8 lig. en quarré.

Ces 2 eſtampes ſe trouvent par tout.

+159. Eloge du cavalier Bernin, par l'abbé de la Chambre. *In-quarto*. Paris. 1680.

Une vignette où l'on voit la Sculpture aſſiſe qui travaille ſur un buſte. A côté d'elle, l'Architecture & la Géométrie. A gauche, la ſtatue de Louis XIV, faite en marbre par cet artiſte. Dans le lointain, à gauche, une vue de la place Navone à Rome avec ſa fontaine, portant un obéliſque : à droite, la colonnade de S. Pierre de Rome : deux chef d'œuvres du cavalier Bernin. Au bas eſt écrit : *ſingularis in ſingulis, in omnibus unicus.* S. le Clerc f.

Haut. de la vignette 2 pou. 2 lig. long. 4 pou. 3 lig.

Au cabinet des eſtampes du Roi. Chez MM. Paignon, Jombert, &c.

On fera ſeulement mention ici d'une eſtampe inventée & gravée par Jean le Pautre, dans laquelle feu M. Huquier croyoit appercevoir ſur le devant quelques figures gravées par le Clerc, & qu'il avoit, pour cette raiſon, inſérée dans ſon œuvre. Au bas eſt écrit : le véritable portraict de N. D. dicte de la Paix, colloquée dans les murs des R. R. P. P. Capuſins, rue St. Honoré, &c.

Haut. du cuivre, y compris la lettre au bas , 8 pou. 7. lig. larg. 5 pou. 4 lig.

+160. Heures dédiées à Madame la Dauphine. *In-douze*. A Metz , chez François Bouchard. 1680 [1].

+1. Le titre dans un rond au-deſſus duquel on voit les armes de Madame la Dauphine , dans un cartel entouré de palmes & de branches de laurier, ſoutenu par deux petits anges volans. Le tout renfermé dans une bordure quarrée.

Haut. de ce titre avec la bordure 4 pou. 3 lig. larg. 2 pou. 4 lig.

+2. La Sainte-Trinité , où l'on voit Dieu le pere & Dieu le fils aſſis l'un à côté de l'autre dans une gloire formée par un grand triangle lumineux : le Saint-Eſprit vole au-deſſus des deux.

Haut. de cette eſtampe & des autres de la même ſuite, 3 pou. 10 lig. larg. 2 pou. 2 lig.

+3. L'immaculée Conception de la ſainte Vierge, que l'on voit élevée en l'air, portée ſur un croiſſant, couronnée de ſept étoiles , & rayonnante de lumiere. Dieu le pere eſt aſſis au-deſſus d'elle. A gauche , pluſieurs petits anges volent autour d'elle. En bas, ſur la terrre , du même côté, deux figures à genoux , éblouies de la lumiere.

Il y a quelque différence , dans l'ombre du bas de la colonne, à gauche, ainſi que dans le nuage au-deſſus des petits anges, & dans le rideau qui eſt à côté.

+4. L'Enfant Jeſus , debout , ſur des nuages, tenant une croix légere, & rayonnant de lumiere.

Différence dans les rayons de lumiere, qui ſont en plus grand nombre aux dernieres épreuves.

+5. Un crucifix , ſeul , ſur le devant, poſé ſur une terraſſe montueuſe. Dans le lointain des ſoldats à cheval, & un ciel très-orageux , formant comme une éclipſe.

---

[1] La premiere édition de ce livre eſt de 1680. Il y en a eu une ſeconde édition en 1681, une troiſieme l'année ſuivante chez le même Libraire, en 1683, & une quatrieme édition qui porte 1685 ſur le titre, &c.

Différence dans la terrasse ombrée sur le devant, & dans des doubles tailles ajoutées dans le ciel à droite, sur la partie éclairée, qui n'étoit qu'à une simple taille aux premieres épreuves.

+ 6. Descente du Saint-Esprit en langues de feu sur la sainte Vierge & sur les apôtres assis sur une estrade élevée de quelques marches.

+7. Adoration du Saint-Sacrement posé sur un autel dans le ciel, par deux grands anges habillés qui sont à genoux, sur des nuages, aux deux côtés de l'autel.

Différences dans des ombres ajoutées aux ailes & aux vêtemens des deux anges adorateurs.

+8. S. Joseph, debout, vu en face, tenant à la main une branche d'arbre fleurie. A droite & à gauche un paysage formé par de grands arbres.

Différence dans quelques tailles ajoutées à la terrasse sur le devant, aux pieds du saint.

+9. L'Ange gardien, marchant & regardant en face, tenant par la main un enfant qu'il conduit, & à qui il montre un rayon qui part du ciel, vers la gauche.

Différences dans quelques tailles ajoutées à gauche, dans le nuage ombré, au-dessus du rayon, & dans quelques ombres prolongées sous les pieds des deux figures.

Au cabinet des estampes du Roi, avec l'année 1680 au titre. Chez M. Jombert, deux suites complettes, avec différences & avec l'année 1682 sur un titre & 1683 sur l'autre. Chez Madame de Bandeville une suite, avec l'année 1683. Chez M. Paignon, deux suites complettes, avec l'année 1685 sur le titre. L'une de ces suites est imprimée à part, & l'autre est tirée du livre, avec de l'impression derriere.

+161. Recueil de panégyriques du Roi, par M. l'abbé Tallemant. *In-octavo.* Paris. Le Petit. 1680.

+1. Un frontispice où l'on voit, à droite, la France à genoux aux pieds d'un jeune guerrier conduit par l'Abondance, tenant un caducée. Au-dessus de sa tête, la Renommée sonnant d'une trompette qu'elle tient de la main droite.

Sur le pavillon d'une autre trompette qu'elle tient de la gauche on voit une tête d'Apollon rayonnante de lumiere, avec ces mots : *c'est moi qui fais les beaux jours.* Dans le fond, à droite, une vue de l'arc de triomphe de la porte Saint-Antoine. *S. le Clerc in. & f.*

Haut. du frontispice avec sa bordure, 5 pou. 6 lig. larg. 3 pou. 4 lig.

Différence dans le caducée ajouté à la main droite de l'Abondance, lequel ne se voit point aux premieres épreuves, & dans les tailles fortifiées & rentrées au burin à plusieurs endroits de l'estampe.

Au cabinet des estampes du Roi, épreuve avant le caducée. Chez Madame de Bandeville, & chez MM. Paignon & Jombert, deux épreuves, l'une avant & l'autre avec le caducée.

†2. Vignette de l'épitre dédicatoire : on y voit à gauche le Soleil dans son char tiré par quatre chevaux attelés de front, sur des nuages, dans le ciel. A droite, Apollon sur le sommet du Parnasse, accompagné des neuf Muses. Au-dessus du soleil est écrit : *l'ame de l'univers & le dieu du Parnasse.* Toutes les vignettes & les lettres grises, ainsi que le frontispice ci-dessus, sont entourés d'une légere bordure d'ornement.

Haut. de cette vignette & des six autres, 15 lig. long. 2 pou. 6 lig.

†3. Lettre S, dont le fond est un cercle lumineux rayonnant de toutes parts.

Grand. de cette lettre & des suivantes, 11 lig. en quarré.

†4. Vignette d'Apollon assis sur le mont Parnasse pinçant sa lyre : les neuf Muses sont à ses côtés dans diverses attitudes.

†5. Lettre I avec deux caducées passées en sautoir sur un livre ouvert : le fond est ombré d'une seule taille.

†6. Vignette où l'on voit l'Eloquence assise sur un trône semé de fleurs-de-lys. A ses côtés deux autres femmes assises, tenant chacune un livre ouvert.

†7. Lettre L d'une Renommée qui vole dans les airs, de gauche à droite, tenant une couronne de chaque main.

†8. Vignette où l'on voit les Arts & les Sciences dans un

palais : dans le lointain, des troupes qui courent au combat. *S. le Clerc f.*

✝9. Lettre I, avec une Renommée assise sur des nuages sonnant de la trompette ; elle est droite & regarde vers la gauche.

✝10. Vignette où l'on voit un génie inspiré par la Sculpture qui grave ces mots sur un grand piedestal : A LA GLOIRE IMMORTELLE. A droite, un autre génie qui trace : LUDOVICO MAGNO. *Le Clerc f.*

✝11. Lettre N où l'on a représenté le siège d'une ville, dans le lointain : sur le devant, un général à cheval à la tête de ses troupes.

✝12. Vignette représentant le siége d'une ville, commandé par Louis XIV que l'on voit, à gauche, sur le devant, proche une batterie de canons. *S. le Clerc f.*

Lettre N : c'est la même que la précédente.

✝13. Vignette où l'on voit le triomphe d'un héros (Louis XIV) dans un char à quatre roues, trainé par quatre chevaux de front, & conduit par la Victoire. La Renommée le précede en sonnant de la trompette. *S. le Clerc f.*

✝14. Lettre I avec une Victoire assise, vers la gauche, sur un trophée d'armes : elle regarde en face.

✝15. Cul-de-lampe aux armes du Roi, sur un globe couronné, au bas duquel pendent les colliers des ordres du Roi, & une croix du Saint-Esprit. Aux deux côtés, deux Renommées assises, se tournant le dos, & sonnant de la trompette.

Haut. 18 lig. long. 2 pou. 7 lig.

✝16. Autre cul de-lampe du chiffre du Roi tracé sur une draperie, au dessus de laquelle est une lyre, avec un soleil rayonnant qui dissipe des nuages. Des deux côtés, en haut, une massue & un caducée. Au dessous, deux palmes, & en bas plusieurs branches de laurier.

Haut. 1 pou. 7 lig. long. 2 pou.

✝17. copie du même cul-de-lampe, au simple trait, pour la suite des du Rondray.

Haut. 16 lig. long. 2 pou. 4 lig.

Au cabinet des estampes du Roi. Chez MM. Paignon &

Jombert, la suite complette. Chez Madame de Bandeville, elle se trouve dispersée dans plusieurs volumes.

+162. Tableaux où sont représentées la passion
de N. S. J. C. & les actions du prêtre à la sainte
messe, avec des prieres correspondantes aux tableaux. *In-douze.* A Metz, chez François Bouchard, sur la place Saint-Jacques, à la Bible d'or.
1680.

Celle-ci est la troisieme messe : elle est beaucoup plus
correcte pour le dessein & pour la gravure que les deux
précédentes. Il n'y a point d'estampe ni de frontispice pour
le titre de ce livre. Il n'y a point non plus d'écriture au
haut ni au bas des estampes de cette suite, elles sont seulement numérotées au bas, ainsi qu'il suit.

Haut. des estampes de cette suite, 3 pou. 5 à 6 lig. larg.
2 pou. 3 lig.

+ 1. Le prêtre vient à l'autel.
+ 2. Commencement de la messe.
+ 3. Au *confiteor.*
+ 4. Le prêtre baise l'autel.
+ 5. Le prêtre va au côté de l'épitre.
+ 6. L'introite.
+ 7. Au *Kyrie eleison.*
+ 8. Au *Dominus vobiscum.*
+ 9. A l'épitre.
+ 10. Au *Munda cor meum.*
+ 11. A l'évangile.
+ 12. Le prêtre découvre le calice.
+ 13. A l'oblation de l'hostie.
+ 14. Le prêtre couvre le calice après l'offertoire.
+ 15. Au *Lavabo.*
+ 16. A l'*Orate fratres.*
+ 17. A la préface.
+ 18. Le prêtre prie pour les vivans.
+ 19. Le prêtre couvre de ses mains le calice.
+ 20. Le prêtre fait des signes de croix sur le calice.
+ 21. A l'élévation de l'hostie.
+ 22. A l'élévation du calice.

+23. Commémoration pour les morts.

+24. Au *Nobis quoque peccatoribus.*

+25. Au *Pater noster.*

+26. Le prêtre rompt l'hostie.

+27. Le prêtre met dans le calice une parcelle de l'hostie.

+28. A la fin de l'*Agnus Dei.*

+29. A la communion du prêtre.

+30. A l'ablution.

+31. A la post-communion.

+32. Au *Dominus vobiscum,* après la Communion.

+33. Aux dernieres oraisons.

+34. A l *Ite miſſa eſt.*

+35. Le prêtre donne la bénédiction. *Le Clerc.*

Il y a des éditions où le crucifix dont nous avons déjà parlé (N°. 160. Pl. 5.) se trouve tiré derriere la priere qui termine cette meſſe.

On trouve ces 35 planches au cabinet des eſtampes du Roi, avec un frontiſpice qui appartient à la quatrieme édition de la premiere meſſe, dont on a parlé ci-devant, N°. 52. (Voyez page 38, note 1.) Chez Madame de Bandeville & chez M. Jombert, la ſuite complette. Chez M. Paignon, deux ſuites complettes de ces mêmes planches, l'une tirée à part avant l'édition, l'autre avec la lettre imprimée derriere chaque eſtampe.

Ce même livre d'heures a été réimprimé à Metz chez François Bouchard, in-douze, en 1687, avec les mêmes planches gravées en bois, de même grandeur, & du même ſens que les gravures en cuivre; on a ſeulement ajouté à chacune une bordure d'ornement; ce qui donne à chaque eſtampe avec la bordure 4 pou. 3 lig. de haut, ſur 3 pouces de large : il y a les mêmes inſcriptions au haut & au bas que celles qu'on voit aux eſtampes de la premiere & de la ſeconde meſſe.

Ces gravures en bois ne ſe trouvent dans aucun œuvre de le Clerc.

+163. Eſſais de phyſique, ou recueil de pluſieurs traités touchant les choſes naturelles. Par M. Perrault, de l'académie des ſciences. En 4 vol. *in-douze.* Paris. Coignard. 1680. 1688.

11. Tome I. Pl. I. qui repréfente le canal Thorachique , vu du côté de l'épine du dos , fur laquelle il eſt poſé.

Haut. 4 pou. 9 lig. larg. 2 pou. 9 lig.

12. Tome I. Pl. Ii. On y voit la veſicule du fiel , dont le deſſus eſt enlevé : le canal cyſtique , qui communique de la veſicule au canal hépatique ; & le canal cyſthépatique , qui a les mêmes propriétés.

Haut. 5 pou. 9 lig. larg. 2 pou. 10 lig.

1 3. Tome II. Pl. I. Elle repréfente un crâne humain vu extérieurement & de profil. Cette planche a de longueur le double des précédentes.

Haut. 3 pou. 4 lig. long. 5 pou. 7 lig.

Les ſept planches ſuivantes ſont pareillement doubles de longueur , & de même grandeur que celle-ci.

4. Tome II. Pl. II. Elle fait voir l'intérieur de la ſeconde cavité de l'oreille , appellée la caiſſe du tambour. La ſeconde figure repréſente une portion de l'os des temples.

5. Tome II. Pl III. On voit ſur cette planche l'intérieur du crâne humain , coupé en travers d'une oreille à l'autre.

6. Tome II. Pl. IV. Elle contient une coupe de l'os des temples , de grandeur double du naturel.

7. Tome II. Pl. V. Elle repréfente la cavité du palais , pour faire voir l'emplacement des trous qui vont aux narines , & de ceux qui aboutiſſent au conduit appellé l'aqueduc.

8. Tome II. Pl. VI. La premiere figure repréſente le labyrinthe de l'oreille en entier , de grandeur beaucoup au-delà du naturel. La ſeconde figure eſt une coupe du canal ſpiral du limaçon de l'oreille.

9. Tome II. Pl. VII. La figure premiere de cette planche fait voir le dedans de la caiſſe du tambour de l'oreille d'un veau. La ſeconde , la caiſſe du tambour de celle d'un lion.

10. Tome II. Pl. VIII. Figure premiere. La caiſſe du tambour de l'oreille d'un mouton. Figure 2. L'oſſelet unique des oiſeaux , de grandeur au-delà du naturel. Figure 3. La tête d'un cocq d'Inde dont on a coupé le derriere.

11. Tome III. Pl. I. On voit ſur cette planche la diſſection du globe de l'œil de pluſieurs animaux différens.

1680.

Haut. de cette planche & des 15 suivantes 5 pou. 3 lig; larg. 3 pou. 2 lig.

†12. Tome III. Pl. II. La figure 1 fait voir l'analogie qui se trouve entre la structure intérieure de l'œil & celle d'une lunette à longue vue. La figure 2, la maniere dont le nerf de l'ouie passe au travers du noyau du limaçon. Figure 3. Partie de la mâchoire supérieure d'un homme. Figure 4. Le bout de la langue d'un bœuf.

†13. Tome III. Pl. III. Elle fait voir l'office des muscles extenseurs & fléchisseurs du bras, par la comparaison des haubans d'un vaisseau qui servent à en retenir le mât : le bas représente un bateau sur une riviere, avec un joli paysage.

†14. Tome III. Pl. IV. On voit ici la maniere particuliere dont les ongles des animaux carnaciers, comme les lions, les tigres, les chats, &c, sont articulés.

†15. Tome III. Pl. V. Au haut de cette planche on a représenté la maniere dont le cormoran peut nager d'un seul pied, tandis que le canard nage des deux. On voit au-dessous la structure des plumes des oiseaux.

†16. Tome III. Pl. VI. On voit ici la structure de la peau & des aiguillons du porc-épic : un des andouilliers du bois d'un cerf : & une corne de bœuf qui commence à paroître.

†17. Tome III. Pl. VII. On a représenté sur cette planche divers développemens du larinx de la plupart des oiseaux, & de l'aspre artere des mêmes animaux.

†18. Tome III. Pl. VIII. On a développé sur celle-ci le méchanisme de la langue du caméléon & de celle du piver, par la comparaison de son ressort avec la machine de l'observatoire qui agit de la même façon.

†19. Tome III. Pl. IX. On voit ici la dissection du cerveau d'une autruche, & celle du cerveau d'un poisson appellé chat de mer.

†20. Tome III. Pl. X. Développemement des quatre ventricules de l'estomac d'un chameau vus extérieurement & intérieurement.

†21. Tome III. Pl. XI. Cette planche représente les dents incisives de différens animaux, la gueule d'une vipere, la tête d'une raie, &c. 22. Tome

22. Tome III. Pl. XII. Développement d'un géfier d'oifeau , du cœur & de l'inteftin de divers poiffons , &c.

23. Tome III. Pl. XIII. Développement des quatre ventricules des animaux qui ruminent.

24. Tome III. Pl. XIV. Autres développemens de l'intérieur des ventricules de l'eftomac de différens animaux.

25. Tome III. Pl. XV. Développement de l'inteftin de quelques animaux.

26. Tome III. Pl. XVI. Examen d'une pompe & de fa foupape à clapet, comparés avec les valvules des ureteres dans la veffie , & avec celles de la veficule du fiel.

27. Tome III. Pl. XVII. Parallele de la foupape en cône avec l'efpece de valvule qui lui répond , appellée figmoïde : & du méchanifme des portes qui ferment les éclufes comparées avec l'efpece de valvule appellée tricufpide.

28. Tome III. Pl. XVIII. Développement des poulmons d'une autruche comparés avec le méchanifme d'un foufflet de forge.

29. Tome III. Pl. XIX. Développement du cœur d'une carpe , & des veines & arteres qui l'accompagnent , vulgairement appellés les ouïes de la carpe.

30. Tome III. Pl. XX. Développement de l'intérieur d'un infecte nommé *fpondilis* , & de la téte des poiffons.

31. Tome IV. Premiere figure. On voit fur cette planche la maniere dont M. Perrault fit l'expérience de la transfufion du fang d'un chien dans les veines d'un autre chien.

32. Tome IV. Seconde figure. Repréfentation en grand des fiphons dont on s'eft fervi pour la transfufion du fang dans l'expérience de la planche précédente.

Cette fuite fe trouve complette chez M. Jombert. Chez M. Paignon , manque les deux planches du tome I , faifant les planches 1 & 2 de cette fuite.

4164. Le camouflet des auteurs négligens en faveur des jeunes orateurs. Par M. de Richefource. *In-douze.* Paris. Place Dauphine , à la Renommée. 1680.

1. Un poëte couronné de lauriers, affis à côté d'une

S

table, sur laquelle il a le coude gauche appuyé, & qui semble dormir. Un vieux satyre lui donne un camouflet avec cette légende : *dormis, Homere ?* Il y a une fenêtre dans le fond qui laisse entrevoir quelques arbres dans le lointain. *R. in. S, le Clerc f.*

Haut. avec les neuf lignes gravées au bas dans un quadre quarré, 4 pou. 10 lig. larg. 2 pou. 9 lig.

+2. Le même sujet recommencé par le Clerc, avec cette différence que les figures sont ici dessinées plus en grand, & que le tout est plus rembruni, n'y ayant point de fenêtre dans le fond. *R. in. S. le Clerc f.*

Même grandeur.

+3. Cette estampe représente un homme debout, vu en face, vêtu comme on l'étoit du tems de Louis XIV, avec un chapeau à plumet, une très-longue & très-ample chevelure qui lui descend des deux côtés de la cravate, & un baudrier d'où pend une épée ; il s'appuie sur un bâton autour duquel on lit ; *je soutiens qui me porte*, & tient de l'autre main une brochure dont le titre est : *Conférences oratoires.* A côté de lui, à gauche, on voit une table sur laquelle sont deux piles de livres, vis-à-vis une fenêtre. Sur le côté de cette table est écrit : *A l'académie des philosophes orateurs, place Dauphine, à la Renommée. A Paris. 1680. Avec privilege du Roi.* On lit au bas de l'estampe : *R. invenit. Seb. le Clerc pinx. & sculps.* Sous les pieds de la figure est écrit ce qui suit :

L'Académie des Philosophes orateurs, aux personnes d'esprit.

Venez, sçavans, venez me faire vos *avances*
D'un *louis* tous les ans de *contribution :*
Vous aurez les *lundis* nouvelles *conférences*
Dans des *cayers* volans de cette *impression.*
Je l'ay jusques ici pratiqué de la sorte
Et comme ce bâton, *soutenu qui me porte.*

Cette estampe paroît, ainsi que les deux précédentes, une plaisanterie de M. de Richesource, contre les feuilles périodiques de son tems, où l'on rendoit un compte plus ou moins avantageux des nouveautés qui paroissoient alors, selon que leur auteur plaisoit ou déplaisoit plus ou moins à la petite société qui en prononçoit les oracles dans quelque café de la place Dauphine.

Même grandeur.

4. Estampe allégorique où l'on voit la piété de Louis XIV, sous la figure d'une femme couronnée, foulant aux pieds un vieillard renversé : elle tient de la main droite la foudre avec ces mots :

> Ma très brulente ardeur , & très-vive clarté,
> Font voir du grand Louis la grande piété.

De l'autre main, elle s'appuie sur le bâton d'une croix legere, autour de laquelle voltige une légende où est écrit :

> Je soutiens de cette sorte
> Louis le Grand qui me porte.

Au haut de l'estampe est un grand soleil brillant de lumiere, dont les rayons offusquent deux autres soleils qui sont plus bas, à droite & à gauche, avec ces trois belles sentences tirées de S. Bernard.

> La piété d'éclat , qui n'a point de ferveur
> Ne fait que de l'honneur.

> L'ardente piété qui n'a point de splendeur
> Opere le bonheur.

> La piété qui brille & qui brûle d'ardeur
> Enleve le Sauveur.

Aux deux côtés de l'estampe, vers le bas est écrit : A Paris, place Dauphine, à la renommée des Orateurs. Avec Priv. Ce qui prouve que cette estampe est une suite des précédentes. *Seb. le Clerc inv. B. Audran sculp.*

Haut du cuivre avec toute sa marge 5 pou. 2 lig. larg. 3 pou. 3 lig.

5. Autre estampe dans le goût de la précédente. N. S. y est représenté presque nud sur des nuages, versant du sang de ses cinq plaies en assez grande quantité pour emplir un réservoir quarré qui est à ses pieds. Au haut est écrit : *Loué soit le très-Saint-Sacrement de l'autel.* Sur le côté droit de l'estampe , on a écrit ces deux vers :

> Mon aimable Jesus , mon divin Rédempteur ,
> Faites que les Pechez s'éloignent de mon cœur.

S ij

Au deſſous de l'eſtampe on lit ceux-ci:

L'Egliſe aux nouveaux réunis.

Ce ne ſont plus les eaux du rocher de Moyſe,
Ni du puits de Jacob, qui coulent dans l'égliſe,
C'eſt le ſang précieux que verſe le Sauveur.
Admirans, adorez ces céleſtes reſſources,
Profitez de leurs cours, & d'une ſainte ardeur
Allez boire à longs traits à ces cinq *riches ſources.*

Les deux derniers mots de ce ſixieme vers déſignent finement leur auteur, M. l'abbé de Richeſource. En général, tout ce qui eſt écrit ſur cette eſtampe & ſur la précédente fait plus d'honneur à la piété de l'auteur qu'à la beauté de ſon génie. On lit au bas: *Seb. le Clerc inv. B. Audran ſculp.*

Haut. du cuivre 5 pou. 3 lig. larg. 3 pou. 3 lig.

Cette ſuite d'eſtampes, auſſi intéreſſante que curieuſe, ne ſe trouve raſſemblée nulle part que chez M. Jombert, qui a même des épreuves des deux dernieres avant la lettre. Au cabinet des eſtampes du Roi, ces 5 eſtampes ſont avant la lettre, mais diſperſées en différens endroits. Chez M. Paignon, *idem*, avec la lettre. Chez Madame de Bandeville, *idem*, pareillement avec la lettre.

4165. Converſations, par Mademoiſelle de Scudery. En quatre volumes *in-douze*. Paris. 1680. 1684. Avec un frontiſpice à chaque volume.

+1. La grande galerie de Verſailles, vue en perſpective dans une partie de ſa longueur. *S. le Clerc f.*

Il y a eu quelques changemens. 1°. Aux premieres épreuves on voyoit écrit au bas le mot CONVERSATIONS, qui a été enſuite effacé pour y écrire: LA GRANDE GALLERIE DE VERSAILLES. 2°. La chevelure d'un ſeigneur qu'on voit par derriere & qu'une dame tient par deſſous le bras, ſur le premier plan, eſt augmentée conſidérablement. 3°. Sur le ſixieme plan, il y avoit une figure toute ſeule, enveloppée dans ſon manteau: le Clerc y en a ajouté une autre à droite dans la demi-teinte. 4°. Sous l'arcade, à gauche, il y avoit auſſi une figure toute ſeule ôtant ſon chapeau qu'elle tient à la main: le Clerc l'a

1680.

grouppée avec une autre figure qu'il a ajoutée, à gauche, à côté de celle ci.

Haut. de l'estampe, avec le titre au-dessous, 5 pou. 4 lig. larg. 3 pou. 4 lig.

٤ 2. On voit ici Louis XIV debout dans un jardin, le chapeau à la main, l'épée au côté, la main droite appuyée sur une canne, proche une belle fontaine formant plusieurs nappes d'eau, recevant les hommages d'une Muse qui est debout devant S. M. un grand livre sous le bras. Derriere elle, sont quatre vertus, la Prudence, la Force, la Justice & la Tempérance. Dans le fond, un bassin avec des jets d'eau. *Seb. le Clerc f.*

Aux premieres épreuves, le Roi n'a point d'épée à son côté ; on apperçoit aussi, dit-on, quelque petite différence dans sa tête.

٤ 3. Beau portique en forme d'arc de triomphe, au haut duquel est une statue pedestre de Louis XIV, élevée sur un piedestal autour duquel sont des drapeaux & des trophées militaires. Au-dessous sont les armes de France sur un globe : la grande porte du milieu forme un avant-corps orné de quatre colonnes d'ordre Corinthien, avec un fronton circulaire au-dessus, dont le tympan est rempli par un soleil rayonnant accompagné de quelques palmes. *Seb. le Clerc f.*

Haut. avec la marge d'en bas, 5 pou. 4 lig. larg. 3 pou. 3 lig.

+ 4. Autre arc de triomphe à une seule arcade, avec quatre pilastres canelés, d'ordre Ionique, ornés de guirlandes de fleurs que des génies y attachent. Ce morceau d'architecture est couronné par un grand fronton dans le tympan duquel sont les armes de M. le Dauphin : au-dessus, une grande couronne, & divers attributs militaires, avec quatre enfans en diverse attitude. Sous la porte, deux philosophes, dans la demi teinte, debout, qui s'entretiennent ensemble. Dans le lointain, une vaste campagne. *Le Clerc.*

Haut. de l'estampe 5 pou. 1 lig. larg. 3 pou.

Chez Madame de Bandeville, chez MM. Paignon, Jombert, Rousset, deux épreuves des deux premieres avec les différences : les deux autres à l'ordinaire.

S iij

166. Panegyrique de S. Louis [1], par le pere Bourdaloue. *In-quarto.* Paris. 1681.

† 1. Vignette où l'on voit u milieu le buste de S. Louis, travaillé par deux génies sculpteurs, avec un beau médaillon de chaque côté. Dans celui à droite, S. Louis abordant en Afrique, pour faire la guere aux infideles. Dans l'autre, à gauche, le même Roi combattant à cheval, & arrêtant seul une armée de Musulmans, sur un pont : au bas est écrit, en capitales : DAN VITA LE FERITE ASPRE. *Le Clerc f.*

Haut. de la vignette entourée d'une petite bordure, 1 pou. 1 lig. long. 4 pou. 4 lig.

† 2. Grande lettre V où l'on voit S. Louis debout & à pied, au milieu de la campagne, donnant une audience publique à son peuple. Dans le lointain, le château de Vincennes, où il faisoit sa résidence.

Grand. avec la petite bordure 18 lig. en quarré.

† 3. Cul-de-lampe au bas duquel est un trophée d'attributs de guerre & de dépouilles des Turcs : au-dessus, à gauche, la Religion, à droite, la Charité, assises, appuyées contre deux palmiers qui se joignant par le haut & par le bas, forment une espece de médaillon, dans lequel on voit S. Louis à genoux devant un autel, contre lequel sa lance est appuyée, tenant la couronne d'épines de N. S. sur un coussin. *Le Clerc.*

Au cabinet des estampes du Roi. Chez Madame de Bandeville. Chez MM. Paignon, Jombert, &c.

_____

[1] Louis IX , Roi de France, né au château de Poissi le 25 Avril 1215, fit une premiere croisade contre les Turcs en 1241. Après avoir conquis la terre sainte,& remporté plusieurs victoires sur les infideles, il fut fait prisonnier dans une bataille qu'il perdit le 11 Avril 1250, avec ses deux freres Alfonse & Charles. Etant revenu en France en 1254, à la mort de la reine Blanche sa mere, il entreprit une seconde croisade, partit pour la terre sainte le premier juillet 1270, & mourut de la peste dans son camp devant Thunis, dont il faisoit le siège, le 25 Août de la même année. Ses os furent apportés en France & déposés à Saint-Denis, en 1271. Ayant été ensuite canonisé par le Pape Boniface VIII, en 1297, la translation de ses reliques se fit solemnellement de l'abbaye de Saint-Denis dans la sainte Chapelle de Paris, l'an 1298.

1681.

Chez M. Paignon, on voit une copie de ce fleuron ; les figures retournées de droite à gauche : S. Louis a les bras étendus, & ne tient plus rien dans les mains.

X +167. Les édifices antiques de Rome, levés & mesurés sur les lieux par ordre du Roi, par Ant. Desgodetz. *In-folio.* Paris. 1681.

+1. V^e planche, cotée page 19, au haut de laquelle est écrit en capitales : DU PORTIQUE DU PANTHEON, A ROME. C'est une coupe ou profil pris sur la largeur du portique de ce superbe monument érigé par les anciens Romains en l'honneur de tous les dieux. *A. Desgodetz del. Le Clerc sc.*

Haut. 12 pou. 3 lig. larg. 8 pou.

+2. VIe planche, cotée en haut, pages 22 & 23. Titre : PROFIL SUR LA LONGUEUR DU PANTHEON, A ROME. C'est une coupe entière de ce même édifice & de son portique. *A. Desgodetz del. Le Cler sculp.* Cette planche est double & tient deux pages [1].

Haut. 13 pou. long. 18 pou. 2 lig.

Chez M. Paignon, deux épreuves de chacune de ces deux planches, l'une tirée à part, avant toute lettre, qui est de la plus grande rareté, l'autre tirée sur le livre, avec la lettre gravée, & de l'impression derriere.

Chez M. Jombert une épreuve de chaque, avec la lettre gravée, mais sans impression derriere.

X +168. Poëme à la louange de M. le Brun, premier peintre du Roi. Par M. Perrault. *In-quarto.* Paris. 168y.

+1. Vignette où l'on voit un architecte qui dirige les travaux de la peinture, sculpture, gravure, orfevrerie, tapisserie, &c, dans un vaste attelier. *Le Clerc.*

Haut. 2 pou. 2 lig. long. 4 pou. 9 lig.

---

[1] Comme il faut extraire ces deux planches du livre de Desgodetz, qui est d'un prix exhorbitant, on peut juger par-là de l'extrême rareté de ces deux planches, qui ne se trouvent pas communément dans les œuvres de le Clerc.

S iv

+2. Lettre I, avec les armes de M. le Brun soutenues par deux génies : dans l'écusson est une fleur-de-lys, avec un soleil rayonnant au-dessus : le tout surmonté d'un casque, d'où pendent de grands lambrequins,

Grand. 15 lig. en quarré.

+3. Fleuron du titre. C'est le génie de la peinture assis sur des nuages, tenant d'une main un livre ouvert, & de l'autre une regle & un compas : à ses pieds, les attributs de la peinture, & des rouleaux de tapisserie,

Haut. 2 pou. 7 lig. long. 4 pou. 3 lig.

+4. Autre fleuron ou cul-de-lampe qui paroit plus anciennement gravé, & des premiers tems de le Clerc. C'est une espece de médaillon où l'on voit un phénix au-dessus d'un bûcher, qui renait de ses cendres. Au-dessus est écrit : NON DUO, NON ALTER.

Haut. du cuivre 2 pou. 8 lig. long. 4 pou. 4 lig.

Au cabinet des estampes du Roi. Chez MM. Paignon & Jombert.

169. Oraison funebre de Louis Phelyppeaux, Seigneur de la Vrilliere, & de Château-Neuf-sur-Loire, Baron d'Hervi, Secretaire d'état en juin 1629, Commandeur, Prevôt, & Maître des cérémonies des Ordres du Roi, le premier Avril 1643, mort à Paris le 5 mai 1681. *In-quarto.* Paris. 1681.

Vignette où l'on voit un tombeau avec deux petits anges assis sur le devant & de grandes armes au milieu, sur un manteau ducal. C'est la même vignette que celle de l'oraison funebre de Madame la Duchesse de Longueville, décrite ci-devant N°. 152. On voit aux deux côtés du catafalque, quatre figures assises : à gauche, la Religion & la Force ; à droite, l'Eloquence & l'Abondance, qui pleurent. On a supprimé les deux écus des armes de France & du Dauphin que tenoient les deux enfans assis ; & l'on a changé les armes du milieu en celles de la maison de la Vrilliere, qui sont écartelées, au premier & quatrieme, d'azur semé de bacinets d'or, au franc quartier d'hermines ;

au fecond & troifieme, d'argent à trois lézards de finople ;
mis en pal.

+×170. Fables d'Efope , en 22 petits ovales en
travers , fans le titre.

+1. Le titre, fur une draperie à demi-déroulée , tenue
par deux enfans. Au deffus, eft un corps d'architecture en
forme de piédeftal , fur lequel eft appliqué un cartel aux
armes de Colbert.

Haut. de la planche du titre, 1 pou. 9 lig. long. 2 pou.
6 lig.

+2. Le Loup & l'Agneau.

+3. Le Loup & la Grue.

+4. La Mouche & la Fourmi.

+5. La Chienne avec fes petits & le Chien.

+6. Le Bœuf & la Grenouille.

+7. Le Renard & le Chien.

+8. Le Renard & le Corbeau.

+9. L'Homme & fon image.

+10. La Mort & le Malheureux. *S. le Clerc.*

+11. La Cigogne & le Renard. *S. le Clerc.*

+12. Le Coq & le Renard. *S. le Clerc.*

+13. Les Grenouilles qui demandent un roi à Jupiter.

+14. Le Renard & les Raifins. *S. le Clerc.*

+15. La Chaffe du Lion.

+16. Le Rat de ville & le Rat des champs.

+17. Les Mouches à miel & la Ruche. *S. le Clerc.*

+18. Le Confeil des Rats.

+19. L'Homme entre deux âges , & fes deux Maitreffes.
S. le Clerc.

+20. La Cage & l'Oifeau échappé.

+21. Les deux Taureaux & la Geniffe.

+22. Le Pédant & l'Ecolier qui fe noie.

+23. Le Renard & le Bouc.

Haut. des 22 Fables , 2 pou. 1 lig. long. 2 pou. 7 à 8
lig.

Cette fuite fe trouve communément dans tous les œuvres
de le Clerc , & n'a fervi à aucun livre.

+171. II^{de} tapifferie du Roi repréfentant le fiége de Tournay en l'année 1667, où le Roi étant dans la tranchée s'expose au feu des ennemis pour reconnoître l'état de la place. *Car. le Brun pinx. S. le Clerc sculps.* 1681.

La bordure est la même que celle de la défaite du comte de Marsin, N°. 156.

Haut. du cuivre, 14 pou. 7 à 8 lig. long. 20 pou. 7 à 8 lig.

Chez Madame de Bandeville, épreuve avant la lettre. Chez M. Paignon, très-belle épreuve. Chez M. Jombert, *idem.*

1682.

✝172. IIIᵉ tapisserie du Roi exécutée aux Gobelins d'après le tableau de le Brun : elle représente le siége de Douay en l'année 1667, où le Roi Louis XIV étant dans la tranchée, un coup de canon tiré de la ville tue le cheval d'un Garde-du-Corps proche la personne de S. M. *Seb. le Clerc sculp.*

Cette estampe est entourée d'une riche bordure d'ornement très-large & fort riche, différente de la précédente; elle a été répétée au renouvellement d'alliance avec les Suisses; au bas de la bordure, à droite & à gauche, sont deux siéges de ville, en deux petits tableaux de forme quarrée-longue.

Haut. de l'est. 14 pou. 7 lig. long. 20 pou. 7 lig.

Chez M. Paignon, quatre épreuves, dont trois avant la lettre, avec plusieurs différences entr'elles : la quatrieme avec la lettre. Chez Madame de Bandeville & M. Jombert, épreuve avec la lettre.

✝173. IVᵉ tapisserie du Roi, exécutée à la manufacture royale des Gobelins, d'après le dessein de M. le Brun : on y voit le renouvellement d'alliance entre la France & les Suisses, fait dans

1682.

l'églife de N. D. de Paris, par le Roi Louis XIV & les Ambaſſadeurs des XIII Cantons & de leurs Alliés, le 18 novembre 1663.

L'eſtampe eſt entourée d'une large bordure, fort riche, de même deſſein que celle de la précédente, avec cette différence qu'on en a ſupprimé les deux petits tableaux où étoient des vues de fiéges de ville, à droite & à gauche, au bas de la bordure.

Au-deſſous de la bordure on lit: *Car. Le Brun inven. Pet. Seve Pinx. Sim. Le Clerc ſculpſ.* 1682. Au bas de l'eſtampe à droite, au-deſſus de la bordure, eſt écrit: *Jo. Nolin. ſculpſit.*

Haut. de l'eſt. avec la bordure, 14 pou. 8 lig. long. 10 pou. 5 lig.

Au cabinet des eſtampes du Roi, il y en a une épreuve avant la lettre, mais aſſez mal conſervée. Chez Madame de Bandeville, une très-belle épreuve avant la lettre. Chez M. Paignon, trois épreuves, dont une avant la let- tre & à demi-terminée au burin. La ſeconde avant la lettre, achevée entierement. La troiſieme avec la lettre. Chez M. Jombert, belle épreuve, avec la lettre [1].

+174. Vᵉ tapiſſerie du Roi, repréſentant la réduction de la ville de Marſal en Lorraine, par le Roi Louis XIV, l'an 1663, commencée à l'eau forte par le Clerc, & terminée au burin par Ch. Simonneau.

Elle eſt entourée d'une bordure pareille à celle de la dé- faite des Eſpagnols, N°. 156. Au bas de l'eſt. au-deſſous

_____

(1) Cette eſtampe a été commencée par le Clerc qui en a fait le trait, la bordure en entier, & pluſieurs figures du ſujet: le reſte a été achevé par Nolin. A la vente du cabinet de M. Potier, il y en avoit une épreuve unique, non finie, dont le fond étoit entierement de le Clerc: elle a paſſé dans le cabinet de M. Paignon d'Ijonval; c'eſt la premiere des trois (dont on vient de rendre compte) que poſſede cet amateur.

de la bordure , eſt écrit , à gauche : *Seb. le Clerc fecit.* & à droite : *à Paris rue S. Jacques aux 2 piliers d'or.*

Haut. de l'eſt. avec ſa bordure, 14 pou. 4 lig. long. 20 pou. 4 lig.

Chez Madame de Bandeville, il y a une épreuve de cette planche à l'eau-forte, telle qu'elle a été commencée par le Clerc, avant le travail de Simonneau. Chez M. Pai. gnon, trois épreuves, une eau-forte, avec ſa contre-épreuve, une avant la lettre, & une avec la lettre gravée. Chez M. Jombert, deux épreuves avant la lettre & avec ; chez M. Rouſſet , épreuve à l'eau-forte. Chez M. le N. D. C. à Orléans, deux épreuves avant & avec la lettre.

+ **175. Deux eſtampes de décorations pour des feux d'artifices.**

+ Pl. I. Deſſein d'un feu d'artifice tiré dans la manufacture Royale des Gobelins, à l'occaſion de la naiſſance de M. le Duc de Bourgogne, le 6 Août 1681. Cette eſtampe repréſente un arc de triomphe , ſurmonté d'un obéliſque fort élevé , au haut duquel eſt l'Immortalité. Un corps d'architecture fait le fond de cette décoration , avec deux rangs de tapiſſeries des Gobelins l'un ſur l'autre, de chaque côté. *Le Clerc.*

Haut. du cuivre, 9 pou. 4 lig. larg. 8 pou. 8 lig.

+ Pl. II. Petit arc de triomphe ſurmonté par un ſoleil rayonnant, au-deſſous duquel eſt une grande couronne royale portée par deux vertus. Cette décoration paroît compoſée pour un feu d'artifice ou autre rejouiſſance pour la naiſſance du Duc de Bourgogne, ou de quelqu'autre Prince de la famille royale.

Haut. de l'eſt. 4 pou. 11 lig. larg. 2 pou. 8 lig.

Ces deux eſtampes ne ſont point rares & ſe trouvent ordinairement dans tous les œuvres de le Clerc.

176. Monnoies & médailles relatives à l'hiſtoire de France [1], commençant à Charles VII

[1 Dans tous les catalogues d'eſtampes qui ont paru juſqu'ici , cette ſuite eſt annoncée ſous le titre de *Médailles du cabinet de Sainte Gene-*

jufqu'à Louis XIII , inclufivement , de différentes grandeurs.

+1. Monnoie appellée *Carolus* , frappée lors de l'avéne-ment de Charles VII à la couronne , l'an 1422 , où l'on voit fur un écu les armes de France écartelées de celles du Dauphin, avec ces mots fur la légende , écrits en lettres gothiques :

Karolus Dei gracia Francorum Rex D.

Sur le revers eft un grand K couronné , & tout le fond eft parfemé de fleurs de lys , avec ces mots fur la légende : E eté fet a plefamfet por les gátilome D. R.
Diametre 1 pou. 6 lig.

+2. Autre monnoie appellée *Carolus* , frappée dans le même tems, où l'on voit fur l'écu les armes de France écartelées de celles du Dauphin , & aux deux côtés de l'écu deux K couronnés. Autour eft écrit en gothique :

Karolus Francorum Rex , Dauphinus Vianenfis.

Diametre 1. pou. 8 lig.
Sur le revers, on voit un grand K couronné , avec un fond femé , à gauche, de fleurs de lys , & à droite de dau-phins fans nombre ; fur la légende eft écrit en caracteres gothiques :

Gemadelle a plefamce pour rejoi feux qui m'aime.

+3. Monnoie finguliere frappée fous Charles VII , en 1421 : on y voit une grande tenaille & deux marteaux, avec une couronne royale au-deffus. Entre ces outils eft

___

vieve ; on ne fait fur quelle autorité cette tradition peut être fondée ; ce qu'il y a de certain , c'eft que bien loin que ces médailles fe trou-vent dans le cabinet de cette bibliotheque , les religieux qui en ont la direction en connoiffent à peine les eftampes. C'eft donc improprement qu'on les a appellées *médailles de Sainte Genevfefve.* Ce font des mon-noies anciennes de France , qui fe trouvent dans le cabinet des mé-dailles du Roi, foit en or , argent , ou cuivre , telles qu'elles ont été frappées : elles ont été deffinées & gravées par le Clerc , d'après ces originaux , aux dépens de Sa Majefté , pour quelque ouvrage fur les monnoies anciennes de France que l'on avoit alors en vue & qui n'a pas eu lieu ; & l'on en conferve les planches à la bibliotheque du Roi , avec celles des autres eftampes de la collection de fon cabinet.

écrit : *ere nobis*. Sur la légende , font ces mots barbares en lettres gothiques :

> *Baries peac potani lefes pafe mon.*

Diametre 18 lignes.

+4. Monnoie appellée *angelot*, frappée fous Charles VII, en 1422 : on y voit un grand ange debout portant un écu aux armes de France & tenant une longue croix de la main droite ; fur la légende eft écrit en lettres gothiques :

> *Karolus Dei gratia Francorum Rex.*

Diametre 13 lig.

+5. Monnoie appellée *grand blanc*, ou *Carolus*, frappée fous le regne de Charles VII, l'an 1435 : dans le milieu eft un K couronné, entouré de fleurs de lys fans nombre. Il y a fur la légende trois rangs de caracteres gothiques, conçus en ces termes :

> *Gallia perdita*
> *Nunc tibi reddita*
> *Laude fruatur.*
> *Hoftes jam dubitent*
> *Cum tota tibi famuletur*
> *Cui vis ineft tanta*
> *Eos non fufcipit ultra.*
> *Milicia lata*
> *Clarefcunt lilia trina.*

Diametre 2 pou. 3 lig.

+6. Monnoie appellée *franc*, frappée fous Charles VII, vers 1435. On y voit ce Roi l'épée à la main, armé de toutes pieces, le cafque en tête, courant au combat : il eft monté fur un cheval caparaçonné d'une houffe pendante femée de fleurs de lys fans nombre. Autour de cette piece de monnoie, dont nous n'avons retenu que le nom dans notre façon de compter l'argent, eft une double légende fur laquelle eft écrit en lettres gothiques, fuivant l'ufage de ce tems :

> *Ferro pacem quefitam*
> *Juftitia magna confervas*
> *Chrifto devotas , milites*
> *Difciplina cohercens :*
> *In evum regnes , quos infignes*
> *Pagens actus , tempora , delictaris ;*
> *Hic & retro refpice , fcies.*

Diametre de la piece, 2 pou. 6 lig.

+7. Monnoie appellée *chaife*, frappée fous Charles VII ; vers le même tems. Ce Roi y eft repréfenté aflis fur une chaife de bois en maniere de fauteuil : il eft revêtu d'une longue robe femée de fleurs-de-lys , avec un manteau royal fur les épaules , une couronne fur la tête, tenant de la gauche un fceptre & de la droite une épée nue. Il y a autour deux rangs d'écriture gothique, conçue en ces termes :

Regna patris poffidens
In paçeque lilia tenens
Hoftibus fugatis , Rex , vivas
Septime regnans ,
Carole , ferox rebellibus ,
Subditis equus [1],
Erga tuos juftus ,
In hoftes fortis & verax.

Même grandeur.

+[8] Monnoie appellée *écu à la couronne*, frappée fous Charles VII , vers le même tems. Ce font les armes de France fur un écu couronné, accompagnées de deux branches chargées de feuilles & de fleurs. La légende eft formée de trois rangs d'écriture gothique, contenant ce qui fuit :

Gloria , pax tibi fit , Rex
Karole , laufque perenius
Regnum Francorum
Tanto difcrimine labens
Hoftili rabie , victa virtute ,
Reformans Chrifti confilio ,
Legis & auxilio.

Diametre 2 pou. 2 lig.

Sur le revers de l'écu eft une croix à quatre branches égales, avec une fleur-de-lys à l'extrémité de chaque branche, & quatre couronnes entre les branches de la croix. Autour de cette monnoie, il y a une légende à trois rangs, avec ce qui fuit, écrit en lettres gothiques :

Hora nona Dominus Jefus expiravit ,
Heli clamans animam patris commendavit ,

----

[1] Il faudroit *æquus* & non pas *equus* . mais on s'eft fait une loi dans ce catalogue de rendre les écritures exactement comme on les voit fur l'original.

Latus ejus lancea miles perforavit,
Terra tunc contremuit,
Et sol obscuravit.
Adoramus te, Christe.

9. Monnoie d'or appellée *écu d'or à la couronne*, frappée sous Charles VII, l'an 1453 [1]. On y voit l'écu de France, couronné, avec deux branches fleuries aux deux côtés, & deux rangs d'écriture gothique conçue en ces termes :

Quant je fu fait fans différence
Au prudent Roi ami de Dieu
On obeiffoit par-tout en France,
Fort à Calais, qui eft fort lieu.

Grand. 1 pou. 11 lig.

Sur le revers de cet écu d'or eft une croix dont chacune des quatre branches égales eft terminée par un fleuron, avec quatre fleur-de-lys couronnées entre chaque branche. Il y a autour de l'écu ces paroles écrites en gothique :

D'or fin fuis extrait
De ducats, & fu fait
Pefant trois carats
En l'an que verras
Moi tournant,
Les lettres de nombre prenant.

10. Médaille frappée fous le regne de Charles VII pour la ville de Paris. On y voit un vaiffeau antique avec ce mot : PARIS ; au-deffus, des fleurs-de-lys fans nombre. Sur la légende eft écrit en lettres gothiques : *beata res publica cujus princeps fapiens dominatur.*

Diametre 3 pou.

11. Portrait de Louis XI, frappé vers l'an 1469 ; il eft repréfenté de profil, regardant à droite, revetu d'une

---

[1] Ce fut en cette année que Charls VII, après avoir combattu pendant près de trente ans contre les Anglois que la Reine Ifabeau de Baviere, fa mere, avoit introduits dans le royaume, en appellant Henri VI Roi d'Angleterre à la couronne de France, parvint enfin à les en chaffer entierement, à l'exception de la feule ville de Calais, qui refta encore plus de cent ans fous la domination des Anglois : cette ville n'ayant été réunie à la couronne qu'en 1558.

cotte

cotte de mailles, avec un bonnet ou chapeau dont la forme
est très-haute, & qui paroît tout couvert de poil ou de
laine frisée. On lit autour, en caracteres modernes : *divus
Ludovicus Rex Francorum.*

Diametre 2 pou. 7 lig.

+12. Médaille frappée sous Louis XI, à l'occasion de la
création de l'ordre de chevalerie de S. Michel, institué
par Louis XI, au château d'Amboise, le premier août
1469, pour accomplir le vœu de Charles VII, son pere,
lors de la vision qu'il eut de cet archange sur le pont d'Orléans, assiégé par les Anglois. On y voit un S. Michel
monté sur un dragon, armé d'une cuirasse, de brassarts &
de cuissarts, tenant d'une main un écu aux armes de
France, & de l'autre une épée dont il frappe le monstre.
Sur la légende est écrit : *Ludovicus Dei gracia Francorum
Rex.*

Diametre 17 lig.

+13. Monnoie appellée *teston*, frappée à Lyon sous le
regne de Charles VIII, en 1493, deux ans après son
mariage avec Anne de Bretagne : on voit d'un côté le
portrait de ce prince, une couronne sur la tête, avec le
collier de l'ordre de S. Michel sur les épaules. Sur la légende : *Felix fortuna diu exploratum achviit.* 1493.

Diametre 1 pou. 6 lig.

Sur le revers est la tête de la Reine avec une couronne :
elle porte au col, un collier de perles d'où pend une croix
d'or. Autour de la légende est écrit : *R. P. Lugdunen.
Anna regnante conflavit.*

+14. Monnoie frappée après la mort de Charles VIII,
en 1497. On voit d'un côté l'écu mi-parti des armes de
France & de celles de Bretagne, surmonté d'une couronne royale, avec ces mots sur la légende : Anne Duchesse de Bretaigne.

Sur le revers, on voit un cheval caparaçonné, sellé &
bridé, sur un fond semé de fleurs-de-lys, avec ces mots :
pour l'escuirie de la Royne.

Diametre 16 lig.

+15. Monnoie frappée sous le regne de Louis XII, en
1499, lors de son second mariage avec Anne de Bretagne,

T

veuve de Charles VIII. On y voit d'un côté le buste de Louis XII, ayant sur la tête un bonnet plat, ceint d'un diademe orné de fleurs-de-lys, le collier de l'ordre de S. Michel sur les épaules, & une longue tunique chargée de broderie. Avec ces mots sur la légende, écrits en gothique :

Ludovico XII regnante
Cæsare altero, gaudet omnis natio.

Diametre 2 pou.

Sur le revers est le buste d'Anne de Bretagne, sa seconde femme, un grand voile sur la tête, & une couronne par dessus, avec ces mots écrits en lettres gothiques :

Anna Regina hac vivente
Omnis latabatur terra.

416. Très-grande médaille frappée à Lyon en 1499, sous le regne de Louis XII, représenté à mi-corps, un bonnet sur la tête, en façon de couronne, des cheveux plats & courts, avec le collier de l'ordre de S. Michel. Le fond est semé de fleurs-de-lys. Sur la légende, au bas de la médaille est un lion, symbole de la ville où cette médaille a été frappée. On lit autour, en caracteres modernes :

Felice Ludovico regnante duodecimo,
Cesare altero, gaudet omnis nacio.

Diametre 4 pou. 2 lig.

†Sur le revers est le portrait à mi-corps d'Anne de Bretagne, Reine de France, pour la seconde fois, par son second mariage avec Louis XII. Elle a sur la tête une couronne & un voile par dessous qui lui descend sur les épaules, un corps de robe, & un double collier de perles. Le fond est parsemé, à droite de fleurs-de-lys, & à gauche d'hermines, qui sont les armes de la Bretagne. Sur la légende sont écrits ces mots en caracteres modernes :

Lugdunen. republica gaudente,
Bis Anna regnante benigne,
Sic fui conflata. 1499.

417. Monnoie appellée teston, frappée sous Louis XII, l'an 1500. On voit d'un côté la tête de ce Roi couronnée,

avec deux fleurs-de-lys fur le fond, & ces mots fur la légende. *Ludovicus D. G. Rex Francor.*

Diametre 1 pou. 6 lig.

Sur le revers eft la tete d'un prince d'Italie ; dans le
fond, de chaque côté de la tête, eft un petit ferpent replié
& couronné. On lit autour : *Ludovicus M. S. F. dux Mediolani. 7. C.*

+18. Autre monnoie appellée teſton, frappée dans le
même tems, fur laquelle on voit la tete d'un prince d'Italie,
à cheveux plats & courts. Le fond de l'écu eft blanc : fur
la légende eſt écrit : *Galeaz. M. S. F. vic. co. dux Medli. V.*

Diametre 10 lig.

+19. Médaille frappée fous le regne de Louis XII, l'an
1503. On voit d'un côté le portrait en buſte de Thomas
Bohier, général de Normandie, en bonnet & en cheveux
très-courts, avec cette légende : Thomas Bohier, général
de Normandie. 1503.

Diametre 2 pou. 4 lig.

Sur le revers eft l'écu des armes de ce général, écartelé
en fix parties, avec un feptieme quartier fur le tout portant
un bœuf, & au-deſſus une barre avec trois fleurs-de-lys. Sur
la légende eft écrit : s'il vient à point.

+20. Médaille frappée fous Louis XII, en 1504, où l'on
voit le portrait en buſte de François premier, à l'âge de
dix ans, n'étant encore que comte d'Angouleme, avec un
bonnet & des cheveux plats, très-courts. On lit autour :
François, duc de Valois, comte d'Angoulefme, au X an.
D. S. ea.

Diametre 2 pou. 5 lig.

Sur le revers eft une falamandre dans le feu, que ce
prince avoit pris pour fa devife, avec ces mots efpagnols :
notrifco al buono, flingo el reo. 1504.

+21. Monnoie appellée franc, ou cavalot, frappée fous
le regne de Louis XII, l'an 1510. On voit d'un côté le
roi l'épée à la main, le cafque en tete, armé de toutes
pieces, courant au combat, fur un cheval couvert d'un
caparaçon femé de fleurs de-lys fans nombre, avec ces
mots écrits en caracteres gothiques :

LUDOVICUS DEI GRA. FRANCORUM REX.

Diametre 2 pou. 2 lig.

T ij

Sur le revers, une grande croix à quatre branches égales, fleuronnées, & quatre fleurs-de-lys dans les quatre milieux. Sur la légende est écrit en gothique :

XRC. VINCIT. XRC. REGNAT. XRC. IMPERAT.

+22. Monnoie appellée escu au porc épic, frappée sous Louis XII, l'an 1510. On y voit un porc épic portant sur son dos une couronne royale : au-dessous du terrein sur lequel il marche, on voit trois tours qui y tiennent par le haut. Il y a ces mots sur la légende :

Victor, triumphator, semper Augustus.

Diametre 16 lig.

+23. Autre escu au porc épic, frappé l'an 1511, sous le regne de Louis XII. On y voit d'un côté la tête de ce roi, avec un fond semé de fleurs-de-lys sans nombre, & sur la légende :

Ludovicus D. G. Francor. Cicilie. Ihrlm. Rex.

Diametre 18 lig.

Sur le revers est un porc épic dont les piquans sont hérissés, avec une couronne royale au-dessus. Sur la légende est écrit :

Mediolani dux astensis & Dominus.

+24. Médaille frappée sous François premier, en 1515, lors de son avénement à la couronne : on y voit deux globes, l'un terrestre, l'autre céleste, montés sur leur pied, avec une couronne royale au-dessus. Sur la légende est écrit : *unus non sufficit orbis.* Et sur l'exergue, 1515.

Diametre 1 pou. 11 lig.

+25. Autre médaille frappée dans la même année 1515, sous François premier. On y voit une salamandre couchée sur un brasier dans une grande cuvette portée sur un pied, & une couronne au-dessus, avec ces deux mots sur la légende : *nutrisco, extinguo.*

Diametre 1 pou. 10 lig.

A l'exergue, au lieu d'année, on voit un burin & quelques autres outils.

+26. Médaille frappée sous François premier, en 1515, à l'occasion de la célebre bataille de Marignan, qui dura

deux jours, le 13 & le 14 septembre 1515, où ce moꝰ
narque remporta une victoire complette sur les Suisses. On
y voit une armure entiere montée sur une pique avec deux
palmes sortant du collet, & deux piques au lieu de brassarts, lesquels sont détachés sur les deux côtés. Sur la
légende est écrit:

Vici ab uno Cæsare villos.

Diametre 2 pou. 1 lig.
Et sur l'exergue: Marignan.

+27. Autre médaille à peu près pareille, à l'exception
d'un pistolet qu'on voit à gauche de l'armure, & d'une
hache d'armes d'où pend un petit cor, qui est à droite. On
voit sur la légende:

Deo favente, & imperatoris virtute.

Diametre 1 pou. 9 lig.

+28. Médaille frappée en 1519, sous le regne de François
premier. On y voit la Paix sous la figure d'une femme
assise sur un piedestal quarré, tenant d'une main un rameau d'olivier, & de l'autre un flambeau allumé avec lequel elle met le feu à un amas d'armes de toute espece. Sur
la légende est écrit: *pace stabilita, & recepto Britannis
Tornaco.* Sur l'exergue, l'année 1519.

Diametre 1 pou. 11 lig.

+29. Portrait de Nicolas de Montholon, président au
parlement de Dijon, vu de profil, regardant à gauche,
frappé sous le regne de François premier. Sur la légende
est écrit: *Nicol. de Montholon præs. Burgund.* 1524 M.

Diametre 1 pou. 10 lig.

+30. Monnoie marquée de trois petits agneaux, frappée
sous François premier, l'an 1530. Sur la légende est écrit:
accise munusculum de manibus nostris.

Diametre 16 lig.

+31. Médaille frappée l'an 1540, sous François premier.
On y voit une licorne qui se baisse pour boire dans un
ruisseau qui sort de plusieurs rochers. On lit autour: *chris-
tianæ reip. propugnatori.* Il n'y a rien sur l'exergue.

Diametre 16 lig.

+32. Monnoie frappée sous François premier, l'an 1543.

On voit, d'un côté, le portrait de ce monarque vu presqu'en face, avec barbe, coëffé d'un bonnet plat orné d'une plume fur le côté droit : autour de la tête est écrit : *Franciscus I Francorum Rex. C°. 43.*

Diametre 1 pou. 7 lig.

Sur le revers est une falamandre couchée dans un brafier, avec une couronne royale au deffus. On voit fur la legende : *ud difcutit hæc flamma, Francifc. robore metis omnia p. vicit reru immerfabilis.*

+33. Médaille frappée fous le regne de François premier, l'an 1545. On y voit ce monarque affis, couronné par la Valeur & la Victoire : il n'y a point de légende, on lit fur l'exergue : *virtuti regis invictiffimi.*

Diametre 18 lig.

+34. Autre médaille frappée dans le même tems : on y voit François premier à cheval, armé de toutes pieces, exterminant à coups d'épée une troupe de foldats qui s'enfuient. Sur le bouclier d'un de fes gardes, qui est à droite derriere lui, on lit 1545. Sur la légende est écrit : *& debellare fuperbos.*

Diametre 1 pou. 8 lig.

+35. Médaille frappée en 1545, fous le regne de François premier. Ce prince y est reprefenté en buste, vu de profil, regardant de droite à gauche, avec beaucoup de barbe, fur la tête une couronne de laurier, feulement, avec cette légende. *Francifcus I, Francorum Rex.*

Diametre 1 pou. 7 lig.

Sur le revers, on voit un guerrier à cheval, un bâton à la main, & une femme nue, fous les pieds de fon cheval. Autour est écrit fur la légende : *fortunam virtute devici.* Et fur l'exergue : *Genuenva.*

+36. Médaille ou Monnoie frappée l'an 1547, à l'avénement de Henri II à la couronne de France, après la mort de François premier, fon pere. Elle reprefente le portrait de Catherine de Médicis, femme de Henri II, vue de profil, tournée de droite à gauche, ayant fur la tête une coëffure finguliere, une haute fraife fous le menton : la gorge & les épaules très-couvertes. On voit ces mots fur la légende : *Katharina de Medicis, Regina Francorum.*

Diametre 2 pou. 1 lig.

437. Médaille frappée sous le regne de Henri II, en 1549 : on y voit Andromede toute nue, attachée contre un rocher, & exposée à la fureur d'un monstre sortant de la mer pour la dévorer. Au-dessus, Persée vole dans les airs, combat ce monstre, & délivre la Princesse [1]. On lit autour de la médaille ces mots grecs : ὸλις ἔγω μαχανὰς. *Solus moveo machinam.*

Diametre 1 pou. 10 lig.

438. Médaille frappée sous Henri II, l'an 1552. On y voit ce prince en pied, tenant de la main droite une épée nue, & de la gauche un arc avec un caducée. Il a de la barbe, une tête de Méduse sur la poitrine. Sa robe est re-troussée à plusieurs endroits. Deux petits anges volans, tout nuds, tiennent l'un une palme, l'autre une couronne au-dessus de sa tête. Sur la légende est écrit : *Et pace & bello arma movet.* Sur le milieu de la médaille on lit : HENRY II.

Diametre 2 pou. 2 lig.

Sur le revers de la médaille est un chapeau à l'ancienne mode, dont la forme est très-profonde, avec deux épées debout : au-dessus est écrit : *libertas.* Au-dessous du cha-peau : *vindex Italicæ & Germanicæ libertatis.* 1552 [2].

439. Autre médaille frappée dans le même tems. On y voit le buste de ce prince, de profil, tourné de gauche à droite, une couronne de laurier sur la tête, avec barbe : le col, les épaules, & la poitrine couverts d'une armure ornée de broderie. On lit autour : *Henricus II. Galliarum Rex invictiss. P. P.*

Diametre 2 pou.

Sur le revers est l'inscription suivante, entourée d'une couronne de lauriers : *restituta rep. Senensi, libertatis*

---

[1] Cette médaille est allégorique à la ville de Boulogne-sur-Mer en Picardie, que Henri II délivra de la domination des Anglois, & qu'il réunit à la couronne de France, après son expédition contre Edouard VI, Roi d'Angleterre, l'an 1549.

[2] Les princes d'Allemagne qui rechercherent la protection de Henri II, contre les oppressions de l'Empereur Charles-Quint, don-nerent alors à Henri II le titre de protecteur de l'Empire, & de restau-rateur de la liberté Germanique. *Moreri, art. Henri II.*

obsid. mediomat. parma , mi and. Sandami. & recepto Hedinio , orbis consensu. 1552.

†40. Médaille frappée l'an 1552 , sous le regne de Henri II. On y voit la Victoire & l'Abondance assises dans un char tiré par quatre chevaux attelé de front : la Renommée est debout , sur le devant , sonnant de la trompette , & tenant les rênes des chevaux. On voit ces mots sur la légende : *ob res in Ital. Germ. & Gal. fortiter ac foelic. gestas.* Et sur l'exergue : *Ex voto pub.* 1552.

Diametre 2 pou.

†41. Autre médaille frappée dans le même tems , & à peu près semblable , excepté que sur celle ci la Renommée tient à la main une trompette aux armes de France , sans en sonner. On voit sur la légende : *Copia , lauro , & fama bearunt te.* Et sur l'exergue : NVIA. Sans année.

Diametre 1 pou. 11 lig.

†42. Petite médaille , où l'on voit la déesse Diane [1] , vêtue à la légere , la tête & la gorge découverte , les épaules , les bras , les jambes , & partie des cuisses , nuds , courant à la chasse ; elle tient un arc d'une main & une fleche de l'autre. Autour est écrit : *Nomen ad astra.* 1552.

Diametre 15 lig.

43. Petite médaille frappée dans le même tems , sur laquelle on voit l'inscription suivante : *Met. liber. obsid. Car. V. Imp. & Germ. oppug. Franc. à Lothor. Duce Guis. foelicis. propug.* 1552 [2].

Diametre 15 lig.

†44. Médaille frappée en 1556, sous le regne d'Henri II, pour le grand écuyer de France. On y voit un soldat qui

---

[1] Cette médaille a été frappée en l'honneur de Diane de Poitiers , Duchesse de Valentinois , maîtresse de Henri II , qui avoit un empire si absolu sur l'esprit de ce Prince , que les plus grands Ministres & le Connétable de Montmorency lui-même étoient obligés de lui faire la cour.

[2] L'Empereur Charles V , irrité des conquêtes de Henri II , vint attaquer la ville de Metz avec une armée de cent mille hommes. Le Duc de Guise qui s'étoit enfermé dans cette ville , avec l'élite de la noblesse Françoise , la défendit si courageusement, qu'il obligea l'Empereur de lever le siège & de se retirer avec perte d'une partie de son armée , le premier Janvier 1553.

tient par la bride un cheval qui se cabre, portant sur son caparaçon une croix entourée de fleurs-de-lys sans nombre. Sur la légende est écrit : M. D. LVI. Et sur l'exergue : *Armipotenti Galliae.*

Diametre 14 lig.

†45. Grande médaille frappée en 1558, sous le regne de Henri II, à l'occasion de la réunion de la ville de Calais, à la couronne de France, après avoir demeuré sous la domination des Anglois pendant plus de deux cens ans [1]. On voit d'un côté le portrait de ce prince, en buste, de profil, regardant à droite, ayant de la barbe, une couronne de feuilles de laurier sur la tête, & armé d'une cuirasse qui lui remonte jusques sous le menton ; avec le collier de l'ordre de S. Michel sur les épaules. On lit autour : *Henricus II, Rex Christianiss.*

Diametre 2 pou. 10 lig.

Sur le revers on voit ce monarque à cheval à la tête de son armée, précédé de la Victoire, avec ces mots sur la légende : *majora sequentur.* Et sur l'exergue : *Exactis Britannis & Caleto Guiniaq. recep.*

†46. Petit médaillon frappé sous le regne de Henri II, en 1559 ; on y voit une renommée debout, regardant à droite, ayant des nuages sous les pieds, sonnant d'une trompette dont le pavillon est aux armes de France. Elle tient une palme de la main droite. Sur la légende est écrit : *sua circuit orbê fama.* 1559.

Diametre 15 lig.

†47. Autre petite médaille de même grandeur & sur le même sujet, avec la même légende. Il n'y a que l'année de supprimée, en place de laquelle il y a beaucoup plus de nuages sous les pieds de la Renommée. On lit ici : *sua circuit orbem fama.* Sans année.

Même diametre.

†48. Médaille frappée à l'occasion de la mort de Henri

___

[1] Le 8 Janvier 1558, le Duc de Guise emporta la ville de Calais sur les Anglois, qui tenoient cette place depuis l'an 1347 qu'ils s'en étoient emparés, sous le regne de Philippe de Valois. Cette expédition acheva d'expulser entierement les Anglois du royaume de France.

II, l'an 1559. On y voit une lance rompue en deux, avec cette inscription : *lacrimæ hinc, hinc dolor* [1].

+.49. Monnoie frappée l'an 1560, sous le regne de François II. On voit d'un côté le buste de ce prince, de profil, tourné de droite à gauche, étant encore fort jeune, ayant une couronne de lauriers sur la tête. On lit sur la légende : *Francisc. II. D. G. Franc. & Scot. Rex.*

Diametre 1 pou. 11 lig.

Sur le revers est une grande F couronnée, accompagnée de deux cornes d'abondance liées par le bas, d'où sortent des fruits, & deux bustes qui sont le portrait de ce roi d'un côté, & de l'autre celui de Marie Stuart, sa femme : sur la légende on voit ces mots : *abundantia publica Galliar.* Et au-dessus de l'exergue, l'année 1560.

+.50. Monnoie frappée la premiere année du regne de Charles IX, en 1560 : on y voit ce roi assis, vu en face, une couronne royale sur la tête, tenant une épée nue de la main droite, & ayant la gauche appuyée sur un globe posé sur son genou : il a deux têtes de lion à ses côtés. Le fond est parsemé de fleurs-de-lys. La légende porte : *Dnus michi adjutor & ego dspiciam inimicos me.*

Diametre 1 pou. 10 lig.

Sur le revers est un écu mi-parti aux armes de France & à une croix de Jerusalem : on lit autour : *Karolus Dei gra. Rex Francorum, Sicilia, e Jerusalê.*

+.51. Médaille frappée en 1564, sous le regne de Charles IX : on y voit le portrait de ce prince étant encore fort jeune, tourné de profil de droite à gauche, une couronne de lauriers sur la tête. Sur la légende est écrit : *Carolo nono Regi piissimo.*

---

[1] Dans un tournois qui se fit à Paris, à l'hôtel Paul, rue S. Antoine, en réjouissance des deux mariages de Philippe Roi d'Espagne avec Elisabeth de France, fille du Roi, & d'Emmanuel Philibert, Duc de Savoye avec Marguerite, Duchesse de Berri, sœur unique du Roi, célébrés à Paris le 29 Juin 1559, Henri II ayant forcé le Comte de Montgommery, capitaine de sa garde Ecossoise, de rompre une lance avec lui ; ce roi fut blessé d'un éclat de lance qui lui entra dans l'œil par la visiere de son casque, & il mourut de sa blessure onze jours après, n'étant âgé que de 40 ans.

1682.

Diametre 1 pou. 6 lig.

Sur le revers on voit la Piété & la Justice debout qui tiennent une couronne royale élevée au-deſſus de la tête d'un jeune guerrier aſſis. Sur la légende eſt écrit : *quas colit lilia firmant.*

452. Grande piece de monnoie du genre de celles que l'on appelloit *nummi caſtrenſes:* frappée ſous le regne de Charles IX, l'an 1566. Elle repréſente une nymphe les bras, la gorge, les jambes & partie des cuiſſes nuds, partant pour la chaſſe, donnant du cor, un javelot à la main, accompagnée de ſes chiens : on voit à gauche Cerbere enchaîné ; plus loin, une ſtatue finguliere aſſiſe dans une niche, & au-deſſus le ſoleil & les étoiles. Sur la légende eſt écrit : *Par ubique poteſtas* [1].

Diametre 2 pou. 6 lig.

453. Médaille frappée ſous le regne de Charles IX, l'année de ſon mariage avec Éliſabeth d'Autriche, en 1570 : on y voit le buſte de cette princeſſe, de profil, tourné de droite à gauche, avec une fraiſe très-friſée autour du col, ſous le menton, & une coëſſure finguliere ſur le derriere de la tête. On lit autour : *Elizabeth II. D. G. Francorum Regina.*

Diametre 1 pou. 5 lig.

454. Petite médaille frappée à l'occaſion de l'entrée de Charles IX dans Paris, l'an 1571. On y voit ce prince à cheval, ſous un dais porté par quatre hommes à pied, entrant dans Paris, dont une femme lui préſente les clefs. On lit tour : *Adventus Lut.* Et ſur l'exergue, l'année 1571.

Diametre 16 lig.

455. Monnoie frappée ſous le regne de Charles IX, à

[1] Cette eſpece de monnoie eſt allégorique à l'expédition de l'Empereur Maximilien II contre les Turcs, en 1566, & aux ſecours que les princes chrétiens lui fourniſſent alors pour le ſoutenir dans cette guerre, où chaque général faiſoit frapper une monnoie particuliere, appellée *nummus caſtrenſis,* pour le paiement de ſes troupes Voici l'explication de cette petite eſtampe, telle qu'on la trouve dans un auteur ancien où ce même ſujet eſt repréſenté avec ſa deviſe, *par ubique poteſtas.*

Nummus caſtrenſis. Federicus Aſinarius, Comes Camerani, Imperatoris Maximiliani II caſtra ſequens, in expeditione contra Turcas, d Sabaudo miſſus.

l'occafion de la fanglante journée de la S. Barthelemi, le
24 août 1572, à la fuite des noces de Henri III, roi de
Pologne, avec Marguerite, fœur de Charles IX. Ce monarque y eft repréfenté affis fous un pavillon royal, tenant
une épée nue, d'une main, & la main de juftice, de l'autre,
& foulant aux pieds fes ennemis terraffés. La légende
porte : *virtus in rebelles.*

Diametre 1 pou. 5 lig.

Sur le revers on voit un grand cartel aux armes de
France couronnées ; de chaque côté, une colonne ifolée
& grouppée avec deux branches de laurier liées par le pied.
Sur la légende eft écrit : *pietas excitavit juftitiam.* Et fur
l'exergue : *24 Augufti 1572.*

+56. Le même fujet du revers de la piece ci-deffus, dont
il n'y a que les infcriptions changées : on voit ici fur la
légende : *pietate & juftitia.* Et fur l'exergue : *munificentia
principis.*

Diametre 1 pou. 5 lig.

+57. Piece de monnoie frappée dans le même tems, dont
on ne voit ici que le revers. Ce font deux colonnes canelées d'ordre Corinthien, portant enfemble une grande
couronne, avec trois fleurs-de-lys au-deffous, & avec ces
mots fur une banderolle tortillée autour des colonnes : *pietate & juftitia.* On voit fur la légende : *fit nomen Domini
benedictum.* A.

Diametre 16 lig.

+58. Médaille frappée fous Charles IX, dans la même
année 1572. On y voit ce roi fous la figure d'Hercule
combattant contre Cerbere, tenant d'une main fa maffue
& de l'autre un flambeau allumé ; avec ces mots fur la légende : *ne ferrum temnat, fimul icnib. obfto.* Et à l'exergue : 1572.

Diametre 1 pou. 11 lig.

+59. Médaille frappée à la mort de Charles IX, l'an
1574. On y voit le bufte de Catherine de Medicis fa mere,
veuve de Henri II, tournée de profil, de gauche à droite ;
elle a fur la tête un voile qui lui defcend fur les épaules, &
un collet au haut de fa robe, fermé & boutonné, qui lui
cache la gorge & le col, & qui lui remonte jufques fous
le menton. La légende porte. *Cathar. Hen. II uxor. Fran.*

1682.

II. Carol. IX; & Hen. III. Reg. Gall. mater piiss.

Diametre 2 pou. 1 lig.

Sur le revers sont trois têtes d'hommes, le col coupé, sans les épaules, vus de profil, dont deux regardent à droite & un à gauche, ayant chacun sur la tête une couronne de lauriers, avec cette légende : *Francisc. II. Carol. IX Reges Gall. Henric. III Gall. & Pol. Rex.*

+60. Monnoie frappée sous le regne de Henri III, lors de son mariage avec Louise de Lorraine, l'an 1575. On y voit le buste de cette princesse, de profil, tourné de droite à gauche, une coëffure sur le derriere de la tête, le devant du col & une partie de la gorge découverts, avec une fraise plissée qui lui remonte, seulement par derriere le col, jusques sous la coëffure. On lit autour : *Lodoica Lotaræna Regina Franc.*

Diametre 1 pou. 8 lig.

+61. Ecu aux trois couronnes, frappé en 1577, sous Henri III. Le buste de ce prince y est représenté vu de profil, regardant à droite, avec une couronne de laurier sur la tête, & un peu de barbe. On lit autour : *Henricus III. D. G. Francorum & Pol. Rex.* 1577.

Diametre 1 pou. 4 lig.

Sur le revers sont trois couronnes, dont celle d'en haut est entourée d'étoiles avec quelques nuages au-dessus, & cette devise sur une banderolle volante : *manet ultima cælo.* La même devise est répétée sur la légende autour de la médaille.

+62. Autre monnoie allégorique, ainsi que la précédente, à l'avenement de Henri III à la couronne de France. On y voit les trois couronnes disposées de même & accompagnées d'une palme & d'une branche de laurier, liées ensemble par le pied : il n'y a point de banderolle, mais la légende porte la même devise : *manet ultima cælo.*

Diametre 1 pou. 4 lig.

+63. Médaille allégorique à l'ordre de chevalerie du Saint-Esprit, institué par Henri III, dont la premiere promotion fut solemnisée avec pompe dans l'église des grands Augustins à Paris, le premier Janvier 1579. On y voit le roi assis recevant le serment d'un nouveau chevalier, accompagné du chancelier & du maitre des cérémonies de l'ordre. On voit fur la légende : *in te vere Chriftus*. Et à l'exergue : 1579.

Diametre 1 pou. 7 lig.

+64. Médaille frappée l'an 1580 , fous le regne de Henri III , à l'occafion des conquêtes du Roi , & de la paix conclue en France , en novembre 1580 , après la prife de la Fere en Picardie. On y voit ce Roi à cheval fous la figure d'Alexandre. Sur la légende eft écrit : *Talis Alexandri Tigrin. fuperantis imago*.

Diametre 1 pou. 7 lig.

+65. Médaille frappée en 1582, fous Henri III, à l'occafion du renouvellement d'alliance qu'il fit alors avec les Suiffes. On y voit deux branches de laurier liées enfemble formant un cartel rempli par ces mots : *fædere cum Helvetiis & Ræthis renovato*. Et au-deffous de l'exergue, l'année 1581.

Diametre 18 lig.

+66. Médaille frappée l'an 1588 , fous le regne de Henri III , où l'on voit le bufte de ce prince , de profil , regardant à droite , couronné de lauriers , ayant un peu de barbe , & un collet rabattu fur fon armure , au-deffous de fon menton. Il y a ces mots fur la légende : *Henricus pius D. G. Francorum & Pol. Rex*. Sur l'exergue : 1588.

Diametre 1 pou. 9 lig.

Le revers eft finguliérement compofé , c'eft un double fujet, dont les figures font oppofées par les pieds. En haut on voit dans le ciel deux mains qui jettent l'une des fleurs , l'autre de l'argent fur des peuples affemblés en deux partis. La légende de ce côté porte : *hæc multis* (c'eft fans doute *multis*). Sur le côté qui eft fens deffus deffous, on voit , en bas , dans le ciel, deux mains qui caractérifent la bonne foi, avec ces deux lettres F. H. Et au-deffous, en retournant la médaille, des gens armés , les uns à pied , les autres à cheval, proche une ville affiégée. La légende de ce côté porte : *hæc cunctis*.

+67. Monnoie frappée l'an 1589 par la faction du duc de Mayenne & des partifans du cardinal de Bourbon , frere puiné d'Antoine de Bourbon , pere de Henri IV , qui avoient mis fur le trône de France ce prélat fous le nom de Charles X. Il eft repréfenté ici , de profil, regardant à gauche , une couronne fur la téte par deffus une calotte de

cardinal, de la barbe, un petit colet, & une cotte de
mailles fur les épaules, avec un manteau royal. On lit autour: *Carolus X. D. G. Francorum Rex.*

Diametre 2 pou. 6 lig.

Sur le revers on voit ce prélat à genoux devant un
autel, & une main qui defcend du ciel pour lui mettre
une couronne fur la tete. Sur la légende font écrits ces
mots: *omnia in manu Domini.*

468. Monnoie frappée en 1580 par les mêmes: on y voit
un autel, au milieu duquel eft une hoftie au-deffus d'un
calice: à gauche, une mitre & une croffe: à droite, une
couronne avec un fceptre & une main de juftice. On lit
autour: *regale facerdotium.*

Diametre 15 lig.

469. Monnoie frappée par Henri IV, lors de fon avénement à la couronne de France. On y voit une couronne
royale toute feule, avec ces mots fur la légende: *Avitâ, &*
jus in armis.

Diametre 1 pou. 7 lig.

470. Médaille frappée l'an 1590, fous le regne de
Henri IV, à l'occafion de la bataille d'Ivry, gagnée par
le Roi, qui, à la tète de douze cents hommes feulement,
en mit en déroute feize mille commandés par le duc de
Mayenne, le 15 Mars 1590. On voit ici un trophée
d'armes élevé fur un monceau de drapeaux & d'étendarts,
avec ces mots autour: *victoria Yvriaca.*

Diametre 1 pou. 7 lig.

471. Autre médaille frappée dans le même tems en l'honneur de Charles de Balfac, dit le Jeune, feigneur d'Entra-
gues, chevalier des ordres du Roi, qui fut tué à la bataille
d'Ivry, à l'âge de 33 ans. On voit ce prince, la tête nue, de
profil, regardant à droite, ayant un peu de barbe, armé
d'une cuiraffe, &c. avec ces mots autour: *Carolus Bal-*
facius Entragus, an. æt. XXXIII.

472. Monnoie fymbolique frappée en Catalogne l'an
1591, fous le regne de Henri IV, où l'on voit des fourneaux, creufets, tenailles, marteaux, cifeaux, &c, avec
cette infcription fur la légende: *Cathalaunenfis fidei mo-*
numentum. Sur l'exergue on voit ces lettres initiales: A.
A. A. F. F. 1591, ce qui fignifie: *auro, argento, ere,*
flando, feriendo.

Diametre 15 lig.

+73. Monnoie frappée l'an 1594, sous Henri IV : on y voit une massue royale debout, au-deſſus de laquelle eſt une couronne royale, & une autre d'étoiles jettant des rayons de lumiere. Cette massue, ou bâton royal, eſt ſoutenue ſur deux épées paſſées en ſautoir, avec une palme & une branche de laurier. La légende porte : *uti jus dedit & dabit.*

Dimetre 1 pou. 6 lig.

+74. Monnoie frappée en 1594, après l'abjuration de Henri IV dans l'égliſe de Saint-Denis en France, le 25 juillet 1593, & ſon ſacre à Chartres, le 27 février 1594. On y voit la Victoire montée ſur un globe terreſtre, tenant une palme & une couronne de laurier. A ſes pieds ſont une massue d'Hercule & un caducée. Sur la légende on voit ces mots : *reget virtutibus orbem.*

Diametre 2 pou. 9 lig.

+75. Médaille frappée à Paris l'an 1594, à l'occaſion de l'entrée de Henri IV dans cette ville capitale, le 24 Mars de cette année. C'eſt un corps d'architecture décoré de quatre colonnes avec piedeſtaux : au milieu eſt une porte dans laquelle eſt écrit : *Lutetia*, & ſur les quatre colonnes les 4 chiffres de l'année 1594. Dans la friſe de l'entablement on lit : *aggrediar, ingrediar.* Et ſur la légende : *egredimini Hiſpani* [1].

Diametre 1 pou. 5 lig.

+76. Médaille frappée en 1597, repréſentant la belle Gabrielle d'Eſtrées, ſous le regne de Henri IV. Elle eſt vue de profil, regardant à gauche, ſans autre coëffure que ſes cheveux relevés & treſſés, le col & les épaules nuds,

[1] Cette médaille a été frappée pour conſerver la mémoire de la célebre journée de Fontaine Françoiſe, en Bourgogne, près de Dijon, où le Roi Henri IV, toujours victorieux, à la tête de quinze cents hommes ſeulement, défit une armée de dix-huit mille Eſpagnols, commandés par le Connétable de Caſtille, au commencement de l'année 1594. Il revint enſuite à Paris où il fit ſon entrée triomphante le 24 Mars de la même année : le Parlement ordonna alors que tous les ans on feroit une proceſſion où toutes les cours ſouveraines aſſiſteroient en robes rouges, en mémoire de la réduction de Paris ſous ſon légitime ſouverain.

&c.

&c. On lit autour : Gabr. Des-trez. Duc. de Beaufort.
1597.

Diametre 1 pou. 11 lig.

+77. Médaille frappée fous le règne de Henri IV, l'an
1598. On y voit une épée debout grouppée avec deux
bâtons royaux, aux armes de France & de Navarre, paffés
en fautoir, avec une palme & une branche de laurier. On
lit autour : *Duo protegit unus*. 1598.

Diametre 1 pou. 7 lig.

+78. Médaille frappée en 1598, fous Henri IV, où
l'on voit une prêtreffe tenant d'une main un caducée &
une branche de laurier, & faifant de l'autre une libation
fur un autel antique où il y a du feu. On voit ces mots fur
la légende : *Pace, terra marique parta*. Faifant allufion à
la paix générale entre la France & l'Efpagne, conclue par
le traité de Vervins, en juin 1598. On lit fur l'exergue :
Opti. princ. 1598.

Diametre 1 pou. 8 lig.

+79. Médaille frappée fous le regne de Henri IV, l'an
1598, pour Pomponius de Bellievre, chancelier de
France, & en mémoire de la paix conclue cette année
par fa médiation entre la France & l'Efpagne. On y voit un
laboureur conduifant fa charrue trainée par deux bœufs
dans une vafte campagne éclairée du foleil qui diffipe les
nuages dont il étoit offufqué. On lit autour : *Difcutit ut
cælo Phœbus, pax nubila terris*.

Diametre 1 pou. 9 lig.

+80. Médaille frappée fous Henri IV, en 1599, en l'honneur de Jean de Fourcy, prévôt des marchands de la ville
de Paris. Il eft vu de profil, regardant à droite, la tête nue,
avec une grande barbe, & une fraife très frifée fous le
menton. Sur la légende eft écrit : Iehan de Fourcy S. de
Cheffy & de Pommeufe.

Diametre 18 lig.

Sur le revers eft un portique qui conduit à un petit
temple en rotonde, fur le dôme de laquelle eft une couronne de laurier ou d'olivier, avec ces mots fur la légende : *honori prævia virtus*. Et fur l'exergue : 1599.

+81. Monnoie frappée fous le regne de Henri IV, l'an

V.

1500. On y voit le portrait de ce monarque, de profil, regardant à droite, habillé en guerrier, couronné de lauriers, ayant une grande barbe, avec double légende. Sur l'extérieure est écrit : *Henricus IIII D. G. Francorum & Nav. Rex.* Et sur l'intérieure : *Pat. relig. & libe. restau.* On lit au-dessous du buste de Henri IV : *I. Gentilis F.*

Diametre 1 pou. 9 lig.

On voit sur le revers une main sortant d'un nuage tenant une épée debout, grouppée avec deux autres épées qui se croisent. Au-dessous est un écu couronné, aux armes de France, avec ces mots sur la légende : *uti Deus dedit & dabit.*

+81. Monnoie frappée sous Henri IV, en 1600. On y voit une épée debout, avec un sceptre d'un côté & une couronne royale de l'autre. Dans le lointain une armée en campagne & une batterie de canons dressée contre une ville. Il y a cette inscription sur la légende : *Juri, armis, & legibus omnia parent.*

Diametre 1 pou. 9 lig.

+83. Monnoie frappée dans le même tems, vers l'an 1600. On y voit deux colonnes posées sur le même piedestal, portant une grande couronne royale : autour de ces colonnes serpentent une palme & une branche de laurier liées ensemble par le pied. On lit sur le piedestal : *ex argento francigena an fæd. F. reno & fosso.* Et sur la légende : *Regis sacra fœdera magni.*

Diametre 1 pou. 9 lig.

+84. Médaille frappée l'an 1600. On y voit Henri IV, sous la figure d'un Hercule nud, tenant sa massue sur l'épaule droite, & tenant sous le bras gauche la dépouille d'un lion. Sur la légende est écrit : *vinces robur orbis. 1600.*

Diametre 2 pou. 5 lig.

485. Autre médaille frappée en l'honneur de Henri IV, vers l'an 1600. On y voit la guerriere Pallas emportant les deux colonnes d'Hercule, avec ces mots : *nusquam meta meis.*

Diametre 1 pou. 9 lig.

486. Monnoie frappée à l'occasion du second mariage de Henri IV avec Marie de Medicis, le 27 décembre 1600. On y voit en bas deux écus couronnés, l'un aux

armes de France, l'autre aux armes de Medicis. Au-deſſus, deux mains formant une alliance, & tenant une fleur-de-lys. Dans le ciel, le Saint-Eſprit, & des rayons de lumiere. Sur la légende eſt écrit : *Altera regni magni ſpes, 1600.* A.

Diametre 1 pou. 8 lig.

+87. Monnoie frappée ſous le regne du Henri IV, à l'occaſion de la naiſſance d'un Dauphin de France, le 27 ſeptembre 1601. On y voit un dauphin couronné, recourbé en rond ; dans le vuide qu'il laiſſe il y a trois petits poiſſons de la même eſpece entrelaſſés les uns dans les autres. Sur la légende eſt écrit : *Fauſt. Delphini nat. Delphinates.* Sur l'exergue : *1601.*

Diametre 16 lig.

Sur le revers une femme qui tient un enfant par le pied droit, prête à le plonger dans la mer, comme on fit au jeune Achille pour le rendre invulnérable. On lit autour : *dedit hoc patris inſita virtus.* Et en bas : *1601.*

+88. Médaille frappée à l'occaſion du même événement, en 1601. On y voit un dauphin entiérement hors de la mer, avec ces mots ſur la légende : *Haud fluctus at iſte quietem. 1601* [1].

Diametre 2 pou. 3 lig.

+89. Autre médaille ſur le même événement. La déeſſe Junon eſt ici repréſentée debout, ſon paon à côté d'elle : elle commande à l'Abondance, qui eſt aſſiſe vis-à-vis d'elle, de prendre ſoin d'une plante de lys qui fleurit dans un vaſe, échauffée par les rayons du ſoleil, & elle ſe preſſe le ſein pour l'arroſer de ſon lait. Sur la légende eſt écrit : *oritur & lacte vireſcit.*

Diametre 1 pou. 11 lig.

+90. Médaille frappée ſous le regne de Henri IV, à l'occaſion de l'accouchement de la Reine, le 27 ſeptembre 1601. C'eſt une aſſemblée des Dieux. Cybele eſt au milieu tout de bout. A gauche, Jupiter & Neptune. A droite, Hercule, Junon, & Diane. Le char de Cybele eſt ſur un

---

[1] Il y a eu deux planches différentes de cette médaille, avec les mêmes inſcriptions ; la ſeconde a une ligne de plus, & porte 2 pou. 4 lign. de diametre.

nuage, dans le ciel. Il n'y a point de légende. On lit sur l'exergue : *læta Deum partu.*

Diametre 2 pou.

+91. Autre médaille sur le même sujet. On voit ici une plante de lys qui fleurit au milieu des neuf muses : elles soutiennent en l'air un grand ange, portant deux couronnes, avec une étoile au-deſſus de ſa téte. Il n'y a point de légende. On lit ſur l'exergue : *felicitas.*

Diametre 1 pou. 5 lig.

+92. Médaille frappée dans le même tems. On y voit une femme debout, vétue à l'antique, allant de droite à gauche, tenant à la main une fleur-de-lys, avec ces mots : *ſpes publica.*

Diametre 1 pou. 5 lig.

+93. Médaille frappée en l'honneur de Maximilien de Bethune, duc de Sully, nommé par Henri IV, l'an 1601, à la charge de grand maître de l'artillerie, que ce Roi érigea alors en office de la couronne. On y voit un aigle les ailes déployées monté ſur deux canons en batterie, qui tirent ſur deux villes aſſiégées, qu'on apperçoit à droite & à gauche, dans le lointain. Sur la légende eſt écrit : *Jovis armiger ales.* Et ſur l'exergue : 1601.

Diametre 1 pou. 11 lig.

+94. Médaille frappée ſous le regne de Henri IV, l'an 1601, à l'occaſion de la repriſe du marquiſat de Saluces, que le duc de Savoie venoit d'enlever à la France. Henri IV y eſt repréſenté ſous la figure d'Hercule debout, tenant d'une main ſa maſſue & de l'autre une couronne. On voit à ſes pieds une femme centaure terraſſée & paroiſſant lui demander grace, avec ce ſeul mot ſur la légende : *opportunius* [1]. Et ſur l'exergue : 1601.

Diametre 1 pou. 7 lig.

---

[1] Le Duc de Savoie ayant uſurpé le Marquiſat de Saluces dont il s'étoit emparé par adreſſe, avoit fait frapper une médaille, où il étoit repréſenté ſous la forme d'un Centaure, tenant à la main une couronne qu'il vient d'enlever, avec ce mot pour deviſe : *opportune.* Henri IV ayant forcé le Duc à lui rendre ce marquiſat, par la priſe de Montmelian & de pluſieurs autres places de la Savoie, en fit frapper une autre, avec ce mot : *opportunius.*

1682.

+95. Autre médaille sur le même événement. On voit ici Henri IV, de profil, regardant à droite, coëffé de la dépouille d'un lion, dont les pattes lui reviennent par devant; ayant de la barbe, &c. Sur la légende est écrit : *Alcides hic novus orbi.* 1602.

Diametre 1 pou. 11 lig.

Sur le revers on voit Hercule assommant un centaure avec sa massue, & tenant une couronne qu'il vient de lui enlever. On lit ce mot autour : *opportunius.*

+96. Grande médaille ovale en hauteur, frappée sur le même sujet; où l'on voit Henri IV sous la figure du dieu Mars, tout nud, un casque en tête, armé d'un sabre & d'un bouclier, prêt à frapper un centaure qui lui demande grace, en lui présentant une couronne de marquis. On voit ces mots sur la légende : *Martis cedunt hæc signa planetæ.*

Grand diametre sur la hauteur 3 pou. 7 lig. petit diametre sur la largeur 2 pou. 10 lig.

+97. Petite médaille frappée en 1603, sous Henri IV. On y voit ce prince à cheval, la lance à la main, qui combat contre un monstre à trois têtes différentes, dont celles du milieu vomit du feu. On voit ces mots sur la légende : *tergeminis fulget honorib.*

Diametre 1 pou. 7 lig.

+98. Médaille frappée sous le regne de Henri IV, en 1603. On voit d'un côté le portrait en profil de ce monarque, regardant à droite, la tête nue, ayant une longue barbe ; & à côté, celui de Marie de Médicis, sa seconde femme, née à Florence le 26 avril 1575. On lit autour : *Henr. IIII R. christ. Maria Augusta.*

Diametre 2 pou. 6 lig.

Sur le revers on voit un guerrier armé d'une pique, donnant la main à une héroïne sous la figure de Pallas. Entre eux deux, le jeune prince Dauphin, se couvrant la tête du casque de son pere. Un oiseau descend du ciel pour lui apporter une couronne. On voit ces mots sur la légende : *propago imperii.* Et sur l'exergue : 1603.

+99. Grande médaille frappée sous Henri IV, en l'honneur de Marie de Medicis, dont on voit le portrait, de profil, tournée de droite à gauche, un casque en tête, &

armée d'une cuiraſſe. Sur la légende eſt écrit : Amls ici remedde [1]. 1603.

Diametre 2 pou. 6 lig.

†100. Médaille ovale en hauteur, frappée dans le même
tems, où l'on voit la Reine Marie de Médicis, en héroine, le caſque en tête, armée d'une cuiraſſe, tournée
de profil, regardant à droite, ſans aucune inſcription ni
année.

Haut. 1 pou. 11 lig. larg. 1 pou. 6 lig.

†101. Médaille frappée en 1604, ſous Henri IV. On
voit au milieu une ſtatue de Pallas élevée ſur un piedeſtal
au milieu d'une vaſte campagne. On apperçoit de hautes
montagnes dans le fond. Sur le piedeſtal eſt écrit : Palla-
dium. Autour de la légende : mea·me ſic Gallia ſoſpes. Et
ſur l'exergue, l'année 1604.

Diametre 1 pou. 8 lig.

†102. Médaille frappée ſous le regne de Henri IV, en
l'honneur de François Myron, lieutenant civil, élu prévôt des marchands par la ville de Paris, en 1604. Ce magiſtrat y eſt vu en face, la tête nue, ayant de la barbe,
avec ſa robe de cérémonie. On lit autour : Fr. Myron
Prop. & praeſ. urb. [2].

Diametre 1 pou. 10 lig.

Sur le revers on voit ce même magiſtrat en robe, préſentant un miroir à la ville de Paris, ſous la figure d'une
femme aſſiſe, appuyée ſur une corne d'abondance. On
lit au-deſſus des deux figures : & decus & ſpeculum. Sur la
légende eſt écrit : viis, ſontibus, portis, ædiſiciis que publ.

Et ſur l'exergue : Lutetia decorata.

†103. Médaillon ovale en hauteur frappé ſous Henri IV,
en 1605, repréſentant l'Architecture ſous la figure d'une
nymphe debout, les bras, la gorge, la jambe & partie
de la cuiſſe gauche nuds, le reſte couvert d'une ample draperie qui lui remonte ſur l'épaule droite : elle tient de la

---

[1] Ces mots, amis ici remedde, ſont un anagramme du nom de la
Reine Marie de Médicis.

[2] Mezeray fait le plus grand éloge de ce magiſtrat, ſous la pré-
vôté duquel la façade de l'hôtel-de-ville, qui étoit demeurée imparfaite
depuis ſoixante-douze ans, a été achevée & miſe en l'état où on la voit
aujourd'hui.

droite un compas, & de la gauche une équerre, avec différens morceaux d'architecture à ses pieds. Autour de la
médaille est écrit: *orbi monimenta relinquo.*

Haut. 1 pou. 11 lig. larg. 1 pou. 6 lig.

Il y a des différences à cette planche dont le fond, qui
étoit blanc aux premieres épreuves, a été sablé ensuite.

+104. Autre médaillon ovale en hauteur, frappé sous
Henri IV, l'an 1605, où l'on voit l'Architecture debout,
entiérement vêtue d'une longue robe à l'antique, tenant
une équerre de la main gauche, & mesurant avec un compas, qu'elle tient de l'autre main, un globe terrestre qui est à
ses pieds. On voit ces mots sur la légende: *tecla secura
parat.*

Haut 1 pou. 11 lig. larg. 1 pou. 5 lig.

+105. Médaillon ovale, frappé dans le même tems, où
l'on voit sur le devant trois figures debout, vêtues à l'antique, la Géométrie au milieu, & deux autres muses à
ses côtés. Dans le lointain le cheval Pegase qui prend son
vol du haut du Parnasse. Autour est écrit: *Pace vigent artes.*

Haut. 1 pou. 10 lig. larg. 1 pou. 5 lig.

+106. Médaillon ovale en hauteur, frappé en 1605, représentant une fontaine d'eau jaillissante formée par un
enfant à cheval sur un dauphin, placé dans le milieu d'une
cuvette élevée sur un piedestal, dont l'eau retombe dans
un bassin octogone, sur une des faces duquel est écrit:
1605. Avec ces mots sur la légende: *nobis hæc otia fecit.*

Haut. 1 pou. 10 lig. larg. 1 pou. 5 lig.

+107. Médaille frappée en 1610. On y voit le portrait en
buste de Marie de Médicis, de profil, regardant à droite,
avec ces mots sur la légende: *Maria Augusta Henrici IV.
christianiss. patr. populi, uxor.*

Diametre 1 pou. 7 lig.

Sur le revers on voit cette Reine debout, portant deux
enfans sur ses deux bras, & en ayant quatre autres à ses
côtés: ce sont les six enfans qu'elle a eu de Henri IV [1].

[1] Les six enfans de Henri IV qu'on voit sur cette médaille sont
Louis XIII, né le 27 Septembre 1601: Nicolas, duc d'Orléans, né le
16 Avril 1607, mort en 1611: Elisabeth, femme de Philippe IV, Roi d'Espagne, née le 22 Novembre 1602, Chretienne, née le 10 Février 1606;

Sur la légende est écrit : *fecunditas Augustae.* Et sur l'exergue : 1610.

+108. Médaille frappée l'an 1610, après la mort de
Henri IV, où l'on voit le portrait de la Reine son
son épouse, de profil, tournée vers la droite, avec une
très-ample & très-large fraise sur le dos, coupée par
devant. Sur la légende est écrit : *Maria Aug. Galliæ &*
Navaræ Regina.

Diametre 2 pou. 3 lig.

Sur le revers est un vaisseau agité par la tempête, au
milieu de la mer, rempli de quelques figures nues allégoriques aux divinités de la fable ; la Reine, sous la figure
de Cybele est assise sur le tillac tenant en main le gouvernail. On lit autour : *servando dea facta deos* [1].

+109. Autre médaille frappée dans le même tems : on y
voit le buste de la Reine, de profil, tournée à droite,
avec une ample fraise, coupée par devant, & un riche habillement. Sur la légende est écrit : *Maria D. Medic. Reg.*
Franc. & Nav. rectrix.

Sur le revers, on voit un cocq mangeant les grains
d'une grenade ouverte, au milieu d'une campagne, où il
y a une forêt sur la gauche, & un soleil levant dans le fond.
On lit autour : *vel viscera nudent.*

+110. Médaille frappée à l'avénement de Louis XIII sur
le trône de France, l'an 1610. On y voit le portrait de
Marie de Medicis, & celui du Roi, son fils, de profil, sur
la même médaille, regardant tous deux à droite. Sur la
légende est écrit : *Ludovic. XIII R. chr. Maria Medicea*
August.

Diametre 1 pou. 9 lig.

Sur le revers on voit Minerve assise tenant d'une main
la foudre de Jupiter, & de l'autre une branche d'olivier.
devant elle, un enfant tout nud tenant le globe du monde
sur une main. Il a la tête rayonnante de lumiere, & l'é-

———

mariée au Duc de Savoie. Henriette-Marie, née le 25 novembre 1609,
mariée à Charles I, roi d'Angleterre : & Gaston-Jean-Baptiste de France,
duc d'Orléans, né le 25 Avril 1608, mort à Blois, le 2 Février 1660.
(1) Henri IV fut assassiné dans son carrosse le 14 Mai 1610, le lendemain du couronnement de la Reine.

1682.

toile du matin devant lui. Sur la légende eſt écrit : *oriens auguſti tutrice Minervâ.*

†111. Médaillon ovale en hauteur ſur le même ſujet, avec cette différence qu'ici Minerve eſt debout, avec les mêmes mots ſur la légende : il y a de plus ici ſur l'exergue : *ann. nat. chr.* 1610.

Haut. de l'ovale 2 pou. 1 lig. larg. 1 pou. 7 lig.

†112. Grande médaille frappée en 1610, ſous la régence de Marie de Médicis. On y voit cette reine aſſiſe ſur la poupe d'une galere au milieu de la mer, tenant le gouvernail. Sur la proue, eſt le jeune roi, tout debout, revêtu de ſes habits royaux, ayant une branche d'olivier plantée devant lui. A gauche, on voit une Syrene environnée de monſtres marins s'élevant ſur les flots, & prête à aſſommer la Reine avec une maſſue qu'elle tient des deux mains. On lit ces mots ſur la légende : *tanti dux fœmina faéli.*

Diametre 2 pou. 9 lig.

†113. Monnoie frappée en 1610, ſous la même régence, où l'on voit deux ſoleils rayonnans qui éclairent le globe de la terre, avec ces mots ſur la légende : *concordes ſentit radios.*

Diametre 1 pou. 5 lig.

†114. Monnoie frappée pour le ſacre de Louis XIII, en 1610 : on voit une main deſcendant du ciel au milieu des nuages, tenant la ſainte ampoule, au-deſſus de la ville de Rheims, repréſentée dans le fond. La légende porte : *Francis munera cœli. XVII oétob.* 1610. Et l'exergue : *Rhemis.*

Diametre 1 pou. 9 lig.

†115. Autre monnoie frappée pour le même ſujet ; c'eſt une main qui deſcend du ciel, tenant une bouteille en forme de poire, ſur un fond ſablé : on lit autour : *Francis data munera cœli.* 17 oétobris 1610. Il n'y a point d'exergue ni de ville au bas.

Diametre 1 pou. 7 lig.

†116. Médaille frappée au commencement du regne de Louis XIII, l'an 1613, où l'on voit ce jeune prince à l'âge de 12 ans, de profil, regardant à droite, la tête nue, couronnée de lauriers, une fraiſe au col, ſous le

menton, avec ces mots fur la légende : *Ludo. XIII D. G,
Fr. & Navar. Rex Chrif.* 1613.

Diametre 2 pou.

Sur le revers, une très-haute montagne en forme de
rocher, avec cette devife fur la légende : *fœdus pacis meæ
non movebitur.* Et fur l'exergue : M. DC. XIII.

†117. Autre médaille frappée vers le même tems au fujet
de la paix. On y voit la déeffe Junon affife fur l'arc-en-
ciel, diffipant les nuages qui l'environnent. Au-deffous
d'elle, dans le lointain, la terre & une vafte mer. Il y a
ces mots fur la légende : *Dat paccatum omnibus æther.* 1613.

Diametre 1 pou. 11 lig.

†118. Médaille frappée l'an 1614 fous le regne de Louis
XIII, allégorique aux états tenus à Paris en cette année.
On y voit une femme affife par terre, nue jufqu'au deffous
de la ceinture, tenant un cartel aux armes de France &
de Navarre. Devant elle font trois figures debout qui repréfentent les trois états du royaume ; favoir, la robe, le
militaire, & le Clergé. On voit ces mots fur la légende :
cunctorum votis cleriq. equitumq. patrumque. Et fur l'exergue : *Gallia ftabilita.* 1614.

†119. Médaille frappée au fujet de la conftruction du
pont Marie, à Paris, bâti en 1614, fous le regne de Louis
XIII, par un entrepreneur nommé Chriftophe Marie. On
y voit un pont que l'on conftruit fur une grande riviere,
dont les voûtes font à demi bâties, avec cette légende :
ripâ regnaturus utráque.

Diametre 1 pou. 7 lig.

†120. Autre médaille frappée à l'occafion de la conftruction du pont de la Tournelle, à Paris, bâti dans la même
année, & par le même entrepreneur. On voit ici un pont
entiérement conftruit fur une grande riviere, & un orage
confidérable au-deffus : avec ces mots fur la légende : [1]
fic illa fecura procellis. Et fur l'exergue : 1614.

Diametre 1 pou. 7 lig.

†121. Monnoie frappée en 1616 pour le double mariage
conclu cette année, du Roi avec Anne d'Autriche, in-

---

[1] Il faudroit *fic*, mais ce mot eft écrit par un *c* fur la médaille
gravée.

1682.

fante d'Espagne, & d'Elisabeth de France, sœur du Roi, avec l'infant Philippe IV. On voit d'un côté le portrait du jeune Roi & de la princesse, en regard, vis-à-vis l'un de l'autre, ayant chacun une couronne sur la tête & une fraise au col. On lit autour : *Lud. XIII Dei gra. Fran. & Nava.*

Diametre 16 lig.

Sur le revers on voit une double alliance, contractée par quatre mains qui se donnent mutuellement la foi, entre lesquelles est écrit : *maximæ conjunctioni Augg. 1616.* On voit ces mots sur la légende, qui est une suite de l'inscription gravée du côté des têtes : *Rex chr. Anna d'Austria Regina.*

+122. Médaille frappée à l'occasion du même événement : on y voit le Roi à cheval, partant pour aller au-devant de la Reine. Avec ces mots sur la légende : *Profectio Regis.* Et sur l'exergue : CIƆIƆCXVI.

Diametre 17 lig.

+ 123. Ecu frappé en 1616 sous le regne de Louis XIII. On y voit les armes de France entourées de deux branches de laurier, liées avec une L par le bas de la tige. Sur la légende est écrit : *Ludovicus XIII Dei gratia Francorum & Navaræ Rex.*

Diametre 17 lig.

Sur le revers on voit deux mains sortant d'un nuage, qui jettent des pieces d'or & des pieces d'argent : au-dessus est une grande couronne royale, d'où sortent des rayons de lumiere. Sur la légende est écrit : *nutu moderantur eodem.* Et sur l'exergue : 1616.

+124. Autre piece de monnoie sur laquelle on voit une plante de lys portant trois branches fleuries : au milieu de sa hauteur, on voit deux mains sortant d'un nuage, jettant des pieces d'or & d'autres d'argent, avec cette devise sur la légende : *utramque lilia servant.* Et sur l'exergue : 1616.

+125. Grande médaille ovale en hauteur, sur laquelle on voit la figure de S. Louis, Roi de France, debout sur un piedestal, rayonnant de gloire. Il tient d'une main le sceptre & de l'autre la main de justice. Le fond de la médaille est sablé. Il y a au bas un B & un D. Sur l'exergue : 1616.

Haut. de l'ovale 1 pou. 11 lig. larg. 1 pou. 6 lig.

+126 Médaille frappée en 1617, lorsque le Roi prit les rênes du gouvernement, après son mariage. On y voit d'un côté le portrait de ce jeune prince, représenté en chasseur, un arc à la main & un carquois sur le dos, avec cette inscription sur la légende : *Ludovicus XIII Rex christianiss.*

Diametre 1 pou. 10 lig.

Sur le revers, on voit Apollon tout nud, tuant le serpent Python d'une fleche qu'il lui décoche dans le col, avec ces mots sur la légende : *sic pacis conteret hostes.* Sur l'exergue : CIƆIƆCXVII.

+127. Médaille frappée en 1617, sous le regne de Louis XIII, à l'occasion du pont Saint-Michel, à Paris, qui fut bâti en pierre cette année, avec des maisons dessus, tel qu'on le voit aujourd'hui. On a représenté sur cette médaille quatre arches de ce pont avec les maisons qui y sont bâties. Sur la légende est écrit : *evertit & æquat. XXI septembr. 1617.*

Diametre 1 pou. 11 lig.

+128. Médaille frappée l'an 1620, à l'occasion du rétablissement de la religion catholique dans le Bearn, où le calvinisme régnoit depuis cinquante ans. On y voit le portail d'une église catholique, avec ces mots sur la légende : *sacra Bearnis restituta.* Et sur l'exergue : CIƆIƆCXX.

Diametre 16 lig.

+129. Médaille frappée l'an 1622, à l'occasion du gros pavillon appellé le dôme du Louvre, bâti sous le regne de Louis XIII : il occupe le milieu d'une des façades de ce palais qui regarde celui des Tuileries. On y voit ce pavillon, représenté du côté de la cour [1], à trois étages, avec un petit dôme au-dessus. Il y a sur la lé-

---

[1] C'est à cette façade, aux deux côtés de la fenêtre du milieu, au-dessus de l'attique qui regne au troisieme étage, que sont placées ces belles Cariatides de proportion colossale, qu'on regarde comme le chef-d'œuvre de Jacques Sarrazin, sculpteur célebre, né à Noyon en 1598, & mort à Paris recteur de l'académie royale de peinture & sculpture, en 1660.

1682.

gende : *poſcebant hanc fata manum.* Et à l'exergue, l'année
1622.

Diametre 15 lig.

†130. Médaille frappée ſous le regne de Louis XIII, l'an
1623, après ſes expéditions contre les religionnaires de
France dans la Guyenne & dans le Languedoc. On y voit
le portrait de ce monarque, de profil, regardant à droite,
la tête nue, des cheveux courts & friſés, une très-ample
fraiſe autour du col, & ſous le menton. Sur la légende eſt
écrit : *Ludovic. XIII D. G. Francor. & Navaræ Rex.*

Diametre 2 pou. 3 lig.

Sur le revers, la Juſtice aſſiſe ſur un tribunal, tenant la
balance d'une main & l'épée de l'autre : on voit dans le
ciel la conſtellation de la balance [1], avec ces mots ſur
la légende : *ut gentes tollatque prematque.* Et ſur l'exergue :
1623.

†131. Médaille frappée pour la ville de Paris, vers l'année 1624. On y voit un vaiſſeau (ce ſont les armes de la
ville de Paris) qui vogue à pleines voiles ſur une mer
très-vaſte, avec ces mots : *abſque tuis ſtaret inanis aquis* [2].

Diametre 2 pou. 1 lig.

†132. Médaille frappée à l'occaſion de la conſtruction de
l'égliſe de la maiſon profeſſe des Jéſuites, rue Saint-
Antoine, ſous l'invocation de S. Louis, dont Louis XIII
poſa la premiere pierre l'an 1627. Cette médaille eſt remplie par l'inſcription ſuivante : *D. O. M. S. Ludovico, Lu-*
dovicus XIII exſtruxit, an. MDCXXVII, ut quem auctorem
habet generis, nominis, ac regni, eundem habeat æternæ
ſalutis adjutorem.

Diametre 2 pou. 2 lig.

†133. Petite médaille frappée en la même année, où
l'on voit un piedeſtal ſur lequel eſt un cœur brûlant couronné : on lit ſur la face du piedeſtal : *cor regis in manu*
Dei. Au-devant eſt un bénitier. Aux deux côtés, deux

[1] Louis XIII étant né en Septembre, ſous le ſigne de la balancé,
il prit cet attribut pour ſa deviſe : & c'eſt l'origine du ſurnom qu'on lui
a donné depuis, de *Louis le Juſte.*

[2] Cette médaille eſt allégorique au ſéjour que le Roi faiſoit alors à
Paris, & dont la préſence a rendu cette capitale une des plus floriſſantes
villes du monde.

prêtres, dont l'un tient un encenfoir, l'autre un gou‑
pillon & un livre. On voit ces mots fur la légende : *C. B.*
piis manibus Domini fui. Et fur l'exergue : 1627.

Diametre 15 lig.

+134. Médaille frappée l'an 1628, à l'occafion de la
prife de la Rochelle & de la réduction de toutes les villes
rébelles ; on y voit Louis XIII fous la figure d'un Her‑
cule debout, revêtu de la peau du lion, foulant aux pieds
l'héréfie, défignée par l'hydre à plufieurs têtes, avec ces
mots fur la légende : *Herculi Galliæ pacatori.* Et fur
l'exergue : *Rupella capta.* 1628.

Diametre 1 pou. 9 lig.

+135. Médaille frappée l'an 1629, à la gloire de Louis
XIII, après avoir été vainqueur en Savoye & en Italie, &
après avoir châtié une partie des rebelles & pardonné aux
autres dans le Languedoc & dans le Vivarais. On voit
d'un côté le portrait de ce prince la tête nue, avec des
cheveux courts & frifés, une très‑ample fraife autour du
col qui lui revient fous le menton, un peu de barbe, vu
de profil, regardant à droite. Sur la légende eft écrit:
Ludovicus XIII Francorum & Navarræ Rex. 1629.

Diametre 18 lig.

Sur le revers, on voit fur le devant Hercule debout, fa
maffue fur les épaules, & la peau du lion fur le dos. Dans
le lointain le port & la ville de la Rochelle, avec fa digue
conftruite au milieu de la mer. Sur la droite des forts &
des châteaux bâtis fur des montagnes efcarpées. On lit au‑
tour : *non mare, non montes, famam, fed terminet orbis.*

+136. Médaille frappée en 1629, fous Louis XIII, où
l'on voit la ville de Châlons fur Saône, avec ces mots au‑
tour : *Cabillunum ad araxim.* 1629.

Diametre 1 pou. 11 lig.

+137. Médaille frappée à l'occafion des guerres de Louis
XIII contre les religionnaires de fon royaume l'an 1630.
On y voit un bras royal fortant d'un nuage, tenant une
épée nue debout, autour de laquelle font écrits ces mots :
Deo duce contra Hugonotos. Et fur la légende : *Pro regno*
& fide.

Diametre 2 pou. 2 lig.

+138. Médaille frappée l'an 1630, fous le regne de Louis

XIII : on y voit le dieu Mars debout & armé d'une pique tenant un caducée de la main droite, vu en face, & regardant à gauche. Sur la légende est écrit : *Marti Francorum pacifero.* Et sur l'exergue : *ductiler. barbarie sublata.*

Diametre 1 pou. 7 lig.

+139. Médaille frappée en 1630, sous le regne de Louis XIII, où l'on voit d'un côté ce monarque de profil, regardant à droite, une couronne de laurier sur la tête, avec de longs cheveux flottans sur ses épaules, & une petite moustache au menton & des deux côtés de la bouche. Autour de la médaille est écrit : *Ludovicus XIII D. G. Franc. & Navaræ Rex.*

Diametre 1 pou. 7 lig.

Sur le revers est le portrait du cardinal de Richelieu, vu de profil, & regardant à droite. Avec ces mots sur la légende : *Armandus Jean. Cardinalis Dux de Richelieu.*

+140. Grande médaille frappée sous le regne de Louis XIII, en l'honneur du cardinal de Richelieu, lieutenant général de-là les monts, après son expédition en Italie, l'an 1630 ; on voit d'un côté ce ministre ayant la calotte & le rochet de cardinal, de profil, regardant à droite, avec barbe & moustache. Autour est écrit : *Armandus Joannes cardinalis de Richelieu.*

Sur le revers est une grande composition où l'on voit le cardinal sous la figure d'une femme assise, couronnée par la Victoire, tenant une épée d'une main & une palme de l'autre. Elle est dans un char tiré par quatre chevaux attelés de front, sur un terrein couvert de roches & très-raboteux. Sur le devant, à droite, est la fortune. Le char est conduit par une Renommée toute nue sonnant de la trompette aux armes de Richelieu. Sur la légende est écrit : *tandem victa sequor.* Et sur l'exergue le nom du célebre graveur Varin, & l'année 1630.

Diametre 2 pou. 10 lig.

+141. Médaillon ovale frappé vers le même tems, où l'on voit en haut un compas ouvert grouppé avec un croissant. Au-dessous sont les trois lettres initiales L. A. R. qui font une alliance du nom du Roi Louis XIII avec celui du cardinal de Richelieu, qui comme on sait s'appelloit Armand du Plessis.

Haut. de l'ovale 1 pou. 10 lig. larg. 1 pou. 5 lig.

1682.

+142. Médaille frappée en 1635, fous Louis XIII. Il eft vu de profil, regardant à gauche, avec des cheveux longs, & une petite mouftache. Autour eft écrit: *Ludovicus XIII D. G. Franc. & Navar. Rex.*

Diametre 16 lig.

Sur le revers on voit deux maffes de chancelier, & une clef de chambellan, avec cette légende: *Aliter non viribus ullis.* 1635.

+143. Médaille allégorique à la conftellation de la balance fous laquelle Louis XIII eft né. On y voit une balance en équilibre, & dans le ciel les étoiles qui forment cette conftellation. Sur la légende eft écrit: *confilii cælique fidem præftamus in æquo.* Et fur l'exergue l'annnée 1635.

Diametre 2 pou. 3 lig.

+144. Monnoie frappée fous le regne de Louis XIII, qui conftate l'époque du fur-nom de Jufte donné à Louis XIII. C'eft une femme affife tenant d'une main la balance de la Juftice, & de l'autre une corne d'abondance. On voit ces mots fur la légende: *arte mea bis juftus.* Et fur l'exergue: *moneta Lud. inft.* 1641.

Diametre 17 lig.

+145. Médaille frappée fous le regne de Louis XIII, l'an 1642, pour mettre fous la premiere pierre du monument [1] qui porte la châffe de fainte Genevieve, dans l'églife des religieux de cet ordre, à Paris. Sur un des côtés de la médaille, la Reine Anne d'Autriche, femme de Louis XIII, eft repréfentée vue de profil, regardant à droite, parée de fes habits royaux, avec de grands cheveux flottans fur fon col. Sur la légende eft écrit: *Anna Auftriaca Franc. & Navar. Regina.*

---

[1] Ce monument, dont la Reine Anne d'Autriche a pofé la premiere pierre l'an 1642, eft compofé de quatre colonnes de très-beau marbre, d'ordre Ionique, fur lefquelles font quatre grands anges d'argent qui portent la châffe de fainte Genevieve. Cet édifice, fitué dans le fanctuaire du chœur de cette églife, eft du deffein & de la compofition de Jacques le Mercier, architecte célèbre, qui a bâti auffi l'églife de la Sorbonne à Paris, fondée par le cardinal de Richelieu, l'an 1619.

Diametre

Diametre 1 pou. 11 lig.

Le revers est rempli par l'inscription suivante en capitales : *D. O. M. Anna Austriaca Franc. & Navar. Regina, in B. Genovefam urbis adeoque orbit Gallici patronam, eximium pietatis suæ monimentum, primarium hunc & angularem lapidem P. nomine & titulo fundatricis. Anno Dni M. DC. XLII. Urbani VIII Pont. XIX. Lud. XIII. XXXII.*

+146. Médaille frappée à Rouen au commencement du regne de Louis XIV, l'an 1644. On voit d'un côté le portrait de la Reine Marie de Medicis, femme de Henri IV, & mere de Louis XIII, tournée de profil, regardant vers la gauche. Sur la légende est écrit : *Maria de Medicis Fr. & Na. Regina, matris Domini famula.*

Diametre 2 pou. 5 lig.

Sur le revers on lit ce qui suit : *Reginæ Dei matri, matris regum iconem princeps podii Rothomagensis appendit. An. M VIᶜ XLIIII.* Cette inscription est entourée d'une double bordure.

+147. Médaille frappée sous le regne de Louis XIV, l'an 1668, en l'honneur du grand Condé. On voit d'un côté le buste de ce prince, de profil, regardant à droite, la tête nue, avec de grands cheveux pendans qui lui flottent sur les épaules, une cravatte de dentelle, &c. Autour est écrit : *Lud. Dux Borbonius Princeps Condæus.*

Diametre 2 pou.

Sur le revers on voit une main sortant de la bordure, à droite, écrivant sur un papier ce qui suit : *licet alter Homerus scripserit Alcidem coetera fama dabit.* Dans le ciel une Renommée vole en sonnant de la trompette, & tenant une couronne de laurier. On voit cette devise sur la légende : *materies superabit opus.* Et à l'exergue : 1668.

-148. Médaille inconnue. Elle représente un combat de cavalerie ; dans le lointain une ville fortifiée de tours & de hautes murailles, au-dessus de laquelle on voit ces quatre lettres : D O G M. Sur une des enseignes de cavalerie il y a ces deux lettres I. P. On ignore le tems & le sujet de cette médaille.

Diametre 17 lig.

X

1682.

✗†177. Hiſtoire du Calviniſme, par le pere Main-
bourg. Diviſée en ſix livres. *In-quarto*. Paris. 1682,

Grande lettre S fleuronnée pour l'épitre dédicatoire [1].
Au-deſſus eſt un ſoleil qui éclaire le globe de la terre dont
on voit une partie au bas de l'eſtampe. Le tout renfermé
dans une bordure d'ornement à feuilles de laurier.

Diametre 2 pouces.

Chez M. le N. D. C. à Orléans, ſeulement.

1683.

✗†178. Hiſtoire de la Ligue, par le pere Main-
bourg. *In-quarto*. Paris. Cramoiſy. 1683.

†1. Vignette où l'on voit à droite une femme aſſiſe ſur
un tribunal, un maſque à la main, qui fait ſigner le traité
de la ligue à un militaire. D'autres officiers, des eccléſiaſ-
tiques, des magiſtrats tiennent la plume pour ſigner le
même traité. *S. le Clerc f.*

Haut. de cette vignette & des ſuivantes, 2 pouc. 6 lig.
long. 4 pou. 9 lig.

†2. Vignette où l'on voit Henri IV à genoux ſur les
marches d'un autel, qui fait abjuration du calviniſme dans
l'égliſe de S. Denis en France, entre les mains de Renaud
de Beaune, archevêque de Bourges, le 25 juillet 1593.
S. le Clerc f.

Il y a des différences conſidérables à cette vignette dans
une figure de diacre qui eſt à gauche, ſur le bord de la planche, tenant un chandelier, dont la chaſuble eſt totalement ombrée aux dernieres épreuves, au lieu qu'elle eſt
preſque blanche aux premieres : dans l'ombre portée par
ce même diacre dont les tailles ont été croiſées, ainſi que
celles des parties ombrées des trois marches ; & dans
l'ombre portée par le page qui tient la queue du manteau
royal de Henri IV.

Chez Madame de Bandeville, chez MM. Paignon &

[1] La vignette de l'épitre dédicatoire eſt de Noël Cochin. Il y en a
deux autres de Chauveau dans le même livre ; mais il n'y a rien de le
Clerc que quelques lettres griſes qui ſe trouvent auſſi dans d'autres ouvrages dont on a fait mention ailleurs.

Jombert, deux épreuves où l'on remarque toutes ces différences.

↓3. Vignette qui représente la bataille d'Ivry, où Henri IV, à la tête de 1300 hommes en mit en déroute 16000 commandés par le duc de Mayenne, le 14 mars 1590. Dans le lointain, à gauche, on voit un petit temple terminé par un dôme, avec quatre portails aux quatre faces.

Chez M. Paignon 2 épreuves, l'une avant les ombres sur le devant, l'autre avec ces mêmes ombres, & retouchée en divers endroits.

↓4. Vignette où l'on voit Henri IV à la tête de ses troupes, prêt à entrer dans Paris que l'on découvre dans le lointain, du côté de la porte de la conférence. *S. le Clerc f.*

Chez M. Jombert 2 épreuves, l'une avant le nom de le Clerc, l'autre avec le nom.

Les quatre lettres grises Q, L, S, E, appartenant à ces vignettes ne font point de le Clerc, mais de Pierre le Pautre, dont on voit le nom à la derniere des quatre.

↑X 179. De la sainteté & des devoirs de la vie monastique, par M. de Rancé, abbé de la Trappe. En deux volumes *in-quarto.* Paris. 1683.

↓1. Vignette où l'on voit S. Jean-Baptiste, debout, prêchant dans la campagne devant une multitude de monde; au bas est écrit : *parate viam Domini,* &c. *S. le Clerc f.*

Haut. avec l'écriture au bas 2 pou. long. 4 pou.

↓2. Lettre C renfermée dans une bordure octogone : on voit dans le fond un cerf qui va se lancer dans une riviere.

Diametre 16 pou.

↓3. Vignette représentant N. S. prêchant sur la montagne, assis sur une bute de terre, dans le milieu d'une forêt, devant une nombreuse assemblée. Au bas est écrit : *estote ergo vos perfecti, sicut,* &c. *S. le Clerc f.*

Haut. avec l'écriture 2 pou. 2 lig. long. 3 pou. 11 lig.

↓4. Lettre L renfermée dans une bordure octogone où l'on voit une licorne qui va boise à une fontaine qui coule d'une montagne.

Diametre 16 lig.

Ces deux vignettes & leurs lettres sont assez rares, &

tiennent rang parmi les plus beaux morceaux de le Clerc.

Chez MM. Paignon & Jombert deux épreuves de chaque vignette, l'une avant l'écriture, l'autre avec, & une épreuve de chaque lettre.

Chez Madame de Bandeville une épreuve de chaque. Plus, une petite vignette gravée en bois, repréfentant le fermon de N. S. fur la montagne, gravée par Vincent le Sueur, d'après celle dont on vient de parler (pl. 3). Haut. de cette petite vignette 9 lig. long. 1 pou. 9 lig.

X 180. *Nova collectio conciliorum, à Stephano Baluzio. In-folio.* Paris Muguet. 1683.

+ 1. La vignette appellée le grand concile : c'est un des morceaux les plus intéressans de tout l'œuvre de le Clerc. Il est rare de la trouver belle épreuve. *Le Clerc f.*

Haut. 3 pou. 4 lig. long. 7 pou.

+ 2. Grande lettre P, derriere laquelle font les deux clefs de S. Pierre en fautoir, dont les anneaux font fleuronnés : ces clefs font liées par le milieu avec un ruban dont les bouts voltigent : le fond est ombré d'une taille égale. Le tout est entouré d'une bordure d'ornement.

Haut. 2 pou. 1 lig. larg. 1 pou. 11 lig.

3. Grande lettre V pour l'épitre dédicatoire : on y voit un évêque qui écrit, assis devant une table couverte d'un tapis. Sur la table est fa mitre, & la croix est appuyée contre. Cette petite estampe *un peu douteuse*, paroit gravée par Mariette, d'après le deffein de le Clerc.

Haut. de celle-ci 2 pou. 4 lig. larg. 2 pou. 2 lig.

Au cabinet des estampes du Roi, chez Madame de Bandeville, chez MM. Paignon & Jombert, belle épreuve de la vignette feulement, avant l'édition. La lettre P est plus rare : la lettre V ne fe trouve dans aucun œuvre ; ce qui pourroit faire croire que le Clerc n'y a aucune part.

+ 181. Livre d'heures dédié d'abord à Madame la Dauphine & enfuite à Madame la Chancelliere le Tellier. *In-douze*, 1683.

+ 1. Frontifpice pour une dédicace à Madame la Dauphine : on y voit, à droite, cette princeffe à genoux. A

gauche, un grand ange qui porte l'écusson de ses armes.
Sur le devant plusieurs petits anges nuds, les uns qui ap-
portent des fleurs, d'autres qui en forment des guirlandes
& une couronne. *Le Clerc.*

Haut. 3 pou. 6 lig. larg. 2 pou. 2 lig.

2. Frontispice pour la dédicace à Madame la Chancel-   E 4 52, 30
liere. On y voit la religion assise sur des nuages, les yeux
levés vers le ciel, le bras droit appuyé sur l'écu des armes
de cette dame, avec une couronne au bas. *S. le Clerc f.*

Haut. 3 pou. 9 lig. larg. 2 pou. 3 lig.

3. Le roi David prosterné devant un autel dans le temple.   E 4 53, 31
Sa harpe & sa couronne sont à terre à côté de lui. *S. le*   S 5 31   1
Clerc f.

Haut. 3 pou. 8 lig. larg. 2 pou. 1 lig.

4. L'Annonciation. La sainte Vierge est à genoux sur   E 4 53, 31
un tabouret bas, à gauche, sur le devant : elle regarde
un ange qui est à droite sur des nuages, & qui lui montre
le Saint-Esprit entouré de rayons de lumiere. A terre, devant elle, est une corbeille dans laquelle est l'ouvrage de
la Vierge.

Haut. 3 pou. 7 lig. larg. 2 pou. 1 lig.

5. N. S. debout dans le jardin des olives : à droite, sur   E 4 53, 31
le devant, plusieurs de ses apôtres couchés par terre & endormis. *S. le Clerc f.*

Haut. 3 pou. 8 lig. larg. 2 pou. 1 lig.

6. Un Crucifix entouré de nuages éclairés d'un rayon   E 4 53, 31
qui part du ciel : trois petits anges volans reçoivent sur des
draperies le sang qui sort de ses plaies aux mains & aux
pieds. *S. le Clerc.*

Haut. 3 pou. 7 lig. larg. 2 pou. 1 lig.

7. La Résurrection. N. S. rayonnant de lumiere s'éleve   E 4 53, 31
dans le ciel par la vertu de sa divinité. Plusieurs grands
anges sont à terre, au-dessous de lui, autour de son sépulchre qui est ouvert. *S. le Clerc f.*

Haut. 3 pou. 7 lig. larg. 2 pou. 1 lig.

8. L'apothéose de la sainte Vierge, placée dans le paradis,   E 4 53, 31
au-dessous de la sainte Trinité & au dessus de tous les saints.
S. le Clerc f. [1]

_____

[1] Cette estampe se trouve aussi à la fin des heures Espagnoles.   E 4 53, 18

Haut. 3 pou. 8 lig. larg. 2 pou. 1 lig.

Cette fuite fe trouve par-tout. Au cabinet du Roi. Chez Madame de Bandeville. Chez MM. Paignon, Jombert,&c.

✗ +182. Ordonnance des cinq efpeces de colonnes, par Cl. Perrault. *in-folio.* Paris 1683.

La planche VI de ce livre, repréfentant la bafe, le chapiteau, & l'entablement de l'ordre Compofite felon cet auteur, deffinés & gravés par le Clerc. On ne peut rien voir de plus beau pour la gravure en fait d'architecture, que M. le Clerc deffinoit parfaitement.

Haut. de la planche 10 pou. 6 lig. larg. 7 pou. 2 lig.

Chez MM. Paignon & Jombert.

✗ +183. Les fatyres de Perfe & de Juvenal, traduites par M. de Martignac. *in-douze.* Paris. De Luynes. 1683.

Un frontifpice où l'on voit un poëte affis devant une table tenant un livre, & un fatyre affis à côté de lui, tenant la plume, lui montrant la ville de Rome, qui eft dans le lointain, & l'entretenant des ridicules des hommes. *S. le Clerc in. & f.*

Haut. 4 pou. 11 lig. larg. 3 pou.

Au cabinet des eftampes du Roi. Chez MM. Paignon & Jombert.

+184. Grand médaillon où l'on voit le portrait de M. Potier [1] au fimple trait; c'eft un bufte en

(N°. 312.) mais ce n'eft qu'une copie de celle de le Clerc, faite par un autre graveur, avec quelques changemens, celle-ci ayant 2 pou. 5 lign. de largeur.

[1] M. Potier d'Aubancourt eft le pere de M. Potier, Avocat au Parlement, amateur très-célebre d'eftampes & de tableaux, & qui a été en grande liaifon avec M. le Clerc. Il eft mort en 1756, âgé de plus de quatre-vingt ans. A la vente de fon cabinet, faite en Mars 1757, il s'eft trouvé un très-bel œuvre de ce maître, contenant 3221 pieces, qui a été divifé & vendu par lots à différens enchériffeurs, & dont le produit s'eft monté à 1782 liv. 11 fols.

1683.

sculpture, avec de grands cheveux, une cravate, une écharpe, une cuiraffe, &c. On lit autour: *Stephanus Potier d'Aubancourt*. 1683.

Comme le même portrait a été enfuite ombré & entiérement fini, il faut en avoir une épreuve de chaque façon.

Diamètre 2 pou. 9 lig.

185. Oraifon funebre de la Reine de France, Marie - Thérefe d'Autriche, femme de Louis XIV, morte le 30 juillet 1683; par M. Boffuet, évêque de Meaux. *in-quarto*. Paris. Mabre-Cramoify. 1683.

Vignette repréfentant un tombeau fur le haut duquel la Reine paroit à genoux, les bras élevés vers le ciel: deux grands anges font affis aux deux côtés du tombeau, tenant chacun un livre fur lequel ils écrivent. Au bas du tombeau on voit la France plongée dans l'affliction, *S. le Clercf*. [1]

Haut. 2 pou. 4 lig. long. 4 pou. 7 lig.

1684.

186. Oraifon funebre de la Reine de France, par Flechier. *in-quarto*. Paris. 1684.

Vignette où l'on voit fur le devant de l'eftampe deux grands anges volans qui reçoivent fur une draperie un cœur enflammé [2]. Dans le lointain, la gloire du paradis, & des chœurs d'anges chantans & jouans de divers inftrumens.

---

[1] Cette même vignette a fervi en 1747 pour l'oraifon funebre de Marie-Thérefe Infante d'Efpagne, première Dauphine, par M. le Franc, évêque du Puy.

[2] Chez Madame de Bandeville & chez M. Paignon, il y a une belle épreuve de cette vignette, & en outre une autre épreuve dont les fonds font extrêmement tendres, & à la place du cœur enflammé, c'eft un Saint Sacrement que les deux anges tiennent au-deffus de leur draperie: mais c'eft une mauvaife épreuve ufée & retouchée, où l'on a fait ce changement à la planche.

1684.

Haut. 2 pou. 4 lig. long. 4 pou. 2 lig.

†2. Fleuron du titre. Au milieu font les armes de la Reine de France, ayant pour fupports deux figures fymboliques, qui font la Religion, & la Libéralité chrétienne [1].

Haut. 2 pou. 6 lig. long. 3 pou. 10 lig.

3. Le même fleuron gravé en bois, avec quelques changemens aux figures & aux palmes qui accompagnent le cartel, dont la principale différence eft que les armes du Roi ont été fubftituées dans le cartel à la place de celles de la Reine. Il n'y a point le nom du graveur, mais ce fleuron paroît gravé par Vincent le Sueur.

Haut. du fleuron en bois, 2 pou. 9 lig. long. 3 pou. 9 lig.

_____

[1] Ce fleuron a fervi depuis pour l'oraifon funebre d'Anne de Gonzague de Cleves, princeffe Palatine, prononcée aux Carmélites par M. Boffuet, le 9 août 1685. In-quarto. Paris, Cramoify, 1685. On y a feulement changé les armes & la couronne royale, à la place defquelles M. le Clerc a fubftitué un bonnet électoral & les armes de la princeffe.

Fin du premier volume.

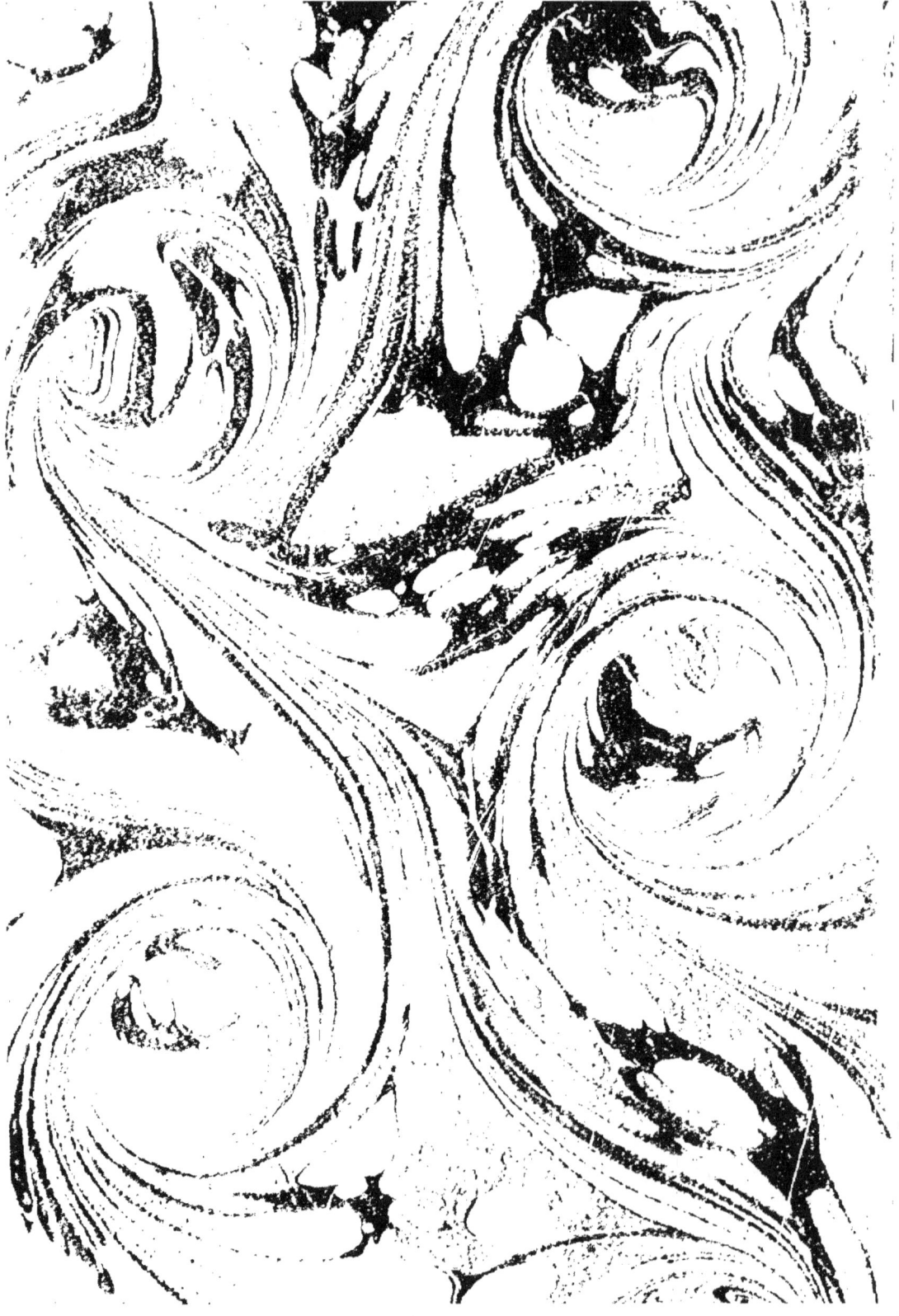

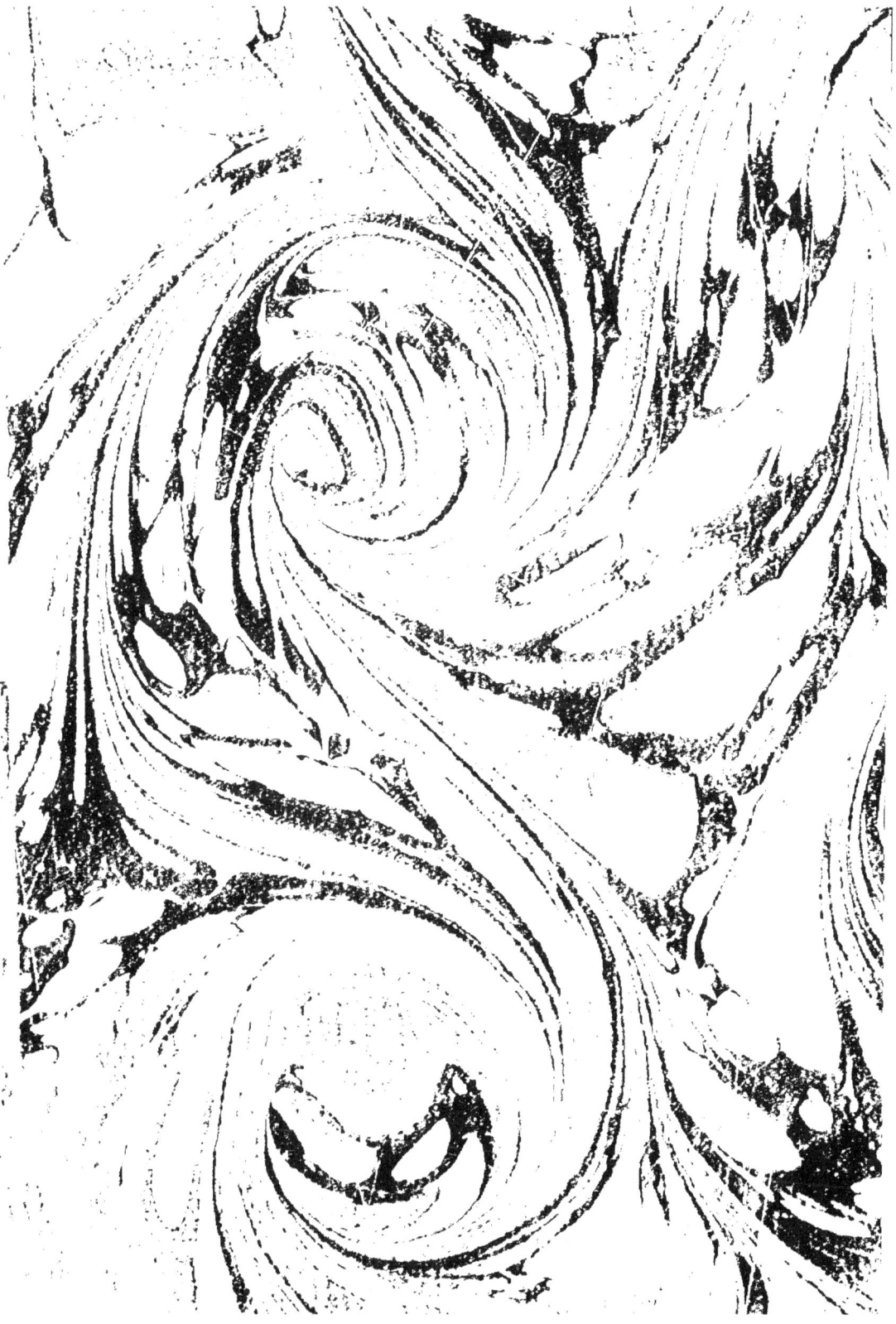

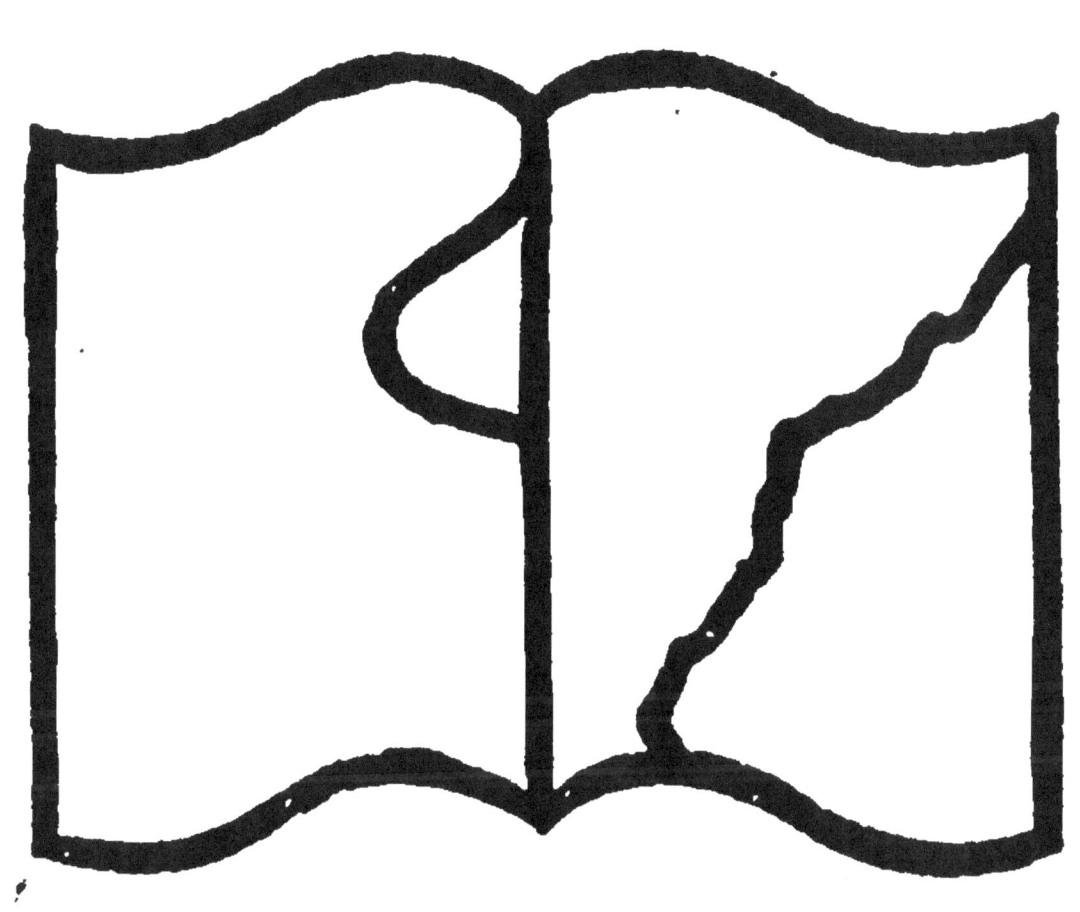

Texte détérioré — reliure défectueuse

NF Z 43-120-11

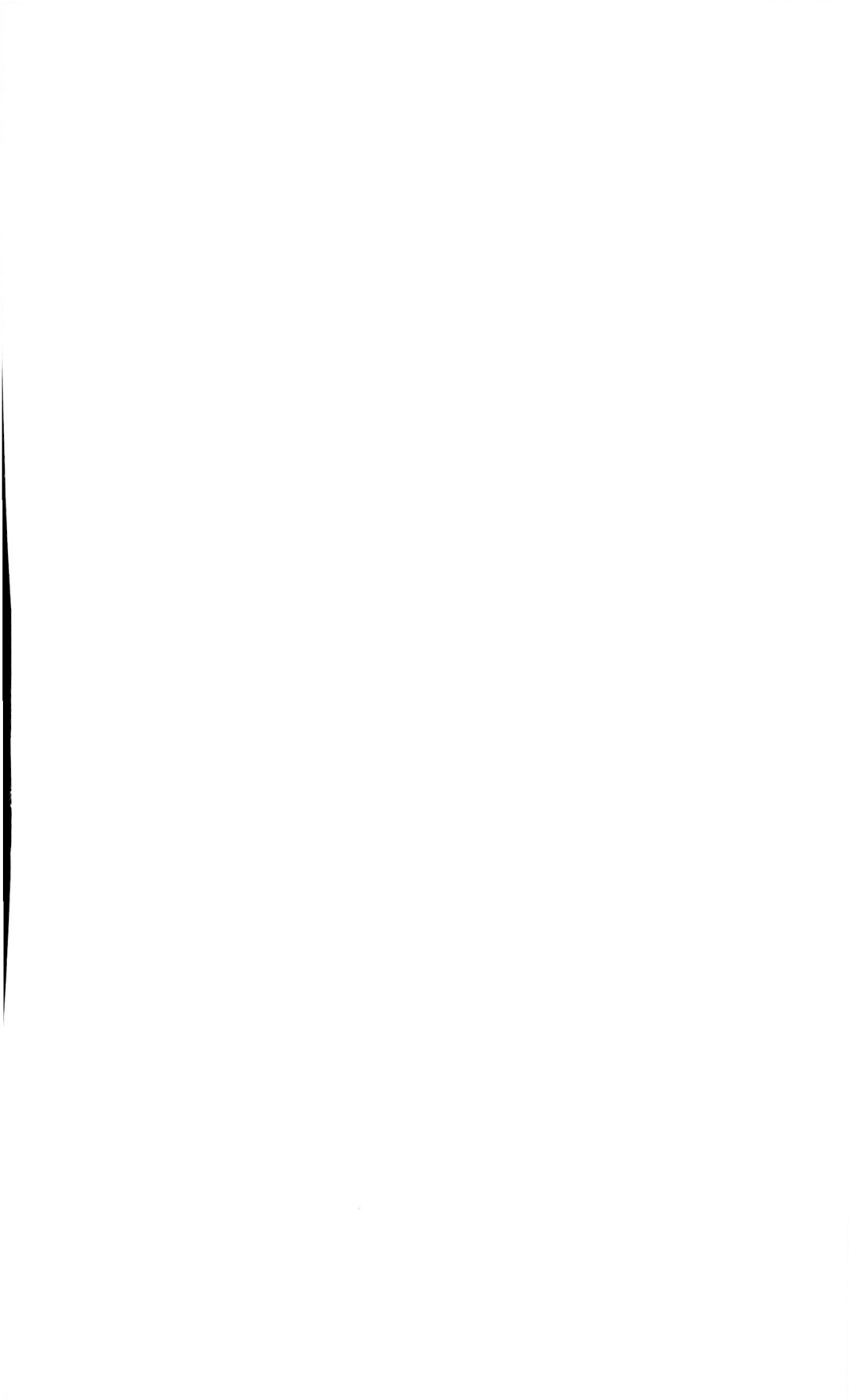